段世江　张雪　著

易地扶贫搬迁全景透视

——来自燕山—太行山片区的调查

『河北大学经济学院学科建设项目』资助出版

WUHAN UNIVERSITY PRESS
武汉大学出版社

图书在版编目(CIP)数据

易地扶贫搬迁全景透视:来自燕山—太行山片区的调查/段世江,
张雪著.—武汉:武汉大学出版社,2023.5
ISBN 978-7-307-23689-9

Ⅰ.易… Ⅱ.①段… ②张… Ⅲ.山区—扶贫—移民—研究—中
国 Ⅳ.F126

中国国家版本馆 CIP 数据核字(2023)第 053277 号

责任编辑:郭 静   责任校对:汪欣怡   版式设计:马 佳

出版发行:**武汉大学出版社** (430072 武昌 珞珈山)

(电子邮箱:cbs22@whu.edu.cn 网址:www.wdp.com.cn)

印刷:武汉邮科印务有限公司

开本:720×1000 1/16 印张:24.25 字数:360 千字 插页:1

版次:2023 年 5 月第 1 版 2023 年 5 月第 1 次印刷

ISBN 978-7-307-23689-9 定价:75.00 元

摘　　要

在我国反贫困历程中，易地扶贫搬迁作为解决"一方水土养活不了一方人"的贫困地区脱贫发展的手段，已经成为这些地区摆脱贫困的最有效途径和治本之策。特别是在精准扶贫战略实施以来，易地扶贫搬迁作为精准扶贫"五个一批"的重要内容，更是被看作脱贫攻坚的"头号工程"和"标志性工程"，在全国实现全面脱贫中起到了关键性作用。经过5年不懈努力，通过"挪穷窝""换穷业""拔穷根"，从根本上解决了约1000万建档立卡贫困人口的稳定脱贫问题。到2020年底，全国"十三五"易地扶贫搬迁建设任务已全面完成，为打赢脱贫攻坚战作出了积极贡献。

14个集中连片特困区是新时期易地扶贫搬迁的重点区域和主战场。燕山-太行山片区近邻沿海，地处京津冀都市圈外围，区域特征独特，该区域的易地扶贫搬迁承载着扶贫、生态、区域协同发展等综合效益实现的重要功能和使命，对其进行全面深入研究具有重要意义。

通过对相关研究的回顾和梳理，发现已有研究存在以下局限性：一是一些研究存在"以旧证新"和"以局部推论总体"的倾向；二是没有针对新时期易地扶贫搬迁的模式开展研究；三是缺少从人口维度考察易地扶贫搬迁的实践效应；四是缺少对燕山-太行山片区易地扶贫搬迁精准扶贫的研究。本研究正是针对这几个方面已有研究的薄弱环节，锁定燕山-太行山片区易地扶贫搬迁这一研究对象，在系统梳理总结我国易地扶贫搬迁政策历史演进脉络和变迁特征的基础上，从实施模式、机制体系、推进状况等方面对精准扶贫精准脱贫方略推进实施背景下的片区易地扶贫搬迁展开了深入剖析和总结，以评估效应、总结经验，为易地扶贫搬迁成效的巩固与拓展形成创新思路。

在研究方法上，本研究注重三个相结合：

一是实证分析与调研考察相结合。易地扶贫搬迁是作为国家扶贫战略体系中的一项重要制度安排，是全面建成小康社会的底线工程，也是衔接乡村振兴的标志性工程，必须落地生根，取得实效。因此在政策效应评估中必须将个体放置到丰富、复杂、流动的自然情景中来考察，以获取各主体内心真实的体验和认知。因此，本研究除借助常规的文献分析方法外，最重要的是通过深度访谈法、观察法以及个案分析法等质性研究方法的运用，深入实地进行深度调研。课题组连续四年多次赴燕山-太行山片区，通过各种途径设法参与县、乡（镇）基层政府相关会议，拜访发改委、扶贫办、乡镇政府、村委会、安置区管委会以及龙头企业、扶贫车间等部门及其单位负责人，到多个计划搬迁村和安置点进行入户访问。尽管调研所到之处均有受访对象因调研范围或话题敏感而不愿多言的情况，但课题组仍设法拓展调研成果，尽可能地掌握丰富的第一手材料，为课题研究打下了基础。

第二，历史研究和现实研究相结合。我国的易地扶贫搬迁是一个历史过程，也是现实正在进行中的重大工程，是一个连续推进不断发展的过程，所以本研究坚持将历史研究和现实研究相结合。在历史研究方面，对我国易地扶贫搬迁历史演进过程进行阶段划分，并在对历史事实的梳理中总结出我国易地扶贫搬迁实践逻辑和变迁特征。在现实研究方面，本研究对"十三五"易地扶贫搬迁从国家规划和运行以及燕山-太行山片区各地的政策推进情况深入分析，特别是针对片区，从宏观和微观两个维度对易地搬迁的模式和政策效应进行了深入剖析和思考。

第三，宏观研究和微观研究相结合。易地扶贫搬迁既是一个宏观的社会政策运行和减贫发展的问题，也是一个微观层面基层单元的变动、重组和体验的问题，二者相结合才能获得全面认知，所以，本研究坚持将宏观的整体研究和微观的案例研究相结合。在整体研究方面，通过收集大量数据和政策文献，尽可能呈现我国易地扶贫搬迁政策的整体运行状况，并提炼出片区易地扶贫搬迁在生计接续、人口集聚、城镇化市民化、产业就业、社区治理、生态环境等方面所体现出的效应及存在的问题。在案例研究方面，捕捉片区在易地扶贫搬迁进程中所呈现出的具有典型特征的包含着大量理论成分和现实因素的案例，在实地调研的基础上，进行专门研究，以更好地发现片区易地扶贫搬迁的特殊性、存在的问题，以及地方的成功经验。

在研究内容上，具体涉及以下八个方面内容：

第一，集中阐述了我国易地扶贫搬迁的基本内涵、历史进程和演进特征，重点分析了"十三五"易地扶贫搬迁的实施背景、规划内容、政策体系、运行机制和内在逻辑。这部分研究形成了对我国易地扶贫搬迁的总体认知和对重点目标的把握。

第二，探访归纳了燕山-太行山片区易地扶贫搬迁实施模式及其运行情况。通过广泛调研，依据组织类型的划分标准，除政府全面主导型模式外，课题组还发现了政府主导、企业部分运作型模式。研究发现，政府全面主导型模式是"十三五"时期易地扶贫搬迁的主流模式，其最鲜明的特点就是高效，通过强化顶层设计，政府强力介入而确保"如期完成"。与此相比，政府主导、企业部分运作型模式则实践范围很小，课题组只发现了一地，这种模式能在一定程度上减轻政府压力，也有利于政府政策执行纠偏机制的构建，但是受市场风险和企业参与意愿变化的影响，这种模式的不确定性和不稳定性也增加了易地扶贫搬迁的风险。

第三，搬迁前后农户生计变迁。运用深度访谈和实地观察法，聚焦片区搬迁农户对政府政策、自身条件及周围环境的理解，探讨搬迁前后农户生计资本的变化情况，研究易地搬迁移民的生计适应，以及搬迁后续发展的重点和困难，揭示存在的问题和瓶颈。

第四，易地扶贫搬迁引致的人口空间分布的变化。本部分首先梳理总结出片区易地扶贫搬迁的两种人口集聚模式：城镇化引领模式、中心村整合模式。精选典型案例，分析了不同模式在片区的实践情况，并通过入户调查重点研究了安置区住房对人口集聚的影响，归纳出第一代农民工和新生代农民工因此而回流的不同情形。这些研究刻绘出片区易地扶贫搬迁促进人口聚集的内在逻辑，勾勒出人口集聚的社会经济效应。

第五，易地扶贫搬迁中的产业发展与就业。通过网络搜索和基层走访，汇总梳理了片区各地在脱贫攻坚中的产业发展和促进就业的基本情况，归纳出易地扶贫搬迁产业扶贫和促进就业的地方实践模式，并对每种模式进行了案例分析，阐释了产业就业的实践情形、运行机制和效应。特别地，对妇女、老年人和残疾人的就业状况和因就业所导致的诸多变化进行了深入分析。

第六，易地扶贫搬迁的城镇集中安置及搬迁群众市民化。本部分以燕山-太行山片区的城镇集中安置人口为研究对象，首先分析了城镇集中安置的内涵、发展历程和功能效应；其次运用访谈法、实地调研法，从角色身份、市民权利、行为模式和价值取向四个层面对搬迁人口的市民化状况进行分析；最后总结了城镇集中安置人口在市民化进程中的优势和劣势。

第七，易地扶贫搬迁的生态效应。围绕片区特殊的区位条件和易地扶贫搬迁的实施情况，从多个角度对片区易地扶贫搬迁所产生的生态增殖效应和生态胁迫效应进行了充分论证，并提出针对生态胁迫效应的化解措施。

第八，易地扶贫搬迁的社区治理。本部分首先回顾了我国农村从传统社区到新型社区的演进过程和规律，在此基础上探讨了易地扶贫搬迁下新型社区的形成背景和特征。通过广泛调研，凝练概括出片区安置区社区治理的实践模式，并运用案例分析法，对各种模式的内涵、运行机制、实践效应及存在的问题进行了多方面的分析和揭示。

第三至第八部分是对片区易地扶贫搬迁政策效应的研究。通过对搬迁群众生计接续和适应、人口空间布局、产业和就业、城镇化和搬迁人口市民化、安置区社区治理以及生态环境等方面的研究，评估和分析片区易地扶贫搬迁的实施效果，并揭示不足和尚需改善之处。针对暴露出的问题，本研究也针对性地给出了对策建议。总体而言，本研究认为：燕山-太行山片区易地扶贫搬迁任务的如期完成对中国减贫事业作出重大贡献，彻底改变了受益群众的生存与发展环境，极大地改善了他们的生产生活条件，优化了人口空间布局和城乡体系，释放了生态空间，促进生态环境持续改善，对片区减贫与发展和区域协同发展产生了显著影响。进一步优化易地扶贫搬迁政策，对于巩固和拓展政策成效，衔接推进乡村振兴和城乡融合发展，具有重要意义。

目　录

第一章　导论 ·············· 1

　一、研究背景 ·············· 1

　二、研究的空间范围 ·············· 11

　三、研究目的与意义 ·············· 16

　四、研究方法 ·············· 18

　五、调研情况 ·············· 22

第二章　中国的易地扶贫搬迁 ·············· 24

　一、什么是"易地扶贫搬迁"？ ·············· 24

　二、易地扶贫搬迁与异地扶贫搬迁 ·············· 25

　三、中国易地扶贫搬迁的发展历程 ·············· 29

　四、中国易地扶贫搬迁政策演进特征 ·············· 39

　五、"十三五"易地扶贫搬迁实施的内在逻辑 ·············· 50

第三章　燕山-太行山片区易地扶贫搬迁模式 ·············· 62

　一、"十三五"时期片区的易地扶贫搬迁实施阶段 ·············· 62

　二、片区易地扶贫搬迁实施模式 ·············· 64

　三、不同模式下的安置方式 ·············· 82

第四章　易地扶贫搬迁下的农户生计变迁 ·············· 99

　一、搬迁前农民生计形态与多维贫困 ·············· 99

二、搬迁农户生计资本的变化 ……………………………… 111

三、搬迁农户对生计变动损益的衡量 ……………………… 116

四、搬迁农户生计的转变与实践 …………………………… 129

五、生计风险与应对策略 …………………………………… 138

第五章　易地扶贫搬迁下的人口空间集聚 …………………… 144

一、易地扶贫搬迁的人口集聚模式 ………………………… 144

二、安置区住房吸引外出人口回流 ………………………… 154

三、安置区住房空置问题 …………………………………… 172

第六章　易地扶贫搬迁的城镇化发展效应 …………………… 175

一、易地扶贫搬迁城镇集中安置发展历程及效应 ………… 176

二、城镇集中安置人口市民化 ……………………………… 186

三、城镇集中安置人口市民化的优劣势 …………………… 225

四、推动搬迁人口市民化的现实路径 ……………………… 233

第七章　易地扶贫搬迁中的产业发展与就业 ………………… 237

一、易地扶贫搬迁中的产业发展 …………………………… 238

二、易地扶贫搬迁的就业途径 ……………………………… 278

第八章　易地扶贫搬迁安置社区治理 ………………………… 299

一、安置区社区治理的地方实践 …………………………… 302

二、安置社区治理效应 ……………………………………… 312

三、安置社区治理困境与风险 ……………………………… 316

四、安置社区治理水平提升路径 …………………………… 327

第九章　易地扶贫搬迁的生态效应 …………………………… 333

一、易地扶贫搬迁的生态增殖效应 ………………………… 335

二、易地扶贫搬迁的生态胁迫效应 ……………………………… 356

三、易地扶贫搬迁生态胁迫效应的化解 ………………………… 359

参考文献 ……………………………………………………… 362

后记 …………………………………………………………… 375

第一章 导 论

一、研究背景

贫困是人类社会的顽疾，是全世界面临的共同挑战。中国是世界上最大的发展中国家，基础差、底子薄、发展不平衡，长期饱受贫困问题困扰。消除贫困，最终实现共同富裕，是中国共产党人的历史使命和根本目标，也是我国国家制度的本质要求。长期以来，党和国家"不忘初心，牢记使命"，对贫困问题极为重视并作出了不懈的减贫努力，脱贫攻坚战取得了全面胜利，中国完成了消除绝对贫困的艰巨任务。

在我国反贫困历程中，易地扶贫搬迁作为解决"一方水土养活不了一方人"的贫困地区脱贫发展的手段，已经成为这些地区摆脱贫困的最有效途径和治本之策。特别是在精准扶贫战略实施以来，易地扶贫搬迁作为精准扶贫"五个一批"的重要内容，更是被看作脱贫攻坚的"头号工程"和"标志性工程"，在实现全面脱贫中起到了关键性作用。经过5年不懈努力，通过"挪穷窝""换穷业""拔穷根"，从根本上解决了约1000万建档立卡贫困人口的稳定脱贫问题，到2020年底，全国"十三五"易地扶贫搬迁建设任务已全面完成，为打赢脱贫攻坚战作出了重要贡献。

易地扶贫搬迁工程因其涉及面广、国家重视程度高、影响群体规模大、工作难度大而备受学术界重视，特别是随着工程的有序开展，学术界对于易地扶贫搬迁的研究也逐渐丰富，形成了涵盖政治学、经济学、管理学、人类学、社会学等多学科视角下的研究局面。从时间跨度来看（仅检索北大核心和CSSCI），2016年、2017年的研究成果主要基于"十三五"前的易地扶贫搬迁的经验，预判问题、后果和困境。2018年、2019年则是在易地扶贫搬迁工程推进了一段时间后，研究的关注点更多地投入在了工程存在的问题以及搬迁安置后的成效问题上。2020年、2021年则是在各地"搬得出"问题解决后，"稳得住、能脱贫"成了搬迁农户以及政策制定者所关心的重点，也成为学术界关注的重点。可持续生计、搬迁满意度、城镇安置区居民市民化、社区治理及后续扶持等成为研究热点。

从研究内容来看，大体可归为三类：第一类是关于易地扶贫搬迁性质的研究。国家层面将"十三五"时期的易地扶贫搬迁定性为继土地改革、实行家庭联产承包责任制之后，在中国贫困地区农村发生的又一次伟大而深刻的历史性变革，是人类迁徙史和世界减贫史上的重大壮举。① 这一表述凸显出易地扶贫搬迁在中国减贫发展和社会变革中的伟大成就。易地扶贫搬迁是集中连片特困地区精准扶贫和实现跨越式发展的重要途径，② 是斩断贫困代际传递的最直接、最有效的扶贫措施。③

易地扶贫搬迁是一种复杂的社会建构过程，属于内嵌于一定的政治、经济、文化与社会的结构性制度框架。④ 从国家与社会关系的角度来看，易地扶贫搬迁属于给予型政策，⑤ 具有人道主义援助和包容社会、共享繁

---

① 国家发改委."十三五"易地扶贫搬迁：伟大成就与实践经验[EB/OL]. https://www.ndrc.gov.cn/xwdt/xwfb/202106/t20210630_1285081.html？code=&state=123.

② 汪磊，汪霞.易地扶贫搬迁前后农户生计资本演化及其对增收的贡献度分析——基于贵州省的调查研究[J].探索，2016(6)：93-98.

③ 吴尚丽.易地扶贫搬迁中的文化治理研究——以贵州省黔西南州为例[J].贵州民族研究，2019，40(6)：21-26.

④ 靳继东，潘洪阳.贫困与赋权：基于公民身份的贫困治理制度机理探析[J].吉林大学社会科学学报，2012，52(2)：67-72.

⑤ 徐欣顺.民族地区易地扶贫搬迁：给予型政策与地方性秩序的张力研究——基于国家与社会关系的分析视角[J].黑龙江民族丛刊，2019(2)：19-26.

荣等积极意义。① 易地扶贫搬迁具有典型的规划性社会变迁特征,国家试图通过规划和人为的社会改造,突破自然和社会系统的束缚,以达到改善贫困群体生活的目的。② 其涉及人口分布、产业发展、就业增收、资源整合、公共服务、文化传承、社区管理等方面,对搬迁群众而言,是生产生活方式的重建和社会关系的重塑过程。③

第二类是易地扶贫搬迁政策所产生的积极效应。宏观层面上,易地扶贫搬迁对中国减贫作出重大贡献,极大改善了受益群众的生产生活条件,同时实现了迁出区域的生态保护和恢复,取得多重积极效应。④ 王曙光(2019)将其具体概括为四种效应:阻断效应、重构效应、增长效应和社会一体化效应。⑤ 搬迁农户生计变化属于重构效应的范畴,是关于易地扶贫搬迁研究较集中的领域。研究认为,易地扶贫搬迁重构了贫困农户的生计空间,加速了社会变迁,⑥ 农户搬迁后生计结构得以优化,生计策略逐渐向非农转型,⑦ 生计资本增量明显,⑧ 降低了农户的贫困脆弱性。⑨ 而且,

① 张文博. 易地扶贫搬迁政策地方改写及其实践逻辑限度——以 Z 省 A 地州某石漠化地区整体搬迁为例[J]. 兰州大学学报(社会科学版),2018,46(5):51-62.

② 张世勇. 规划性社会变迁、执行压力与扶贫风险——易地扶贫搬迁政策评析[J]. 云南行政学院学报,2017,19(3):20-25.

③ 武汉大学易地扶贫搬迁后续扶持研究课题组. 易地扶贫搬迁的基本特征与后续扶持的路径选择[J]. 中国农村经济,2020(12):88-102.

④ 张文博. 易地扶贫搬迁政策地方改写及其实践逻辑限度——以 Z 省 A 地州某石漠化地区整体搬迁为例[J]. 兰州大学学报(社会科学版),2018,46(5):51-62.

⑤ 王曙光. 易地扶贫搬迁与反贫困:广西模式研究[J]. 西部论坛,2019,29(4):1-13.

⑥ 徐欣顺. 民族地区易地扶贫搬迁:给予型政策与地方性秩序的张力研究——基于国家与社会关系的分析视角[J]. 黑龙江民族丛刊,2019(2):19-26.

⑦ 李聪,李萍,等. 易地移民搬迁对家庭劳动力外出务工活动的影响机制——来自陕南地区的证据[J]. 西安交通大学学报(社会科学版),2017,37(1):64-71.

⑧ 金梅,申云. 易地扶贫搬迁模式与农户生计资本变动——基于准实验的政策评估[J]. 广东财经大学学报,2017,32(5):70-81.

⑨ 宁静,殷浩栋,汪三贵. 易地扶贫搬迁减少了贫困脆弱性吗?——基于8省16县易地扶贫搬迁准实验研究的 PSM-DID 分析[J]. 中国人口资源与环境,2018,28(11):20-28.

通过增加农户教育投资、能源多样性、资产存量和提高住房质量等，易地扶贫搬迁显著改善了农户的多维贫困。①

易地扶贫搬迁政策的有效实施，对改善贫困地区的生态环境有着积极的影响。通过人口外迁转移，赋予贫困群众新的资源禀赋，打破贫困陷阱的内生性及资源型系统的封闭性，② 缓解了人地冲突导致的生态压力，③ 阻断了人类与生态环境之间的恶性循环链条。④ 政府在搬迁后引导农户向非农化生产转型，降低其对生态的依赖程度，同时采取系统化措施对迁出地生态进行修复和保护。⑤ 可见，易地扶贫搬迁有效破解了"一方水土养不起一方人"的发展困境，产生了显著的生态效应。

还有学者通过深入调查研究，发现易地扶贫搬迁工程在推进过程中促进了搬迁群众思想观念更新，密切了党群干群关系。⑥

第三类是易地扶贫搬迁政策运行中存在的问题和产生的负面效应。主要集中在三个方面：一是政策执行困境和执行偏差。有研究从规划性社会变迁的角度审视易地扶贫搬迁政策及其社会政策内涵，认为易地扶贫搬迁政策遵循"改善的逻辑"，在运动型治理的政策执行压力下，会先验地否定和遮蔽了政策对象的自有生活逻辑和生活价值，也会在很大程度上抑制政策对象搬迁意愿的主动性，⑦ 从而导致了政策执行偏差和扶

---

① 刘伟，徐洁，黎洁. 连片特困地区易地扶贫搬迁对农户多维贫困的影响研究 [J]. 干旱区资源与环境，2019，33(3)：13-20.

② Howard M., Garnham A., Fimister G., et al. *Poverty: the Facts* [M]. London: Child Poverty Action Group，2001.

③ 何伟，张丽娜. 易地扶贫搬迁：实现环境约束下扶贫开发与生态保护共赢 [N]. 中国社会科学报，2018-05-29(3).

④ 王曙光. 易地扶贫搬迁与反贫困：广西模式研究[J]. 西部论坛，2019，29(4)：1-13.

⑤ 李聪，郭嫚嫚，李萍. 破解"一方水土养不起一方人"的发展困境？——易地扶贫搬迁农户的"福祉—生态"耦合模式分析[J]. 干旱区资源与环境，2019，33(11)：97-105.

⑥ 宋平安. 湖南易地扶贫搬迁的成效、问题及政策研究[J]. 湖南社会科学，2018(5)：126-133.

⑦ 张世勇. 规划性社会变迁、执行压力与扶贫风险——易地扶贫搬迁政策评析 [J]. 云南行政学院学报，2017，19(3)：20-25.

贫风险。① 还有研究从政策执行过程理论的分析视角，认为易地扶贫搬迁政策在实践中仍面临由理想化政策本身存在的内在限制性、政策执行主体能力不足和职能部门间协调性欠缺、政策目标群体参与的意愿和积极性不够强烈、政策实践环境欠佳等因素形成的政策执行困境，并建议建立政策跟踪反馈机制、提升政策执行能力、激发贫困群众自我发展和脱贫的内生动力、全面优化政策实践环境的对策加以化解。② 另外就是政策多变引发政策执行困境，导致基层政府和搬迁户双方互动的逻辑由"互惠"变成"缺位"和"依赖"，侵蚀着基层政府对农村社会的控制。③ 由于政策执行偏差，部分地区有搬迁农户陷入"安置依赖""救济陷阱"，或陷入"有房无业、搬而难富"的新困境。④⑤这些结果显然违背了国家易地扶贫搬迁政策的初衷。

二是城镇集中安置问题。城镇集中安置是"十三五"易地扶贫搬迁的主要安置方式，客观上推进了新型城镇化进程。但从已有研究看，学者们将更多目光投向了城镇集中安置的政策逻辑、实践困境以及负面影响，并进行了深入检视。对于城镇集中安置的政策逻辑，有学者认为现代化意识形态的影响、脱贫考核的压力以及发展城市经济的冲动几方面因素是易地扶贫搬迁陷入"城市迷思"的深层次逻辑。⑥ 城镇集中安置不只是简单地从农村到城市的地理移动和人口迁移，还意味着将面临前所未有的、从生产到

① 张世勇. 规划性社会变迁、执行压力与扶贫风险——易地扶贫搬迁政策评析[J]. 云南行政学院学报，2017，19（3）：20-25.

② 陈坚. 易地扶贫搬迁政策执行困境及对策——基于政策执行过程视角[J]. 探索，2017（4）：153-158.

③ 柳立清. 政策多变与应对失矩——基层易地扶贫搬迁政策执行困境的个案解读[J]. 中国农村观察，2019（6）：77-90.

④ 贺立龙，郑怡君. 如何提升易地搬迁脱贫的精准性及实效——四川省易地扶贫搬迁部分地区的村户调查[J]. 农村经济，2017（10）：80-85.

⑤ 郭俊华，赵培. 西部地区易地扶贫搬迁进程中的现实难点与未来重点[J]. 兰州大学学报（社会科学版），2020，48（2）：134-144.

⑥ 马流辉. 易地扶贫搬迁的"城市迷思"及其理论检视[J]. 学习与实践，2018（8）：87-94.

生活全方位的变化。① 相关研究指出，农户易地搬迁进城后，由于生活生
产空间的巨大变化会带来诸如生计空间遭受挤压、社会网络空间断裂、文
化心理空间弱化，② 日常生活与制度产生对立与冲突、面临多种家庭生计
风险③等问题，在实践中面临着极大的局限性。一方面由于这一群体的独
特特点，导致其在文化层面、经济层面以及身份认同层面存在诸多的市民
化困境。④⑤ 另一方面则是导致社区治理存在公共空间缺失、共同体意识
缺失、治理主体匮乏及治理结构不完善等多种复杂因素，社区治理脆弱性
高，社会稳定风险大。

　　三是文化适应问题。学术界在分析搬迁农民的社会适应问题时，一般
认为经济层面的困境是其首要所在，搬迁之后移民的经济适应问题是移民
工程的核心问题，⑥ 一些研究者研究了移民的生计方式的变化以及生计空
间、生计资本等生计问题。重视经济适应实际上是基于农民市民化运动对
农民原有的生活结构造成极大破坏，而使经济陷入困境 ⑦的认识。而邹英
引入"贫困文化"理论，认为城镇集中安置会使贫困文化以独特的文化特性
传播、扩散，甚至将贫困的生产方式、思维习惯、价值观念进行代际传
递，进而导致"贫困恶性循环"，并认为群体文化是其市民化困境的根本症

　　① 方静文. 时空穿行——易地扶贫搬迁中的文化适应[J]. 贵州民族研究，2019，40(10)：52-57.

　　② 李晗锦，郭占锋. 移民社区空间治理困境及其对策研究[J]. 人民长江，2018，49(17)：107-112.

　　③ 马流辉，莫艳清. 扶贫移民的城镇化安置及其后续发展路径选择——基于城乡联动的分析视角[J]. 福建论坛(人文社会科学版)，2019(3)：167-174.

　　④ 邹英，向德平. 易地扶贫搬迁贫困户市民化困境及其路径选择[J]. 江苏行政学院学报，2017(2)：75-80.

　　⑤ 王春蕊. 易地扶贫搬迁困境及破解对策[J]. 河北学刊，2018，38(5)：146-151.

　　⑥ 吴晓萍，刘辉武. 易地扶贫搬迁移民经济适应的影响因素——基于西南民族地区的调查[J]. 贵州社会科学，2020(2)：122-129.

　　⑦ 文军. 被市民化及其问题[J]. 华东师范大学学报(哲学社会科学版)，2012，44(4)：7-11，152.

结所在。① 易地扶贫搬迁实质上就是文化遭遇的过程，② 通过易地搬迁来达成致富的目的是发展干预的极端化体现，是一种用城市化的生活逻辑去取代甚至规训以传统农业生产为根基的生活逻辑，将面临硬生生移植一套社会文化体系的现实，无疑会对贫困区域人群的社会文化结构产生深远影响，③ 凸显出移民的文化适应问题。

上述文献表明，易地扶贫搬迁作为精准扶贫的有效实现形式之一，其减贫路径、作用机理、实施过程已受到越来越多学者的关注，这些研究对于深入了解和把握我国易地扶贫搬迁的历史演进与事实特征，揭示问题本质、优化实现路径，以使易地扶贫搬迁最终达成政策初衷，具有重要意义。然而，现阶段的研究大多集中在政策解读、政策执行情况以及政策效应评估等方面，而相关研究存在以下几方面问题或者对以下重大问题尚缺乏深入研究。

第一，一些研究存在"以旧证新"和"以局部推论总体"的倾向。在我国，易地扶贫搬迁近四十年的发展历程是分阶段实施的，无论是各地自行探索实践阶段还是国家层面部署推进阶段，每个阶段的工作都是有连续性的，但是每个阶段也有其自身的特殊性，特别是"十三五"易地搬迁，国家支持力度大、工程覆盖范围广、搬迁最彻底，前几个阶段存在的难以克服的问题，在这个阶段均被大力度化解，但是，在研究背景和研究基础的构建中仍以"十三五"前的易地搬迁存在的问题或者研究结论为前提，如"精英捕获""搬富不搬穷"等，如此则自然会产生两个问题，一是使读者产生错误认识，认为这是"十三五"时期的易地扶贫搬迁存在的问题；二是用与"十三五"易地搬迁形势完全不相符的研究结论为基础

---

① 邹英，向德平. 易地扶贫搬迁贫困户市民化困境及其路径选择[J]. 江苏行政学院学报，2017(2)：75-80.

② 方静文. 时空穿行——易地扶贫搬迁中的文化适应[J]. 贵州民族研究，2019，40(10)：52-57.

③ 周恩宇，卯丹. 易地扶贫搬迁的实践及其后果——一项社会文化转型视角的分析[J]. 中国农业大学学报(社会科学版)，2017，34(2)：69-77.

开展研究,其结论的科学性自然值得商榷,此其一;其二是"以局部推论总体","十三五"易地扶贫搬迁是一个长期而又完整的过程,各地严格执行政策,压茬有序推进,但在早期(主要是 2016 年、2017 年),由于政策多变或对政策理解的不一致,各地没有很好地把握好节奏,出现了一些诸如分散安置规模过大、建房面积超标等问题,而且由于易地扶贫搬迁工程头绪繁多,移民入住后就业安置和产业发展没有及时到位,很多研究基于工程阶段性的特征和问题而得出新时期易地扶贫搬迁存在种种问题的结论,而实际上这些问题均在工程推进过程中逐步得到解决,或在后续规划解决中。基于此,本研究立足"十三五"易地扶贫搬迁的研究成果构建研究基础,并全周期考察该阶段易地扶贫搬迁的政策背景、政策目标和实施过程,力求客观全景式呈现新时期易地扶贫搬迁政策实施效果和政策目标的实现程度。

第二,现有研究没有对新时期易地扶贫搬迁的模式给予应有关注。模式(Pattern)就是解决某一类问题的方法论,不同模式下,其特点、运行机制以及实施效果各不相同。因此,探讨不同阶段易地扶贫搬迁模式以及同一阶段不同模式及其运行效应对于优化易地扶贫搬迁模式,以使其在"稳得住""能致富"上持续发力,在促进乡村振兴、推动城乡一体化发展和新型城镇化建设中发挥更大作用。关于易地扶贫搬迁模式,黄承伟认为是"移民迁出方式、安置方式、生产经营方式和相关配套政策的有机组合"①。在这一口径下,学术界关于易地扶贫搬迁模式的研究更多的是针对其中的某一环节或者某一方面的归纳总结,如按迁出地和迁入地的距离分为就地迁移和易地迁移(刘学敏,2002;方兵,2002);按安置方式分为集中安置和分散安置(崔献勇,2004;皮海峰,2004);按是否为移民提供土地,分为有土安置和无土安置(王永平,2014);按移民组织形式,分为自发性移民、政府组织移民和企业参与移民搬迁等三种

① 黄承伟. 中国农村扶贫自愿移民搬迁的理论与实践[M]. 北京:中国财政经济出版社,2004:113.

8

不同形式(文冰，2005；张爱国，2015)。这些模式，每一种类型只能反映其中的一种特征，还不能算作一种全面意义上的属于"有机组合"的模式。

对于"十三五"时期的易地扶贫搬迁，学术界鲜有对于"模式"的研究。其原因主要是在政府主导下，"政治任务"的压力传导使得各级政府在符合政策法规和考核标准的原则下恪守程序推进工作，运动式、支配性特征自然就抑制了其他模式实践的空间和可能。而且，也是基于这种认识，学界对于研究主题的关注也没有突破政府主导的理论预设，对于"模式"的探讨便自然地回避了。

不同的易地扶贫搬迁模式有其特定的意义和价值，在实践中也表现出各自的优势与不足，对其利弊、适用条件等进行系统深入分析，对于化弊为利或降弊兴利，从而放大易地扶贫搬迁政策的积极效应具有重要意义。至于基于"有机组合"层面的"模式"，课题组在前期调研的基础上，按照"实施主体"的分类标准，将新时期易地扶贫搬迁分为"政府主导，政府实施"和"政府主导，政企合作"两种模式，并试图在进一步调研中发现更多实施"政府主导，企业实施"这一模式的地方，以便更充分地挖掘这一模式的运行机制和实施效果。

第三，现有研究缺少从人口维度对易地扶贫搬迁效应的研究。易地扶贫搬迁首先是一种人口迁移过程，不管是资源要素的配置、城乡结构的优化、社会公共服务的调整还是生产生活方式的重建和社会关系的重塑，均是基于这种人口迁移带动下的人口布局调整所形塑的结果。但是，学术界对于易地扶贫搬迁政策效应的研究主要集中于政策逻辑及政策实施效果的评估、地方经验的总结以及对移民生计模式及社会适应等方面的影响，而较少有学者专门研究易地扶贫搬迁与人口布局之间的联系以及易地扶贫搬迁政策的人口效应。

易地扶贫搬迁本质上就是以减贫为目的的人口布局优化，最终形成人口空间集聚的分布形态。市场经济条件下的人口集聚是市场引导和驱动的过程，而易地扶贫搬迁则是政府主导下的定向定点的人口位移。人口集聚之于社会经济发展的积极效应，诸如为地区劳动密集型企业提供丰富的劳动力，培育消费市场，增加基础设施和公服设施的需求，推动社会公共事业的不断发展等，已被学术界所认同，也得到发展实践的充分检验；还有学者专门针对燕山—太行山片区的人口态势进行了研究，认为人口集中成为塑造区域发展新格局的驱动力：驱动城乡结构布局优化，驱动区域功能定位优化(从生产向生态转变)，驱动土地流转和农业产业化进程。① 这些人口态势的社会经济效应也正是片区易地扶贫搬迁政策所要实现的目标，因此，就需要从人口维度对易地扶贫搬迁的政策效应进行研究，以探明"十三五"易地扶贫搬迁促进人口集聚的机制、程度，以及易地扶贫搬迁下人口集聚的社会经济影响机制和作用效果，以发现易地扶贫搬迁政策实施中的区域经济社会健康持续发展的实现路径。

第四，现有研究缺少对燕山—太行山片区②易地扶贫搬迁精准扶贫的研究。燕山—太行山片区区域特征独特，地处京津冀都市圈外围，但生态脆弱、贫困程度深。这就使得片区的易地扶贫搬迁必然承载着扶贫、生态、区域协同发展等综合效益实现的重要功能和使命，客观上增加了挑战的复杂性，但也面临前所未有的机遇。也因此，对于该片区给予重点关注，加以全面深入研究，具有十分重要的意义。然而根据文献检索，目前关于该片区扶贫搬迁的研究非常少，针对片区多维目标属性的易地扶贫搬迁的探讨仍属空白，片区内县域的相关研究也凤毛麟角。

燕山—太行山片区是国家确定的新阶段14个集中连片特困区之一，在脱贫攻坚过程中，"易地扶贫搬迁脱贫一批"在精准扶贫中占据重要地位，河北省、山西省和内蒙古自治区三省(区)易地扶贫搬迁主要集中在该区域，特别是河北省在该区域的搬迁任务占全部搬迁人口的近60%。

---

① 段世江．燕山—太行山连片特困区：现实困境与突破路径[M]．北京：人民出版社，2019：4-5.

② 下文中所出现的"片区"均指"燕山—太行山片区"。

片区易地扶贫搬迁这件"头等大事"能否办好，关系着精准扶贫攻坚战能否顺利完成，乡村振兴能否顺利开启，关系着我国生态文明建设进程能否加快，更直接关系着京津冀协同一体化目标的顺利实现。课题正是在此认识上立意研究燕山—太行山片区易地扶贫搬迁模式及政策效应，以形成适应片区易地扶贫搬迁的有效和有推广价值的模式及保障实施的政策体系。

本研究正是针对以上的薄弱环节，在对我国易地扶贫搬迁历史演进和事实特征进行深入分析基础上，对燕山—太行山片区的易地扶贫搬迁实施模式及政策效应进行多方面、多视角研究，以评估效应、总结经验，为易地扶贫搬迁成效的巩固与拓展形成创新思路。

二、研究的空间范围

本研究以燕山—太行山片区为研究的空间范围，通过对"十三五"时期燕山—太行山片区易地扶贫搬迁的实施模式及政策效应进行研究，进一步揭示该政策的运行逻辑和政策实践效果，以期不断优化和创新工作机制，不断提升易地扶贫搬迁的"造血"功能。

燕山—太行山片区全称为"燕山—太行山集中连片特殊困难地区"，在中共中央、国务院印发的《中国农村扶贫开发纲要（2011—2020）》中被首次提出。《中国农村扶贫开发纲要（2011—2020）》在全国范围内划定了 11 个连片特困地区，并明确这 11 个连片特困地区和已明确实施特殊政策的西藏、四省藏区、新疆南疆三地州是现阶段扶贫攻坚主战场。燕山—太行山片区便是这 14 个连片特困地区之一。

2013 年国务院正式批复了由国务院扶贫办和国家发展改革委牵头组织编制的《燕山—太行山片区区域发展与扶贫攻坚规划（2011—2020）》，拉开了新阶段燕山—太行山片区扶贫开发的序幕。该规划实施范围涵盖了河北、山西、内蒙古 3 省的 33 个县（见表 1-1、图 1-1）。

表 1-1 燕山—太行山片区行政区域范围

省（区）	市	县
河北省	承德市	承德县、平泉县①、隆化县、丰宁满族自治县、围场满族蒙古族自治县
	张家口市	宣化县②、张北县、康保县、沽源县、尚义县、蔚县、阳原县、怀安县、万全县
	保定市	涞水县、阜平县、唐县、涞源县、望都县、易县、曲阳县、顺平县
山西省	大同市	阳高县、天镇县、广灵县、灵丘县、浑源县、大同县③
	忻州市	五台县、繁峙县
内蒙古自治区	乌兰察布市	化德县、商都县、兴和县

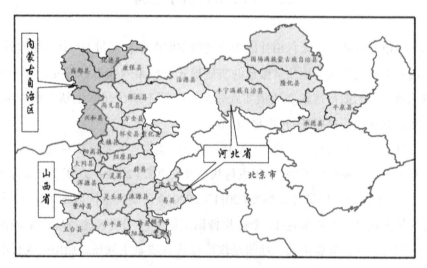

图 1-1 燕山—太行山片区行政区划图④

① 2017年撤销平泉县，设立平泉市(县级市)，行政区划不变。
② 2016年撤销宣化县、宣化区，设立新的宣化区，以原宣化县、宣化区的行政区域为新的宣化区的行政区域，"十三五"易地扶贫搬迁在原宣化县开展。
③ 2018年撤销大同县，设立云州区，行政区划不变。
④ 该图引自《燕山—太行山片区区域发展与扶贫攻坚规划(2011—2020)》。

在地理空间上，燕山即燕山山脉，东临渤海，西接黄土高原，以北是广袤的内蒙古高原，以南是平坦的华北平原。这座大致呈东西走向的山脉其所处的地理位置和东西延伸的特点使其成为中国农牧交错带的组成部分，也是华北平原的北方屏障。太行山即太行山山脉，是黄土高原与华北平原的天然分界线，既是造就东部华北平原的母地，也是北方游牧文明与中原农耕文明的重要接合带。燕山与太行山绵延不绝横跨北京、河北、山西、内蒙古，汇聚于北京西北形成了京津冀天然的保护屏障。

燕山—太行山片区在我国 14 个集中连片特困区中具有典型性，其原因，一是该片区环京津、环首都，具有重要的区位功能。生态因素对区域经济发展有很大的影响，在《燕山—太行山片区区域发展与扶贫攻坚规划(2011—2020)》中被定位为京津冀重要的生态屏障和水资源保护地。片区的脱贫与发展需要在这样的功能定位下或者功能约束下进行。包括人口分布、经济结构、产业发展以及生态建设等方面的整体规划布局，特别是在片区经济基础薄弱、贫困程度较深的情况下，脱贫发展过程中需要化解贫困人口和生态环境之间的张力，实现生态保护和脱贫致富的"双赢"，体现惠及片区发展和京津生态屏障的生态价值。尽管其他片区也面临同样的回旋压力和目标诉求，但燕山—太行山片区由于其环首都而具有了特殊的政策情景、行动逻辑甚至个人行为选择。

二是该片区是紧邻京津的贫困区域，形成了"在世界上极其少见"的"环京津贫困带"①。环京津贫困带位于大都市连绵区的腹地，其农村贫困受到自然地理环境禀赋、社会经济发展基础、政策体制等因素的影响，是

———————

① 2005 年 8 月 17 日，在亚洲开发银行资助的一份调查报告——《河北省经济发展战略研究》中，首次提出"环京津贫困带"，与京津存在较强的资源环境和发展关系且集中连片的贫困区域，呈带状环绕京津周边，其范围包括张家口、承德的全部及保定的易县、涞水和涞源，共 24 个县区。

一个致贫因素相当复杂的贫困区域。① 由于其地理位置的特殊性和致贫因素的复杂性，其农村贫困问题已引起了各级政府和学术界的极大重视。

燕山—太行山片区规划中的河北省所属区域与"环京津贫困带"基本重叠。"环京津贫困带"所包含的张家口市、承德市和保定市的24个县，其中有15个县属于燕山—太行山片区县，占片区河北省所属22县的68.2%。可见，将燕山—太行山片区列入脱贫攻坚主战场的集中连片特困区，也就意味着，国家开始着手解决环首都贫困带问题。从致贫原因和贫困状况来看，其他片区的"通病"，燕山—太行山片区都有，但是紧邻大都市的区位特征以及由虹吸效应而对周边区域所形成的抑制作用却是其他片区所不存在的，当然，大都市扩散效应对周边区域发展的带动作用的潜力优势也是其他片区难以企及的。如此，在燕山—太行山片区减贫发展中自然地融入了环京津贫困带问题的破解机制，在体制、机制、政策体系的建设以及支持力度和推进速度中都有破解环京津贫困带问题的长远考量。特别是，片区脱贫与诸多重大国家战略或工程相契合，或者说诸多国家战略或工程深度嵌入片区发展中，如京津冀协同发展下的北京非首都功能疏解，环京津生态屏障建设下的产业转型等。

三是该片区在14个集中连片特困区中贫困程度较深，与其所处的区位不相符。尽管该片区因其环京津而致贫原因更为复杂，但是在"十三五"时期，因多种国家战略和重大工程的汇聚以及区域协调发展体制机制逐步完善，反映在片区群众脱贫和区域整体发展上，相较于其他片区应该有更好的优势和更大的力度。但是经过几年的发展，燕山—太行山片区的发展成就并不突出。从表1-2中可以看出，2013年该片区贫困发生率和农民人均可支配收入这两项指标在14个片区中分别位居第十一位和第十位，而五年后的2018年两项指标的位置均上升至第九位，位次变动不大，仍属中等偏下水平。

---

① 何仁伟，樊杰. 环京津贫困带的时空演变与形成机理[J]. 经济地理，2018，38(6)：1-9.

表 1-2 2013 年、2018 年全国集中连片特困地区贫困发生率和

农民人均可支配收入情况

片区名称	县数	老区县	2013 年		2018 年	
			贫困发生率（%）	农民人均可支配收入（元）	贫困发生率（%）	农民人均可支配收入（元）
乌蒙山	38	14	38.2	4238	6.2	9650
南疆四州	31	0	38.7	5692	5.9	10762
滇西山	56	0	31.6	5775	5.8	9560
六盘山	61	13	35	4930	5.6	8429
四省藏区	77	16	42.8	4962	5.6	9160
滇黔桂	80	30	31.5	5907	5.3	10073
西藏区	74	0	43.9	6553	5.1	11450
吕梁山	20	20	30.5	5259	4.6	8890
燕山—太行山	33	26	24.3	5680	4.5	9701
武陵山	64	34	26.3	6084	3.8	10397
秦巴山	75	46	27.6	6219	3.6	10751
大兴安岭	19	3	24.1	6244	3.5	10721
罗霄山	23	23	22	5987	3.2	10637
大别山	36	27	20.7	7201	3.0	11974

资料来源：国家统计局住户调查办公室编《中国农村贫困监测报告（2019）》

燕山—太行山片区与京津及周边城市经济联系较紧密，具有明显的区位优势。贫困程度深、发展缓慢，说明该片区还没有将区位优势转变为发展优势。区域合作机制、区域互助机制、区际利益补偿机制等还没有取得突破和有效运行，特色发展、错位发展、联动发展的格局还没有形成，"灯下黑"的虹吸效应以及因发挥生态功能而形成的对经济发展的约束还没有有效破解。这些问题和制约因素说明燕山—太行山片区当下的巩固脱贫成果和防止返贫的任务依然很重,长远看,推动区域社会经济健康持续和跨越发展,仍任重道远。

三、研究目的与意义

(一)研究目的

虽然易地扶贫搬迁脱贫是一个不得不为的措施,但是在我国扶贫开发的历程中,作为扶贫政策的重要组成部分,易地扶贫搬迁也成为解决贫困中的"关键少数"问题的常规性动作,特别是,作为精准扶贫的重要手段,易地扶贫搬迁工程在实现全面脱贫中发挥着至关重要的作用。燕山—太行山片区区域特征独特,易地扶贫搬迁承载着扶贫、生态、区域协同发展等综合效益实现的重要功能和使命,这也在客观上增加了挑战的复杂性,但也面临前所未有的机遇。基于此,系统研究易地搬迁相关理论与现实问题,对于我们认知易地移民搬迁的实践逻辑,推动易地搬迁任务顺利完成并在巩固拓展脱贫攻坚成果、全面推进乡村振兴上持续发力具有重大意义。

本项目的研究对象为燕山—太行山片区易地扶贫搬迁模式和政策效应。按照"解读本底—总结模式—分析机制、效应—提出策略"的思路,在梳理我国易地扶贫搬迁的历史脉络和变迁特征的基础上,分析片区"十三五"易地扶贫搬迁运行情况。根据确定的标准,在调研过程中归纳出精准扶贫方略下易地扶贫搬迁实施模式,并从人口集聚、生计接续、产业就业、城镇化及安置人口市民化、社区治理、生态等七个方面,系统、全面、深刻地把握易地扶贫搬迁的本质,厘清不同模式的运行机理、实施效应,清晰刻画出片区易地扶贫搬迁"将向何处去,并力图达到什么样的效果"的政策目标、创新方向和价值取向,并为此提供理论依据和实证支撑。

(二) 研究意义

1. 理论意义

易地扶贫搬迁不只是居住地的位移，是涉及社会、经济、文化、政策等问题的系统工程，是社会运行过程中的全新而特殊的实践形式。燕山—太行山片区的易地扶贫搬迁具有一定的代表性也具有特殊性，对其展开系统研究，一是探究易地扶贫搬迁实施模式、实施效应中的内外部、主客观影响因素，以及发展进程中取得的成绩和积累的经验，揭示其内在属性和理论逻辑，有助于更加系统、全面、深刻地把握其本质，厘清其作用机理和实践路径。二是在理论上厘清易地扶贫搬迁在推进精准扶贫、实现乡村振兴中居于什么位置、能够发挥什么作用，以及三者之间呈现何种关系等问题。对这些问题的理论分析有利于更好地为易地扶贫搬迁效果的实践拓展提供理论参考。三是能够极大地丰富精准扶贫、基层治理、人口发展等关键领域的理论研究。因为易地扶贫搬迁是一个规模浩大的系统工程，可谓牵一发而动全身，其对诸多方面的影响属于社会重组和生产力重塑的范畴，在这样生动、鲜活与丰富的实践中自然具有了理论生成和构建的环境，对于丰富和拓展相关理论意义显著。

2. 应用价值

一方面准确把握燕山—太行山片区特征，为精准扶贫奠定基础。精准扶贫战略与政策深刻把握了贫困治理的科学规律和时代价值，但是易地扶贫搬迁要实现精准扶贫、精准脱贫的目标，首要的问题便是准确把握区域特征，唯如此，才能做到因地制宜、科学规划。本项目基于国家战略定位和区域主体功能规划，对片区的特征进行全方位刻画，并分析其特征对精准扶贫战略实施的敏感性。另一方面为片区推进易地扶贫搬迁提供政策支持。本项目在片区 33 县进行调查获取鲜活的一手资料和典型案例，对移民搬迁的决策、政策执行机制、基层实践逻辑，对家庭户搬迁的动机、诉求、风险等进行客观系统分析，发现新情况，揭示新问题，为相关政策的制定与完善提供参考，为广大扶贫工作者更有效开展扶贫工作提供经验启示。

四、研究方法

本研究除了借助常规的文献分析法外，主要采用质性研究方法进行。

目前学术界一般认可的质性研究的定义是：质性研究是以研究者本人作为研究工具，在自然情景下采用各种资料收集方法对社会现象进行整体性探究，使用归纳法分析资料和形成理论，通过与研究对象互动对其行为和意义构建获得解释性理解。①

对于本研究而言，研究对象、研究过程、研究内容以及研究目的与该方法的要义相吻合。具体而言：一是要达到本项目的研究目的，需要与参与主体的主观感知相联系，需要将个体放置到丰富、复杂、流动的自然情景中来考察。易地扶贫搬迁政策效应是由多层面情景触发和呈现的，这样一个复杂的系统工程，关系到近千万搬迁群众的切身利益，涉及搬迁对象的识别、安置点的确定、建设、搬迁入住、产业发展、就业促进、社区管理、拆旧复垦等诸多环节。每个环节对于推动这项工作的基层干部而言都是"啃硬骨头"的责任、压力与感悟，而对于搬迁群众而言则是生产、生活甚至是关系空间的解构和重构。他们在短期内经历了人生的重大变迁，是抉择、适应与调整。这就需要将个人体验和感悟融入研究过程，深入他们的生活细节，探究他们复杂的内心世界，以获得对于易地扶贫搬迁基于自然情景下的解释性理解。二是质性研究强调对事物发展动态过程的研究，注重社会现象的整体性和相关性，这与本研究的研究过程和研究对象相契合。易地扶贫搬迁是一个逐步推进的过程，尽管国家强力推进，各地做到

---

① 陈向明. 旅居者和"外国人"——留美中国学生跨文化人际交往研究[M]. 北京：教育科学出版社，2004：31.

任务不减，政策不松，确保实现五年任务三年完成，但是对于课题研究而言，无论是搬迁动员、安置区建设、搬迁入住、社会适应、后续发展等均需要时间的沉淀才能显现出认知、效果和问题。研究需要紧紧跟踪项目诸多环节和工程的进展以及各方面内在联系，并且在项目结束后依然需要后延性追踪调查，以通过动态性研究获得对易地扶贫搬迁的整体性认知。

此外，研究周期与研究对象同步性的特点也决定了本研究不适合通过一次性抽样调查来获取课题研究所需要的全部信息。本项目重点研究"十三五"易地扶贫搬迁，是针对正在进行的这项工作的研究，不是针对"十一五""十二五"易地扶贫搬迁的回顾性研究。此前近四十年、多个阶段的易地扶贫搬迁探索与实践只是作为研究基础和背景材料。因为本项目开展的起始时间与"十三五"易地扶贫搬迁工作基本一致，所以课题研究在推进中研究素材的获得也只能是易地扶贫搬迁工作在推进中的某一阶段或某一环节"即时情景"的切片状呈现，而且由于各地易地扶贫搬迁进度不同，尽管在同一乡镇，有的在搬迁动员，有的在安置点施工建设，有的在搬迁入住，压茬推进。这就决定了本研究是一个不断演化的动态过程，如此进行抽样调查的样本量就难以达到研究的要求，另一方面即便样本量足够也不可能通过一次问卷调查获取研究所需的全部信息。

具体地，本研究主要采用了质性研究的深度访谈法、观察法和个案分析法。

深度访谈法：深度访谈又叫作半结构式访谈，是叙事研究主要方法之一。访谈与日常谈话不一样，是一种有目的的研究性谈话，也是交谈双方"建构"和共同"翻译"社会现实的过程。作为一种十分客观有效的获取资料的方法，要求研究者根据研究的目的和内容，提前设计好访谈提纲，选择个别访谈或者集体访谈的方式，在交流与互动过程中，深入事实内部，洞察主体对世界意义的构建。

本研究选择的访谈对象较多，涉及搬迁群众(搬迁前后)、村干部、乡镇干部、县发改局和扶贫办负责人、社区管理人员、企业相关人员等。根据访谈对象的不同和资料获取的侧重，灵活采取一对一访谈和小组座谈等方式进行。

通过深度访谈方法的运用，力图通过一种类似于现象学、社会学的方法，揭示易地扶贫搬迁这一系统的复杂工程所牵动的各方主体在"自然态度"下的例行性行动和理性选择以及身在其中的感知和反思，借此来反映政府的行动逻辑及其对主体日常生活世界的渗透和影响，以及主体的意愿和诉求。特别地，在访谈中，本研究对访谈对象的选择是多层次、全方位的，而且在访谈进行中对访谈提纲不断调整，并在双方观点的碰撞与思路的交错中进一步发掘值得关注和探究的问题，使对问题的探讨更全面、更深入。

观察法：观察法作为人们在自然状态下有目的、有计划地对自然现象或社会现象进行考察的一种方法，其自然的特质使收集到的资料更为客观真实。观察法要求研究者以"局内人"的视角，充分理解研究对象的文化和语言，理解他们的生活习惯、思维方式和行为意义，对研究对象言行背后隐藏的意义保持敏感，忠实于对其日常生活的观察而非从预定假设出发。

本研究采用了参与式观察和非参与式观察两种形式相结合的方式。参与式观察包括参与拟搬迁群众的搬迁动员会、村委会和驻村干部的搬迁安置讨论会等多项活动，与研究对象进行互动，力求更好地理解研究对象的想法和处境。参与但不干预是参与式观察的主要原则，不能因研究者的参与而影响研究对象的行为方式，否则难以得到较为真实的研究结果。非参与式观察包括观察样本村群众在搬迁前后的日常生产生活细节，观察安置点建设现场，甚至在没有进入障碍的情况下观察基层政府的相关会议等。在观察中悬置自己的先入之见，仅仅以记录者、旁观者的角色出现。观察法可以得到研究对象最真实的生活故事，可以弥补访谈法不够感性与直观的不足，能够获得更加感性和全面的体会。

个案分析法：个案分析法也称案例研究法，是运用访谈、观察、历史档案、自然实验等方法收集资料，并通过严谨规范的质性分析，对当代某类现象进行考察，得出带有普遍性结论的一种经验性研究方法。① 案例研究是以叙事为主要方式，对某一对象特定情境及其意义进行描述，是从个案、局部达到对社会事实的整体认识或获得一般性的理论概括。本研究在通过深度访谈和参与观察之后确定典型个案，然后再进行更深入的分析。这些个案或者是在调研中发现的一种新的社会事实，以前未曾了解的现象，能为研究或者理论构建提供新论据或新视角；或者是易地扶贫搬迁工作中某一环节或某一场景的特定的情境化社会事实，对其进行深入研究，以探究其独特性和完整性。案例研究对于解释这些典型个案具有深入性、动态性、完整性、过程性的优势，而这些个案也是案例研究所称的"好问题"。"好问题"是案例研究的开端，只有找到好问题，才有可能生产出好的案例研究成果。②

易地扶贫搬迁不是新事物，对易地扶贫搬迁的研究也成果丰硕，但"十三五"易地扶贫搬迁却是我国彻底消除绝对贫困的不可替代的重要举措，是决胜全面建成小康社会的最后保障。其所具有的独特地位和重要价值使其在具体实践中表现出宏观层面特有的行动逻辑、价值取向和微观层面复杂的多元主体间的利益博弈和关系重组。运用个案分析法，一是对易地扶贫搬迁的研究更全面、更深入。尽管"十三五"易地扶贫搬迁在全国有标准化的要求，但在全国各地，即便在燕山—太行山片区，由于地理地貌、产业基础、文化风俗等方面的差异，也不可能采用"一刀切"的普遍主义做法。而通过个案分析则能够对具有明显时空性的类型或模式进行解剖，提炼出超越于一般事实的理论，进而实现对易地扶贫搬迁的总体认知。二是"理解"易地扶贫搬迁的参与主体。这种"理解"是以研究者内在的体验进入研究对象的生命活动甚至精神世界，基于"现实是流动的，社会是由个体创造的"理念，探究研究对象的意向、信念、情感、观点，挖掘

① 侯志阳，张翔. 公共管理案例研究何以促进知识发展？——基于《公共管理学报》创刊以来相关文献的分析[J]. 公共管理学报，2020，17（1）：143-151，175.

② 侯志阳，张翔. "作为方法的中国"：构建中国情境的公共管理案例研究[J]. 公共管理学报，2021，18（4）：126-136，174.

他们的态度和行为特征，并对其进行意义构建。通过个案分析，使研究回归到人本身，找回"人"这个主体，以更好地揭示易地扶贫搬迁中各方参与主体行为的因果机制。这在一定程度上可以弥补关于易地扶贫搬迁研究中注重政府行动的工具理性方面，而情感维度处于相对缺位的状态的缺憾。

五、调研情况

2017 年 7 月本项目获批，9 月份课题组一行到达河北省康保县和沽源县调研，正式开启了本项目的研究工作。那时，易地扶贫搬迁工作刚启动一年多，这两个县正在进行安置区建设和搬迁群众的识别和动员工作。本次调研我们与县发改委领导、乡镇负责该项工作的领导分别进行了座谈，参观了即将完工的安置区，到即将搬迁的村庄入户访谈了解人们的搬迁意愿和对未来的展望。此次调研是项目启动调研，在此之前课题组其他成员对易地扶贫搬迁的认识还仅限于政策文本层面，了解还非常褊狭和肤浅。本次调研形成了对片区易地扶贫搬迁的感性认知，奠定了深入研究的基础。

此后，随着片区各地易地扶贫搬迁工作的快速推进，课题组的调研工作也随之深入开展。从 2017 年 9 月到 2021 年 9 月，4 年时间十多次深入河北省的康保县、张北县、沽源县、涞源县、阜平县、丰宁县，山西省的天镇县和内蒙古自治区的商都县，针对易地扶贫搬迁中的搬迁村庄和群众的识别、搬迁动员、搬迁安置群众的生计、社会适应、就业与产业、安置社区治理等方面的内容进行深度调研。特别是，在调研中发现了企业参与易地扶贫搬迁的"政企合作"典型案例，为本项目"模式"的研究提供了素材和对象，也终于使本项目的研究主题得到回应。针对该模式，课题组进行了追踪调查，先后进行四次实地调研和若干次电话访谈。

课题研究的过程也是我国"十三五"易地扶贫搬迁推进的过程。2020 年底易地扶贫搬迁全面完成，课题调研工作结束，研究进入收尾阶段。尽管本研究调研工作量大、历时长，但调研所到各地均有受访对象（特别是政府部分受访对象)因调研范围或话题敏感而不愿多言的情况，给研究进度和资料获取带来障碍，但课题组仍设法拓展调研成果，尽可能地掌握丰富的第一手材料，为课题研究打下了基础。

调研中，访谈对象较多，有村民、有村干部、有政府相关部门负责人、有企业负责人、有社区工作人员，对他们进行归类也非常复杂。在研究中，首先要对从调研中获得的海量资料进行梳理和归纳，在尊重事实，尊重受访者本意的前提下对材料进行再加工，着力突出关键点并体现现场感。其次要对来自受访者的访谈文本进行标识，以在行文中有序合理使用。文中对访谈资料按照访谈对象分为几大类，以大写字母为标识，在每一类中再标注调研年份。调研对象的类别，如村民、村干部、乡干部、镇干部，分别标识为 CM、CGB、XGB、ZGB 等，2020 年访谈的村民，就标识为 CM2020，以此类推。如涉及个别比较少的部门的访谈对象就直接用文字加年份标识，如"社区负责人 2018"。

第二章　中国的易地扶贫搬迁

一、什么是"易地扶贫搬迁"？

　　2001 年国家计委（即现在的国家发展改革委）正式提出"易地扶贫搬迁"的概念，是指将居住在自然条件和人居环境恶劣、基本生产和发展条件严重缺乏的贫困人口搬迁到各类资源相对完善、生态环境较好的地区，通过改善居住环境和生存条件，使搬迁人口在住房、教育、医疗、就业等方面都有显著改善的一种扶贫方式。① 这一概念将移民搬迁的目的落脚在通过改善居住环境和生存条件而脱贫上。在学术界尽管不同学者基于不同的研究视角，对这一概念内涵的理解有所不同，但对其核心含义的认知都是高度一致。易地扶贫搬迁"十二五"和"十三五"规划延续了这一概念，并将需要人口迁出的地区概括为"一方水土养不起一方人"的地区。从空间贫困理论来解释这一概念，其实质就是人口通过改变空间位置，打破自然地理区位或生存资源限制，进而实现跨地区、跨经济社会发展的方式。

　　"易地扶贫搬迁"和"生态移民"有很深的渊源。西方研究视域中，与"易地扶贫搬迁"相似的是"生态难民""生态移民"。我国生态移民兴起于20 世纪 80 年代初，90 年代初学界兴起研究的热潮，认为生态移民是中国有计划、有组织地实施的一项重大扶贫战略，也是破解我国西部地区人

---

　　①　国家计委《关于易地扶贫搬迁试点工程的实施意见》（计投资［2001］2543 号）。

口、资源、环境和贫困之间矛盾的重要举措。① 在国内政策层面,生态移民和易地扶贫搬迁二者内容非常相近,这是基于对生态环境与贫困之间关系的认识。生态移民是生态环境保护与反贫困双重压力下的应对行动。②易地扶贫搬迁的早期实践——宁夏吊庄移民,其实质也是生态移民。即便是出于对特殊环境保护目的而进行的人口迁移,如三江源保护等,扶贫也是工程规划的重要内容。国家发改委 2006 年颁布的《易地扶贫搬迁"十一五"规划》在篇首开宗明义地指出,"易地扶贫搬迁,亦称生态移民"。这显示出在国家政策实施层面,早期的易地扶贫移民与生态移民的含义是等同的,二者均要求达到消除贫困和改善生态的双重目标。在易地扶贫搬迁"十二五"以及"十三五"规划中,都不再强调易地扶贫搬迁与生态移民概念等同,其原因一是随着国家对易地扶贫搬迁力度的加强,实施范围更加聚焦在 14 个集中连片特困区,二者界限愈加模糊。二是党的十八大以来,生态文明建设已经成为一种执政理念,并且已经上升到国家战略层面,把生态文明建设融入经济建设、政治建设、文化建设、社会建设各方面和全过程,因此通过易地扶贫搬迁协同推进生态文明建设和扶贫开发就自然地成了易地扶贫搬迁的核心要义。

二、易地扶贫搬迁与异地扶贫搬迁

(一) 异地与易地的区别

首先,字义不同。异是指另外的,其他的,有相互区别之意。易是指变换、改变、交换。其次,范围不同。异地指代范围较远,多指他乡、外国,即不是自己原来所在的地方。如鲁迅在《坟·摩罗诗力说一》中指出,

① 李胜连, 李雨康. 基于改进熵值法的宁夏生态移民发展能力评价[J]. 统计与决策, 2016(4):65-67.

② 耿一睿, 苗红. 中国生态移民可视化研究分析[J]. 西南大学学报(自然科学版), 2020, 42(5):151-161.

"当彼流离异地，虽不遽忘其宗邦，方言正信，拳拳未释"。易地相比范围会小一些，指的是互换所处的地位。如"易地而处"，指换一换所处的地位。再次，引申的意思不同。异地可以指两个人在不同的地方，如"异地恋"。

易地则有两种意思：一是互相换位置、地位；二是交换彼此手中的土地。

《辞海》2010 年版第 2256 页，异地：①异乡、他乡。②不在同一个地方。第 2258 页，易地：①对调（双方）所处的位置；②交换土地；③平坦之地；④易田。这可以算是对"易地"和"异地"这两个词组的含义较为精简又全面的解释。

不过，"易地"一词的起源早于"异地"，也颇为复杂。"易地"起源于中国古代的易田制，又称易地制。这是一种土地轮荒耕作制。《周礼·地官·司徒》："凡造都鄙，制其地域而封沟之，以其室数制之，不易之地，家百亩；一易之地，家二百亩；再易之地，家三百亩。"郑玄注引郑众释为："不易之地"，为连年耕种的土地，"一易之地"，为休一岁乃复种的土地，"再易之地"，是休二岁乃复种的土地。官府在分配土地时，根据土地的好坏，以确定休闲田（即易田）的多少。与田莱制类似，但易田制中已有部分土地连年耕作而不弃耕撂荒，表明西周到春秋时期已出现土地连种制。《汉书·食货志上》："岁耕种者为不易上田；休一岁者为一易中田；休二岁者为再易下田，三岁更耕之，自爰其处。"爰，改换。

而易田制又起源于爰（yuán）田制。爰田制是春秋时期的一种土地制度，出自文献《左传》和《国语·晋语》。据《左传》僖公十五年记载，晋惠公与秦交战，被俘，为取得晋国民众的支持而"作爰田"。关于爰田的内容和性质，古今皆异说纷纭。一般认为爰田即易田。《国语·晋语》贾逵注渭爰田即辕田，"辕，易也，为易田之法，赏众以田，易者，易疆界也"。古代注疏家多认为，爰田制就是三年一易田，以使民众所受之田能好坏轮换。还有人认为爰田和易居也有关系，由于田地种植三年之后，地力损耗竭尽，需要抛弃荒置若干年，所以农民便易地迁徙到别处，另去开垦生荒地或经过休闲的田地。到了战国时期，随着生产力的发展，爰田制逐渐消亡。

(二) 易地扶贫搬迁与异地扶贫搬迁的区别

首先，迁移的地理区域有一定的区别。异地扶贫搬迁一般是指搬迁到本乡镇之外的乡镇行政区域。易地扶贫搬迁可以指在本村区域范围之内的搬迁；也可以指搬迁到本村之外的地方，可能仍然在本乡镇之内，也可能在本乡镇之外，这时就与异地搬迁相同了。

总之，"异地"更强调特定的行政区域范围。例如，银行部门所指的"异地"存取款，一般是本省地域之外的存取款。国家医保局所指的医疗费用"异地"结算，一般是指跨医疗费用统筹行政区域的结算，尤其是指跨省级区域的结算。各级行政区域所指的"异地"，一般是指本行政区域外的地方。我国目前农村的最小行政单位是村委会，所以"异地"应当是指本村委会所管辖范围以外的地方。这些"异地"，绝不可用"易地"来代替。

其次，迁移的要求有一定的区别。异地扶贫搬迁，一般是指整村搬迁，搬到较远的地方。易地扶贫搬迁包括整村搬迁，但也可能是一村的部分搬迁，不一定搬到较远的地方。

再次，主管部门和政策操作有一定的区别。"异地扶贫搬迁"是扶贫移民异地搬迁项目的简称，由各级扶贫办组织实施。"易地扶贫搬迁"最初是以工代赈易地扶贫搬迁项目的简称，由各级发改委组织实施。不久，以工代赈的易地扶贫搬迁很少了，但是易地扶贫搬迁仍然继续实施，并且经过了一个大规模实施的历史阶段，直至2021年成建制的绝对贫困消除。

但是，我们也要注意到两点：

第一，早期异地扶贫搬迁与易地扶贫搬迁在概念和政策以及主管部门有一定的区别。后期，这些区别就越来越小了。如扶贫办（现在已经撤销）组织的异地扶贫搬迁，也会申请到各级政府的资金。

一般情况下，国家发改委组织的易地扶贫搬迁，其资金以中央政府为主，地方政府配套资金为辅；扶贫办组织的异地扶贫搬迁，其资金以本地扶贫办和本地政府为主，争取中央政府及外地支援为辅。当然，这种主辅关系不是绝对的，不是每一个村庄的搬迁都是如此，不排除主辅关系颠倒的可能。

第二，有些人对"异地"与"易地"两个词组的使用，又不是那么严格，经常互换使用，甚至文章的标题中使用"异地"，正文中又使用"易地"，或者文章的标题中使用"易地"，正文中又使用"异地"。例如，《经济日报》2020年4月23日的一篇新闻报道，题目是《国家发改委：异地扶贫搬迁已实现947万人入住》，但是正文中使用了"易地扶贫搬迁"。还有的文章正文中，既使用"异地"，也使用"易地"。

(三)"易地扶贫搬迁"与"异地扶贫搬迁"的演变

在2001年之前，中央有关扶贫搬迁的主要政策中，使用"异地"，如"异地扶贫""异地开发扶贫"等词组，没有使用"易地"。

2001年国家计委发布了《关于易地扶贫搬迁试点工程的实施意见》，并首次安排了专项资金，从国家层面有计划、有组织开展了易地扶贫搬迁工程。这也极大地调动了各地搬迁扶贫的积极性。从此，中央的有关政策文件中，与扶贫搬迁有关的内容，不再使用"异地"，基本上使用"易地"。

许多人在文章中、在网上，也注意到中央文件中用词的这种改变。但是却无人探讨、指明为什么要这样改变。这还是要从前面有关"异地"与"易地"含义的细微区别说起："异地"一般是要跨行政区域的，而"易地"则可以是跨行政区域，也可以是不跨行政区域。因此，"易地"更灵活地适合搬迁扶贫的两种选择或者说两种可能，即跨区域搬迁和不跨区域搬迁。

但是在2001年之后，中央文件中有关扶贫的内容，也不是绝对不使用"异地"一词。例如，2001年10月，国务院新闻办公室发布的第一个中国扶贫白皮书《中国的农村扶贫开发》，其中只用了"异地"，没有使用"易地"。不过，10年之后的2011年11月发布的第二个中国扶贫白皮书《中国农村扶贫开发的新进展》中，就只有"易地"，没有"异地"。2012年6月，国家新闻办公室发布的《国家人权行动计划（2012—2015）》中，使用的是

"异地扶贫搬迁"。

2014年9月，国家发改委发布的《发改委关于做好新时期易地扶贫搬迁工作的指导意见》，虽然通篇大量使用"易地"，但也使用了一次"异地"："鼓励群众投亲靠友、异地购房自主搬迁"。这里的"异地"，主要是跨行政区域的"异地"。

另外，国务院2001年6月13日发布的《中国农村扶贫开发纲要(2001—2010)》，好像有意回避了"异地"与"易地"这两个词，通篇没有出现这两个词，使用的是"移民搬迁""移民扶贫""县内的移民搬迁""跨县的"移民搬迁。

三、中国易地扶贫搬迁的发展历程

易地扶贫搬迁成为中国开发式扶贫的重要措施，受到重视并逐步推广，在我国已经走过近40年历程，呈现出由地方自发实践到中央统筹规划、政策维度不断完善、资金筹措渠道拓宽、投入力度日益加大、社会各界广泛参与的演变特点。① 根据我国易地扶贫搬迁的演进过程和发展特点，可划分为四个阶段。

第一阶段 初步探索阶段(1983—2000年)。易地扶贫搬迁可以追溯到较早的"三西"移民。1983年，中央政府成立了专门机构、拨出专项资金，按照"有水路走水路，水路不通走旱路，水旱路都不通另找出路"的工作思路和方针，开展三西地区②农业专项建设计划，开启了我国区域性扶贫开发之先河。"三西农业建设扶贫开发项目"是中国政府实施的第一个区域性

---

① 吴振磊，李钺霆.易地扶贫搬迁：历史演进、现实逻辑与风险防范[J].学习与探索，2020(2)：131-137，2.

② "三西"指甘肃省河西地区、定西地区和宁夏回族自治区西海固地区，是改革开放初期全国集中连片最困难的地区之一，包括河西地区19个县(市、区)、甘肃中部以定西为代表的干旱地区20个县(区)和宁夏西海固地区8个县，共计47个县(市、区)(1992年扩大到57个)，总面积38万平方公里，农业人口约1200万人。由于自然环境恶劣，国务院在1982年将"三西"地区确立为重点扶贫区域。

反贫困计划，也是对中国易地扶贫搬迁的初步探索。

"三西"建设的初衷就是甘肃定西移民开发河西，从宁夏西海固移民开发黄灌区。以定西为代表的甘肃中部干旱地区以及毗邻的宁夏西海固地区，处于黄土高原及向干旱风沙区的过渡带，水土流失和土地沙化现象严重，干旱、暴雨等自然灾害比较频繁。在人口密度较低的情况下，只能维持简单再生产。新中国成立40多年以来，该地区由于人口增长超过了经济增长，人地矛盾越发突出，绝大部分农民难得温饱，靠国家救济生存，是历史上著名的"苦瘠甲天下"的贫困地区；而甘肃河西百万亩宜农荒地未开发利用，粮食生产潜力很大。根据三西地区的实际情况，为加快甘肃河西地区和宁夏引黄灌区商品粮基地建设，从根本上改变甘肃中部和宁夏西海固地区贫困落后面貌，国务院为三西建设确定了"有水走水路，水路不通走旱路，水旱路都不通另找出路"的方针。在这一方针的指导下，三西建设把从资源贫乏地区组织移民作为稳定解决温饱的一项战略措施。面对低收入人口分布与具有开发潜力的国土资源空间分布错位的现实，三西建设制定了"以川济山，山川共济"的开发建设方针，即兴河西、河套之利，济中部西海固之贫，把贫困山区难以解决温饱的部分农户，在自愿的基础上，有计划有组织地迁移到河西、河套灌区和当地新开发灌区，把人口迁移和农村区域开发结合起来，开拓脱贫致富新路。①

"三西"移民是从甘肃、宁夏两省区的实际出发，跳出贫困地区解决贫困问题的一种扶贫方式。② 三西移民的安置方法很多，但从移民形式上，大体可分为县内近距离移民和县外远距离移民两种。安置具体有四种形式，一是分散安置。如农民投亲靠友，这种方式本人主动，加之亲友相帮，安置困难小。二是兴建移民基地，集中安置。这种方式依靠新建水利工程，开发新灌区，集中安置移民，主管部门有较大的工作主动权，便于

---

① 张强. 农村区域开发和人口迁移的新途径——"三西"开发型移民初探[J]. 科学·经济·社会，1993(3)：15-17.

② 《国务院关于继续做好甘肃、宁夏"三西"地区移民工作的批复》(国函〔1991〕60号)。

集中解决干旱山区最困难地方的问题。三是利用国营农场和企事业单位停办的农、林场建立小型移民点，集中安置。这种方式除基地集中安置的特点外，还因为农林场已有一定生产生活条件，能够使安家、生产、生活、收益同步进行。四是建设移民"吊庄"。移民迁出原管辖地，但原隶属关系不变，迁出地政府在辖区之外的迁入地建设安置区集中安置移民并统一进行生产生活设施开发建设的一种移民方式。这种方式迁移距离短，进退两便，易为移民接受。① 1983 年至 2003 年宁夏建设移民基地 25 处，搬迁安置西海固山区贫困移民 32 万人。②

专栏 2-1　　　　　宁夏的"吊庄"移民

"吊庄"一词的原始含义是一家人走出去一两个劳动力，到外地开荒种植，就地再建一个简陋而仅供暂栖的家，这样一户人家住在两处，一个庄子吊两个地方，就像"吊在空中的村庄"，故称之为"吊庄"。三西农业建设的规划会议中，采纳了这一带有地域性特色的名词，因为有的农户对新村前景缺乏信心，并且怕失去他们原有的一切。而采用"吊庄"迁移形式，一般坚持自愿搬迁和给予三年适应期的政策，即迁移三年内不迁户口，允许两头有家，来去自由，使移民对迁入地逐步形成亲近感、归属感，经过反复比较，脱掉一头。这有助于排除移民心理障碍，适应新环境并作出是否愿意留下来的决定。这一模式的运用，调动了异地农民迁移的积极性，也使思想动员工作更容易开展，之后，它便被赋予了全新的、超越了原来意义的新内涵。

"吊庄移民"主要有县内"吊庄移民"、县际间"吊庄移民"和县际插户"吊庄移民"三种方式。1983 年至 1992 年间，采用"吊庄"模式，宁夏已将 20 万贫困农民从人口超载的山区成功地迁移到新开发区，把

---

① 张强. 农村区域开发和人口迁移的新途径——三西开发型移民初探[J]. 开发研究，1993(6)：53-54.

② 段庆林. 中国三西地区农村扶贫模式研究[R]. "反贫困与国际区域合作"高层国际研讨会，2006 年 8 月。

南部的扶贫工程和北部的区域开发有机地结合在一起，取得了扶贫攻坚和区域经济发展的双重成效，产生了极大的经济、社会和生态效益。

资料来源：文妮. 宁夏"吊庄移民"工程与民生效益[J]. 黑龙江民族丛刊，2011(1).

"三西"农业建设中进行的有计划、有组织、有领导的移民活动是在我国全国范围内开展易地扶贫搬迁所进行的成功探索，在中国易地扶贫搬迁历程中具有开创性、先导性、示范性意义。"三西"移民取得了巨大的经济效益、生态效益和社会效益，有力地推动了三西地区扶贫开发的进程，已成为我国日后进行有组织、有计划、大规模易地扶贫搬迁的实践基础。

进入20世纪90年代，在市场机制和大规模开发式扶贫的双重推动下，我国大部分地区贫困状况得到有效改善。在农村贫困问题大大缓解的同时，贫困问题由普遍性分布呈现分层、分块、分化等新特征，区域间发展不均衡问题凸显。① 贫困人口分布演化为地缘性"分块"特征，集中分布在西南大石山区(缺土)、西北黄土高原区(严重缺水)、秦巴贫困山区(土地落差大、耕地少、交通状况恶劣和水土流失严重)以及青藏高寒区(积温严重不足)等几类人类生存的"自然障碍区"和环境容量严重超载区。导致贫困的主要因素是自然条件恶劣、基础设施薄弱和社会发展落后。扶贫开发难度大和成本高，常规扶贫手段的减贫效益低下。为了进一步加快扶贫开发的步伐，中国政府继续推进大规模扶贫开发国家行动，于1994年实施"国家八七扶贫攻坚计划"，明确提出，集中人力、物力和财力，动员社会各界力量，力争用7年左右的时间，到2000年底，基本解决农村8000万贫困人口的温饱问题。这是新中国历史上第一个有明确目标、明确对象、明确措施和明确期限的全国扶贫开发工作纲领。

这一阶段完成"基本解决农村贫困人口温饱问题"目标的最大障碍就是

①　中华人民共和国国务院新闻办公室，《人类减贫的中国实践》，2021年4月。

那部分生存在自然条件极度恶劣的、一方水土养活不了一方人的、采取常规手段和方法无法改善生存状况、无法改变贫困面貌的地区。为此，国家决定在扶贫攻坚中推广"三西"经验，采用移民搬迁的办法。《国家八七扶贫攻坚计划》明确指出："对极少数生存和发展条件特别困难的村庄和农户，实行开发式移民。"这是在国家方针政策中首次提到扶贫移民，也是中国首次在国家层面将移民搬迁作为农村反贫困的一种方式。为动员如期完成《国家八七扶贫攻坚计划》，1996 年中共中央、国务院发布了《关于尽快解决农村贫困人口温饱问题的决定》，特别指出对缺乏基本生活条件的少数特困村实行开发式移民。强调了移民扶贫的重要性和在遵循因地制宜分类指导方针下的扶贫开发的必选项。

从 20 世纪 90 年代中期开始，继甘肃、宁夏之后，广西、云南、湖北、内蒙古等省、自治区都相继开展了扶贫移民搬迁工作，截至 2000 年，全国已有 19 个省（自治区、直辖市）有组织、有计划地开展了这项工作，共投入资金 56 亿多元，搬迁移民 258 万人。①

这其中，广西的移民工作开展较早、力度较大。1993 年到 2000 年广西壮族自治区政府先后印发了《广西贫困地区部分群众异地安置试点方案》《广西壮族自治区石山地区部分群众异地安置工作若干规定》《广西壮族自治区跨地区扶贫异地安置工作若干问题的规定》等省级文件，明确了扶贫移民系列政策措施，② 在搞好就地开发扶贫的同时，对自然环境特别恶劣、资源特别贫乏、就地开发不能解决贫困和发展问题的石山地区特困人口实行异地搬迁。

第二阶段 试点推进阶段（2001—2010）。坚持群众自愿、政府引导原则。《中国农村扶贫开发纲要（2001—2010 年）》对新形势下的扶贫开发工作作出了战略部署。将稳步推进自愿移民搬迁作为扶贫开发的重要内容和

---

① 全国 21 世纪初扶贫开发（广西百色）研讨班会务组. 扶贫移民搬迁参考资料选编[G]. 2000：1-13。

② 陆汉文，覃志敏. 我国扶贫移民政策的演变与发展趋势[J]. 贵州社会科学，2015(5)：164-168。

途径。与前一阶段的《国家八七扶贫攻坚计划》相比，该纲要更强调扶贫移民的自愿性原则，尊重农民的意愿，而且扶贫移民政策综合考虑了多种因素，移民政策更加系统化，更加强调彰显综合效应。同一年，国家计委出台《国家计委关于易地扶贫搬迁试点工程的实施意见》，将宁夏、云南、贵州和内蒙古四省（自治区）列为试点项目区，开展易地扶贫搬迁试点工作。

　　试点工作确定利用国债资金在西部地区开展易地扶贫搬迁试点工程，由国务院统一领导、有关省区政府负责组织实施。试点工程包含减少贫困人口和改善生态环境双重目标，坚持扶贫与生态建设相结合、群众自愿等基本原则，被视为新世纪扶贫工作和实施西部大开发战略的重要举措。①按照中央文件精神，西部地区相关省区进一步制定了易地扶贫搬迁的细化政策。例如，《甘肃省人民政府办公厅关于印发易地扶贫搬迁试点工程实施意见（试行）的通知》（2004）确定易地扶贫搬迁对象主要包括三部分群体：一是生活在自然条件恶劣，缺乏基本生存条件地区的贫困群众；二是生活在水源涵养林区、自然保护区等生态位置重要、生态环境脆弱地区的农牧民；三是受地质灾害威胁严重、需要避险搬迁的群众。《内蒙古自治区人民政府关于实施生态移民和异地扶贫移民试点工程的意见》（2001）提出，生态移民和异地扶贫移民试点工作要坚持"三项原则"，做到"六个结合"。

　　国家在四个省份的易地扶贫搬迁试点工程在"十五"期间累计安排国债投资56亿元，搬迁122万人。通过实施试点工程，安置区生产生活条件明显改善，搬迁群众增收渠道逐步拓宽，迁出区生态环境得到有效保护和恢复，促进了人口、资源、环境的协调发展，试点工作取得了较好成效。②

　　按照《中国农村扶贫开发纲要（2001—2010）》提出的易地扶贫搬迁工作"在搞好试点的基础上，制定具体规划，有计划、有组织、分阶段地进行"的要求以及《中华人民共和国国民经济和社会发展第十一个五年规划纲要》

---

　　①　陆汉文，覃志敏. 我国扶贫移民政策的演变与发展趋势［J］. 贵州社会科学，2015（5）：164-168.

　　②　中华人民共和国国家发展和改革委员会，《易地扶贫搬迁"十一五"规划》。

"对生存条件恶劣的贫困地区实行易地扶贫"的明确规划,在"十五"时期成功试点的基础上,国家在"十一五"时期把易地扶贫搬迁实施范围扩大到西部农村贫困地区,重点是西部地区国家扶贫开发工作重点县。这一阶段,国家将易地扶贫搬迁确定为"中央政府投资支持的重点领域",从而形成了稳定的投入渠道,资金支持总量和户均补助标准逐步增加。《易地扶贫搬迁"十一五"规划》及其实施标志着我国易地扶贫搬迁开始从政策试点逐步转为有计划推行的系统工程,从探索阶段走向整体规划和设计的新阶段。

易地扶贫搬迁是一项从根本上解决生活在自然和地理劣势地区贫困群众脱贫致富最有效的措施之一。在国家易地扶贫搬迁工程的示范带动下,除国家试点地区外,一些省份也开始将易地扶贫搬迁作为专项扶贫的重要手段加以推动实施。如陕西、重庆等省、直辖市结合当地实际,统筹各方资源,积极实施生态移民、避灾搬迁的搬迁工程。在地方自行实践中,江西省易地扶贫搬迁工作起步较早,而且对全国易地扶贫搬迁也极具经验参考价值。

江西省从2003年在全国率先有计划、有组织地部署实施移民扶贫搬迁。自《国家八七扶贫攻坚计划》实施以来,江西全省贫困群众生活水平有了明显提高,到2000年全国性扶贫攻坚结束时,只剩下90万人口依然深陷贫困境地。他们当中的大多数世居深山,不通路、不通水、不通电、不通广播电视电话,缺少必要的医疗条件,投入再大也无法彻底改善他们的生产和生活条件。为此在前期修水县自发实践的基础上,经过深入调研,决定推广修水模式。2003年在修水、万安、遂川三个国家扶贫开发工作重点县进行试点,分别探索深山区、水库库区、地质灾害频发区移民搬迁扶贫工作思路。据统计,江西省从2003年开始试点,截至2010年,全省共投入财政扶贫资金9.25亿元,建设移民集中安置点2262个,完成移民搬迁37.01万人。全面实现通路、通水、通电的安置点有181个,占安置点总数的80.1%;为移民建住房7.1万栋、达968万平方米;建设社区活动场所10.6万平方米,修路3055公里,架设输电线路2733公里,30米以上的桥梁 13 座，安装自来水管道 8000 公里，建设沼气池 10000 多个，安装太阳能热水器 1.2 万个。以不足 10 亿元的财政扶贫资金投入，吸引了 70 多亿元的各类资金投入，从而使得贫困群众的脱贫步伐明显加快，贫困地区的社会文化事业明显进步，生态环境明显好转，城镇化进程明显推进，管理成本明显降低，抗灾减灾能力明显上升。①

专栏 2-2　修水县移民扶贫探索开启江西省移民搬迁工作

江西的扶贫搬迁源于修水县的摸索实践。修水是个比较典型的山区县，以山为主，素有"八山半水一分田，半分道路和庄园"之说。农民种的是挂壁田，走的是鸡肠路，生活在大山里的群众过着与世隔绝的生活。在"八七"扶贫攻坚阶段被确定为国家级贫困县后，针对居住在深山区的贫困人口想尽各种办法进行扶贫，但贫困依旧，投入成本高，脱贫效果甚微。

受东津电站建设时搬迁出来的群众被安置到大山外的丘陵平原地区快速脱贫致富的启发，修水县从 1998 年开始在一个乡镇进行小范围试点。县委、县政府在没有资金来源的情况下，东拼西凑从县财政挤出几十万元钱，把位于苑萝山深处的几个行政村分散在几十公里范围内的二百多户农民迁出来，进行了集中安置，由政府统一搞好基础设施建设，取得了显著的脱贫效果。但是受制于资金问题，修水县很难进一步推广移民扶贫模式。

修水县的实践受到江西省领导的关注和重视，就修水县实施移民搬迁扶贫工作进行了深入、全面的调查。接着又对全省七个库区和十个国家扶贫开发工作重点县的深山区贫困群众情况进行了普查。依据这次普查结果，江西省开启了在全省进行移民搬迁的试点工作。

---

① 温艳霞. 大山作证：江西省移民扶贫纪实[M]. 南昌：江西科学技术出版社，2011：127.

第三阶段 全面推进阶段(2011—2014年)。政府角色变引导为主导，与城镇化、工业化相结合，有中国特色的易地扶贫搬迁政策体系初步形成。《中国农村扶贫开发纲要(2011—2020)》作出"我国扶贫开发已经从以解决温饱为主要任务的阶段转入巩固温饱成果、加快脱贫致富、改善生态环境、提高发展能力、缩小发展差距的新阶段"的重大判断，确定将连片特困地区作为新时期扶贫攻坚的主战场，并把易地扶贫搬迁摆在了专项扶贫的突出位置加以强调。这一阶段基本处于我国的"十二五"时期，这一阶段我国国家层面的易地扶贫搬迁实施范围进一步拓展，除新疆和西藏外的中西部所有省份均被纳入其中。"十二五"时期，我国工业化、城镇化、信息化、市场化深入发展，经济结构转型加快，国家强农惠农政策力度进一步加大，城镇化进程有序推进，这些都为做好扶贫开发和易地扶贫搬迁工作创造了有利条件。而且，多年来的试点工程形成了一套组织管理形式，积累了丰富的经验，搬迁群众的生产生活条件得到了根本改善，示范效应十分显著。

《中华人民共和国国民经济和社会发展第十二个五年规划纲要》提出，在"集中连片特殊困难地区，实施扶贫开发攻坚工程，加大以工代赈和易地扶贫搬迁力度"。《中国农村扶贫开发纲要(2011—2020)》《易地扶贫搬迁"十二五"规划》《关于做好新时期易地扶贫搬迁工作的指导意见》等政策文件，均反映出易地扶贫搬迁工作的政府角色由政府引导提升为政府主导。组织实施明确为"中央统筹、省负总责、县抓落实"，指出按照"统一规划、集中使用、渠道不乱、用途不变、各负其责、各记其功"的原则多方筹措资金。

在全面推进阶段，易地扶贫搬迁政策发展取得巨大突破。这主要表现在两个方面：一是与工业化、城镇化相结合，非农安置方向的提出并实施，是扶贫搬迁政策"走出农村"的一大步，也意味着我国的易地扶贫搬迁进入与城镇化相关联的一个新阶段。二是易地扶贫搬迁政策得到强化，建设任务、组织方式、资金筹措以及规划编制、保障措施等方面均被纳入政策体系，这说明在这一阶段，有中国特色的易地扶贫搬迁政策体系初步形成。①

"十二五"以来，国家进一步加大了易地扶贫搬迁工作力度，扎实推进易地扶贫搬迁工作，取得显著成效。易地扶贫搬迁工程在推动贫困地区人口、产业集聚和空间布局优化的同时，也有力改善了迁出地生态环境，收到了良好的经济、社会和生态效益。

第四阶段是决胜攻坚阶段(2015年至今)。本阶段，易地扶贫搬迁是在精准扶贫思想指引下"啃硬骨头、攻坚拔寨"的冲刺期。"十三五"时期，我国进入了全面建成小康社会的决胜阶段。2015年，中共中央、国务院下发《关于打赢脱贫攻坚战的决定》，提出到2020年确保我国现行标准下农村贫困人口实现脱贫的全面建成小康社会的目标，标志着中国扶贫开发事业进入了脱贫攻坚的新阶段。其中，易地扶贫搬迁是打赢脱贫攻坚战的"头号工程"，也是"五个一批"精准扶贫工程中最难啃的"硬骨头"。我国易地扶贫搬迁工作由全面推进阶段正式进入脱贫攻坚阶段。② 为坚决打赢脱贫攻坚战，党中央、国务院决定，按照精准扶贫、精准脱贫的要求，加快实施易地扶贫搬迁工程，从根本上解决了居住在"一方水土养不活一方人"地区贫困人口的脱贫发展问题，制定了《全国"十三五"易地扶贫搬迁规划》(以下简称《规划》)。该文件指出，易地扶贫搬迁工作必须紧盯脱贫目标，按照"理顺机制、明细目标、守住底线、确保脱贫"的要求做好工作，通过"挪穷窝""换穷业""拔穷根"，从根本上解决包含22个省约1000万建档立卡贫困人口的稳定脱贫问题。习近平指出，深度贫困地区是脱贫攻坚的坚中之坚。深度贫困地区生存条件比较恶劣、自然灾害多发、地理位置偏远、地广人稀、资源贫乏，加大对当地群众的易地扶贫搬迁力度是破解深度贫困的重要之策。③

---

① 王宏新，付甜. 中国易地扶贫搬迁政策的演进特征——基于政策文本量化分析[J]. 国家行政学院学报，2017(3)：48-53，129.

② 王宏新，付甜. 中国易地扶贫搬迁政策的演进特征——基于政策文本量化分析[J]. 国家行政学院学报，2017(3)：48-53，129.

③ 习近平在深度贫困地区脱贫攻坚座谈会上的讲话，2017年6月23日。

四、中国易地扶贫搬迁政策演进特征

我国易地扶贫搬迁近40年的发展历程也是我国工业化、城镇化和农业现代化快速深入推进的过程。这一历程伴随我国经济实力的不断提升和"创新、协调、绿色、开放、共享"的新发展理念引领我国深刻变革。在这些因素的综合影响下，易地扶贫搬迁这一实现脱贫的重要手段也呈现出显著的时代变迁的特征。

(一)从政府引导到政府主导

从词语释义上，引导是指带领，使跟随之意，而主导是统领全局，推动全局发展之意，一字之差，意思天壤之别。政府主导还是政府引导，反映的是政府承担责任的大小。当下对于政府引导和政府主导的讨论，更多的是在市场经济体制下，在资源配置中，是市场发挥决定性作用还是政府发挥决定性作用。关于这一问题已有定论，十九大报告指出，"使市场在资源配置中起决定性作用，更好发挥政府作用"。由政府主导向政府引导的转变，反映出国家转变政府职能，重塑政府与市场关系的决心和国家明确的改革重心。

而对于易地扶贫搬迁则恰恰相反，由政府引导逐步过渡到政府主导，这其中的关系并非政府与市场之间的关系，而是政府在不同时期发挥何种作用以及承担责任大小的问题。不同发展阶段的国家治理能力和财政实力的差异形塑政府在推动易地扶贫搬迁中的角色和动力，由此形成政府引导和政府主导两种模式。两种模式的转变节点体现在《易地扶贫搬迁"十二五"规划》，其中提出的"政府主导，群众自愿"基本原则是这一重大政策转向的反映和标志。

"十二五"时期前的易地扶贫搬迁按照群众自愿、就近安置、量力而行、适当补助的原则进行。由于彼时我国易地扶贫搬迁政策尚属于试点探索阶段，国内经验缺乏，国外同类性质的工程较少，可供借鉴的经验有限，故强调群众自愿与政府引导相结合。在政府引导下，各级政府主要做好统筹协调工作，通过引导、带动其他相关支农投资和出台配套政策，加强住房、农田水利、乡村道路、人畜饮水、教育卫生等设施建设，以改善搬迁群众的生产条件和提升其生活质量。由于当时条件有限，投入力度不足，强调群众"自力更生，自建家园"，也因此，更加强调"群众自愿"，人们可以根据自己的意愿和条件选择是否搬迁。但在很多情况下，选择不搬迁却并非完全是"自愿"的客观真实表达，"搬富不搬穷""见户不见人""背皮"等现象反映出突出的政策困境和政策偏离问题。真正的贫困户在搬迁中受到排斥，生存条件恶劣的村庄难以"以自然村落为单元整村搬迁"，易地扶贫搬迁难以从根本上改善群众的生存和发展环境。

从"十二五"时期开始，我国小康社会建设迎来全面建成的十年倒计时。打赢脱贫攻坚战是全面建成小康社会的底线任务，而易地扶贫搬迁又是打赢脱贫攻坚战的"最难啃的硬骨头"。易地扶贫搬迁是一项国家政策，充分体现了国家意志，在时间紧、任务重的情形下，就必然要由政府主导实施，形成自上而下的治理过程和政策执行过程，以确保民生工程高质量顺利完成。特别是"十三五"易地扶贫搬迁，构建并完善了易地扶贫搬迁政策体系，采取"中央统筹、省负总责、县抓落实"的三级管理机制，职责分工更加细化、明确，有效发挥各部门不同政策优势对扶贫开发和易地扶贫搬迁的支持促进作用。① 各地将易地扶贫搬迁作为"重大政治工程""首要政治任务"，强化责任担当，压实工作责任，压力层层传导。

政府主导中的政策执行逻辑表现为运动式、支配性和均等化，各级政府在于打造亮点和政绩，主要着眼于落实上级政府下达的任务和实施标准，并确保在稽查和考核中顺利过关。这一行动逻辑下的易地扶贫搬迁呈现出短时间内剧烈的跳跃式社会变迁和时空压缩下的生活快速转变的特征，②

---

① 王宏新，付甜. 中国易地扶贫搬迁政策的演进特征——基于政策文本量化分析[J]. 国家行政学院学报，2017(3)：48-53，129.

② 江立华，曾铎. 易地扶贫搬迁人口的空间变动与身体适应[J]. 中国特色社会主义研究，2021(4)：37-42.

需要在工程推进和后续扶持中重点关注和化解搬迁群众的生计风险、融入风险、过多"给予"所强化的对政府依赖风险以及扶贫产业面临的市场风险。①

(二) 从有土安置到无土安置

在非农就业不发达、非农就业机会不足以及弱质劳动力无力从事非农就业的情况下，依靠土地的农业生产就是农民就业的主要途径，土地就是农民获得收入的最重要的资产。因此，在迁入地获得土地是其搬迁并扎根的基础，也是政府动员群众搬迁的先决条件。在移民搬迁的前20年，有土安置、从农到农是我国易地扶贫搬迁的主要安置形式。农区以"耕地"安置为主，发展种植业，牧区以"草场"安置为主，发展畜牧业。② 中部地区试点特别强调在符合国家现行土地政策的前提下，统筹安排好耕地和宅基地。耕地方面，要确保农民有一定的耕地，尽量不采取"无土"安置，可以采取土地置换、开发耕地等方式解决耕地问题。③

移民在迁入地获得土地主要有四种途径和方式：一是土地开发。三西移民就是典型的农业区域开发型移民，定西和西海固干旱缺水，土地贫瘠，水土流失严重，生态环境恶劣，人口增长快，群众生活困难，"一方水土难以养活一方人"，而甘肃的河西走廊和宁夏的河套平原则土地开发潜力巨大，基于此，三西建设把贫困山区难以解决温饱的部分农户有计划有组织地迁移到河西河套灌区，很好地解决了低收入人口分布与具有开发潜力的国土资源空间分布错位的问题。三西移民是以解决温饱为目标以灌区开发为基本安置形式，按照灌区开发的总体规划，合理分配土地，确定每个移民点和吊庄基地的安置人数。二是土地调配。就是由迁入地调剂出

---

① 吴振磊，李铖霆. 易地扶贫搬迁：历史演进、现实逻辑与风险防范[J]. 学习与探索，2020(2)：131-137，2.

② 中华人民共和国国家发展和改革委员会《易地扶贫搬迁"十一五"规划》。

③ 中华人民共和国国家发展和改革委员会《中部地区易地扶贫搬迁试点工作会议主要精神》，2014年3月3日。

部分土地分配给移民耕种。除由迁入地原住民出让部分土地外，在可耕地十分紧张、难以调整的情况下，迁入地可以盘活的土地资源一般还有这几方面：一是农村集体经营的土地。二是农村新出现的"四户"现象，使得部分土地或闲置或抛荒。这四户分别是：死亡绝户、外迁户、土地闲置户、农转非户。但尽管如此，有土安置最大的困扰依然是土地，对于迁入地群众而言，"这点土地，划走一分少一分"，难度很大，更需要干部群众具有较高的思想觉悟以及基层干部的凝聚力和号召力。三是国有农地、林地。政策规定必须给予转移安置移民必要的土地，并赋予移民对土地的长期使用权。云南省确定纳入易地开发扶贫的土地，当地政府必须服从省政府的安排。国有荒山荒地均由接受地政府无偿地划拨给迁入地的集体和农户；属集体的土地，按实际可利用面积，给予一定的土地补偿费，一次性划交迁入集体和农户使用，并办理相关手续。① 土地问题最突出，个别集中安置点调整给搬迁群众的土地较瘠薄，蓄水保水能力较差，导致部分搬迁农户粮食不能自足。②

但是，在很多地方，尤其是需要进行扶贫移民的县域，土地往往是最为重要，也是最为稀缺的生产资料，特别是随着农业税的免征和粮食直补、良种补贴等政策的落实，土地收益回升，农民种田的积极性被调动起来。进城农民工回乡种田的增多，土地承包时因嫌税费过高而没有要地的农户和外出打工后自动放弃土地承包权的农户减少，凡此种种，均使得易地扶贫搬迁的有土安置难度越来越大。

另一方面，随着中国市场经济的深化以及工业化、城镇化的快速推进，生产要素的流动空前活跃，农民有了更多的非农就业机会，大量的农村青壮年劳动力外出打工和经商成为农民增收的重要来源，农民对土地的依赖性日渐减弱。而逐步完善的社会保障体系、退耕还林和各项支农惠农补贴以及农村资源变资产、资金变股金、农民变股东的"三变"改革中的利

---

① 赵俊臣. 易地搬迁开发扶贫——中国云南省的案例分析与研究[M]. 北京：人民出版社，2005：75.

② 李林军. 易地扶贫搬迁的三点操作体会[J]. 中国投资，2008(5)：106-107.

益分享，为老年人、残疾人等弱势群体进行易地搬迁提供了充分的支持和保障。这一背景，为我国更大力度、更大规模推进易地扶贫搬迁创造了条件，从"十二五"时期开始我国就明确了农业安置和非农安置两种易地扶贫搬迁安置方向，城镇化安置、非农就业的"无土安置"成为扶贫搬迁的有益探索和实践。但此阶段的"无土安置"对象是有选择性的，一般优先安置有外出务工劳动能力、思想观念上能够接纳城镇生活习惯的群众。进入"十三五"，易地扶贫搬迁除行政村内就近安置和建设移民新村安置这两种集中安置方式可以不脱离土地，依然将土地经营作为生计来源之一外，依托新型城镇化建设，在县城、小城镇或工业园区附近建设安置区"无土"集中安置是重要的安置方式。《规划》设计的此种集中安置方式安置的人口占集中安置人口的 37%，而实际上许多省份城镇集中安置比例要高得多，如贵州、广西均超过 95%。

"无土安置"下搬迁群众不再拥有生产性用地，或者不再依靠农业生产获取收入，符合城镇化、工业化和农业产业化的发展趋势，而且也与国家实施强有力的社会保障兜底政策密不可分。

(三) 从搬富不搬穷到精准识别

易地扶贫搬迁的对象首先一定是贫困人口，搬迁主体的选择弹性从理论上说不会太大，即便是整村搬迁，贫困人口更应该是优先保证的搬迁对象。但在"十三五"前的近四十年的搬迁扶贫实践中，政策在执行过程发生了较大偏差，"搬富不搬穷"的偏离政策目标初衷的选择性搬迁现象较为普遍。考察其原因有三：一是政策的支持力度小，限制条件多，客观上形成了对搬迁对象的选择性。国家"十一五"易地扶贫搬迁中央补助性投资标准为人均不超过 5000 元，"十二五"时期提高到 6000 元。此标准与家庭搬迁安置所需投入有很大缺口。据阜平县的测算（"十二五"时期的搬迁），四口之家最低安置费用约 15 万元，当前扶持资金仅占 16%。四川广元市以工代赈办公室对 2004—2005 年度易地扶贫搬迁试点工程集中安置点搬迁群众进行了回访，发现国家补助的建房资金仅占搬迁群众建设总投资的 20%。① 以"政府补贴+群众自筹"的搬迁资金筹措方式，自筹资金再加上搬迁安置过程中所产生的必要支出，对贫困家庭来说，要想搬出去，负担确实很重，也就是说，政府补助还不足以使人们在不增加太多负担的情况下轻松迁出。另一方面，很多地方的搬迁不是大规模开展的，搬迁对象的选择是有条件的，必须是"生活在缺乏基本生存条件的地区，且具备搬迁和安置条件的农村贫困人口"。② 由此则增加了搬迁主体的选择性，不具备条件的农户可以选择不搬，同时又使搬迁本身成为一种稀缺资源，而使得贫困人口有可能被排挤在外，从而形成困难群众"想搬、怕搬、搬不下来"，而最终"搬富不搬穷"的局面。另外就是有些地方需要搬迁户自行垫付新房建房费用，待整个搬迁完毕之后才能找政府"报账"，政府补贴对于那些深度贫困人口而言也就成了一张"空头支票"。有关金融机构对生态扶贫搬迁群众贷款十分谨慎，特别是对困难群众搬迁不予贷款或授信，政府的相关优惠政策形同虚设，流于形式。加之搬迁群众自身条件差，无自筹资金的渠道。贷款利息的压力也让他们不敢、不愿通过贷款来筹集建房资金。

2015 年以前，需要群众承担部分住房和基本生活设施建设费用，自筹资金较多。根据国家发改委的相关调查，除去国家补助资金后，搬迁户需自筹资金 3 万至 8 万元，甚至更多，大大超过了广大贫困户的财务承受能力，在搬迁过程中造成了"搬富不搬穷"的局面。③

二是贫困人口素质的制约。自身文化水平不高，生活技能有限，搬迁后无地可种生活难保障。此外，贫困群众有一定的自卑感，搬迁后对他们的人文关怀不够，搬迁群众归属感差，难以融入新生活。这些贫困群众对搬迁有更多的顾虑而不敢搬。很多地方留居在村里的主要是以老年人为主

① 李林军. 易地扶贫搬迁的三点操作体会[J]. 中国投资，2008(5)：106-107.
② 中华人民共和国国家发展和改革委员会，《全国易地扶贫搬迁"十一五"规划》。
③ 何畅. "十三五"时期易地扶贫搬迁投融资模式研究[J]. 开发性金融研究，2017，11(1)：59-67.

体的老弱病残人口，而这部分人口受观念和经济条件等因素的制约几乎没有外迁的意愿和勇气。

三是考核导向和监督。搬迁进度作为基层政府目标考核的主要指标，这就促使其在执行政策时展现出效率为先，而不是以实际需求和社会公平为取向的工作风格。在推动搬迁工作过程中，主观上往往不是把最需要搬迁的对象和最贫困的群体放在首位，克服困难，帮助其搬迁，而是把有能力搬迁的农户作为重点服务和动员对象，特别是"能一次性缴清自筹款的农户优先"。① 其结果就是真正的贫困户由于经济等条件的限制而选择放弃搬迁，搬迁指标自然就流向了村里的有条件搬迁的非贫困户。而且即便都是搬迁户，村里的精英们也自然会凭借自身优势，压制贫困户在公共资源获取上的权利，在安置小区、房屋位置和类型上往往先行下手，而贫困户却没有选择的余地。

同时还存在因监督管理不到位而出现的村干部利用手中的权力"优亲厚友、搭便车"的现象。

凡此种种，客观上形成了在易地扶贫搬迁对象选择上的社会排斥，在一定程度上助推了"搬富不搬穷"现象的产生。其结果，移民搬迁政策的实际受益者恰恰是那些已经外迁就业或创业的家庭，移民搬迁的优惠政策尤其是住房补贴帮助这部分家庭减轻了在原住地外定居的负担。到底谁搬迁了？谁获益了？② 移民搬迁是否有效实现了政府拟定的"挪穷窝""拔穷根"的目标？如此的诸多疑问一直伴随对这一阶段易地扶贫搬迁效益的评价。也因为"搬富不搬穷"，制约了"以自然村为单元的整村迁出"目标的实现，零星散迁状态较多，抑制了经济、社会、生态等整体效益的发挥。

进入"十三五"时期，易地扶贫搬迁坚持"精准识别，精准搬迁；群众

① 何得桂，党国英.陕南避灾移民搬迁中的社会排斥机制研究[J].国家行政学院学报，2012(6)：84-88.
② 何畅."十三五"时期易地扶贫搬迁投融资模式研究[J].开发性金融研究，2017，11(1)：59-67.

自愿，应搬尽搬"的基本原则，彻底破解了"搬富不搬穷"的困局。一是在搬迁对象上，"十三五"易地扶贫搬迁是建立在对贫困户的精准识别基础之上的。易地扶贫搬迁各项政策、资金精准集聚，优先保障建档立卡贫困人口搬迁安置和后续脱贫。搬迁方式包括自然村整村搬迁和分散搬迁两种，整村搬迁的搬迁对象包括建档立卡贫困户和同步搬迁非贫困户，而分散搬迁对象则只限于建档立卡贫困户。尤其是把老年人搬迁安置作为整村搬迁工作的重中之重，对鳏寡孤独、老弱病残等特殊贫困群体一般通过新（改扩）建互助幸福院、养老院等方式解决。精准与精细化的政策设计既能使更多的自然村实现整村搬迁，又能保证易地扶贫搬迁政策不走偏，确保贫困户受益。二是在投入力度上，"十三五"时期易地扶贫搬迁的投入水平较以往大幅提升，人均补助标准达到 6 万元（见表 2-1）。

表 2-1 2001 年以来我国各时期易地扶贫搬迁投资情况

时期	搬迁人数/ 万人	中央投资/ 亿元	人均中央 投资/元	总投资/ 亿元	人均总投资/ 元
"十五"	122	56	4590	56	5590
"十一五"	163	76	4671	106	6515
"十二五"	394	231	5863	1031	26168
"十三五"	981	800	8155	5922	60367

资料来源：何畅．"十三五"时期易地扶贫搬迁投融资模式研究[J]．开发性金融研究，2017，11（1）：59-67．

住房建设实施"交钥匙工程"，拎包入住，基础设施、公共服务以及产业配套全覆盖。为避免贫困搬迁家庭因建房而大额负债影响脱贫，国家对农户自筹资金额度进行了严格限定，明确规定建档立卡搬迁群众自筹资金原则上每户不超过 1 万元或每人不超过 3000 元，对于鳏寡孤独等特殊困难群体，可免除自筹资金。为确保不举债"搬得出"，各地在农户自筹资金上积极探索，创新机制，如河南省规定农户不再自筹资金，农户自筹的人均3000元资金，由省、市、县三级财政各分担1000元。

"十三五"前后的易地扶贫搬迁投入力度的差异直接影响了农户的搬迁意愿和实际"搬得出"的选择性，也使群众自愿原则中的"自愿"具有了不同的含义和行为取向。前者多因无力搬迁而选择自愿放弃搬迁的机会和权利，基层政府也因"底气不足"而只能在一定范围内选择性动员。新时期易地扶贫搬迁也遵循群众自愿的原则，但在国家大力度投入和支持下，改变了群众传统的成本收益分析框架，不搬迁则意味着福利和基于理性的预期收益的损失，因而群众更易于响应，搬迁积极性更高。

三是在监管上，党的十八大以来，党中央大力推进党风廉政建设和反腐败斗争，严格落实中央八项规定精神，以党风带动政风民风好转，推动政风反腐向基层延伸，着力解决群众身边的腐败问题。加强脱贫攻坚督导监察，建立全方位的督导体系，坚决查处脱贫攻坚中的违规违纪问题，为脱贫攻坚营造了良好的干事创业环境和风清气正的氛围。同时在国家治理体系和治理能力现代化加快推进的背景下，中国脱贫攻坚的贫困治理实践内化于国家治理体系和治理能力现代化建设进程中，形成了良性互动、相互促进的局面。严格的巡回督导和严肃的考核问责使地方政府面临巨大的执行压力和考核压力，形成了没有退路和弹性的高强度的政府动员，切实保证了扶贫对象更准确，扶贫政策更有针对性。

(四) 从选择性搬迁到整村搬迁

易地扶贫搬迁是为解决"一方水土养活不了一方人"地方的人口生存与发展问题，通过"挪穷窝""换穷业"，实现"拔穷根"。因此，从理论上讲，生活在这一区域或者被划定为搬迁范围的某一自然村单元的人口均应在被搬迁之列，因为不利于人口生存和发展的自然地理环境不仅影响贫困人口，非贫困人口也同样受这些不利条件的约束。不同时期的易地扶贫搬迁的搬迁方式包括自然村整村搬迁和分散搬迁两种(见表2-2)，两种搬迁方式既考虑了解决因基本丧失就地解决温饱条件地区的群众生存与发展问题，也考虑了解决人地矛盾的问题。

表 2-2　不同时期的易地扶贫搬迁的搬迁方式

时期	搬迁方式
"十一五"规划	分为整体搬迁和部分搬迁。尽量采取以地域上相连的人口集聚区（村、组）为单元的整体迁出方式。统一规划，分步实施
"十二五"规划	根据迁出地的村庄分布情况，采取以自然村庄为单元的整体迁出方式。对于零散分布的自然村庄和零散住户，一次性全部迁出；对于规模较大且必须全部迁出的自然村庄，根据安置地情况统一规划，分批迁出
"十三五"规划	搬迁方式包括自然村整村搬迁和分散搬迁两种。其中，生存环境差、贫困程度深、地质灾害严重的村庄，应以自然村整村搬迁为主，同时，按照统一规划、分批实施的原则给予优先安排

　　但在实践中，"十三五"之前的易地扶贫搬迁整村搬迁困难较大，各地真正实现以自然村为单元的整村搬迁少之又少。从贫困户的角度看，主要有三方面原因：受制于资金筹措能力，对贫困户补助不足，顺利迁出资金缺口较大，"搬不出"；对搬迁后生活环境的畏惧和生存条件的不确定性的顾虑，"不敢搬"；故土情结深厚，"不愿搬"。因此而产生"搬富不搬穷""搬少不搬老"等现象。从政府角度看，为保证移民开发的成功和减轻工作难度，一般会考虑移民在迁入地的适应和发展能力，从而出台限制条件，选择性搬迁，如"三西"移民工程的"六不迁"，即无劳户和少劳户不迁、孤寡和五保户不迁、病残者不迁、超计划生育者不迁、思想动摇者不迁、好吃懒做者不迁。广西区政府规定的移民者的标准也包括农户中有一名具有高小以上文化程度的劳动力，农户中的劳动力身体健康能从事生产劳动。①
　　这种出于种种主客观原因的选择性搬迁，往往是把最迫切需要得到帮

---

　　①　康晓光. 中国贫困与反贫困理论[M]. 南宁：广西人民出版社，1995：269-272.

助的人排除在外，其结果是，尽管从宏观层面看易地扶贫搬迁确实根本改善了搬迁群众的生存和发展环境，大幅提高了他们的生产条件和生活质量，产生了显著的经济效益、社会效益和生态效益。但是，只有通过易地搬迁才能脱困的"最难啃的硬骨头"并没有根本撼动，而且在有些地方因为条件好的家庭迁出较多而导致村庄萎缩、功能丧失，更进一步加剧了贫困农村的发展困境。

"十三五"时期的易地扶贫搬迁是打赢脱贫攻坚战的"头号工程"，以此彻底"拔掉穷根"，彻底达到改善他们的生存生活环境的目标和要求决定了实施整村搬迁是易地扶贫搬迁的重点和优先项。各地在规划和推进易地扶贫搬迁工作中坚持以自然村整村搬迁为主的思路，一些地方为实现整村搬迁并保证高效有序推动，出台专门文件，如《广西壮族自治区人民政府办公厅关于加强贫困地区整屯(自然村)搬迁工作的意见(桂政办发〔2017〕119号)》《山西省人民政府办公厅关于深度贫困自然村整体搬迁的实施意见晋政办发〔2017〕92号》等。从最终完成的成绩看，虽然暂时还没有查到全国易地扶贫搬迁中整村搬迁人口占总搬迁人口的比重，但从河北和山西两省的情况也能够看出此轮易地扶贫搬迁坚持的是以自然村整村搬迁为主的搬迁方式。河北省自然村整村搬迁 2678 个、24.5 万人，自然村整村搬迁人口占总搬迁人口比重为 81.1%；山西省自然村整村搬迁 3350 个、24.8 万人，自然村整村搬迁人口占总搬迁人口比重为 52.5%。

坚持以自然村整村搬迁为主的搬迁方式，其原因有三：一是国家将易地扶贫搬迁作为打赢脱贫攻坚战的重要决策部署，是一项重大政治任务。各级政府和干部在履行政治使命和压力传导下展现出强烈的责任感和担当精神，在国家构建起资金保障和运行机制的前提下，进行了广泛深入的社会动员和强有力的保障体系，有效化解了以往整村搬迁中"搬不出""不敢搬""不愿搬"等突出问题。二是从地方政府层面，有两个动力的推动，其一是还贷动力，通过自然村整村搬迁旧宅基地腾退复垦，进行城乡建设用地增减挂钩指标调剂流转，以偿还易地扶贫搬迁贷款，只有整村搬迁才能复垦出连片土地。其二是地方治理动力，空心村治理、弱小村整合以及整体性生态修复等项目都需要通过整村搬迁来推动和释放空间，但整村搬迁牵扯的环节多，操作复杂，尽管有非常迫切的发展动机，但一直以来地方政府对此项工作都非常谨慎，进展缓慢。显然，国家部署易地扶贫搬迁为地方治理带来了契机，地方政府按照国家规划推动整村搬迁的积极性更高。三是群众层面，村里外流人口多，以坍塌的土屋换一处新居，搬迁意愿较强，村里常住人口在理性权衡和政府动员下也放下顾虑愿意搬迁。

五、"十三五"易地扶贫搬迁实施的内在逻辑

"十三五"易地扶贫搬迁是脱贫攻坚的"头号工程"，也是全面建成小康社会的攻坚战，围绕"搬得出、稳得住、能致富"的总体目标，由动力机制、行为机制以及运行保障机制等共同组成的有机系统，形成政策实施的内在逻辑，驱动和引领易地扶贫搬迁工程有序有效开展。

（一）搬得出的社会动员机制和资金运作机制

1. 社会动员机制

易地扶贫搬迁是一个复杂的系统工程，涉及方方面面的复杂问题，对于搬迁人口而言，有的人搬迁积极性很高，而有的人则很抵触，尤其是在项目启动阶段"上热下冷"问题很突出。在坚持"群众自愿"原则下，若要顺利推动易地扶贫搬迁，达到政策规划的预期目标，面临的首要问题就是通过思想动员化解群众的后顾之忧。一般而言，有三方面的障碍：一是部分老年人有深厚的故土情结，不愿意离开生活了几十年的家。认为搬迁就是"背井离乡"，将来就会客死异乡。在调研中我们了解到这样的情况，某乡政府要对一位八十多岁孤寡老人的住房进行改造，临时给老人安置一处住房以腾出危房以便开工，但是工作人员无数次上门做工作，老人家坚决拒绝搬出，子女劝说也无果。老人家坚决不搬出老屋就是担心"死在外面"。通过这个案例可以看出，老年人的故土情结以及对一些风俗习惯的坚守是

易地扶贫搬迁工作的主要障碍。二是不愿意改变现在的生活环境和生活状态，搬迁的愿望不强烈。规划中需要搬迁的地方一般偏远落后、信息闭塞，人们与外界交流少，对于我们认为的"美好生活"没有强烈的感知，对于外界认定的贫穷也并不完全认同，"住惯的山坡不嫌陡"，故土乡情让人难以割断。基于此，人们就难以产生强烈的搬迁渴望，对看起来"对他们好"的大事缺乏热烈响应。三是对搬迁后的现实问题存有顾虑。离开了土地怎么生存？住到楼里消费高，钱从哪里来？家里养的牛羊是主要收入来源，搬迁后怎么养？到了新地方怎么和人打交道？这些问题和顾虑都需要有深入的宣传和解读，也需要对群众的具体诉求有一个权威的表达渠道。

分散搬迁户是由农户提出申请，经政府审批通过即可搬迁，自愿性较强，动员难度不大。而整村搬迁则由于社区人口结构异质性以及由此引致的村民诉求的多样化、复杂化，动员难度极大，从而使得高强度的思想动员和政策宣传成为必然，否则，形不成全体村民的共识就不可能实现整村搬迁的政策效果。各地非常重视宣传引导和组织动员，在实践中不断探索有效的方法。如贵州的"五共"工作流程法，成立"五人小组""群众服务工作队"，与搬迁对象通过共商、共识、共建、共享、共担，帮群众算好搬迁账、发展账和子孙账，通过直接而现实的利弊分析、设身处地的利害分析，让群众认识到搬迁对于他们斩断穷根具有实际而长远的意义，从而唤起他们内心深处的真切愿望。

但整村搬迁的一刀切，对于"共商"而言，难度可想而知，最终的结果是在县、乡(镇)和村三级多方力量集中动员和不断"共商"的情况下才达成的。"必须动员到他同意"，这是工作人员必须完成的任务，有的地方还通过"军令状"的形式往下压。在这样的情形下，类似这样的"共商"只是千方百计实现搬迁动员结果的手段和工作流程，而并非尊重多方意见表达的工作机制。子女、亲戚朋友这些与搬迁群众关系较近的社会关系均被纳入工作人员的协助动员范畴。课题组在L县调研时访问到两位老人，他们下定决心搬迁，子女的劝导发挥了很大的作用。

我不想搬，这里又不是活不下去，城里生活处处要钱。儿子在外地打工为这事专门跑回来给我做工作，说搬到县城这好那好，关键是他们回来看我们方便了，住在这个地方路远又不通车，孩子们回来一趟得好几天，耽误事。我一想也就想通了。(CM，2019)

儿子和我商量，让我签搬迁协议。他给我算了一笔账，土房子将来不值一分钱，分到县城的房子还可以给孙子娶媳妇用。我不糊涂，这个账一算就明白，我就不再固执了，同意搬迁了。(CM，2019)

除了动员近亲属做老人的工作外，另一个有效的方法就是组织人员到已建成或在建安置区实地参观。通过亲临安置点"一日游"，切身体验将来生活的环境，用事实启发和教育农民，使他们眼见为实，由此产生的示范效应对于消除人们的顾虑和进城生活的畏惧心理，作用更为明显。

群众的搬迁主动性和积极性是决定易地扶贫搬迁成败的重要因素，除此之外，基层干部也需要动员，通过动员，凝聚共识，提振信心。易地扶贫搬迁难度大，基层干部压力大，在2020年全面建成小康社会发展总目标下，易地扶贫搬迁不仅是精准扶贫精准脱贫战略下国家反贫困治理的重要举措之一，更是一项严肃的政治任务，是国家行政干预对乡村经济与社会的整体性政治动员与社会改造。基层干部是政策的实施者，政策能否落地实施，基层干部最为关键，因此调动其积极性和主动性格外重要。

2. 资金运作机制

几十年的易地扶贫搬迁实践表明，资金是影响这项工程成效的重要的甚至是决定性因素。"十三五"时期前的易地扶贫搬迁由于资金来源渠道单一、资金投入不足，行政化资金运作模式下，偏离、渗漏、效率低下，致使搬迁不彻底，搬迁后遗留问题较多。"十三五"时期的易地扶贫搬迁人口规模庞大，工程复杂且链条长，需要巨大的资金投入。尽管中央财政在易地扶贫搬迁上的投资力度显著加大，但单靠国家财政投入是远远不够的。国家大力创新投融资机制，摆脱了以往单一依靠财政性资金的模式，引入市场化运作机制,建立省级投融资主体,确立国家政策性银行和开发性银行投融资的重要地位,进一步拓宽资金来源渠道,形成"资金多元化、平台多样化"的投融资机制。① 总的特点是建立起"省负总责"的多渠道融资运作机制。具体而言有以下几方面亮点。

一是拓宽资金来源渠道。国家通过中央预算内投资、中央财政贴息、调整地方政府债务结构、发行专项建设债券、银行提供长期贷款和群众力自筹等渠道构建易地扶贫搬迁融资机制,引入较为充足的资金投入搬迁工程。② 项目资金具体包括中央预算内投资、地方政府债务资金、专项建设基金、低成本长期贷款、农户自筹资金、地方自筹及整合其他资金。表2-3显示出各渠道资金筹措与资金主要使用方向,可谓"多管齐下"。

表 2-3 "十三五"时期易地扶贫搬迁资金渠道与投向(亿元)

渠道	总规模	建档立卡人口住房	配套基础设施	公共服务设施	同步搬迁人口住房	土地整治、生态修复等其他投资
中央预算内投资	800	800	—	—	—	—
地方政府债务资金	994	2079	1962	866	—	—
专项建设基金	500					
低成本长期贷款	3413					
农户自筹资金	898	215	—	—	683	
地方自筹及整合其他资金	2858	—	—	—	1957	901
合计	9463	3094	1962	866	2640	901

资料来源:《全国"十三五"易地扶贫搬迁规划》

---

① 侯军岐. 易地扶贫搬迁项目管理前言问题理论与实践[M]. 北京:中国农业出版社, 2019:129-130.

② 张建军. 搬得出 稳得住 能致富——中央对易地扶贫搬迁的总体考虑和政策取向[J]. 中国经贸导刊, 2016(33):19-20.

可见，在新一轮易地扶贫搬迁融资中，中央预算内投资在总融资额中占比大大缩小，只占8%，其他配套资金占比提高显著，已占到总融资额的91%。即便在直接投资的5922亿元中，中央预算内投资也仅占13.5%。

二是引入了开发性、政策性金融资金。从《全国"十三五"易地扶贫搬迁规划》中的资金来源看，除中央预算内投资800亿元和农户自筹的215亿元外，专项建设资金和低成本长期贷款，这两类资金由国家开发银行和中国农业发展银行发行政策性金融债券筹集，其具体运行流程按图2-1所示进行。

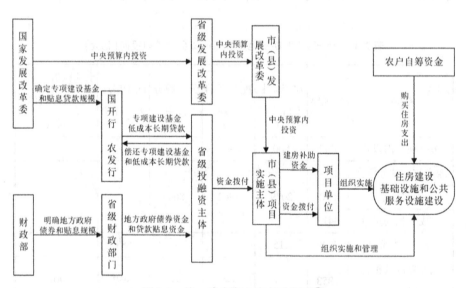

图2-1　统一建房资金流向示意图①

三是由省级投融资主体进行市场化运作，统贷统还。各地专司易地扶贫搬迁项目投资和管理的公司名称各异，如山西扶贫开发投资有限公司、

①　中华人民共和国国家发展和改革委员会《全国"十三五"易地扶贫搬迁规划》，2016年9月。

安徽易安建设投资有限责任公司、河北易地扶贫搬迁开发投资有限公司、内蒙古扶贫开发投资管理有限责任公司等,但其性质是相同的。省级投融资主体是由省政府设立的专门用于承接和运作易地扶贫搬迁投融资资金的,以市场化方式运作的,具有独立法人资格的国有经济实体。

图 2-2 呈现出省级投融资主体的功能和业务流程。按照市场化运作原则,组建省级投融资主体和市(县)项目实施主体,省级政府授权有关部门作为购买主体与省级投融资主体签署政府购买服务协议,向其购买投融资服务,省级投融资主体专门承接通过专项建设基金、地方政府债务注入的易地扶贫搬迁项目资金以及国家开发银行、中国农业发展银行等金融机构提供的低成本长期贷款,业务上实行封闭运行。同时,在市县一级组建项目实施主体,与省级投融资主体签订资金使用协议,从省级投融资主体承

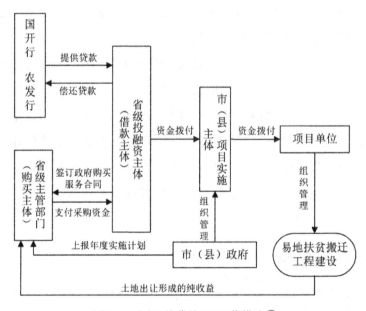

图 2-2　省级"统贷统还"运作模式①

___

① 中华人民共和国国家发展和改革委员会,《全国"十三五"易地扶贫搬迁规划》,2016 年 9 月。

接易地扶贫搬迁相关资金，专项用于易地扶贫搬迁工程建设。① 最后，按照"统贷统还"的原则，省级投融资主体偿还全省易地扶贫搬迁贷款资金。

成立省级投融资主体并向其购买服务，这一模式是新时期易地扶贫搬迁的极大创新。政府购买服务是新一轮"省负总责"扶贫信贷资金运行机制的总核心。这一模式畅通了资金拨付渠道并确保资金按时足额拨付到位，是保障各省易地扶贫搬迁任务落实的关键环节。

四是与城乡建设用地增减挂钩的土地收益还贷机制。在易地扶贫搬迁的资金来源中，除中央预算内投资是无偿使用外，地方政府债和专项建设基金、中长期贷款都需要市场化运作的投融资主体承接偿还。还贷，钱从哪里来？《规划》指出："由市场化运作的省级投融资主体按照'统贷统还'模式承接贷款，不纳入地方政府债务。省级政府出台相关政策统筹地方可支配财力（含土地出让形成的纯收益），支持投融资主体还贷。"考虑各贫困县的地方可支配财力状况，省级政府统筹的难度可想而知，在此情形下，"土地出让形成的纯收益"便成为地方可支配财力的重要来源。为此，《规划》明确，对易地扶贫搬迁原有宅基地具备还耕条件的，全部纳入城乡建设用地增减挂钩项目并予以优先安排。"用好用活城乡建设用地增减挂钩政策"产生流转收益作为省级投融资主体偿还易地扶贫搬迁工程信贷资金的重要来源。如此，搬迁户的宅基地便被嵌入了省级主导的资金运行平衡体系，拆旧复垦也便成了易地扶贫搬迁中的重要一环。

（二）稳得住的就业和保障机制

易地扶贫搬迁以改变贫困人口的居住环境为起点，改善贫困人口的生产生活状况，逐渐实现贫困人口获得更多社会资源和自我发展能力，进而实现脱贫致富的目标。在此过程中，"搬得出"只是第一步，"稳得住"是目

---

① 张梅. 创新融资机制 加强资金保障 全力实施"十三五"易地扶贫搬迁工程——专访国家发改委地区经济司司长刘苏社[J]. 中国投资，2016（10）：32-35.

标之一，也是能致富、有发展的起点和基础。如何能"稳得住"？各级政府都在周密部署强力推动。

"十三五"易地扶贫搬迁从以下几方面进行制度设计推进搬迁群众安居乐业和生活保障。

一是配套基础设施和公共服务。配套齐全的基础设施和公共服务体系是移民生活稳定的重要前提，《规划》要求，按照"规模适宜、功能合理、经济安全、环境整洁、宜居宜业"的原则，配套建设安置区水、电、路、基础电信网络及垃圾、污水处理等基础设施。按照"缺什么补什么"和"适当留有余地"的原则，在充分利用现有基本公共服务设施能力基础上，统筹考虑今后一个时期人口流量流向，同步规划、同步建设一批教育、卫生、文化体育，以及商业网点、便民超市、集贸市场等公共服务设施。"十三五"期间建成集中安置区约 3.5 万个，其中城镇安置区 5000 多个，农村安置点约 3 万个；配套新建或改扩建中小学和幼儿园 6100 多所、医院和社区卫生服务中心 1.2 万多所、养老服务设施 3400 余个、文化活动场所 4 万余个。① 全面改善了贫困地区教育、医疗、文化等设施条件。

二是社会兜底保障。"社会保障兜底脱贫一批"是建档立卡搬迁人口脱贫发展"五个一批"之一。具体而言，首先完善农村最低生活保障制度，将所有符合条件的搬迁对象纳入低保范围，做到应保尽保，而且在新冠疫情下，各地还对低保"提标扩面"，以确保不因疫情而返贫。再就是在推进健康扶贫和医保扶贫、确保贫困人口基本医疗有保障的基础上，做好搬迁群众医疗保险关系在迁出地和迁入地之间的转移接续工作。

三是促进就业。搬迁过来后，有活干、有事做，群众才能有稳定的收入、正常的生活和积极的心态。所以"十三五"易地扶贫搬迁将促进就业放在十分突出的位置，规划整合财政专项资金和相关涉农资金，支持发展特色农林业脱贫一批、发展劳务经济脱贫一批、发展现代服务业脱贫一批、

---

① 中华人民共和国国家发展和改革委员会."十三五"易地扶贫搬迁任务已全面完成[J].中国经贸导刊，2020(23)：4-8.

资产收益扶贫脱贫一批作为就业保障的主要途径加以布局和推进。

通过拓渠道、强政策、优服务，持续加大易地扶贫搬迁群众的就业帮扶力度，帮助搬迁贫困劳动力实现就业。具体而言：

一是扩宽就业渠道。积极培育、引进安置区配套产业，重点发展劳动密集型企业，增强吸纳搬迁群众就业的能力；组织搬迁群众劳务输出；开发公益岗对困难人员兜底安置。此外积极扶持搬迁群众利用配套产业园区和安置区商铺创业，以创业带动就业。

二是强化产业扶持的政策供给。这主要体现在吸纳就业、自主创业以及组织推动就业两方面。对于吸纳就业和自主创业专门针对实体单位和个人实施，如给予税收减免、贷款支持和资金补贴；对组织搬迁群众外出务工的人力资源服务机构，给予就业创业服务的补助。通过这些政策工具，为搬迁群众就业提供政策支持。

三是构建完善的就业服务体系。将搬迁群众平等纳入搬迁地公共就业创业服务范围，在大型安置区设立就业创业服务站所或者服务窗口，有的地方还开发了链接县内外的就业信息系统和就业服务平台微信公众号，定期发布企业用工信息和安置区劳动力信息。同时，不断组织周边企业召开专场招聘会。通过周到细致的岗位提供、政策落实和外出务工组织，力保群众身边就业有服务。

四是积极开展有针对性的技能培训。为提升群众就业能力，化解劳动力市场需求与搬迁群众劳动素质之间的结构性矛盾，技能培训就成了最重要的政策途径。面向搬迁群众分类开展定向定岗培训、急需紧缺职业专项培训、以工代训等，特别是有针对性地增加城市生活常识、企业务工常识、国家通用语言等培训内容，以精准培训帮助搬迁群众尽快适应城市的工作和生活。

五是有效开展专项活动保障就业增收不中断。实施易地搬迁就业帮扶专项行动，发动各级人力资源社会保障部门面向安置区精准投放就业岗位，集中开展专项服务、优先组织"点对点"返岗复工。同时，面向大型安置区实施"一区一策"定向帮扶，集中力量攻难题，力保搬迁群众稳定就业。

(三) 推动群众融入社会的社区治理机制

搬迁安置社区治理是关系扶贫搬迁移民能否顺利融入新环境,过上美好生活,实现"稳得住"的关键环节。安置社区治理效果不仅关系搬迁群众生存发展,还关系民族团结稳定与社会繁荣大局,更关系实现国家治理体系与治理能力现代化的改革目标。① 由于其意义重大,国家和各级地方政府非常重视安置区社区治理工作,随着安置区群众逐步搬迁入住,社区治理工作也迅速启动。新一轮易地扶贫搬迁以无土安置为主,安置社区规模大等特点使得其社区治理面临很多新情况、新问题,各地都在积极探索。2020 年易地扶贫搬迁安置工作全面完成,各地社区基础设施日趋完善,管理不断加强,物业有序运转,治理体制机制基本成型,但仍存在基层党建有所缺位,自治建设较为乏力,群众参与度不高等亟待破解的问题。为指导各地完善易地扶贫搬迁社区治理,民政部等国家 9 部委联合印发《关于做好易地扶贫搬迁集中安置社区治理工作的指导意见》,提出社区治理的阶段性目标和体制机制建设的指导性意见。

安置区社区治理也是国家易地扶贫搬迁后续帮扶的重点内容之一,国家发展改革委联合国务院扶贫办、教育部等 12 个部门印发了《关于印发 2020 年易地扶贫搬迁后续扶持若干政策措施的通知》,从六个方面明确了 25 项具体政策措施。在加强安置社区管理方面,明确了三条政策措施,分别是:支持地方配套建设社区综合服务设施,加强安置区社区自治组织建设,建立健全安置社区治理机制;引导搬迁群众移风易俗,形成邻里和睦、守望相助、文明节俭的好风尚;鼓励参与东西扶贫协作的省市、高校和有关单位,对普通话普及率低、推普压力大的安置区给予帮扶。可以预见,在政府主导型治理下,搬迁群众的心理震荡缓冲期和事务繁

---

① 罗贤贵. 有效提升易地扶贫搬迁安置社区治理效能[N]. 贵州日报, 2020-12-16(08).

多忙乱的社区初建期的叠加效应被逐渐化解，进入"后搬迁时代"，社区管理模式得到创新，社区治理体系体制机制逐渐完善，搬迁安置社区成为搬迁群众融得进、生活美的家园，也成为乡村振兴的示范区和新型城镇化的新引擎。

(四) 旧村权益的保障和增值机制

土地承包权、宅基地使用权、集体收益分配权是附着在中国农民这一身份上的基本权益，也是搬迁群众生计资本的重要构成。尽管近年来随着我国城镇化加速发展，国家鼓励农民进城落户，且明确提出，依法维护进城落户农民土地承包权、宅基地使用权和集体收益分配权，[1] 但农民对进城落户是否会动摇"三权"权益依然存有顾虑。可见，农民对"三权"的重视程度。《全国"十三五"易地扶贫搬迁规划》也明确，"切实维护搬迁对象农村土地 (林地) 承包经营、农村集体经济组织成员、村民自治等基本权益"。这些基本权益搬迁群众依法拥有，但在实际运行中，这些权益转变成实实在在的生计资本，或者维持与搬迁前不变的收益，是群众最为关心的。易地扶贫搬迁严格落实"一户一宅、占新腾旧"有关规定，宅基地使用权在原村不存在，而土地承包经营权和集体收益分配权是易地扶贫搬迁过程中需要地方政府必须处理好的重要环节。一来为稳定增加搬迁群众的收入来源，二来是为让搬迁群众在安置区"安心"生活。从安置方式上看，中心村就近安置能够继续经营原村的土地，其生产资料和生活方式变化不大。而在集镇和县城的城镇集中安置，因距离原村较远而不便继续经营土地，土地集中流转就成为搬迁后必须完成的一个问题。从调研情况看，各地对于土地有两种处置方式，一种是集中流转，由新型经营主体承包经营；一种是将符合条件的纳入新一轮国家退耕还林范围，享受相关补助。还有第三种情况便是因偏远或土地质量差难以流转或纳入不了国家退耕还林政策仍处于搁置或撂荒状态，各地也正在为此进行部署规划。各地将保障搬迁群

---

① 《中共中央国务院关于实施乡村振兴战略的意见》，2018 年 1 月 2 日。

众的原村权益进行了周密部署和落实,国家也将"加强迁出地土地流转规范管理与服务,进一步完善农村土地'三权分置'政策体系,支持搬迁农户承包土地经营权流转,因地制宜培育发展产业",① 作为后续扶持的重点工作。

① 国家发展改革委联合国务院扶贫办、教育部等 12 个部门印发《关于印发 2020年易地扶贫搬迁后续扶持若干政策措施的通知》(发改振兴[20202]244 号)。

第三章　燕山—太行山片区易地扶贫搬迁模式

一、"十三五"时期片区的易地扶贫搬迁实施阶段

为加快推进易地扶贫搬迁工作，片区县所在的省份按照国家部署，积极进行对接落实，编制方案、搭建平台、筹措资金、理顺机制、启动实施，密集出台多项政策文件(见表 3-1)，为坚决打赢易地扶贫搬迁这场硬仗提供了全面的政策指引和政策保障。

表 3-1　三省推进易地扶贫搬迁的相关政策文件

	出台的文件	时间
	"十三五"易地扶贫搬迁实施方案	2016 年
	河北省"十三五"易地扶贫搬迁规划	2016 年
	河北省易地扶贫搬迁项目资金管理办法	2016 年
河北省	关于加强易地扶贫搬迁分散安置人员管理的指导意见	2017 年
	关于深入推进易地扶贫搬迁工作若干政策措施	2017 年
	关于进一步加强易地扶贫搬迁贫困人口后续扶持工作的通知	2018 年
	关于做好易地扶贫搬迁有关工作的意见	2019 年

续表

	出台的文件	时间
山西省	"十三五"时期易地扶贫搬迁实施方案	2016 年
	关于大力推进易地扶贫搬迁工程的指导意见	2016 年
	关于进一步做好易地扶贫搬迁工作的若干意见	2017 年
	关于深度贫困自然村整体搬迁的实施意见	2017 年
内蒙古自治区	"十三五"时期易地扶贫搬迁工作实施方案	2017 年
	关于调整易地扶贫搬迁有关政策的通知	2017 年
	支持易地扶贫搬迁政策意见	2018 年
	关于支持易地扶贫搬迁项目有关政策的通知	2018 年
	关于切实做好易地扶贫搬迁后续扶持工作的指导意见	2019 年

三省从 2016 年开始启动易地扶贫搬迁工作,到 2019 年底完成"十三五"易地扶贫搬迁安置任务。从表 3-1 可以看出,整个搬迁工程的实施过程可以分为三个阶段。

第一阶段就是 2016 年,这是"十三五"时期易地扶贫搬迁工作的开局之年。各地按照国家的部署,紧锣密鼓构建政策体系,进行规划部署,精准识别搬迁对象,启动项目建设。各地按照"五年任务、两年完成,首年启动、压茬推进"的工作基调,全面启动易地扶贫搬迁工程。内蒙古自治区 2016 完成易地扶贫搬迁建设任务 8 万人(其中建档立卡贫困人口 5 万人,同步搬迁人口 3 万人),占"十三五"时期实际搬迁人口(20 万人)的 40%。河北省制定了首年启动 12.6 万人的搬迁安置计划,实际启动 15.2 万人,占"十三五"时期实际搬迁人口(30.2 万人)的 50.3%。山西省首年启动 12.5 万人的搬迁任务,占"十三五"时期规划任务(45 万人)的 27.8%。

第二阶段是 2017 年、2018 年两年。因为易地扶贫搬迁过程是压茬推进,所以这一阶段承上启下,既要完成已启动的项目又要开启新项目,交钥匙、搬迁入住、发展产业等工作也都接茬推进,同时,建档立卡"回头看"搬迁人口动态调整也都集中在这两年。尽管我国已有近四十年的易地扶贫搬迁经验，但新时期易地扶贫搬迁任务重、投资规模大，且又有"严卡时间节点，确保如期完成任务"的政治要求，使得各地在开展这项工程时面临许多没有经验可循的新问题、急问题，如项目用地和增减挂钩指标问题、资金来源和信贷资金发放问题、易地扶贫搬迁与灾后重建、美丽乡村建设、城镇棚户区改造等结合问题、住房建设标准问题、旧房处置问题、部分行政事业收费优惠政策的问题、搬迁人口户籍管理和社会保障问题等，这些问题都是基层在工作中遇到的实际问题，省政府及发改委也在不断出台新的政策对基层的工作进行规范和引导。为加快推进易地扶贫搬迁工作，各地采取特事特办的方式，如，河北省简化易地扶贫搬迁集中安置项目招投标程序，开辟易地扶贫搬迁项目用地审批绿色通道；山西省按照"优先办理、特事特办、主动服务、专人负责"的要求，简化程序规范制度，加快工程建设进度；内蒙古自治区在用地、用电以及住房验收方面出台专门措施。

第三阶段是 2019 年和 2020 年。这一阶段，"搬得出"任务基本完成。2019 年底片区各县均完成易地扶贫搬迁工程的搬迁入住工作。工作重心开始由"重搬迁安置"向"重脱贫效果"转变，后续扶持成为各级政府工作的重心。内蒙古自治区政府印发了《关于切实做好易地扶贫搬迁后续扶持工作的指导意见》，河北省政府印发《关于进一步加强易地扶贫搬迁贫困人口后续扶持工作的通知》，山西省政府出台《2020 年山西省易地扶贫搬迁后续扶持若干政策措施》，推动易地扶贫搬迁工作的重心向强化后续帮扶、注重搬迁脱贫实效上转变，确保如期打赢易地扶贫搬迁收官战。

二、片区易地扶贫搬迁实施模式

我国在近四十年的易地扶贫搬迁历程中探索出了多种实践模式，从搬迁的组织类型看，主要是政府组织搬迁，省政府立项资助跨地州移民开发，政府资助地(州)内开发，政府组织跨地(州)劳务输出等；此外，还有一些政府组织和企业参与产业开发相结合的模式，如云南省的"公司+基地

+农户"模式以及企业自主组织的投资异地兴建开发区搬迁农村人口等。①
在安置方式上，主要是大规模集中安置、小规模分散安置和插花分散
安置。

可以说，"十三五"时期之前易地扶贫搬迁模式的探索和实践更丰富，
参与主体更多，自主性更强。这主要源于四方面的原因：一是需要搬迁人
口的规模大。尤其是生活在"一方水土养活不了一方人"的集中连片贫困地
区的人口规模大，即便根据国家政策规定的"极少数"，但因贫困面太大，
需要通过搬迁脱贫的人口也多。二是市场经济条件和开发式扶贫为多主体
参与创造了条件。在很多贫困地区，有些地方资源十分丰富，大量肥沃的
荒山、荒坡、荒地待开发；有些地方土壤条件、气候条件、水热条件适宜
某种农作物的种植和发展，以此为基础，以市场为导向，以开发式扶贫为
着力点，将移民与资源开发和配置支柱产业相结合，通过政府组织或者社
会力量参与推动扶贫移民多元化发展。三是中央财政资金支持少，地方财
力有限。移民搬迁是一个系统工程，耗资巨大，在"十五"时期，国家在财
力有限的情况下，主要通过国债资金投入支持扶贫搬迁，一直到"十一五"
时期才列入中央预算内投资。"十一五"时期易地扶贫搬迁工程的补助标准
为人均不超过 5000 元，"十二五"时期人均补助标准不超过 6000 元。人均
五六千元的补助标准距离困难群众"搬得出"的需求依然有很大差距。为让
更多人搬迁出生存条件恶劣之地，各地充分发挥社会资本的作用，并支持
和鼓励群众为摆脱困境而进行自觉搬迁。四是没有严格的任务和时间要
求，也给各地进行多种模式的实践探索创造了条件。

与之前相比，"十三五"易地扶贫搬迁的实施模式从组织类型看，非常
单一，就是政府组织，政府主导。课题组在片区实地调研中也发现了其他
实施模式，但其本质依然属于政府组织，政府主导。本研究对于新阶段的
易地扶贫搬迁模式的划分从两种标准出发，一种是依据组织类型，划分为

---

① 赵俊臣. 易地搬迁开发扶贫——中国云南省的案例分析与研究 [M]. 北京：人民出版社，2005：41-59.

政府全面主导型易地扶贫搬迁模式和政府主导、企业部分运作型易地扶贫搬迁模式；另一种是依据安置方式，分为集中安置模式和分散安置模式。本部分将对依据组织类型划分的两种模式进行探讨。

（一）政府全面主导型模式

易地扶贫搬迁是脱贫攻坚"五个一批"中难度最大的、政策性最强的、标准最高的一批，是一项复杂的系统工程。只有确保"搬得出、稳得住、能致富"，才真正意味着这项工程是成功的。而且，易地扶贫搬迁在"严卡时间节点，确保如期完成"的政治站位的高要求下，责任压力层层传导。在这样的情形下，政府全面主导也就成了这一阶段易地扶贫搬迁重要甚至唯一的模式。

政府全面主导意味着政府权力的全面强势介入，这种介入不仅包括中央与各省专项资金的下放给予，也包括基层权力网络对上的迅速回应、搭建与组合，快速形成一套保障扶贫搬迁的权力网络。① 在此之前几个阶段的易地扶贫搬迁，涉及与搬迁农户密切相关的户籍、土地、教育、医保等问题，尚需农户主动或被迫与相关部门协商甚至交涉以推动办理，但在新阶段，由于时间紧、任务重、考核严，基层政府各部门由被动性回应迅速转向了主动性服务，全力、全程化解农户困境，为"搬得出、稳得住、能致富"的易地扶贫搬迁目标提供了全面的权力体系上的保障。

政府全面主导型模式最鲜明的特点就是高效，具体体现在以下几个方面：

一是强化顶层设计，高层强力推动。党中央、国务院把新时期易地扶贫搬迁作为实现精准扶贫、精准脱贫基本方略的一项重大举措部署推进，强化顶层设计，不断健全政策支撑体系。习近平总书记在多次讲话中对易地扶贫搬迁工作作出重要指示（见表3-2），阐释国家实施易地扶贫搬迁的

---

① 徐欣顺. 民族地区易地扶贫搬迁：给予型政策与地方性秩序的张力研究——基于国家与社会关系的分析视角[J]. 黑龙江民族丛刊，2019（2）：19-26.

必要性和坚强决心，并明确提出目标任务和工作要求，显示出国家决策层对实施易地搬迁政策的高度重视和高度共识。

表3-2 习近平对易地扶贫搬迁工作作出指示的讲话

讲话名称	相关内容
《在中央扶贫开发工作会议上的讲话》(2015年11月27日)	这是一个不得不为的措施，也是一项复杂的系统工程，政策性强、难度大，需要把工作做深做细
《赴河北张家口看望慰问基层干部群众时的讲话》(2017年1月24日)	要把易地扶贫搬迁作为重要补充，确保搬得出、稳得住、能致富
《在深度贫困地区脱贫攻坚座谈会上的讲话》(2017年6月23日)	对居住在生存条件恶劣、生态环境脆弱、自然灾害频发等"一方水土养活不了一方人"地区的贫困群众，大力度实施易地搬迁工程

国家发展与改革委员会会同有关部门陆续编制出台了《"十三五"时期易地扶贫搬迁工作方案》和《全国"十三五"易地扶贫搬迁规划》，制定了住房面积、土地、财政、金融等配套政策和《易地扶贫搬迁中央预算内投资管理办法》《易地扶贫搬迁专项建设基金监督管理暂行办法》《易地扶贫搬迁工作成效考核暂行办法》等规章制度，形成协调联动的推进机制。针对易地扶贫搬迁中的一些突出问题以及可能出现的问题，相关部门坚持问题导向、深入排查并及时出台政策举措，确保易地扶贫搬迁工作的效率和质量。国土资源部、财政部等部门先后印发通知，允许将土地增减挂钩节余指标在省域范围内流转使用，进一步释放政策红利，扩大了土地增减挂钩节余指标交易范围，为贫困地区提供贷款偿还渠道。国家发展与改革委员会、财政部、央行等部门分别对中央预算内投资及补贴标准、长期贴息贷款、专项金融债券发行等进行了安排，促进资金渠道上下贯通。多部门出台相关文件，要求建立专项建设基金项目台账，确保基金"独立核算、分

账管理、专款专用、封闭运行",力求实现投资安排使用的全过程监管,确保资金安全、廉洁搬迁。按照"中央统筹、省负总责、市县抓落实"的工作机制,22个省(区、市)党委政府高度重视易地扶贫搬迁工作,并作为脱贫攻坚的"头号工程"强力推进,形成了协调联动的推进机制和工作格局。

二是强力介入,全周期参与。"十三五"时期的易地扶贫搬迁"时间紧、任务重、难度大"的特征突出,凸显出较为典型的"运动型治理"属性。①从宏观层面看,易地扶贫搬迁的整个运行周期包括三个环节,也可以说是三项核心任务:搬得出、稳得住、能致富。只有这三项任务环环相扣,步步推进,才能确保易地扶贫搬迁任务胜利完成。各地按照"中央统筹、省负总责、市县抓落实"的要求,认真履行主体责任,建立协调推进机制,层层分解落实责任,及时出台配套政策,全程参与易地扶贫搬迁工作。易地扶贫搬迁工程的周期一般包括8个主要环节:前期准备、安置房建设、配套基础设施和公共服务设施建设、搬迁入住、旧房拆除复垦、安置区管理、后续扶持,直到最后的项目验收最终完成,这些环节均成为基层政府在新时期脱贫攻坚中摆在突出位置的核心工作。工作责任和压力层层传导,最终除考核验收外,其他环节均由市(县)乡(镇)一级全面承接。

这种由政府特别是基层政府强力介入全周期参与的特点的形成,其原因一是市县及其所属的乡镇作为脱贫任务的具体执行者,他们在2020年这一时间节点的约束和面临层层分解加码的脱贫指标考核和各级各类稽察检查的行政压力下,必然会全程、全力介入推动。从安置点选址、规划、群众动员、安置住宅建设到房屋分配、社区治理等无不是通过政府主导完成的。二是在时间压力约束下,难以管控社会力量参与的不确定性。广泛动员全社会力量共同参与扶贫开发,是我国扶贫开发事业的成功经验,是中国特色扶贫开发道路的重要特征,② 但在易地扶贫搬迁工作中,工作环环

① 张建. 运动型治理视野下易地扶贫搬迁问题研究——基于西部地区 X 市的调研[J]. 中国农业大学学报(社会科学版),2018,35(5):70-80.

② 国务院办公厅《关于进一步动员社会各方面力量参与扶贫开发的意见》(国办发〔2014〕58号)。

相扣，任务繁杂，一方面培育社会组织需要较长时间，更关键的因素是基层政府对社会力量在参与搬迁工作中的力度和进度难以把控，担心影响工作进度，如某公司屡屡因资金紧张拖慢 LY 新村建设工期，最终还得政府妥协兜底。三是资金全部由政府筹集。易地扶贫搬迁是一项综合性的系统工程，涉及住房建设、基础设施和公共服务设施建设以及后续产业的发展等诸多环节和事项，耗资巨大。钱的问题一直以来都是决定易地扶贫搬迁规模、进度和质量的关键因素。"十一五""十二五"时期的易地扶贫搬迁工程所需投资由中央、地方、搬迁群众共同承担，以政府投入为主。中央投资属于补助性投资，在中央预算内投资中安排。中央补助的易地扶贫搬迁专项资金缺口巨大，一方面发挥中央支农投资优势，各地在实施过程中，按照中央关于积极整合政府支农投资的要求，充分利用现有的中央支农投资渠道，以安置点为载体，按照"统一规划、集中使用、渠道不乱、用途不变、各负其责，各记其功"的原则，引导生态、扶贫、水利、交通、农业综合开发等资金共同促进安置区经济社会发展，发挥资金整体效益。①另一个渠道便是充分发挥市场机制的作用，积极引导社会资金支持安置区建设和资源开发、产业发展。

近四十年的易地扶贫搬迁实践既是中国经济快速增长的过程，也是中国经济对易地扶贫搬迁支持力度逐步加大的过程。"十三五"时期，易地扶贫搬迁投资呈几何级增长，投入力度创历史之最。国家创新资金筹措方式，大幅增加中央预算内投资，引入了开发性、政策性金融资金。② 易地扶贫搬迁资金筹措总量约 6000 亿元，人均投资达 6 万元。此外，搬迁群众依据自身经济条件，按照每户不超过 1 万元的标准适当自筹建房资金，鳏寡孤独等特殊困难群体可以免于自筹。本次搬迁资金来源中农户自筹资金所占比重很小，基本原则是不增加农户的负担，不因搬迁而负债，努力实现贫困群众少花钱或不花钱就能住上安全房，安排农户自筹的目的也是出

① 国家发展改革委《易地扶贫搬迁"十一五"规划》(发改地区〔2007〕1528 号)。
② 国家发改委地区司. 中央统筹部署，部委合力攻坚，打响易地扶贫搬迁"当头炮"[J]. 财经界，2017(7)：16-20.

于对群众参与和主体责任的体现。

"十三五"时期前，尤其是"十二五"时期前的易地扶贫搬迁，国家政策的引导性特征明显，一方面，因政府投入不足，难以做到应搬尽搬，也难以避免"搬富不搬穷（弱）"等问题的存在。另一方面，为减轻财政压力并努力提升搬迁绩效，各地也积极探索引进社会资本参与其中。在《易地扶贫搬迁"十一五"规划》和《易地扶贫搬迁"十二五"规划》中都把引入社会资本作为多方筹措资金的一个渠道。而《全国"十三五"易地扶贫搬迁规划》并未提及引导社会资本参与易地扶贫搬迁工程的相关内容，反映出在"时间紧、任务重、要求高"的工程推进中，坚持政府主导，按照"中央统筹、省负总责、市县抓落实"的工作机制。

（二）政府主导，企业部分运作的政企合作模式

此模式在"十三五"时期的整个易地扶贫搬迁中很少见。课题组在各地走访调研中，仅在河北省 G 县发现了这一运作模式。由镇政府和 JR 公司合作将 LY 村进行整体搬迁集中安置。之所以属于政府主导，一是因为政府规划实施与社会资本运作的结合是在国家易地扶贫搬迁框架下进行的，政府在政策引导、规划设计、工程监管、拆旧复垦等方面全程介入，在组织发动群众、协调部门工作等方面全力支持企业建设，并及时研究和解决建设过程中出现的困难和问题。二是政府对这种搬迁负有最终的责任。工程进度和质量的监管、搬迁安置以及后续帮扶等任务和环节都属于政府在易地扶贫搬迁工作中必须要做好的重要工作。之所以属于企业部分运作是基于在整个工程中企业的部分介入，按照双方约定，企业承担住房建设任务。因为有企业投资，安置住房面积不受"人均不超过 25 平方米"的限制，25 平方米以上部分的建设由企业投资。除此之外，JR 公司对该村在入住新居后的后续发展也进行了规划，并与新居建设同步进行了一定的前期投资。

下面对 LY 村易地扶贫搬迁这一运作模式进行详细介绍和深入分析。

1. LY 村基本情况

LY 村隶属于 G 县立地条件最差的乡镇之一——JLC 镇。LY 村位于 JLC 镇东，204 省道南侧，下辖张志营、杨贵元、大同营和马家卜四个自然村（见图 3-1），总面积 7. 13 平方公里。

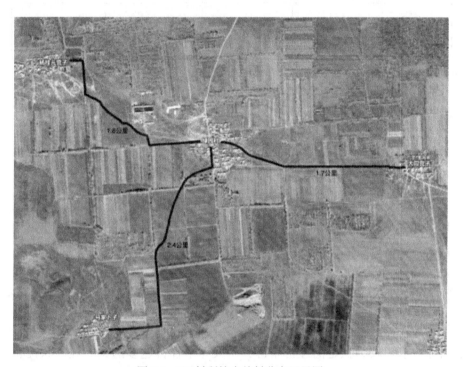

图 3-1　LY 村所辖自然村分布卫星图

贫困、落后以及与外界显著扩大的发展差距加速了 LY 村青壮年劳动力的外流，主要流向近处的沽源县城、张北县城、内蒙古的宝昌以及较远的张家口市、北京市等地。目前常住人口仅为户籍人口的五分之一，且多为老年人（详见表 3-3）。人口大量外流，宅基地大量闲置，人口年龄结构老化，LY 村已成为一个典型的空心村。

表 3-3　LY 村人口状况

	户籍人口数(人)	常住人口数(人)	常住人口中 60 岁及以上人口数(人)
张志营	294	74	53
杨贵元营	152	31	16
大同营	156	25	22
马家卜	134	18	9
合计	736	148	100

资料来源：LY 村村委会于 2019 年 12 月 8 日提供。

LY 村所处的区域十年九旱、土地贫瘠、自然条件十分恶劣，村民主要以种植和养殖为生。种植的农作物主要有莜麦、小麦、胡麻、马铃薯等。农户有传统的养殖习惯，主要养殖牛、羊。LY 村人均耕地五亩左右，多属"望天收"的旱地，收成仅供口粮，很多年份甚至颗粒无收。2016 年 LY 村抓住扶贫资金支持的机会，为全村大部分耕地配套了机井，旱地变成水浇地极大地转变了 LY 村的种植结构，蔬菜种植开始出现并呈规模化发展态势。但对绝大多数农户而言，其更大的意义在于因土地流转费用的提高而获益。LY 村的土地流转费用每亩四百多元，而周边没有配套机井的村庄，土地流转费用每亩仅一、二百元。片区养殖业历史悠久，牛、羊养殖是农户较为稳定的经济来源，一般养殖牲畜越多的家庭经济状况也越好。

2. 搬迁源起

JLC 镇的易地扶贫搬迁规划村庄主要分布在 204 国道北侧，那些村庄空心化严重，而且耕地盐碱化严重，吃水难，饮用水水质不达标问题突出，符合"一方水土养活不了一方人"的搬迁村认定范围。位于国道西侧的 LY 村水土资源条件则要好得多，土地平整且水浇地比重高，饮用水充足且水质合格。基于这样的条件，LY 村最初并未被纳入易地扶贫搬迁范围，最后被纳入其中，除村庄空心化程度高外，更主要的原因是机缘巧合。

2013年，马家卜由于空心化严重通过生态移民政策全部分散安置，JR公司董事长马某看到自己从小长大的家乡就此消失，心里非常难过，便萌生了回报家乡的念头。2014年马某注册成立 G 县 JR 农业发展有限公司，他回报家乡的念头开始转入实际运行。2015年在张志营建成54套楼房，全部无偿分配给原马家卜村民居住。

2016年，易地扶贫搬迁工程启动。JLC镇政府通过与企业沟通、协商，决定由 JR 公司在前期建成的54套住房基础上，将 LY 村其他3个自然村也一并纳入建设规划中，在张志营村建成 LY 新村进行集中安置。

2016年，G 县政府将 LY 村列为易地扶贫搬迁重点村，通过"引才返沽、引资支乡"工程，JR 公司正式参与 LY 中心村建设，开创了新时期易地扶贫搬迁政企合作的新模式。

3. 规划与愿景

LY 村易地扶贫搬迁采取政府+企业+农户三方合作的模式：政府整合项目资金集中投入；企业具体负责建设运营并进行兜底保障；群众通过宅基地出让参与建设。JR 公司作为项目建设主体，投资五千余万元建设以张志营为中心的 LY 新村，欲以美丽家园和现代农业产业园"两园"同建的规划设计理念达到改善生活环境和脱贫致富的双重目标。

(1)建设美丽家园。"安居"才能"乐业"。LY 村居住条件和发展环境较差，住房有砖房、砖包土坯房以及纯土坯房，整体村容村貌杂乱无序、杂草丛生、残垣断壁、破败衰落。为彻底改善人们的生活环境，企业在新村选址、房屋设计、配套设施等方面广泛征求村民意见，与村民共同推进项目建设，打造 LY 精品社区，建设美丽新家园。

新村选址至关重要，不仅影响项目建设进度，也关系着 LY 村的长远发展。LY 村空心化严重，常住人口中绝大多数是老年人。农村老年人安土重迁，对在城镇生活存在畏惧心理。"到镇上住有啥好的，在这里还能养个小鸡，找点地种菜，到城里啥也要花钱，况且住到楼上，高楼层下不来，不如在村里还可以出去走走。"但他们普遍对四村合并、联村共建表示认可，"村庄基本上没人了，都是些老的，年轻的都在外边成家不回来，聚在一块人还多点，有个玩的地方"。而且，张志营在四村之中水土条件较好，浅层地下水即可饮用，且距离乡道较近，交通便捷。在社会条件和自然条件的充分满足下，张志营成为新村的最终建设地。

LY新村总规划面积200多亩，住房建设总面积35619.22m²，规划三年内建设300套二层联体排屋，加带小院、地下室，每套建筑面积在100m²左右。配套电、暖、水并进行基本装修，达到拎包入住的标准。每套住宅的建筑成本在15万元左右，政府通过向农户拨付搬迁补贴的方式支持企业建设，即政府按照国家规定给予农户经济补偿，① 农户再向企业支付82000元购买安置区住房，其余不足部分由企业自行筹措解决。对农户而言，基本上不用再贴钱就能拥有一套楼房。

图3-2　LY新村新建住房实景图(2020年调研拍摄)

为切实改善村庄环境，更好地满足村民的生活需要，新村建设力求功

---

① 该镇的易地扶贫搬迁经济补偿包括房屋拆迁补偿、搬迁人口补助、购房补偿、搬迁奖励等，平均每户约8万元。

能齐全、配套完善。从环保节能和帮助农户减少取暖成本的角度出发，LY新村采用太阳能集中供暖，冬季阳光不足时用电供暖作为补充。计划于2017年开始重点建设基础设施，修建村民活动中心及健身广场，2018年10月底前完成建设道路、绿化、亮化、教育、医疗等配套设施以及附属工程，满足人们全方位的需要。

(2)打造现代农业产业园。易地搬迁是手段和途径，最终目的是要实现贫困户的脱贫发展，不仅要"搬得出"，还要"稳得住"，对搬迁农户而言，最让其担心的，就是后续生计的维持问题，只有保障了后续发展这一点，才算是真正解决了老百姓的后顾之忧。LY现代农业产业园建设以"农民增收、农业增效"为出发点，规划养殖园区、种植园区两大区域，吸纳有劳动能力的村民进入企业工作，培育"三金"新型农民，稳定脱贫成效。

养殖园区。规范养殖家禽、家畜，科学建设养殖园区，遵循散养家禽、圈养家畜的理念，引进高端育肥肉牛，建设养殖园区。鼓励养殖户参与公司养殖，保证农户搬迁后的经济来源。产品直接对接超市、酒店，利用公司在北京、太原、石家庄等地的固有渠道进行销售，不仅保证持续稳定收益，也为社会和市场提供有机、健康、无公害的绿色食品。

种植园区。全力打造坝上智慧农业特色小镇，以牡丹、芍药等花卉种植为特色，以现代农业综合开发为特色。坝上地区冬季寒冷漫长且水资源紧缺，由于牡丹抗寒、抗旱，适应在寒冷干燥的环境中生存生长，并且牡丹除了具有良好的观赏价值以外，还有非常丰富的食用和开发利用价值，既有生态效益又有经济效益，所以该地计划打造千亩牡丹园，建立加工基地，并逐步形成集生态观赏、产品开发和市场销售为一体的产业链。同时种植薰衣草，结合生态景观及农业园区建设，打造"坝上摄影基地"第一品牌。在花卉园区初具规模的基础上，积极推进生态农业观光旅游，吸引游客参与农耕生产、科普文化、果实采摘、厨房加工等一系列农业文化活动，给当地提供大量就业岗位，带动村民增收。

2018年6月课题组到LY村调研，当时住房建设正有条不紊推进，土地流转工作也已完成，企业负责人接待了我们，向我们介绍了项目规划和美好愿景。

> 依托花卉园区发展观光农业大有可为，不仅可以保证公司的生态
> 效益、经济效益，也将为贫困户提供大量工作岗位、吸引外出务工人
> 员回流，进而实现公司的社会效益，把 LY 村打造成为实实在在的坝
> 上第一村。（JR 公司负责人，2018）

结束调研时，负责人热情地邀请我们两年后再来看看，我们欣然应约
并充满期待。

3. 现实与问题

LY 新村建设主体 JR 公司在多次调研考察的基础上，进行了完整科学
且具有前瞻性的规划，各方都对 LY 新村的未来充满信心与期待。但是在
项目实施过程中，需要面对很多未知与不确定性因素的影响，LY 新村的
建设在住房建设还没有完工的情况下便遭遇了来自企业方面的资金供应问
题，项目进展深受影响，最终未能完全按照规划完成。

（1）安置区成效与问题并存。2015 年初，LY 安置区开工兴建，企业全
权负责楼房的主体建设，政府则在组织发动群众、协调部门工作等方面全
力支持企业建设，工程进度按照易地扶贫搬迁的时间节点快速推进。2016
年 9 月底，一期工程 54 套住宅已经封顶竣工，入冬前就可交付使用。截至
2017 年底，282 套住宅的主体部分已经完成，开始外墙保温和内部装修的
准备工作。同时，考虑到坝上地区的气候特点和农户生活习惯，新建住宅
每户配套火炕，让人们住得习惯，住得安心。一切都在往好的方向发展，
LY 安置区也被当作易地扶贫搬迁的样本工程被媒体多方报道，LY 村的村
民已经开始畅想搬迁后的幸福生活。

转眼时间来到 2018 年，房地产市场震荡下行，企业资金吃紧，对安置
区建设的投入逐步减少，春暖花开时就该开工却一直未见动静。同时，现
代农业产业园区从开始建设到 2018 年基本处于亏损状态，原本预计依靠高

效益、高产值的新型农业园区填补安置区建设投入的设想一时难以实现。资金紧张、难见收益的现状逐步消磨掉企业继续投资的积极性。2019年初，安置区的大部分住宅楼仍然只有主体部分，门窗、地板、采暖炉等都未安装到位，其他配套设施更是没有动土的迹象，LY村的村民也由于等待搬迁时间过长颇有微词。患有风湿性关节炎的B大爷迫切希望搬入新房居住，"楼房好一些，暖和点，身上好受点"，一句"想搬啊，想搬搬不进去嘛"，更是道出了村民的真实心声。在脱贫攻坚的任务要求和民众意愿的双重压力之下，政府开始和企业进行协调洽谈，并承诺给予一定的资金支持，抽调项目资金进行围栏、文化广场的修建。2019年10月，安置区楼房已基本达到入住标准，在坝上寒冷的冬天到来之前，期待搬迁已久的农户终于住上了新房。

从2018年开始，安置区的工程进展就偏离了计划的轨道，不仅延期交付，房屋设计、配套设施也与项目规划存在差异。在住宅楼规划方案中，每套住宅加带小院、地下室，方便人们储存杂物，由于后续资金不足，大部分住户的小院没有加装围栏，许多杂物就堆放在房前空地上，严重影响村容村貌。同时，原本太阳能集中供暖变成了各家单烧采暖炉，增加了农户的冬季取暖成本。但是无论如何，LY新村同搬迁前相比仍是发生了翻天覆地的变化，农户住上了干净明亮的新房，土路也已硬化，休闲健身也有了去处。虽然现实与规划存在差距，但不能否认的是，农户的生活环境确确实实得到了改善。

（2）产业园区无疾而终。LY村现代农业综合开发包括高端肉牛养殖和农业种植开发两大板块。前期集中精力抓安置区住宅建设，由于还没有搬迁入住，旧房及宅基地还没有拆除复垦，难以整体推进，现代农业综合开发中的高端肉牛养殖还没有开展。农业种植这一块完成了土地流转，土地基本上处于低收益或无收益状态。但是，租金是要必须支付的，按照合同约定，每年需支付全村土地租金近百万元。

土地是农业综合开发的重要载体，为顺利流转村民的土地，以便进行长远规划，JR公司以远高于市场价承租农户的土地。

租金很高，410 元。因为当地旱地是 200 块钱，200 都不低。但是这 400 块钱老总的意思就是多给农民点儿，让农民放心把地给了我们，我们要做长远打算。（JR 公司负责人，2018）

完成土地流转后，试种了几十亩牡丹和芍药。为适宜花卉培育，其余土地种植了一年青燕麦以改善土壤。几十亩芍药、牡丹的种植，栽种、除草、施肥、值守等诸多环节吸纳了本村不少劳动力就业，他们平均年龄 60 岁左右，在劳动力市场已经失去竞争优势，出外打工也难以找到合适的机会，而在花卉田劳动强度适中、工资尚可，这让村民看到了相较于搬迁至城镇安置区的优势和对未来生活的希望。但从两年多的种植实践来看，芍药不适宜坝上地区种植，因为它生长期太短，芍药籽产量低，经济效益低。经过综合考虑和全面评估，公司决定待此批芍药开花结籽之后挖取根部出售，重新考察更换品种。与两年前的意气风发、充满希望相比，公司负责人对现在的产业发展不太乐观，"原来是想打造花卉基地，吸引游客，但是现在资金短缺，规划能不能实现有点难说，只能走一步看一步，慢慢调整了"。

公司在现代农业产业园项目上投入约一千万元，但项目前景不容乐观。依靠芍药、牡丹等花卉开展生态旅游是农业产业园的重点项目，但是花期短、开花少、配套设施不健全等问题使该项目难以达到预期效果，而企业的经营状况又无法支撑庞大的后续投入，产业园区的用工需求逐渐下降，吸纳贫困人口就业的数量明显下降。

企业无力继续投入安置区建设，产业园区也面临同样的命运。企业已经没有了按照规划继续投入的能力和信心，换言之就是企业不再继续推进此项目了。鉴于此，继续为没有收益的土地支付大笔租金就成了沉重的负担，企业做出了适时止损的决策——将流转过来的土地全部转包给其他经营主体，生长了两年的芍药和牡丹全部铲除改种了土豆。2021 年 5 月，课题组再次到 LY 调研，发现村里的土地部分已经耕种了土豆，其余的计划种植莜麦等当地传统农作物。这也就意味着，当初规划的集观光、旅游、产业链条延伸的现代农业综合性产业园胎死腹中。

LY 的搬迁安置旧房拆除复垦工作相对于易地扶贫搬迁工程进度而言是缓慢的。2021 年 5 月调研时村里正在进行旧房拆除工作，但仍有部分农户由于养殖的牛羊无处安放还没有搬迁。最初动员搬迁时承诺同步建设养殖小区，① 政府解决建设用地，给养殖大户一定补贴自建养殖区的政策进展缓慢，让以养殖为主业的家庭存有顾虑，不愿搬迁。

> 现在主要问题就是牲口，要是把它们安置了也就搬过去了。上有老下有小，工也打不了，家里经济来源就这几头牛，我手不行去打工也没人要，老母亲八十多了，孩子上高中正是费钱的时候，我们这里负担太重。（CM，2019）

受自然条件和经济条件限制，本地农业还属于"看天吃饭"的阶段，农户自己种植的收益低于土地流转所得收益，所以土地流转非常顺利，土地并未成为人们搬迁的阻力。养殖业的收益非常可观，无法继续养殖导致大量农户不愿意搬迁，拖慢了易地扶贫搬迁的进度。2021 年 5 月调研时，在 LY 村西侧由东西部协作扶贫资金投资建设的养殖小区（养羊）基本建成，即将投入使用，届时村里养羊大户会将羊迁到分配给自家的圈舍。按照相关协议，腾退出来的房子就会被拆除复垦，此时，该村的易地扶贫搬迁工作才算真正完成。

4. 隐患与风险

在企业参与易地扶贫搬迁的实践探索中，LY 村虽然摸索了一些做法和经验，也取得了一定的成效，但回顾项目实施过程，从前期的资金投入，到当前的项目收益，都出现了一定的问题，从而暴露出了这一模式所

---

① G 县规定，在易地扶贫搬迁过程中，如有需要，可以配套建设养殖小区，但一个乡镇只能建设一个养羊小区和一个养牛小区。JLC 镇的养牛小区建在 JS 村，是由就养殖小区改扩建而成的，养羊小区就建在 LY 村。

存在风险。

（1）资金风险。资金是项目建设至关重要的保障，LY安置区作为企业援建性质的易地扶贫搬迁项目，由企业来进行资金的兜底保障，但企业的投资行为受多种因素影响，不确定性太大，就此埋下了风险的种子。最近几年，房地产市场持续低迷，JR集团受市场大环境影响也出现了资金吃紧的状况，同时LY村农业综合开发连续几年处于亏损状态，项目前景不明朗，进一步加大了企业的经济压力。随着时间的推移，企业投资热情逐渐下降。在市场环境、项目成效、企业意向三重因素的交叠作用下，原定投资的五千多万元缩减为三千多万元，安置区建设工程几近停工。当前，企业资金投入逐渐减少，可以预期将来其遭遇市场危机或面临破产风险时，必然会选择中断投资，给整个LY村产业项目的后续建设埋下了隐患。

（2）延期风险。易地扶贫搬迁是脱贫攻坚的"头号工程"，是政府的一项政治任务，各级政府必须严卡时间节点完成，但地方政府对企业的实际营运操作和项目建设进展方面缺乏相关的监管机制，引进时订立的合同对企业的约束也十分有限，从客观上减少了企业违约的成本，从而增加了项目延期的风险。在项目计划书和JR公司对外的宣传材料中，不难找到"企业计划于2018年10月完成LY安置区的全部工程"之类的描述，但在实际执行中，这个时间被整整往后推迟了一年之久，并且仅仅完成了楼房主体部分的建设。2020年是全面建成小康社会、脱贫攻坚的决胜之年，要实现现行标准下农村贫困人口的全面脱贫，安置区楼房的延期交付极大地拖慢了LY村脱贫任务的完成进度，虽然在政府的多次督促和资金支持之下企业于2019年底完成了楼房主体建设，但仍显露出了后续项目的延期风险。

（3）市场风险。风险是市场经济的重要特征，市场风险是市场经济条件下不可回避的风险之一。LY村的配套产业项目按照市场化逻辑运作，必然会遭遇市场风险。当前LY村主要发展的产业项目是芍药和油用牡丹，但是并未进行深加工，只是售卖初级产品，附加利润较低，市场竞争力弱，同时这两种作物的产品销路比较狭窄，价格受市场影响波动大，很可能会产生滞销，投入难以回本。JR公司规划于安置区建设完成后依托现代农业发展观光旅游产业，但 LY 村距离经济发达的京津地区较远，旅游资源不丰富，打造旅游品牌的难度较大，难以吸引远距离游客，同时周边群众的消费潜力又较小，虽然旅游项目并未真正开始运营，但 LY 村旅游事业发展所遇的重重困难已经不难预见。

（4）管理风险。精准扶贫长效机制的发挥，离不开擅长扶贫管理的专业人才，现代农业项目的快速发展，也离不开掌握农业知识的技术人才，而企业恰恰缺乏此类人才培养和储备。管理者的个人素质是管理风险的重要影响因素，将直接作用于企业的创新发展和组织管理。JR 集团法人 M 某心系家乡发展，在安置区建设和产业培育中亲力亲为，多次参与花卉苗木和籽种的选择，但由于缺乏专业人才的参与，导致公司早期采购牡丹和芍药苗木并不适应坝上的环境，影响了产业项目进度和成效。企业考虑到自身长远发展和成本，一般会根据岗位需要招录员工，而在 JR 早年的发展历程中，并不需要农业发展、农村扶贫的专业人员，对于扶贫项目的参与人选，只能从公司现有的内部人员中选择工作能力强、协调能力强、能扎根基层的优秀员工。安置区工程进度与建设的负责人有多年的建筑业从业经历，但是管理扶贫项目对 M 某而言还是第一次，项目的其他主要参与人员也在扶贫能力、观念和经验方面存在巨大差异，人才和技术的缺乏使得 LY 村后续发展的长效机制难以建立，也不利于产业扶贫项目的长效持续运转。

建得广厦千万间，贫困群众尽开颜。LY 安置区建设是政府规划实施与社会资本运作相结合的积极尝试，是联村共建、中心村安置的典型案例，是"政府+企业+农户"三方合作模式的大胆探索。当然，项目实施过程中不可避免会遇到问题与风险，影响政策执行与项目实施的效果，在这场政府与企业的合作或者说博弈中，对有效规避与防范风险的探索必将伴随项目建设始终，也将成为决定这种模式能否成功的关键因素。

三、不同模式下的安置方式

不论哪种模式,其安置方式不外乎两种:集中安置和分散安置。政府主导,企业部分参与型模式下的 LY 新村将四个自然村整合为一个村属于集中安置的范畴。在政府全面主导型模式下,《规划》指出,综合考虑水土资源条件和城镇化进程,采取集中安置与分散安置相结合的方式多渠道解决。从搬迁方式看,有整村搬迁和分散搬迁两种,最终的安置方式也是集中安置和分散安置(见图 3-3)。

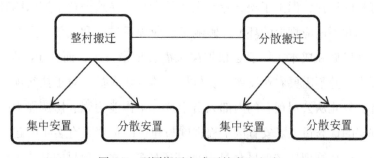

图 3-3 不同搬迁方式下的安置方式

(一)集中安置

按照《规划》,易地扶贫搬迁以集中安置为主,占全部搬迁人口的76.4%。具体安置方式包括五种情况(见专栏 3-1)。片区县所在省份的最终搬迁结果显示,集中安置比例远高于全国规划的平均水平。河北省集中安置 24.8 万人,占搬迁总人口的 82.1%;① 山西省集中安置 43.3 万人,占搬迁总人口的 91.7%;② 内蒙古自治区 77%的搬迁人口采取了集中安置

---

① 河北新闻网 http://m.hebnews.cn/hebei/2020-04/18/content_7803902.Htm.
② 山西省人民政府网 http://www.shanxi.gov.cn/yw/xwfbh/szfxwfbh/202105/t20210512_906073.Shtml.

的方式。① 这反映出地方政府在推动易地扶贫搬迁工作中，从全面脱贫的角度出发，为防止"拿钱走人，花完返贫"的情况发生，对选择分散安置的家庭进行了严格限制，而且多样化的集中安置手段也使五保户、孤寡老人等在内的特殊群体得到了妥善安置。

1. 集中安置的意义

一是有利于统一部署实现脱贫致富。从专栏 3-1 可以看出，依托适宜区域进行安置是集中安置区选址的主要考量因素，一般选择在资源禀赋优势突出，具有一定发展条件和发展潜力的地方。坚持村庄撤并与新型城镇化、农业现代化相结合，通过统筹安排安置区基础设施和公共服务设施建设，统一布局就业帮扶和产业培育，各地在工程建设过程中，通过特色种养、扶贫车间、乡村旅游、公益岗、资产收益分红等多种措施，引导搬迁群众在安置点就地就近就业。通过整体布局、有序推进，贫困人口才能彻底实现"挪穷窝、拔穷根"，从根本上解决"一方水土难养一方人"的问题。

专栏 3-1   集 中 安 置

——行政村内就近安置。依托靠近交通要道的中心村或交通条件较好的行政村，引导搬迁对象就近集中安置，占集中安置人口的 39%。

——建设移民新村安置。依托新开垦或调整使用耕地，在周边县、乡镇或行政村规划建设移民新村集中安置，占集中安置人口的 15%。

——小城镇或工业园区安置。依托新型城镇化建设，在县城、小城镇或工业园区附近建设安置区集中安置，占集中安置人口的 37%。

——乡村旅游区安置。依托当地旅游、民俗文化等特色资源，因

---

① 梁喜俊，潘晓娟. 内蒙古：走出特色易地扶贫搬迁减贫之路[N]. 中国经济导报，2020-12-18(04).

地制宜打造乡村旅游重点村镇或旅游景区，引导搬迁对象适度集中安置，占集中安置人口的5%。

——其他安置方式。特困人员、残疾人等符合集中供养条件的搬迁对象，通过纳入迁入地供养机构或建设专门住房实行集中安置，占集中安置人口的4%。

资料来源：《全国"十三五"易地扶贫搬迁规划》

二是有利于推进新型城镇化。提高城镇化率是促进人口市民化和提升城镇化水平的有效途径。易地扶贫搬迁，毫无疑问使得大量人口改变了其原有的分散分布的特点，迁移聚居到园区、集镇、城市等地方，推动了城镇化进程。城镇集中安置型易地扶贫搬迁属于一种城镇化的政策行为，将贫困农民从不适合生存的地方集中搬迁到城镇，属于典型的外生型城镇化。[①] 在易地扶贫搬迁过程中，各地将城镇集中安置作为主要安置方式，全国建成城镇安置区5000多个，这些安置区基本上是各地规模最大的安置区。不包括同步搬迁人口，全国960多万搬迁贫困群众中500多万人在城镇集中安置，城镇安置率达52%，西南地区部分省份城镇安置率超过90%。之所以热衷城镇集中安置，一是受制于当地条件，比如贵州省多山少地，无法大面积开展有土安置而全部实施城镇集中安置；二是让搬迁群众共享城镇的优质资源，同时可以节约基础设施和公共服务投入成本；三是助推各地较为滞后的城镇化进程政策诉求中的顺势而为。农村贫困人口向城镇大规模集中，客观上扩大了城镇人口规模，大幅度提升了城镇化水平。在后续帮扶和政策保障下，通过产业、公共服务、组织管理、生态环境等方面由"乡"到"城"的转变，推动搬迁人口的市民化，同时也推动了城镇基础设施和公共服务设施进一步完善，提高了城镇化水平和质量。

[①] 安治民，方洪琳. 外生型城镇化视角下易地扶贫搬迁的进路研究——以铜仁市思南县为例[J]. 贵阳市委党校学报，2019(5)：1-7.

　　三是有利于为产业发展提供劳动力。新一轮易地扶贫搬迁集中安置以无土安置为主，调研走访中也了解到，即便是行政村内就近安置，农户土地也大多集中流转。也就是说，易地扶贫搬迁集中安置，推动农户生计快速转型，从依赖传统种养殖业转变为非农就业为主的生计结构。可见，易地扶贫搬迁释放出了大量劳动力，而集中安置则使释放出的劳动力从分散走向集聚，在局部范围内形成以安置区为中心的劳动力空间集聚格局。劳动力集聚必然伴随着产业集聚现象的发展，各地产业园区以及扶贫车间的兴起和发展，虽然有政府出于扶贫目的的专门扶持，但是充足的劳动力供给却是其生存与发展的基本条件，此其一。其二是土地流转助推农业生产向现代化、产业化、规模化方向发展。土地是核心，是依托，但充足的劳动力供给依然是基本条件。近年来由于农村人口老龄化、常住人口老化弱化，劳动力供给不足，农业经营主体农田雇工紧张、成本高涨，这在很大程度上形成了新型经营主体对进入这个领域的犹豫观望和信心不足，从而抑制了农业现代化、产业化的发展。易地扶贫搬迁集中安置所形成的劳动力集聚对破解这一问题提供了可行路径，在脱贫攻坚中的产业发展已经显现出其积极效应。其三是由集中安置所引致的家庭成员的空间再造，如有外出务工家庭的成员回流、外出家庭的回流等，既是家庭的空间整合也是劳动力的空间聚集。

　　四是有利于老年人老有所养。农村人口老龄化以及社会、家庭结构的剧烈变化，使得农村的"老有所养"已经成为一个不可回避的现实问题，特别是贫困农村由于位置偏僻、居住分散、人口数量小等原因难以形成有效需求和规模效应，难以使政府产生投入养老服务体系建设的动力，更不可能吸引社会资本投入农村养老事业的积极性，众多不利因素的聚合，形成了贫困地区养老资源稀缺，养老困境难破解的困局。易地扶贫搬迁集中安置，特别是城镇大规模集中安置，一方面在社区治理框架下，社区综合服务设施和公共服务水平进一步提升，另一方面基于人口聚集所形成的有效需求和规模效应能够引导社会资源投入养老服务业和其他社会事业领域，增强社会资源供给水平和效率。总而言之，易地扶贫搬迁集中安置为整合社会用于养老的有效资源提供了平台和机制，从而使实现乡村振兴战略提出的"加快建立以居家为基础、社区为依托、机构为补充的多层次农村养老服务体系"成为可能。

2. 集中安置的范围

在自然村整村搬迁和分散搬迁两种搬迁方式中，分散搬迁只适用于建档立卡贫困户，而自然村整村搬迁则包括了两个群体：建档立卡贫困户和非贫困户。那么，自然地，集中安置也就包括了建档立卡贫困人口和非贫困人口两个群体。从实地调研汇总的情况看，集中安置具体包括三部分人口：一是村庄里除分散安置人口外的其他常住人口，这一部分也是实际定居在安置区的人口。二是常年在外务工人员。这部分人口分配了安置房，但不常住或常不住，这部分人口是造成安置区住房空置问题的主体。三是搬迁前在外务工，搬迁后回到安置区居住的人口。这其中既包括在安置区所在地及其周边就业的返乡人员，也包括返乡养老的人员。

(二) 分散安置

"十三五"时期前的易地扶贫搬迁，由于在政府投入不足情况下坚持群众自愿原则，难以做到应搬尽搬，因而分散搬迁、分散安置是主要的搬迁安置方式，"分散安置为主，整体搬迁为辅"是很多地方坚持的原则。而"十三五"时期的易地扶贫搬迁则是集中安置与分散安置相结合、以集中安置为主的方式，规划的分散安置人数占搬迁人口总规模的23.6%。[①]

1. 分散安置的方式和管理

分散安置主要包括插花安置及投亲靠友等其他安置方式。插花安置是指依托迁入地已有的基础设施、公共服务设施以及土地、空置房屋等资源，由搬迁户自主建房或自主购房进行安置。其他安置方式主要为自主选

---

① 国家发展改革委《全国"十三五"易地扶贫搬迁》。

择进城务工、投亲靠友等方式进行安置。

分散安置作为新时期易地扶贫搬迁以集中安置为主安置方式的一种重要补充，在促进合理引导并尊重群众意愿，确保有效搬迁、和谐搬迁中发挥了重要作用。

在新时期易地扶贫搬迁工程推进中，分散安置方式也在不断摸索、调整和规范。扶贫搬迁开启阶段，选择以分散安置为主的地方和群众较多。有的地方搬迁规模小，没有规划集中安置点建设，而有的地方尽管搬迁规模较大，但也因思想认识偏差，工作方向偏离搬迁目标等原因，侧重简单易行的分散安置。就规划搬迁范围的群众而言，有的或因年龄大故土难离或因顾虑集中安置会损失现有生存资本而选择在邻村分散安置，也有原本在县城等其他地方有稳定住所，老年人因搬迁而投靠子女，当然最初选择分散安置的也有对政府集中安置规划蓝图的不信任的原因。

> 易地扶贫搬迁工程启动之初，从干部到群众，了解到的主要是住房面积人均不超过25平米，建档立卡户每人自筹三千元，同步搬迁户每人自筹一万元，旧房拆除宅基地复垦等少量甚至不确定的信息。至于安置楼房建成什么样，质量如何，能否按期交工等都不明朗，也有人担心一旦分到楼层高了，上下不方便。因为不明朗，大部分人认识不上去，老百姓认识不上去，我们乡干部也认识不上去，现在建的是电梯楼，当时不清楚。安置区各方面都非常好，我们错失良机。（XGB，2017）

凡此种种，形成易地扶贫搬迁工程启动初期，选择分散安置的规模较大，而一些地方在具体工作落实中分散安置方案简单化，分散安置异化为"现金安置"，投亲靠友安置人员较多，没有全面掌握具体情况，帮扶措施难落实等情况突出。

> 一开始对政策理解有一定的偏差，在"十三五"实施规划方案中没

有这么细，涉及到分散安置非常笼统，认为分散安置就是拿上钱随便到哪里住都可以。（XGB，2018）

"一散了之"的分散安置暴露出很多风险和问题，一是一些贫困户并未得到适当的安置，用完补偿款后生活依然会没有着落，陷入更加贫穷的境地。二是分散安置后没有进行跟踪管理，生活情况难掌握，后续帮扶措施难落实，难以达到通过搬迁安置实现脱贫的目标。三是一些选择与子女同住的老年人在与子女产生矛盾而导致老人无房可住、无以为生，最终形成新的问题，增加政府负担。

这些问题和风险在国家发改委和省发改委的专项稽查中被揭示出来，各地开始加强对分散安置工作的规范管理，以防止"拿钱走人，花完返贫"等问题发生。

在国家和省业务部门的指导下，各地逐步规范了易地扶贫搬迁分散安置工作，主要体现在以下几个方面：一是重新修订分散安置管理细则。如河北省相关县(市)在河北省发改委2017年印发《关于加强易地扶贫搬迁分散安置人员管理的指导意见》后，结合本地实际制定了相应的管理细则，但在国家稽查时认为不太细致全面，操作性不强，于是进一步细化完善实施方案，如沽源县重新修订了《沽源县易地扶贫搬迁分散安置人员管理办法》，尚义县修订了《尚义县"十三五"易地扶贫搬迁分散安置指导意见》等。

二是从严控制分散安置规模。这是各地整改的重点。启动之初，条件把握得比较宽松，一般不愿在安置区要房的，可以在自购房、自建房和投亲靠友这三种形式中自由选择，政府按照政策规定给予相应补贴即可。所以造成前期分散安置规模太大，分散安置与集中安置比例失调的局面。各地新制定的实施细则对选择分散安置设置了很多限制条件，加以严格规范管理，极大地提高了进入门槛。比如G县选择分散安置的比例从32%下降到21%，其中XHZ乡更是从75%降到了45%。

为达到可追踪、可核查的目的，县乡村三级分别细化完善了分散安置总台账。从现在上报数字来看，建档立卡是 340 人，开始报的有 2000 多人，后来调整过来一部分。经过乡村初验，现有这三百多人中仍然有不符合条件的人。（XGB，2018）

分散安置人口规模缩减有规范管理的因素，另外就是随着搬迁工作的逐步展开，群众对易地搬迁的认识也逐步提高，愿意集中安置的越来越多。

三是加强跟踪管理。易地扶贫搬迁的工作重心在于集中安置点和配套产业园区建设，分散安置"拿钱走人"就算完成了全部任务，至于能否稳得住及如何发展，就是家庭和个人自己的事情。这样简单化安置显然无法确保搬迁群众"搬得出、稳得住、能致富""拿钱走人，花完返贫""暂时有住处，长期难稳定"等问题和风险也会影响和困扰脱贫攻坚任务的完成和脱贫成果的巩固。对此，各地加强跟踪管理，定期跟踪人员安置情况，比如兴隆县建立"一对一"包保责任制。实行县级领导分包乡镇、镇村干部分包到户到人责任制。包保责任人对所分包的分散安置户每月至少沟通走访一次，全程服务、协调和监督，切实落实包保责任。并坚持入户核查"三见四有"标准。以包保责任制为依托，乡镇牵头组织，各包保责任人对分包户分阶段入户走访和定期核查，在具体工作中严格做到"三见四有"，即：见人、见房、见手续，有调查表、有影像资料、有调查记录、有后续帮扶措施。细化完善五类台账。为达到可追踪、可核查的目的，县乡村三级分别细化完善了分散安置总台账、投亲靠友台账、自建房台账、自购房台账、后续帮扶台账五类台账，内容涉及家庭信息、安置方式、进展情况、帮扶举措、帮扶责任人等各类信息，台账实行动态管理。

专栏 3-2   选择分散安置需要提供的材料

对所有分散安置搬迁户实行一户一档，每个环节都要有经办人、负责人签字并存档备查，确保自愿、公开、公平、公正。主要存档资料有：

1. 搬迁意愿入户调查表

2. 搬迁户搬迁申请表

3. 承诺书(同意拆除旧房复垦)

4. 分散安置搬迁协议(县级项目实施主体、乡镇、搬迁户三方协议)

5. 乡(镇)政府和村委会的公示材料及审查意见

6. 搬迁户户口复印件，身份证复印件、银行卡复印件、联系方式

7. 自建自购安置户，都必须提供自建房宅基地本或已购房屋产权证(购房合同)

8. 在搬迁村有住房但户口迁移到外地的搬迁户，需提供迁入地户籍证明

9. 投亲靠友的搬迁户需提供亲友接收证明、身份证、房产证明等

10. 搬迁户在原旧房合影及现住房的合影照片

11. 后续扶持措施等资料

12. 安置前后地址及联系方式和其它认为需要保存的资料

——摘自《尚义县"十三五"易地扶贫搬迁分散安置指导意见》(尚政〔2018〕78号)

2. 选择分散安置的对象

无论集中安置还是分散安置，都是帮助群众"挪穷窝""拔穷根"，但是最基本的目标还是贫困人口住房安全有保障。与集中安置相比，分散安置具有两个方面的显著特征：一是有选择性。即他们是在可以选择集中安置的情况下而选择分散安置。他们放弃了集中安置区崭新而近乎免费的住房选择"拿钱走人"，另觅安居之所。二是有条件的选择。即这种选择不是随意的，而是有门槛的。如果是"人家自愿不要房子，要钱，你管人家住哪里啊"的自由选择，那就意味着群众的住房安全有保障的目标难以保障，

无法保证脱贫攻坚任务的完成。分散安置的这样两个看似矛盾的特征就决定了选择分散安置群众所具有的群体特殊性,这就需要我们去深入探究他们究竟是谁?他们选择分散安置的原因是什么?安置后的生活怎么样?针对这些问题,我们利用 K 县的易地扶贫搬迁分散安置台账数据进行分析。①

K 县"十三五"易地扶贫搬迁规模为 29315 人,在河北省总规模全省排第三,在片区也居第二位。就分散安置而言,K 县共完成了 2568 户 4263 人,占全部搬迁人口的 14.5%。

具体分析 K 县的分散安置台账(见表 3-4),发现分散安置主要以投亲靠友为主,占比达 76%,插花安置为 24%。从安置地域看,主要分布在县内,占比达 69%,分布在县外的占 31%。从分散安置的建档立卡人口与同步搬迁人口比较看,较突出的差别在于,建档立卡人口选择投亲靠友明显多于同步搬迁,两者相差 10.59 个百分点。而在安置地域上,两者差别不大,同步搬迁选择县外安置的比建档立卡人口略高 1.47 个百分点。

表 3-4 K 县易地扶贫搬迁分散安置分安置方式和安置地域情况统计(单位:%)

	安置方式		安置地域	
	插花安置	投亲靠友	县内	县外
建档立卡搬迁	17.26	82.74	68.72	31.28
同步搬迁	27.85	72.15	67.25	32.75
合计	24	76	68	32

进一步从年龄结构分析,可以看出这样两个特点(见表 3-5):一是在选择分散安置的劳动年龄范围内的人口中,同步搬迁人口占比显著高于建档立卡搬迁人口占比,18~44 岁和 45~59 岁两个年龄段中,两者分别相差 22.06 和 17.53 个百分点。这说明同步搬迁人口多在外打工,他们或购房

---

① 分析过程中出现的数据资料均从 K 县的调研中获取。

或租房，在原村之外有住房。二是老年人中，建档立卡贫困人口选择分散安置比例远高于同步搬迁人口，60~74 岁和 75 岁以上两个年龄段，两者分别相差 28.48 和 18.4 个百分点。这说明建档立卡人口中老年人特别是孤寡老年人居多，他们大多选择领取搬迁补贴和子女同住。

表 3-5　K 县易地扶贫搬迁分散安置情况统计（单位:%）

年龄段	建档立卡搬迁人口	同步搬迁人口
18 岁以下	1.79	8.94
18~44 岁	3.07	25.13
45~59 岁	9.83	27.36
60~74 岁	62.74	34.26
75 岁及以上	22.63	4.23

对于究竟是哪些人选择了分散安置，我们以 K 县 Z 村为例进行分析。Z 村的一个自然村属于整体搬迁村。这个自然村户籍户共 68 户，其中 19 户选择了分散安置。在这 19 户中，有 11 户是建档立卡户，8 户是同步搬迁户。通过对这 19 户情况的分析我们进一步了解哪些户选择了分散安置。①

建档立卡户:

ZZX，73 岁，有配偶。搬迁前就没住在村里，现在夫妇俩在万全县打工的儿子家生活。

TYL，74 岁，丧偶。搬迁后住在侄媳妇在本村村内安置的新房里。

SXL，83 岁，丧偶。搬迁后住在本村儿子家(儿子家在该行政村另一个自然村)。

LYQ，63 岁，丧偶。一直在宣化打工，丈夫去世后，在打工地再

① 这个自然村已经搬迁完毕，入村调研时旧房拆除和宅基地复垦工作也已完成，因不便对分散安置家庭进行面对面访谈，我们通过驻村干部和村会计对这 19 户的情况进行了详细了解。

婚了。

ZQ，78 岁，有配偶。儿子搬迁到县城集中安置区，夫妇俩到儿子家生活了。

HJL，87 岁，丧偶。一直和儿子住在宣化。

LFJ，77 岁，有配偶。儿子一家和孙子一家在县城安置区分了两套房，孙子在县城还有其他住房，夫妇俩住在安置区孙子的房子里。

SZH，76 岁，丧偶。儿子在县城安置区分了一套住房，儿子在县城开饭馆，一家人住在饭馆里，老人住在儿子家里。

ZW，76 岁，丧偶。搬迁后最初选择到儿子家生活，但与儿媳妇难相处，于是在村庄里租了一处房子居住。

LX，64 岁，现在婚姻状况不明。一直未婚，最近在县城与一单身妇女搭伙过日子(村干部语)，住女方家里。

SL，70 岁，有配偶。搬迁后夫妇俩在村里租房子住，冬天到张家口市儿子家生活。

同步搬迁户：

SS，67 岁，有配偶。搬迁前一直在外地打工，现在儿子在张家口的家里生活。

ZH，84 岁，有配偶。儿子在搬迁前购买了某村的闲置校舍做住宅，夫妇俩搬迁后与儿子同住。

ZY，39 岁，现在婚姻状况不明。户口在村里，但没有在村里住过，一直在康保县某单位上班。

QSS，65 岁，有配偶。儿子已在呼和浩特市安家落户，夫妇俩搬迁后也迁到呼市儿子家生活。

ZZJ，62 岁，现在婚姻状况不明。三十多年前丧偶、孩子夭折，离开村庄到陕西打工，现在在打工地与一单身妇女搭伙过日子。

ZGM，59 岁，现在婚姻状况不明。户口在村庄，一直在外地生活。

LZT，58 岁，现在婚姻状况不明。木工，一直在县城做装修，与一单身妇女搭伙过日子。

ZSQ，88 岁，有配偶。妻子户口不在村里，夫妇俩一直在康保县其他地方居住。

通过 Z 村这个自然村分散安置人员的情况分析，结合在其他地区调研的情况，我们对选择分散安置的家庭做出如下判断：三种情况，三部分人。

一种是在外地有稳定住所的。这部分以同步搬迁户为主。但这种情况各地因易地扶贫搬迁政策不同而表现出不同的特点，如 Z 村的分散安置有一个群体共性，那就是年龄偏大，除 ZY 外均在 55 岁以上，这是因为 K 县规定享受县城集中安置区住房的家庭，其成员中至少有一个年龄在 55 岁以下。而在没有相关限制的地方，同步搬迁户选择分散安置的一般有两种情况，一种是县城或乡镇政府所在地没有建集中安置区，只能选择村里安置，认为将来不可能返乡居住，没有价值而放弃；另一种是受家庭经济条件所限，获得一笔分散安置补助对当前的生活更有必要。

同步搬迁户选择分散安置的情况也从一个侧面说明住房对安置方式选择有着极大的影响。在商品房价格畸高，农民进城定居已成趋势或者在外地务工农民工回流主要以县城为目的地的现实格局下，能获得易地扶贫搬迁集中安置区的住房对于他们来说是能解燃眉之急或未来之忧的大事。在 S 县调研时，从与扶贫办主任的对话中可以感受到易地扶贫搬迁安置房对人们的吸引力。

问：外出打工人员在外地有房子，是不是更倾向于不要房子，拿钱走人？

答：最初确实是这样，选择分散安置的比较多。但后期发现在安置区分了房子的更合算，这么好的房子这么一点钱，相当于白给，而且即便不住，卖了也合适。于是当初选择分散安置的很多户就又要集中安置要房子。正好现在上面要求多集中少分散，所以以前建的房子不够，今年又补建一批。

问：那一开始他们报了分散安置，最后让人家再集中安置还得做工作？

答：做也好做呀，人们都愿意。问题是房子便宜，价值高，分散安置虽然拿钱走人，但是没有升值空间。

问：安置到县城，大家觉得这是固定资产，中心村安置点是不是就稍微差点，将来卖不出去？

答：可不是那么回事，咱们村里建的房子也不错，都是小别墅。现在搁着不用，随时回来都可以住，你要拿钱买可是买不起呀。

基于对安置区住房价值的期许与认同，产生了两种结果，一是非贫困人口有着更强的集中安置意愿，二是在集中安置区内住房空置率高。二是老年人选择和子女同住养老的，这部分以建档立卡户居多。在建档立卡户中，老年人家庭占比较大，而且以孤寡老人为主。选择分散安置，一种情况是子女久居外地，父母年龄越大，自理能力越差，需要依靠子女养老，搬迁恰好成为推动年迈父母与子女一起居住的积极因素。另一种情况是在同一村庄里，子女选择集中安置，老人选择分散安置，他们共同生活在集中安置区的子女家中，这是家庭内部资源优化的结果。

应该说，易地扶贫搬迁分散安置在一定程度上化解了这些老年人所面临的养老照料风险。随着老年人年龄的增长，他们对子女的依赖程度也越来越高，需要通过与子女同住从子女处获得必要的生活照料、精神慰藉等支持。① 但是农村青壮年劳动力的大规模外流，客观上造成老年父母与子女的空间隔离，也事实上弱化了子女的养老意愿。而易地扶贫搬迁对一个家庭而言，必然是大变迁、大变革、大调整，是家庭生命周期中的大事件。家庭中因搬迁而必然会涉及的重大事项也会以前所未有的力度和速度进入决策议程中，父母的养老就是必须要面对的问题。选择分散安置，和子女一起生活，就是家庭决策的结果。

① 段世江. 我国农村老年人居住安排影响因素研究[J]. 河北大学学报(哲学社会科学版)，2013，38(1)：89-93.

> 以前老人不能自理了，子女们会想办法接走，或送养老院，或与孩子住在一起。扶贫搬迁把这个过程整体提前了。（CGB，2018）

而且，选择分散安置和子女一起生活，与以前最大的不同之处在于，老年人是带着资产的。分散安置补助金，以 K 县为例，两口之家，有 7 万元，孤寡老人也有 35000 元，再加上每月领取的养老保险金、低保金以及农业综合补贴等，也是一笔不小的资产。带资入住，对于子女而言有了接纳父母的勇气，而对于老年父母则有了入住的底气和价值感。按村干部的说法就是"都没几年活头了，这笔钱留给孩了，谁家都愿意"。

但是，与子女同住养老并非住在一起那么简单，一些家庭面临的情形还是很复杂的。这其中，由于子女的养老意愿以及各自生活习惯和观念的不同，难免会因家庭琐事而产生矛盾，有些家庭的矛盾难以调和或者老年人难以适应在子女家的生活便会对搬迁安置的效果产生负面影响，而这样的既成事实无法调整的安置方式则必然会降低老年人的晚年生活质量。这些情况课题组在各地的调研中几乎都遇到过。比如 G 县一老人和女儿协商后选择了分散安置，但是共同生活不久便矛盾激化，难以维持下去。镇政府有互助幸福院的安置选择，当时劝老人可以交五千元押金在互助幸福院独享一间房，这样可以在女儿家和幸福院两地生活，但老人没有同意。在女儿家生活不下去后，老人找到镇政府想住到幸福院，但是已经没有余房。在 S 县也遇到一位老人，六个子女，当初征求孩子们的意见，都愿意接纳老人同住生活，于是选择了分散安置。但子女多、难协调，最终老人无处可去，政府又将老人变更为集中安置。

> 老太太没住处，孩子们都不管。后来我及时跟房改局联系，正好还有安置房就给她变更为集中安置。好在老太太卡里的钱没有动，否则变更就不容易了。而且因为这个老太太的变更还引发了村里的矛盾，很多人想变更。（ZGB，2019）

从老年人选择分散安置与子女同住养老这一情况也提示我们，在秉持易地扶贫搬迁"搬得出、稳得住"上，应该将这些分散安置的老年人纳为关注的重点对象。对于分散安置，各地建立了特定的实施细则，加强管理，防止"拿钱走人，花完返贫"等问题出现，以确保能如期实现脱贫。但是在管理内容上，没有涉及老年人在子女家生活的适应性和幸福感。政府相关部门以及村委在跟踪分散安置老年人的生活状况时，不仅要关注到容易看到的"两不愁、三保障"，也要切实解决老年人在子女家生活所面临的实际问题和困难，在安置方式上进行多方考量，以老年人能否安享晚年作为安置方式的选择以及安置是否到位的衡量标准。

三是选择的盲目性较强。一种情况是最初对政策不了解，这种不了解，一是出于对国家政策的不信任，不相信国家会白给①老百姓房子，而且在最初宣传动员阶段，工程建设还没有启动，建不建，能建成什么样，人们都没有直观感受。于是很多人选择分散安置，觉得"拿钱走人"最合算、最可靠，且机会难得。各地易地扶贫搬迁动员之初，选择分散安置的比例较高，这是主要原因。还有就是政府在政策把控上的不平衡，有的地方明确要求集中安置房不能买卖，不能出租。如此一来，那些在外地有房子的家庭便放弃了集中安置而选择分散安置。

> 如果你真的在外地有房住，你就不要弄了，你卖不出去，每年还要交物业费、取暖费，不划算。(CGB, 2019)

这种因盲目性而选择分散安置的家庭也是最后调整幅度最大的。随着地方政府对易地扶贫搬迁政策把控得越来越精准，群众对易地扶贫搬迁政策的认识越来越清晰，在"五年任务，三年完成"目标要求下，当各地安置点新居以最快的速度呈现在人们面前时，先前选择分散搬迁的群众的思想

---

① 因为群众自筹资金相对于住房的市场价而言，几乎可以忽略不计，所以老百姓都以"白给"来表达对国家政策带来的震撼。

转变最快，纷纷找政府调整安置方式。

> 我们理解群众的诉求，符合条件的，我们会尽量满足大家的要求，实在解决不了的只能在下一阶段空心村治理中解决了。(ZGB，2019)

第四章　易地扶贫搬迁下的农户生计变迁

易地扶贫搬迁不只是简单的人口迁移，某种程度上可以说是基层农村的整体性变革，是农村经济社会结构的整合重组以及城乡融合发展的实践过程。在这一复杂而又艰巨的发展过程中，解决群众的生计问题，提升其生计发展能力始终是最核心的任务和基本遵循。由搬迁所引发的"瓦解-聚集-重构"剧烈社会变迁对绝大部分搬迁群众而言不可避免地面临人地分离、生活不适应、生活成本增加等生计风险，而有效化解农户生计风险，提升其可持续生计能力直接决定了易地扶贫搬迁"稳得住、能致富"的目标能否实现。因此，必须对搬迁农户的生计问题重点关注和深入研究。

一、搬迁前农民生计形态与多维贫困

搬迁前，片区农民绝大多数仍为小农耕作的生计状态，他们不仅面临着收入贫困，还困囿于基础设施、社会福利保障以及文化等多维贫困。

(一)衰败的乡村：片区农户的生活困境

燕山—太行山片区不仅存在自然条件恶劣的先天性生活困境，也存在基础设施落后的后天发展问题，这些制约因素使片区农村长时间处于贫困状态。人们急于摆脱贫困，而使农村在农民的流动中逐渐衰败。

1. 自然条件恶劣，生态环境脆弱

片区属半干旱大陆性季风气候，干旱少雨是片区各地共同的气候特

征，年降水量不足 400 毫米，其中有着京、津、冀、蒙"旱码头"之称的康保县年均降水量仅 350 毫米。片区地下水资源贫乏，部分村民安全用水难，如，商都县部分村庄饮用水中铁、锰含量超标，沽源县部分村庄饮用水锰、铬含量超标。

片区北部坝上地区，地处东南季风尾间，受蒙古高压中心影响明显，降水量时空分布不均，地域年际之间差异很大。气候特征表现为夏季清凉短促、雨水集中，冬季寒冷漫长、干旱少雪，春秋两季多风少雨、气温变化剧烈，全年气候总体特征是干旱、少雨、多风沙。干旱、冰雹、霜冻、暴雪、大风、沙尘等自然灾害频发，如沽源县年均大风天数 62.3 天，康保县年均无霜日不足 100 天，为典型的生态脆弱区。片区南部位于太行深山区以及太行山区向华北平原过渡倾斜地带，坡度变化较大，降水主要在 6~9 月份，短促集中，流水落差大，易患暴雨、洪涝灾害。

2. 基础设施落后，生活水平低

农村农业基础设施是贫困地区和贫困人口可持续生计的外在牵引力。落后的基础设施成为实现脱贫和降低贫困人口脱贫脆弱性进而实现可持续生计的短板。因历史欠账多、投资大，片区农村的基础设施条件仍很落后，县乡公路等级较低、连通性差，农田水利基础设施服务功能退化，农业生产水平低而不稳。住房、交通、教育和医疗四大问题均很突出，因此导致村民的生活水平低下。

其一，住房方面。搬迁前的乡村住宅由正房、配房以及禽畜窝棚、墙角旱厕组成，首先是住房安全问题，一些村民日常居住的正房还是七八十年代的土坯结构，年久失修；其次是生活卫生问题，村民普遍选择在自家院子里饲养牲畜，难以做到人畜分区，生活卫生堪忧；再次是生活便利问题，室外旱厕除卫生问题还缺少舒适性和便利性，尤其在冬季降雪结冰的时候，行动不便的老人去厕所成了一项挑战。课题组在 K 县某规划搬迁村调研人们的搬迁意愿时，走访到的一农户表达出强烈的搬迁意愿，最主要的原因是看上了安置区住房里的厕所有坐便器。遗憾的是，这个村因愿意搬迁人口不多而最终没有搬迁。

> 我妻子因车祸瘫痪已经二十多年了，一开始在家里大小便，后来她嫌不卫生就必须上厕所，行动不便，去一趟厕所可费劲了。听说要搬迁到镇上新房里，我俩特别高兴，我到那里看过好几次，屋里有带坐便器的厕所，住进去就轻松了。（CM，2017）

其二，交通方面。根据2010年数据，片区内有10.8%的行政村不通沥青（水泥）路以及26.3%的自然村不通公路。2017年至今，由实地调研的村庄观察到，以往泥泞的进村土路绝大多数进行了硬化处理。但搬迁前的农村出行仍存在很大问题，例如坝上地区冬季依靠人工除雪，大雪天气造成长时间封村，2012年11月坝上地区遭遇了50年罕见暴雪天气，连续两场大暴雪将片区许多村庄封在20多厘米的积雪中近半个月，调研中，村民感叹，那时如果有人突发疾病，进不来出不去，结果可想而知。太行深山区路窄坡陡，仅靠小三轮车运输出行，爬坡上岭、肩挑背扛在个别自然村仍是常态。

其三，教育方面。首先是基础教育状况较差，片区内乡村办学条件非常有限，教学质量也明显低于城镇学校。农村家庭在子女教育上对县城有强烈需要，因为县城教育要远好于农村。仅有一些有经济实力的家庭有能力将孩子转入县城学校就读，家庭经济负担重依旧是导致孩子辍学的主要原因[1]。其次是职业技能教育和培养体系不完善，专业技术人才不足，农业生产活动主要依靠自身经验，非农工作主要限制在"脏、累、危"的行业领域。

其四，医疗方面。片区农村医疗卫生基础设施建设不够健全难以满足基本医疗需要，是农村居民就医难的一大主因，而出行难又阻碍了农村居

---

[1] 王金营，李竞博，段世江. 连片贫困地区贫困家庭调查及对策研究——基于燕山—太行山和黑龙港流域的调查[M]. 北京：人民出版社，2017：99.

民前往上级医院就医，加重了村民的医疗问题。村民平时买药可以去中心村的卫生室，但病情稍微严重或需要仪器检查就必须去乡镇卫生院或县医院。"哪都去不了"，这是村医对村民就医情况的评价。落后的医疗条件使得片区村民小病靠扛、大病靠拖。

3. 老龄化伴同少子化，贫困村伴生空心村

（1）年轻人的"出走"。发展中国家在其发展过程中，农村劳动力向城市和发达地区流动是一个具有普遍性的社会现象①。从表4-1可以看出，我国农民工总量呈逐年增长的态势，并且有越来越多的受到较高教育的农民加入进城打工的潮流中。主流语境中，中国农村存在大量剩余劳动力，外出务工解决了他们的就业问题。其实每个农家外出的都是青壮年劳动力，也就是关键劳动力，有的家庭甚至让所有的劳动力都进城务工。这样看来，迁徙的并不只是剩余劳动力，而是每个家庭的"顶梁柱"，是每个村庄最主要的劳动力。迁徙是整个农村劳动力围绕生产要素向城市的转移，是农村"精英"迈向城市的社会向上流动，是农民不得已而为之的背井离乡的求索。

表4-1 2012—2019年我国农民工总量和特征

	2012年	2013年	2014年	2015年	2016年	2017年	2018年	2019年
总量(万人)	26261	26498	27395	27747	28171	28652	28836	29077
21~50岁占比(%)	80.00	80.10	79.4	78.4	77.5	76.1	75.2	73.4
高中及以上受教育程度占比(%)	—	22.8	23.8	25.2	26.4	26.4	27.4	27.7

资料来源：国家统计局2012—2019年《农民工监测调查报告》

出去打工有很多原因，挣钱是一方面，其他条件也不行，我们村的

① Harris, J. and Todaro, M. Migration, Unemployment and Development: A Two Sector Analysis[J]. *American Economic Review*, 1970(60): 126-142.

水都能吃坏人,水碱性大,又咸又苦喝不成。房子基本都是土房快塌了。交通就更别说了,孩子生病打车都打不上……乌海那边工资高,一年能挣两万多到三万,这里估计也就一万多不到两万,咱这边从 5 月份开始干,干到 9 月地冻,然后就没活了,挣的就低一点。(CM,2019)

不是人们不留恋故土的芬芳,而是故土再也没有肥力去滋养现代人的欲望。对于多数农户而言,农业已不再是主要的生计模式,越来越多农户的主要经济收入与生活来源是依靠外出打工或工商经营,农业之于农民的生计来说,其地位或重要性已经发生改变。① 非农就业逐渐成为贫困人口摆脱贫困的重要手段,依靠土地以农业为主的生计模式开始转换为"农业+非农业"的兼业模式或者纯非农就业模式。

这几年出来打工的,天天上班天天能挣钱,除了开支周转,还能有一些富余。打工的收入比在村里的要强,在村里就个清闲,能坐一冬天,这不又开始闲了嘛。(CM,2017)

随着市场经济的发展,农民的经济意识逐步觉醒,利益追求成了农民行动的基本逻辑。② 对于大多数人来说,工作的主要目的是谋生,工作是首要和最重要的赚钱手段。在乡村发展进程中,农业经济与粮食生产也实现了不同程度的发展,"种地"在农民眼里也正越来越成为一个工作。纵向比较,农村的确在日益变化,从收成、消费、生活各个方面看,一直在进步,但横向比较起来,农村还是很贫瘠,物价的飞速上涨总让老百姓挣钱的能力满足不了花钱的速度。③

① 陆益龙. 后乡土性:理解乡村社会变迁的一个理论框架[J]. 人文杂志,2016(11):106-114.

② 郭细卿,贺东航. 征地拆迁中的利益博弈和行动逻辑——基于 K 村的个案研究[J]. 中国农村研究,2014(2):39-54.

③ 阎海军. 崖边报告:乡土中国的裂变记录[M]. 北京:北京大学出版社,2015:203.

片区北部的坝上地区，年均无霜期日数仅百余天，作物生长期短，农业生产活动从每年的 4 月底 5 月初开始到 9 月中下旬结束。当农民无法从农业生产中获取理想收益的时候，农村里的年轻人就开始耐不住，并且自身对生活水平的追求不允许他接受这份"清闲"，只能凭借外出打工赚取收入，[1] 封闭稳定的村落共同体已转换为"流动的村庄"。片区县跨县流动人口以其所属各市范围内流动人口居多，其中又以所属市下辖县域人口流动频繁，跨省流出人口主要集中于北京及周边地区。[2]

城市生活经验不仅改变了传统农村的生活方式，也在悄悄改变着农民对生计、对人、对生活的评价标准。城市化、现代化背景下的打工行为使得农业生产"被"无利可图，[3] 当经济收入成为衡量生活水平的主要标准时，人们对前景选择得失的参考点随着村庄外出务工人数增多不断提高，相比因打工富裕起来的家庭，不出去打工就是自己和家庭的"损失"。农户普遍认为种地不能使他们达到理想生活水平，重视自身素质提升的"农二代"更渴望到城镇务工和生活。[4]

（2）被"剩下"的"99 部队"。在城市市场的巨大吸附作用下，衰败村庄原本的自组织经济、社会体系被完全打乱，面临着在劳动力、资金、土地等生产要素的净流失，具体表现为：乡村社会和风俗的瓦解、农田和宅基地的废弃；青壮年劳动力多数外出打工，只留下以妇女、孩子和老人为主体的所谓"386199 部队"。[5] 而实地调研发现，现在的留守群体也出现了新的结构变化，留守妇女携儿童去配偶打工地工作、生活、学习，将年龄偏大的老人留守在家。许多村庄实际上是连"3861 部队"都留不住的空心村。

---

　　① 费孝通. 中国城乡发展的道路[M]. 上海：上海人民出版社，2016：566.

　　② 段世江. 燕山—太行山连片特困区：现实困境与突破路径[M]. 北京：人民出版社，2019：78-88.

　　③ 季涛. 支配与逃逸——川西农村凉山移民的生成及情状[M]. 北京：知识产权出版社，2018.

　　④ 范辉，于雪霞，等. 基于推拉理论的"农二代"耕作意愿研究——以河南省为例[J]. 长江流域资源与环境，2019，28(12)：2961-2970.

　　⑤ 张京祥，申明锐. 乡村复兴：生产主义和后生产主义下的中国乡村转型[J]. 国际城市规划，2014，29(5)：1-7.

我们这个地方净是烂土房，这儿太穷了，年轻人都走了，剩下的净是有病的。出去打工吧，老的不要。(我)以前还能做点事儿，现在(生病后)连地也种不了，同村的叔伯兄弟过来帮忙种地。这个地方不下雨，十年九不收，今年才下了两场，全是靠天吃饭……药一会儿也离不了，在这儿想输液还得打车送过去送回来。(CM，2017)

农村老年人养老的脆弱性保持在较高水平①。调研发现，村里贫困人口主要以年老、多病、残疾人居多，致贫因素多为因病和缺少劳动力。高龄本身就伴随着劳动力的丧失，而且人一生中的绝大多数医药费用支出主要发生在老年期。② 从社会保障层面看，通过完善低保政策，扩大覆盖范围，及时满足更多低收入群体的基本生活需要发挥了低保的兜底保障作用。③ 但是目前我国农村低保标准偏低。OECD 组织在 1976 年表明，应当把国家(或地区)中等收入或平均收入的 50%~60% 作为低保标准。2017 年课题组在某贫困村调研时了解到，该村最低生活保障标准为 3400 元/年，仅占全国农村居民人均可支配收入 25.31%，较低的保障水平很难有效保障低保群众的基本生活。

第六次全国人口普查显示，我国农村老年人的主要生活来源为劳动收入和家庭其他成员供养(见表4-2)。从表4-2可以看出家庭依然是当前农村老年人养老资源的主要供给者，尤其是健康状况较差的老年人，年老生病丧失劳动力后更主要靠家庭成员维持生活。由于子女数量减少，子女外出务工以及由此造成的成年子女与父母居住分离，再加上孝道文化的式微，

① 徐洁，李树茁. 农村老年人家庭养老脆弱性评估——基于安徽农村地区的实证研究[J]. 人口研究，2019，43(1)：91-101.

② 白增博，汪三贵. 相对贫困视域下农村老年贫困治理[J]. 南京农业大学学报(社会科学版)，2020，20(4)：68-77.

③ 蒲晓红，徐咪. 农村最低生活保障制度对农村收入分配差距的调节效果[J]. 新疆师范大学学报(哲学社会科学版)，2021，42(3)：130-144，2.

这些因素的综合影响使得家庭保障功能愈加弱化，农村老年人生计困境愈显突出。

表 4-2　全国乡村分主要生活来源、健康状况的 60 岁及以上老年人口(%)

主要收入来源	总体	健康	基本健康	不健康，但生活能自理	生活不能自理
财产性收入	0.19	0.18	0.20	0.19	0.12
最低生活保障金	4.48	1.73	4.19	10.44	11.08
离退休金养老金	4.60	5.31	4.78	2.74	3.20
劳动收入	41.18	63.00	36.24	8.34	1.52
家庭其他成员供养	47.74	28.48	52.60	75.73	82.02
其他	1.81	1.30	1.99	2.56	2.06

资料来源：第六次全国人口普查资料

除此之外，对老人自身来说，被访的农户均不愿意主动寻求子女经济上的帮助，认为子女生活压力也很大。打工收入方面，虽然有个别老年人表示时常出去打工，但大多数岗位设置了年龄限制，而且从事田间务农需要消耗大量体力，他们通常难以承受这种劳动强度。

"拉家拽口，接济不了"是村里老年人对子女赡养的普遍评价。T 大娘 58 岁，有两个女儿，大女儿 34 岁嫁到河南驻马店市，现在和丈夫在上海打工，一年或两年回来一次，二女儿也是在外打工一年最多回来一次，由于路途遥远自己身体不好，老两口从没去过两个女儿的家。

　　老大在上海消费高，孩子上学也要花钱，老二之前还念书，接济不了多少，她们能过好自己的就不错了……他(丈夫) 跟车出去打工种菜，按天算有时候八九十最多也就百十来块钱……我自己骨质增生，什么都做不了，腿疼，没有低保，也还没到领养老金的年龄。(CM，2017)

（二）羸弱的小农：片区农户的增收困境

对于大多农户来说，农业生产依旧是主要的生产经营活动，是获得经济收入的主要来源。片区经济活动中的一个重要问题就是农民增收问题，依靠农业为主要收入来源的农户面临着增收困难。片区农户的增收困境主要体现在生计资本的局限性，即自然资本的匮乏以及恶劣的自然条件对物质资本的束缚。

1. 受自然因素所限，农业收入极不稳定

自然资源是农业生产和发展的基础，光热、降水、土质等自然条件是农业生产的重要影响因素。燕山—太行山片区自然条件恶劣、生态环境脆弱，受自然因素所限农户生计资本十分薄弱。

（1）种植业广种薄收。山片区西北部为农牧交接区，土地风蚀沙化严重、盐碱化程度高。片区南部山区坡度变化较大，山体多为侵蚀、剥蚀、岩溶地貌，水土流失严重。总体来看，片区适宜种植的土地较少，且多为低产地。

片区耕地类型分为旱地和水浇地两种，但以旱地为主。农业种植以青贮玉米、小麦、莜麦、土豆等粮食作物以及胡麻、花生等油料作物为主。旱地收成较低，通常十年九不收。

G 县常用耕地面积十万余公顷，旱涝保收耕地仅五千公顷左右。在1999 年至 2002 年，2007 年和 2009 年遭遇严重旱灾，耕地受灾比例最高达到 99.66%，农作物几近绝收。2012 年 8 月本是农作物即将收获的季节，却遭受 50 年一遇的低温冷冻灾害，经济损失达到 2.11 亿元。①

缺水是严重束缚 G 县农业种植发展的"瓶颈"，20 世纪 90 年代末该县开始进行农田水利基础设施建设，机井配套使得"旱地变水浇地"，农户得以开展经济作物种植，农业类型由自给农业转向商品农业。随着机井配套

---

① 资料来源：河北农村统计年鉴（2000—2019）、实地调研访谈资料。

水浇地面积扩大，G 县蔬菜种植面积逐年扩大，到 2018 年达到 26 万亩，占全县农作物种植面积的 21.83%。① 蔬菜种植成为 G 县农户增收的重要来源。

> 祖祖辈辈在村里面，从咱们老一辈就在村里种这点地，倒也没饿死但也吃不饱吃不好，马马虎虎的生活……前几年没井靠天吃饭，最好的年头才打 200 斤莜麦，这几年打了井可以种点菜，种菜比莜麦（收入）好不少，这两年种菜挺挣钱。（CM，2017）

以 G 县 L 村为例，2016 年 L 村利用扶贫资金为农田配套了一批机井水泵，"旱地变为水浇地"使得农户可以种植收益较高的蔬菜，L 村土地流转的价格也从"白给没人要"变为一亩地三四百元。2018 年起沽源县为推进"两区"建设开始实施压采项目，L 村在内的 S244 省道以北全部划为压采区域。压采区域内水浇地改为旱地，压减蔬菜等高耗水作物，只能改种低耗水农作物。

农村生计活动在很大程度上依赖于自然条件，片区恶劣的自然条件难以发展农业生产力，难以满足农户生产和生活需求。片区受自然和地理因素所限，只能采取低水平的生计方式进行农业生产。自然条件恶劣和生产水平低下是片区生成贫困并导致贫困人口长期陷入贫困状态的重要原因。

（2）养殖业发展受限。片区部分地区为半农半牧区，有养殖牛羊的传统。牛羊养殖大多以家庭为生产单位。

K 县草场资源丰富，畜牧业曾是传统优势产业。2008 年 K 县牧业产值57180 万元，占全县农林牧渔业总产值的 40.61%。2008 年之前，传统家庭养殖业是 K 县农户的主要收入来源，农户多为奶牛养殖户。2008 年之后我国奶牛养殖模式开始从专业户养殖转为规模化养殖，乳品企业收购标准不断提高，并且开始拒收散奶，奶站和散户大量退市。许多小规模养殖户在

---

① 资料来源：河北农村统计年鉴（2000—2019）、实地调研访谈资料。

这一年放弃了奶牛养殖，仅剩一些奶牛养殖大户，村里年轻人开始外出谋生。2013 年至 2014 年，在国际原奶价格下跌的影响下，国内原奶价格经历了过山车式的下滑，奶牛养殖户在内外夹缝中生存艰难，村里仅剩的养殖户逐渐放弃养殖或转为肉牛肉羊养殖。2018 年 K 县牧业产值降到 49373 万元，占全县农林牧渔业总产值的 10.97%。

> 这里挨着蒙古地界，过去咱们这儿光牛就一千多头，哪家最少也十来头，多的二三十来头。那会儿光收奶一个月就（挣）四五千（块钱），多的好几万（块钱），咱们这儿养牲口占主要的收入，现在养牛的没几家了。（CM，2019）

限制养殖业发展的因素还有禁牧政策在片区的广泛实施。禁牧政策的推行极大地压缩了农户养殖存栏量，这在一定程度上增加了继续养殖的农户的负担。关于禁牧的相关研究在其他章节会有体现，这里就不再赘述。

2. 低产出低收入，原有生计难以维持

资源匮乏是片区的区域特点，但又因为地区人口不断增长，又常以"靠山吃山、靠水吃水"作为生存信条，造成耕地和草地等自然资源被掠夺性过度开垦。这种对资源的毁灭式开发，不仅加重了资源匮乏的现实，还使原本脆弱的生态系统遭到破坏，抵御自然灾害的能力大大降低。当遭遇灾害时，片区遭受风险影响的范围和程度都将扩大。脆弱的生态系统在落后的生产技术条件下，所允许从事的农业生产活动有限，对应的经济承载能力也有限。随着人口增长，原有与生态环境相适应的经济生产活动已无法满足人类对土地产出能力的要求。①

（1）农业生产水平低下。从农业经营模式、生产过程来看，片区农业

---

① 南秋菊，马礼. 河北坝上地区生态建设与农业生产协调发展研究——以沽源县为例[J]. 干旱区资源与环境，2004(S2)：123-127.

生产水平较低。片区仍是精耕细作的小农经营模式，农户以家庭为单位从事农业生产活动。农业生产过程还停留在粗放的低级阶段，农作物半机械化式耕种，种植及收获时通常以家庭为单位租赁专门人员和机械收种，期间除草、施肥等基本依靠人工。

九山半水半分田的 F 县，耕地仅有 14562.39 公顷，占全县土地面积的 5.84%，并且散落分布在山谷盆地。阜平县 J 村人均仅 6 分旱地，主要用来种植玉米。

> 我家和儿子家加起来也就一亩多点地，还都在山坡坡上，山里犄角旮旯的，有的地种了也不长，种也白种。我结肠还有问题，种地在山上爬上爬下身体也受不了，后来慢慢就不种了。（CM，2019）

山区贫困地区的共性特征之一就是土地零散且贫瘠，难以通过集中连片耕种以获取边际收益最大化。传统种养业产出效益非常低，不可能实现脱贫致富。

（2）生态环境建设任务加重。生态脆弱地区自然资源的过度使用更容易导致湖泊干涸、草原退化，土地日益贫瘠。机井建设虽然有助于解决农地浇灌问题，使农民土地收益得以提高，但同时蔬菜种植规模扩大，地下水开采量剧增，也导致当地地下水位骤降，个别村庄人畜饮用水变得十分困难。

生态环境是人类生存和发展的基本条件，与片区经济、社会发展同步进行的还有逐渐加重的生态建设任务。2017 年河北省公布《河北省人民政府关于公布地下水超采区、禁止开采区和限制开采范围的通知》（冀政字 [2017]48 号），片区内的望都县、唐县、涞水县、顺平县、易县、曲阳县被列为浅层地下水禁采区，不得开凿新的取水井；尚义县、张北县、沽源县、康保县被列为地下水限采区，一般不得开凿新的取水井。水浇地成为种植大户的"抢手货"，土地流转价格进一步上涨，同样地，没打井的旱地再也没有"升值"的机会了。

与此同时，生态环境建设对家庭养殖业产生了一定的影响。2003 年开始，G 县大力实施退耕还林还草，大量的耕地转向林地和草地。2010 年开始全年禁止放牧牲畜，推行舍饲养殖。舍饲养殖加大了农户牲畜养殖成本，农户养殖态度更加消极。

二、搬迁农户生计资本的变化

易地扶贫搬迁在改善贫困农户居住条件的同时也带来了农户生计资本的变化。农户生计资本变化受多重因素的影响。内生性人力资本欠缺、国家政策扶持以及新型城镇化的发展都在不同程度上影响着农户搬迁后生计资本的变迁。

(一) 生计外部环境的牵引

相对生计内部因素，农户生计的外部环境往往难以改变。外部生计环境既是脱贫困难户的外在制约也是发展机遇，农户通过内部生计资产与外部环境之间的相互作用，形成有利于生计可持续的经营策略。① 影响农户可持续生计的外部环境主要包括国家扶贫政策、支农惠农政策、地区生产生活条件发展状况以及在国家改革与发展进程推动下的地区整体性发展对农户生计的影响。

1. 搬迁贫困户脱贫不脱政策

由于自然、历史、地理位置和自身等原因，很多脱贫户生计基础不牢，面对风险冲击还很脆弱，如果不给予其任何保护，很难保证其不会再次陷于贫困。为了确保稳定脱贫不返贫，根据《关于进一步加强农村最低生活保障制度与扶贫开发政策有效衔接的通知》(民发〔2017〕152 号)，达到脱贫标准的可有序退出，脱贫攻坚期内"脱贫不脱政策"，脱贫后，医

---

① 刘金新. 脱贫脆弱户可持续生计研究[D]. 中共中央党校，2018：74.

疗、教育、住房等扶持政策保持不变；对于收入水平已超过扶贫标准但仍低于低保标准的，宣布脱贫后继续享受低保政策，做到"脱贫不脱保"。

搬迁只是手段、脱贫才是目的。建档立卡贫困户搬迁后无论脱贫与否，都将继续享受国家各项惠农政策、扶贫开发政策、兜底保障政策。进城安置的农户将继续享有土地承包经营权、集体收益分配权和其他惠农益贫政策。农户搬迁入住后，只是完成了第一阶段任务，即从迁出地向迁入地转移，但并不表示就已实现脱贫。是否实现脱贫，还要综合考虑搬迁农户生产条件改善情况、产业就业增收情况、基本公共服务保障情况，以及相关帮扶措施落实情况等，需全面达到"两不愁三保障"目标要求。

2. 农村全面深化改革的推动

十八届三中全会通过《中共中央关于全面深化改革若干重大问题的决定》提出全面深化改革的新思想、新论断、新举措。2015 年中共中央办公厅和国务院办公厅联合印发《深化农村改革综合性实施方案》提出破除城乡二元结构，加快农业发展方式转变，促进农业可持续发展，健全农民持续增收体制机制的构想。这些新思想、新论断、新举措推动我国农村全面深化改革进入了快车道，自然地，深化改革的每一项措施、每一步行动均与农村减贫事业息息相关。其一，新型农业经营主体的培育为贫困人口脱贫致富注入了新动力。发展走专业化集约化适度生产道路的家庭农场，推动龙头企业或合作社与小农户建立多种形式的利益链接机制，不仅增强了农业的市场竞争力和抵御风险的能力，而且把贫困农民深度嵌入产业链条，以获取更多产业链增值收益。其二，不断健全的农业支持保护制度降低了农户经营风险。多予少取放活，加大支持保护力度，在农业农村投入稳定增长机制、农产品价格形成机制和农产品市场调控制度以及普惠金融和涉农信贷的探索和发展等方面不断完善体制机制，不断激发创新活力，对实现农业可持续发展和促进农民增收发挥了巨大作用，也在很大程度推动了农村农民脱贫发展。

3. 新型城镇化推动城乡一体化发展

加大统筹城乡发展力度，增强农村发展活力，逐步缩小城乡差距是我国新型城镇化的发展目标和指导原则。一方面，在坚持工业反哺农业、城市支持农村和多予少取放活方针和实现基本公共服务均等化情况下，"重城市，轻农村"的局面逐步改善，国家对农业农村发展支持力度明显加大，各地开始重视城乡体系规划，农村人居环境、基础设施和公共服务建设开始显著改善，特别是制约贫困地区和贫困人口长效脱贫的基本生产生活条件在脱贫攻坚下基本补齐了短板和弱项。另一方面是在新型城镇化战略下，商品、服务和生产要素的城乡流动通道逐步打通，促进了现代要素与农村传统要素的结合，促成农村资源要素与大市场的直接对接，从而提高了农村资源的利用效率和价值的市场溢出，提升了农村发展活力。再有就是易地扶贫搬迁的城镇集中安置，在政府主导下，加速了城镇化发展水平，推进了搬迁群众市民化步伐，在现代社会融入、产业就业促进等方面形成了有利于搬迁群众可持续生计的益贫效应。

(二) 生计内部条件的改善

农民并不像以往所认为的那样保守，而是趋于求利的群体。[1] 以舒尔茨和波普金为代表的"理性小农"主张，认为农民在他们的经济活动中一般是精明的、讲究实效的和善于算计的，他们的社会行为主要出于对家庭福利的考虑。

在易地扶贫搬迁政策下，与其他行为一样，农民在回应政府动员和自身作出决策时都表现出理性的"精明"，即以所作出的行为以回报最大化为依据。

---

① 李金铮. 求利抑或谋生：国际视域下中国近代农民经济行为的论争[J]. 史学集刊，2015(3)：22-33.

在这里老百姓的思想分为好多种，一种是原来村里的房子不能住人了正好搬迁住上新房，所以也就果断地同意了；有的是觉得房屋评估有些问题，调整过后也就迁了；还有就是老百姓受传统思想观念影响，不舍得离开原来居住的地方，慢慢也就转变了观念同意搬迁。原来天气冷需要到外面上厕所，取暖需要烧炉子或者做饭需要烧柴火导致家里不干净这些都是在搬迁后得到了解决，一些慢性病患者也不用再出去受冷空气影响，这些都影响着老百姓思想观念的转变(县易地扶贫搬迁负责人)。

1. 生活水平的改善

片区生态环境脆弱，村民的居住环境难以得到改善。在搬入安置区后，老人的居住环境得到了极大改善，生活水平也明显提高。

这地方大草原，尤其到冬天，白毛风一刮雪能下半尺或一尺厚，进不去出不来。有的子女想回来看望老人根本进不去，咱们村的人还比较齐心，都去开路吧，一场风就把刚铲出来的路又盖住了。(CM，2017)

以前在山里，先是住的木头房，后来闺女给翻盖的砖房，那也没法跟这边儿(安置区)比，这里再不怕刮风下雨了，吃的也有花的也有，家里又方便又干净。(CM，2019)

2. 收入状况的改善

在收入状况方面，除贫困户社会保障政策和公益岗就业兜底外，片区搬迁农户有土地流转增收、外出务工增收、创业就业增收、项目带动增收等多个途径来实现收入的增加。

(1)土地流转增收。基于劳动力不足和土地收益原本就不高的现实，片区部分农户在搬迁前就以不同形式将土地流转了出去。搬迁后，就业开始向非农领域转移，各地对于土地的处置方式就是统一流转。但是由于各地耕地条件不同，土地处置情形也不同，有的区域如坝上，土地较平整，容易规模化耕种，大部分地区很早就实现了集中统一流转，而有些地方则因山高路远，不易集中耕种，市场吸引力不足，难以流转，有的撂荒，有一些具备条件的农户"捡好地种"，整体仍处于"等政策"阶段。但不管怎样，土地流转收益也形成部分搬迁农户生计资本的一部分。

> 搬走了就更不种地了，别说住在县城，就是住在镇上的也不种了，一来太远了，二来也没车，很不方便。其实，政府统一流转，对农民是有好处的，流转给个人，像我们这里的旱地最多一百元，而现在都在一百五十元甚至两百元，收入稳定，自己种肯定收不了这些。（CGB，2020）

（2）外出务工增收。外出务工是贫困群体谋求发展，通过自身劳动解决贫困现状的增收方式，需要劳动者有一定的劳动能力和社会适应能力。搬迁后，摆脱种养业的束缚，一部分青壮年劳动力被释放出来。把家安顿好后，为寻找收入较高的工作，他们或自主联系或由政府组织，外出务工。

（3）就业创业增收。创业就业扶贫属于"造血式"扶贫，主要是通过培养贫困群体的自我发展能力来实现脱贫。片区各县通过配套产业和依托产业园区吸纳就业、组织劳务输出等多种方式促进搬迁群众就业，实现有劳动力的搬迁家庭至少一人就业的目标，通过设置公益岗对弱劳力进行就业兜底保障。同时积极引导和支持搬迁户创业，给予各种优惠政策和绿色通道，例如农户可以通过无息或低息贷款获得启动资金，或以低于市场价的租金租用安置区底层商铺。

（4）通过资产收益分红增收。资产收益扶贫是精准扶贫中实现农户稳定增收的重要途径。国家规定，在不改变用途的情况下，财政专项扶贫资金和其他涉农资金投入设施农业、养殖、光伏、水电、乡村旅游等项目形成的资产，具备条件的可折股量化给贫困村和贫困户。[①] 在实践中，为避免"一分了之"，养懒汉，各地将公益岗与资产收益分红挂钩，让弱劳力和半劳力者通过力所能及的劳动获取收益，对于没有劳动能力者则通过分红进行补贴。

三、搬迁农户对生计变动损益的衡量

人们从产生搬迁意愿到采取搬迁行动是一个复杂的过程。成本收益理论认为，迁移是有成本的，包括货币成本和非货币成本。前者包括交通、住宅、食物等方面增加的支出，后者包括因迁移减少的收入及心理成本。迁移的预期收益是指迁移者因迁移能够预期得到更多的收入，当迁移的预期收益大于迁移成本时人们就倾向于迁移。[②]

从片区易地扶贫搬迁情况来看，农户对于自身生计选择在行动中并不总是优先考虑经济效益，而是建立在维系其生活需要的一切社会资源的综合考量之上。农户的行动与选择在一定程度上是具有理性的，所谓理性是指农户的行动是可以理解并且有可供推理的逻辑性。

(一) 生活收支的计量

农户对进入搬迁安置区生活表示担忧有很多原因，例如用辛苦一辈子的血汗钱建成的农村小院没有了，还需倒贴钱购楼房；生活方式突然改变，生活成本增加；居住地离农田距离远了，农业耕种不再便利了等，这些都是显而易见的损失。

G 县 X 村的搬迁主要是因水搬迁，村庄位置距盐淖较近，土地盐碱化严重，饮用水锰、铬含量超标，并且近年表层水严重下降，村民吃水困

---

① 《中共中央、国务院关于打赢脱贫攻坚战的决定》，2015 年 11 月 29 日。
② 佟新. 人口社会学 [M]. 北京：北京大学出版社，2010：105-106.

难。起初 X 村搬迁规划为村内就近安置，将水质较差的中心村集中搬至附近自然村，这个规划得到了村民的一致赞同。除解决饮水问题外，X 村外出务工村民较多，村子空心化严重，久不住人的房子破烂不堪，翻修成本高，此次搬迁为在外务工的村民返乡提供了一个较为适宜的住所。对于常住村民，村内就近安置建设规划依旧是房屋附带农家小院的结构，房屋住宅面积较大且村民生活习惯不受影响，更重要的是距耕地较近，村民依旧可以回去进行农业生产活动。通过村内集中安置一方面可以使得村民进一步集中，但同时也会带来一系列生活问题。如地下水用水量陡增，搬迁后可能需要建造引水沟渠来保障村民日常用水，经核算投资成本太大。此外 X 村远离公路交通不便，冬季降雪量大，经常被大雪封村。综合考虑最终决定以小城镇安置的方式将整个行政村迁往乡镇安置区并于 2016 年年底开始易地搬迁动员工作。安置模式的改变让一部分村民改变了搬迁意愿，不愿意搬迁的占了大多数。

易地搬迁前的动员—协议签订—补偿安置过程实质上是利益双方进行利益博弈的过程。农户与政府作为易地搬迁的重要利益方，在总体利益一致的情况下，客观上存在不同的利益矛盾和冲突。在扶贫搬迁实施过程中，作为直接受益者和主要参与者，搬迁群众的利益主要是经济利益。对农户的补偿，虽然各地都有严格的标准，但是在具体操作中还会有较大弹性空间。①

在村支部书记看来，那些不愿意搬迁的老百姓是对搬迁补助不满意和对生活成本的顾虑才不同意搬迁，"其实他们内心还是愿意搬的"。搬迁区优越的生活环境显而易见，相应的优越性所带来的生活成本也成为村民不得不担心的问题。村支书在动员工作中被村民问到最多的问题就是搬过去之后下一步怎么生活。

---

① 杨华. 农村征地拆迁中的利益博弈：空间、主体与策略——基于荆门市城郊农村的调查[J]. 西南大学学报(社会科学版)，2014，40(5)：39-49，181.

（搬过去了）开门就要花钱，水、电、气还有物业费。住楼房肯定比在农村造价高呀，没有收入住楼房是不行的……像在农村今年收入少点儿也能过得下去，要是搬到那边就不行了，什么都得要钱。年轻人（有收入）肯定没问题，上点岁数的就得考虑这个问题了。（CM，2017）

相对于种植、养殖业收入为第一经济来源的家庭，以家庭副业、外出打工为第一经济来源的家庭贫困发生率明显较低，而以子女供养、政府救济和其他收入为第一来源的家庭贫困发生率明显更高。① 片区老年人口的收入除政策性收入和土地流转收入外基本无其他稳定来源，并且搬迁后基本再无种养条件可供日常饮食以及各种生活需要的开销。值得注意的是，虽然易地扶贫搬迁项目将部分农户从村庄搬到了城镇，但是由于户籍没有改变，农民的低保依旧是按农村标准发放，在收入有限的情况下生活成本陡增无疑会对老年人口的生活质量产生很大影响。

从大局上考虑是好的，起码住的环境好还方便，出门看病买菜都方便许多。但从这个经济来源上去考虑心里就有点顾虑了。农村谁家都养着猪，今年要不搬，家家户户都还能宰个猪，半年不用买肉。……上岁数的去那花钱就多了，子女不管他的话，不给点生活费，他到那生活很困难，就算是低保，那点儿低保连交水电费物业费都不够。（CGB，2019）

从自然条件恶劣的农村搬迁到生活环境优越的安置区是落实易地扶贫搬迁政策和实现贫困地区可持续发展的现实需要。生计问题是阻碍贫困户是否愿意进行搬迁的首要因素，各项生活成本的增加与贫困农户微薄的收

---

① 王金营，李竞博. 连片贫困地区农村家庭贫困测度及其致贫原因分析——以燕山—太行山和黑龙港地区为例[J]. 中国人口科学，2013(4)：2-13，126.

入形成了鲜明对比。搬迁后农户的生计问题不仅是农户自身要考虑的现实问题同样也引发了贫困村驻村干部的担忧。

> 搬迁过来这个后续生活保障是个问题。安置区常驻的主要是老年人，他们的收入来源单一且微薄，这确实是需要各级政府统筹考虑的大问题。其实搬迁对老年人来说是最纠结的事情，搬吧，担心生活开销大，不搬吧，又不想放弃这么好的政策。（驻村干部，2019）

虽然各地有关部门通过政策优惠以多种方式补贴农户这部分支出，例如 K 县免除 3 年取暖费，F 县免除 10 年物业费和取暖费，L 县搬迁前承诺 3 年免收取暖费和物业费，今年是搬迁第 4 年依旧未收取这两项费用，另外，政府还通过在安置区内增设公益岗等方式，帮助搬迁户增加收入来补贴日常生活开支但依旧有部分困难群众认为搬迁后的生活支出超出了自身的承受限度。

从片区农户的收入构成来看，农户搬迁前虽然已经具有兼业的特征，但大部分农户依旧依赖家庭经营性收入。这种生计模式意味着，农业收入对贫困户家庭十分重要，因此，如果搬迁导致贫困户缺失农业收入，且没有其他外来收入，贫困户的生计状况难以好转，甚至还会陷入新的困境。

(二) 传统生计方式依赖

农户生计资本的局限性不仅直接制约着收入水平和生产活动的成长性，而且也在较大程度上制约着农户生产经营结构的调整。受资本短缺的限制，较多农户通常只能维持生活现状。[①]

农户选择维持原有生计主要出于两方面的思考：一是按照农户的成本

---

① 陆益龙. 流动的村庄：乡土社会的双二元格局与不确定性——皖东 T 村的社会形态[J]. 中国农业大学学报(社会科学版)，2008(1)：146-153.

计算方法，当前种植收益超过当地的土地租金；二是依赖土地作为基本生活保障；再就是就近安置的搬迁方式没有将土地与农户割离，为农户维持原有生计提供了条件。

1. 未计入人工成本的农业收益有利可图

从经济学的角度出发，农民是否愿意转包土地依赖于土地租金和土地的重要性这两点。① 土地租金反映了土地价值②，土地经济价值的差异表现为每亩地租的差别。③

农户从名下耕地获取收入有两种途径，一是亲自耕种，收获粮食经售卖获取现金或直接用于家庭食物开销。另一种途径是土地流转，通过向种植专业大户、企业或合作社等转出土地使用权，获取土地租金。仅从成本收益的角度来衡量，农户流转土地后收益超过流转前，选择流转才是合理的。

对农户而言土地流转前亲自耕种收益由几部分组成：种植政策性补贴（粮食直补、一退双还等）以及供家庭内粮食消费的价值。土地转出后政策补贴依旧由农户所有，其收益变为：土地租金（包括土地分红）、解放出来的劳动力从事其他工作的收入、市场上购买家庭所需粮食支出以及放弃种植的机会成本。

以家庭为单位的传统经营方式，农户在计算种植成本时往往只计算种子秧苗、化肥农药、机械作业等现金成本，家庭成员的人工成本往往不被计算在内，表4-5为片区主要粮食作物未计入人工成本的利润率。由于忽略了人工成本，亲自耕种在一些农户看来是有利可图的。

---

① 贺振华. 农村土地流转的效率分析[J]. 改革，2003(4)：87-92.

② Oscar R. Burt. Econometric Modeling of the Capitalization Formula for Farmland Prices[J]. *American Journal of Agricultural Economics*，1986，68(1)：10-26.

③ 纪月清，顾天竹，等. 从地块层面看农业规模经营——基于流转租金与地块规模关系的讨论[J]. 管理世界，2017(7)：65-73.

表 4-5 2016—2018 年片区 3 省份主要粮食作物未计入人工成本的利润率（%）

	小麦			玉米			大豆			马铃薯		
	2016 年	2017 年	2018 年	2016 年	2017 年	2018 年	2016 年	2017 年	2018 年	2016 年	2017 年	2018 年
河北	43.0	41.6	52.5	42.9	42.3	42.6	4.6	48.1	43.1	27.7	27.2	28.0
山西	55.0	53.6	64.5	42.6	41.8	40.3	35.2	45.1	58.3	42.0	41.6	46.3
内蒙古	49.3	47.6	47.9	61.5	52.3	47.2	33.0	44.4	37.2	111.3	61.2	72.2

资料来源：中华人民共和国农业农村部. http://zdscxx.moa.gov.cn:8080/nyb/pc/index.jsp.

X 村属丘陵地貌，全村主要种植农作物有春小麦、莜麦、土豆，农作物一年一熟，小麦亩产 300 斤、莜麦亩产 160 斤、马铃薯亩产 3000 斤。[①] 入户访问中 68 岁的 P 大爷和妻子正在院子里将催好的芽从土豆上分割下来打算留作明年种植。2018 年大爷家留下足够口粮后其余粮食共卖得 3000 多元，经该大爷计算，2018 年麦种、化肥、机械共花费 800 元左右（莜麦和土豆自己留种，不需要购买）。

没算过（人工成本），都是自己地自己种，咱们庄户人不算那个。（CM，2019）

从现实层面看，在推进农村城镇化进程中，渐进式的发展过程使得一部分农民始终留在农村，[②] 尤其是老年人因市场"排斥"将会长久地生活在农村社会中。[③] 像 P 大爷这样年龄较大的农民，种植是他最熟练的生计方式，他们普遍都有着这样的心理："没文化，现在都是高科技，自己岁数

---

① 资料来源：K 县 X 村村委会，2019 年 8 月 14 日。

② 方创琳. 中国新型城镇化高质量发展的规律性与重点方向[J]. 地理研究，2019，38(1)：13-22.

③ 孙明扬. 中国农村的"老人农业"及其社会功能[J]. 南京农业大学学报（社会科学版），2020，20(3)：79-89.

也大了，出去谁要?"从个人特征层面看，男性、青壮年、文化程度较高、有一定非农技能的劳动力在非农就业市场比较有优势，[1][2] 农村老年人进入非农劳动市场明显处于弱势地位，难以取得非农工作收入，因此种植对于农村老年人来说是能够选择的最高收益的生计方式。

2. 土地保障农户基本物质生活需要

片区农户的增收主要来自进城务工所获得的工资性收入，农业对于绝大多数的农户来说，更多是满足基本生活保障。农业经营性收入虽然不能让农民致富，但又是农户生活中不可或缺的收入来源。一方面，绝大多数农户有因缺少城市就业机会的中老年父母留守在家务农，务农收入对于农户家庭非常重要。另一方面，留守务农，农村生活成本低，农业收入以外的自给自足经济不仅极大地减少了农户家庭支出，而且提高了农户家庭生活质量。同时农业经营也为缺少城市就业机会的中老年农民提供了就业机会。[3]

农村人口大量进城，让渡出各种获利机会，一些无法进城或不愿进城的农民就捕获了这些获利机会。不再依托农业和农村收入的农户越多，让渡出来的获利机会也就越多，也就可能自然而然产生出部分"中坚农民"，他们可以从农村获取足以维持体面生活的收入，还可以成为规模经营农户，[4] 他们可能会从农业生产中获得不低于外出务工的收入。尽管从事农业生产能够获得一些经济收入，但留守在村里的大多以高龄老人居多，不便从事农业生产活动。

---

① 陈江华，罗明忠，洪炜杰. 农地确权、细碎化与农村劳动力非农转移[J]. 西北农林科技大学学报(社会科学版)，2020，20(2)：88-96.

② 叶兴庆，殷浩栋. 从消除绝对贫困到缓解相对贫困：中国减贫历程与2020年后的减贫战略[J]. 改革，2019(12)：5-15.

③ 何雪峰. 如何"拓宽农民增收空间". 微信公众号：新乡土，2020-11-15.

④ 贺雪峰. 城乡关系视野下的乡村振兴[J]. 中南民族大学学报(人文社会科学版)，2020，40(4)：99-104.

留在村里种地的人不多，村里只有两户，种地也是挑好的地种。年轻人都出去打工，打一天工最低150元，种地开车来回跑，光油钱就很高了。老人尤其是70岁以上的，别的干不了，只能在家种点地，一搬迁房子没了也回不来种地，就担心搬过去后怎么生活，这一部分人有顾虑。（CGB，2020）

F县Z村位于坝下，土地质量明显优于县里的坝上地区，该村耕地主要用来种植产量较高的玉米，2018年F先生家种的玉米共卖得10010元，除去种植成本还能获利6000余元。农闲时F先生和妻子在附近打零工，2018年夫妻俩打零工收入约15000元。入户访谈时当年种植的玉米即将进入收获的季节，F先生对这年的粮食收成比较乐观。

该村W先生，现年50岁，家庭成员分别是W先生、妻子和其年近80岁的母亲，家里共有耕地面积9亩（X村土地确权后每人3亩耕地）。2019年已实现脱贫，享受扶贫政策，易地扶贫搬迁安置方式为乡镇安置。谈到农业收入，W先生说道："今年雨水好，收成好，刨去籽种花费还能得6000多元。"

案例中农户的土地种植所得都有满足自家口粮的需要。"手里有粮，心里不慌"，对于农民而言，拥有土地和农地经营，不仅仅是一种生产方式，而且是一种生活方式。

土地流转仅带来固定折现收入，而缺乏生活资料的贫困户只能愈益依赖商品化的市场，从而增加其生活成本。[1] 农户的"恋地"除了非理性的传统观念外，自给自足的生产生活方式确实能为农户省下一笔不小的生活开支。

F先生所在的Z村户籍人口数为1827人，由于紧邻北京，村里外出打工人数较多，常住人口数仅607人。F先生在村里属于"年轻人"。F先生

---

① 张明皓，汪淳玉. 土地的家计过程与贫困户的生存弹性——基于河南省平楼村的实地研究[J]. 南京农业大学学报（社会科学版），2020，20(2)：39-47.

和妻子身体健康，之所以没有像其他人一样流转土地选择外出务工是因为必须要在家照顾年迈体弱的母亲。疾病会增加家庭内部照料性劳动需求，从而可能会影响到劳动力外出，① 照顾家庭成员的责任以及担心难以承担举家在外的生活开支使他选择留在农村。"半工半耕"的生计结构是留在农村但有富余劳动力农户的特征之一，而且这种类型的兼农户的经济条件通常优于同在农村的纯农户。

在农民的生存理性认知下，土地是一种"安全阀"，土地的意义在于它能够为农民提供最基本的生存需要。② 对于生计来源由农业转向非农业生计活动的农户来说，自身年龄和健康状况成为非农收入的主要风险因素。随着年龄增长体力逐渐下降，非农的收益风险越来越高。随着经济的发展与农民收入渠道的多元化，土地的保障功能逐渐弱化，但功能的弱化并不意味着功能的消失，③ 片区农户依旧将土地视为生活、失业和养老保障。

> 没钱什么也生活不了，还是咱们这儿好，好歹种点什么就能吃，搬过去啥都得拿钱买。住楼本来就是那些生活好的能挣工资的，俺们老百姓住啥楼，住楼吃西北风……我们老百姓去哪闹钱去，就是能受了的打点工，受不了的打不成工，去哪来钱？住上楼不能白住吧，什么也得跟你要钱吧，电费一个月就要100来块。老农民就该钻到村子来，有两个钱能糊养住，拿点儿钱咱们能养个吃喝吧，你去住那个楼又挣不着钱来，（那些费用）你不给肯定不行吧，你说那个钱从哪里来？一年得好几千。搬不进去还是在农村吧，种点地推点莜麦种点菜种点山药，省钱不花，就花点电费。（CM，2019）

---

① 陈风波，丁士军，Henry Lucas. 家庭结构、重大疾病和农村劳动力迁移[J]. 华南农业大学学报（社会科学版），2014，13(3)：34-44.

② 李向振. 城边村日常生活与生计策略的民俗志研究[D]. 济南：山东大学，2016.

③ 钟涨宝，陈小伍，王绪朗. 有限理性与农地流转过程中的农户行为选择[J]. 华中科技大学学报（社会科学版），2007(6)：113-118.

对于纯农户，土地经营与其家庭收入息息相关，许多农户仍然依靠传统种养业获取最安全可靠的收入。土地作为部分农户赖以生存的最主要的生产要素之一，也是农户的最后一道社会保障，在劳动力市场不能充分满足农户就业需要和离开农村外出打工机会有限的背景下，土地提供了农户最大化使用家庭劳动力的机会。搬迁带来的生计变动使一部分农户被动失去了原有的土地收入。

3. 养殖业的高收入

城市生活对牧区村民的吸引力并不是很大，这并非经济社会水平进入后发展阶段的结果，而是与村庄资源禀赋、生计模式、文化传承和市场环境相关。① 对于以养殖业为生的农户而言，搬迁意味着赖以生存的收入来源因此中断。搬迁至安置区后养殖户不得不放弃原有的生计模式，导致家庭收入减少生活压力加大。

> 我还养活着五六十只羊，丈夫是羊倌还给别人放羊。全村有上千只羊。家里养几十只牛羊的就不怎么想搬，搬了租那么大的院养牲口成本太高，那里不如这里能养活点牲口。缺钱了就卖个羊羔羔，这几年羊的行情挺好，有时候养羊比打工还挣钱。（CM，2018）

> 实际上搬迁影响比较大的还是养殖户，我们村有一户养了 30 多头牛，一年收入 30 多万元，现在得想办法去别的没搬迁的村里养了。（CGB，2019）

养殖业给农户带来了可观的收入，农户更倾向养殖牲畜提高收入水平。牲畜数量越多，农户对农业资源的依赖性越强，农户实施多样化生计

---

① 张丽. 西北民族走廊汉藏交融地带乡村社会变迁研究［D］. 兰州：兰州大学，2021：146.

策略的机会概率也就越低。① 在缺乏资金和技术支持的情况下出于对未来收入的不确定性担忧，养殖农户一般不愿意调整生计策略放弃当前作为家庭重要生计来源的养殖业。

4. 就近安置为继续从事农业提供条件

安置方式在很大程度上决定农户是否选择维持或改变原有生计策略，村内安置、距原村较近的乡镇安置这种安置方式为依赖于土地的农户提供了继续从事农业生产的现实条件。

Y 先生 50 多岁，以前是村里的防疫员，如今在附近的牛场工作，自己家的几头奶牛也放在牛场里。村内安置的新房子正在装修，打算过完年后搬家。Y 先生有个已结婚的女儿，现在居住在呼和浩特市，儿子还在读高中（高二），母亲 77 岁已入住安置房。2019 年 Y 先生家流转出 15 亩耕地租金收入 6150 元（每亩 410 元）。入户走访时，Y 先生家的牛即将生小牛，按照当地行情，一头初生牛犊价格在 4000~5000 元。

> 变化是挺大，楼房都住着，地都流转了。咱们这会儿负担太重，孩子又是念书的，又有老人，哪个不管也不行。人稠地窄，活少人多，毕竟现在都机械化了，用人就少了，经济来源就够呛，再加上儿子娶媳妇念书什么的……没负担咋闹都行，有钱吃个好的，没钱吃个赖的。我们这会儿正负担重呢，离不了这些牲口。（CM，2019）

Y 先生所在的 L 村的移民新居建筑结构没有提供专门圈舍或场地以供继续家庭养殖，养殖户需要在现有的牛场（距 L 村 7.6 千米）以及正在规划建造的养殖园里另租场地，由搬迁前放牧为主改为圈养为主。

---

① 道日娜. 农牧交错区域农户生计资本与生计策略关系研究——以内蒙古东部四个旗为例[J]. 中国人口·资源与环境，2014，24(S2)：274-278.

就指望着它了……牛放进去成本太高，饲料草料都是人家的。搬迁好是好，就是没法在自家院子里养牲口。(CM，2019)

内蒙古、河北和山西这三个地区在玉米产量和温度两方面表现出明显的优势，拥有得天独厚的饲料资源，气候条件适宜奶牛生长①。Y先生所在的村，全村共311户(744人)，常住人口98户(228人)，其中养殖户有30户(养牛户12户，养羊户18户)。近年来随着农业生产发展的需要以及生产技术的改进，我国奶牛养殖模式从专业户养殖逐渐转变为规模化养殖，片区奶牛养殖户明显减少，部分奶牛养殖户转为肉牛养殖。

L村农户得以继续从事养殖，其一是村内安置方式没有将农户与土地割离。农户依旧可以通过自家耕地或草场为牲畜提供饲料。其二Y先生本就在牛场工作，工作的同时还可以兼养自家的奶牛，减少了人工成本。其三虽然搬迁使得农户自家饲养牲畜的场地被拆除，奶牛在牛场饲养成本较之前放牧明显提高，但依据当前市场行情，Y先生认为从事养殖仍有盈利的空间。

(三) 主要收入来源的维护

1. 纯农户对主要收入来源的维护

纯农户是指搬迁前农户原来就从事纯粹种植业或养殖业，搬迁后仍然从事农业种植或养殖业，包括种植粮食作物、蔬菜和经济作物，养殖猪、牛、羊、鸡、鸭、鹅、兔等传统家畜。纯农户一般是土生土长的农民，因长期乡间务农，了解外部世界较少，接受新鲜事物较慢，务实却相对保守。这类农户以土地为主要生产资料，主要生产方式是个体劳动或家庭集体劳动，他们对土地有感情、对农业种植有经验，主要靠传统农业积累逐

---

① 樊斌，薛晓聪，等. 中国奶牛养殖生产布局优化研究——基于比较优势的实证分析[J]. 农业现代化研究，2020，41(2)：331-340.

步实现规模化，农业或畜牧业是纯农户的主要经济收入来源。①

> 现在村里房子拆了，大多养殖户是搭的简易房在养，一户20来头，搬迁前就在养，养得多，短时间内处理不完，而且这两年猪肉贵，挺挣钱，也不想放弃养殖。这两户都是年轻人，从事牲畜饲养主要是因为养猪挣钱。这两户房子已经搬到这里了，孩子在这边上学，自己和老婆回去养猪。（CGB，2020）

2. 兼业户对主要收入来源的维护

农户的生计追求也反映了其高估不确定性风险的心理特性。对于以农业经营收入为主的搬迁农户来说，外出务工具有一定的风险，而土地经营是确定性收益。农户一般选择家庭兼业化的生产模式通过经营土地来满足家庭基本生产生活需要，农闲时的打工收入满足家庭的发展需要。当农户放弃农业收入，家庭劳动力全部转入非农劳动时，农户的家庭收入预期将会显著提高。但非农收入具有高度的不确定性，尤其是在当前稳定的兼业背景下，外出务工对于这类家庭是高风险决策。农户非农就业决策权重小于农户家庭兼业决策权重，农户不会轻易放弃通过农业生产而获得的农业收入。对于以非农经营为主的农户，易地扶贫搬迁后由于距离原村庄以及耕地较远，绝大部分农户放弃继续从事农业生产经营活动。

3. 非农户对主要收入来源的维护

城镇资源集中、物流便捷，就业机会和经营机会远多于乡村，成为吸引农民尤其是青壮年劳动力放弃种养业到城镇拓展非农就业发展空间的主要原因。特别是近年来随着城镇化进程加快，新型城镇化水平的提高，城镇对人们的吸引力加大，举家外出务工或从事服务业等成为搬迁农户的主

---

① 刘金新. 脱贫脆弱户可持续生计研究[D]. 北京：中共中央党校，2018：87.

要选择。

农业生产成本增长迅速，农产品收益增长缓慢，导致农地耕种边际效益递减。[1] 在农产品价格"天花板"封顶和农业生产成本"地板"抬升的双重挤压下，农户的收益较低甚至出现亏损的状况。[2] 当农户发现投入土地上的劳动量并不能换来更多的劳动产出时，他们便选择转换生计方式，通过其他渠道增加收入。对于片区的农民来说，土地资源的限制使打工等非农收入明显高于种植收入。片区内所调研村庄常住人口基本无年轻人，青壮年劳动力大多前往县城、市区甚至跨省打工谋求生计。经济状况较好的非农户，多劳力、健康、有技能的个体素质为非农收入的增加提供了优势条件，非农收入有效地提高了家庭收入并且有逐年增高的趋势，土地收益带来的家庭收入增量对于这些家庭的敏感度在日渐降低。

易地扶贫搬迁的生计变化有一定的过渡期，过渡期内搬迁移民往往会面临生活不习惯、生产不方便、收入不稳定、心理不适应等暂时性的困难和问题，特别是进城安置的移民还会面临生活成本大幅增加的压力。面对这些困难和问题，农户搬迁之初生计策略较为保守，偏向于依托原有生产资料来保障收入来源，因此我们在项目初期调研时，经常会遇见搬迁农户即使农业收入很低，仍选择在搬迁后依托原有土地、林地等生产资料开展相关经营活动，以维持日常开销的情况。待农户度过过渡期，适应搬迁后的环境后，农户逐渐开始转变其生计策略，换穷业、促脱贫。

四、搬迁农户生计的转变与实践

生计策略是家庭依靠生计资本要素选择参与不同的生计活动，通过创造生存所需的物质资料和精神资料实现可持续生计，生计策略由一系列生

---

① 张立. 土地承包经营权抵押制度障碍与重构[D]. 成都：西南财经大学，2012：63.

② 吴方卫，康姣姣. 农业补贴、要素相对价格与农地流转[J]. 财经研究，2020，46(5)：81-93.

计活动组成，通过多样化的生计活动来具体实现，在不同的生计资本状况下，各种生计活动相互结合、相互促进以此实现生计策略的可持续性。①农户的生计策略是动态的，通过易地扶贫搬迁，农户的生计环境背景、生计资本发生了变化，为了获得更多收入、促进福利增加、降低脆弱性及生计可持续性，搬迁农户通常会主动或被动地改变自身的生计策略。

(一)生计结构的改变

易地扶贫搬迁前农户的生计收入大多源自从事农业生产所获得的劳动收入，搬迁后农户的收入实现了从单一农业收入向多元收入的转变。新型城镇化的发展一方面助推农民从农村流向城市，另一方面也为农民返乡就业提供了优厚的条件。

1. 乡—城：易地搬迁成为融入城市的"跳板"

农村劳动力跨空间转移、农村人口市民化是城镇化发展的主要趋势，也是经济发展的必然结果，从乡村到城镇，搬迁移民有着向城市迁移的自发动力。

(1)寻求更多的获利机会。易地扶贫搬迁促使一部分农村劳动力从农业人口向非农业人口转移。农业转移人口市民化被看作提升家庭福祉的重要策略，与之相伴随的是劳动力流向的多元化、家庭组织方式的多元化以及家庭收入的多元化。一方面，通过易地搬迁使一部分劳动人口放弃原有的农业种植，选择将土地流转出去以获取稳定地租收入。另一方面，易地搬迁推动了生计方式的多元化转变。一些进城务工人员为了维护家庭稳定和服务子女教育，选择一人外出打工一人留在安置区照顾家庭，闲暇时间做一些零工贴补家用的生计方式来满足日常生活需要。

J先生一家作为同步搬迁户于2018年10月份搬入县城安置区，J先生

---

① 伍艳. 农户生计资本与生计策略的选择[J]. 华南农业大学学报(社会科学版)，2015，14(2)：57-66.

和妻子在北京打工多年，每年一开春夫妻俩前往北京从一个承包工程的老板手里接装修的工作，入冬后结完账返回家乡过年。2019 年过完年后 J 先生一个人返回北京，妻子留在县城的新家里照顾读高二的儿子，天气好的时候去菜地里打工，2019 年妻子打零工挣了 2 万元左右。

> 以前在北京建筑工地装修，是个技工、大工，媳妇是小工……以前刚出去两三年那会儿家里还种着地呢，等到秋收季节还得专门回来收割不划算。打上几斤粮，还误工，还有来回车钱种地翻地收割也要花不少钱，就想着算了吧不种了。(CM，2019)

与老年人难以与土地割舍的心态不同，在年轻人看来，农作物种植收益低，尤其搬迁后居住地距离农地较远，不方便继续进行农业种植活动，他们倾向于将土地流转出去或者国家征收，在他们心中更希望通过外出务工来获得收入。土地处置方式与农业富余劳动力转移程度有关，易地转移的劳动力倾向于社会化程度较高的土地处置方式，并且非农就业时间越长土地处置方式的社会化程度就越高。① J 先生一家在搬迁项目之前便不再从事农业生产，易地扶贫搬迁为他们一家提供了一个生计结构优化的机会，通过重新配置家庭内部劳动力强化了其非农生计活动。这些"离土又离乡"的农户成为易地扶贫搬迁项目中搬迁意愿最强烈的群体。

(2)追求更高的生活水平。对于很多农民来说，城市有很大的吸引力，它代表着"美好生活"。城市有着远比农村更好的基础设施和公共服务。灵活的市场就业机制、发达便捷的交通、丰富的教育资源、完善的社会保障体系等都是吸引农村人口向城市转移的强劲拉力。易地扶贫搬迁极大地改善了搬迁户的居住条件，也对老年搬迁户的身心健康起到了积极作用。

---

① 张务伟，张福明，杨学成. 农业富余劳动力转移程度与其土地处置方式的关系——基于山东省 2421 位农业转移劳动力调查资料的分析[J]. 中国农村经济，2009 (3)：85-90.

现在让他们回原村住他们也不会回去，住楼房热乎乎的，住惯这里了觉得这里好。老人们有气短的，老家生的煤炉子呛，搬这边就没事了，人们一个个吃得红光满面的，干干净净的。（CM，2020）

受访者F老太太是第一批入住L县安置区的农户，今年是第三年。

我都76岁了，以前在村里还种玉米谷子，岁数大了就干不了了，老伴还有慢性病。住这里（县城安置区）3年了早就习惯了，这里有吃有喝的挺好，天天吃完饭就来楼下院子里待着，比在村里强多了。在这儿多干净，见不着土了，屋里就有厕所，还有暖气，冬天暖和多了，在这里住着享福。（CM，2020）

在所有城镇福利中，子女的教育福利是搬迁者最为关心的。城乡间的教育差异是影响搬迁意愿的重要因素。城镇优良的教育环境和远优于农村的师资力量吸引农民工选择搬进县城安置区，方便子女教育的同时自己也能通过打工获得劳动收入，从而提升家庭的整体生活水平。

小儿子在上初中，孙子两岁了马上也该上幼儿园，县城肯定比村里学校好，村里没初中，最近也得跑镇上，还得住宿。搬过来第一就是孩子不用跑那么远就有学上了，学校好，周末回家也方便。过两年孙子也能去小区旁边的幼儿园了。（CM，2019）

（3）不再坎坷的"市民路"。长期以来，由于城乡二元结构的存在，城乡在机会分配上呈现总体不平衡、不公平的特点，农业转移人口在社会流动上处于劣势地位并且面临着诸多融入城市的障碍。住房是社会成员生活的主要空间，也是其享受城市文明和各项发展成果的空间基础，因此住房问题是进城要考虑的首要问题。在农业转移人口向城镇转移的过程中易地扶贫搬迁为片区搬迁农户解决了这一问题。

　　我们老家离县城远，搬迁前就在县城里住了，从孩子念小学就过来租房子，租房开店十多年了，我们家跟那些贫困户比算是条件还可以的但也没在县城买房，根本买不起。儿子今年大学毕业在外省上班，孩子结婚光准备钱不行，还得买房，他上班的地方房子更贵。要没这个搬迁，我们还得继续租房住，搬迁算是我们家占便宜了，不光我们家占便宜，只要搬迁都占便宜。(CM，2020)

社会融入主要包括四个方面的基本内涵：经济整合、文化接纳、行为适应和身份认同。① 城市生活对新一代的农村年轻人而言具有了超越经济层面的社会文化上的意义，推动了农民与城市社会以及市民群体之间的心理融合，有助于实现搬迁农户从"农民"到"市民"的角色转变。

2. 城—乡：回流

(1)漂泊后的归宿。易地搬迁是农民进城的出发点，也是农民工从大城市返乡的退路。特别是受城乡二元结构的影响和户籍制度的限制，农民工子女还无法顺畅实现异地就读，成为大量农民工最终选择返乡的重要考量因素。易地扶贫搬迁为他们提供了良好的居住条件和教育环境，在解决子女教育困境的同时也为他们返乡就业创业提供了契机。

　　我家以前在北京开饭馆，因为孩子要上学回来了，仨孩子。孩子在北京上不了初高中，上完小学就得转学回老家，这要不是孩子的事还在那边不回来呢，正好打算回来的时候这边搬迁分房子了。回来后继续开饭馆，夫妻店，他当大厨我是服务员，收入也还可以。(CM，2020)

① 杨菊华. 从隔离、选择融入到融合：流动人口社会融入问题的理论思考[J]. 人口研究，2009，33(1)：17-29.

随着城市化与工业化的推进，劳动力就业竞争加剧，使得城市中一些年龄较大的农民工考虑到自身发展以及健康状况等因素，选择返回农村，留守农村。

> 你要是不回来，人总有老的时候，到老了啥也干不动了你说去哪，咱老家是个根儿。（CM，2017）

D大爷66岁，从北京返乡已有7年。

> 40岁就到北京种菜，最开始在海淀，后来到昌平……菜地不让盖房(有安全隐患)，必须租房，以前能住彩钢房，现在不让住，楼房一个月四五千住不起，花多挣少，往回撵你。（CM，2019）

作为拥有二十多年种菜经验的"老技术"，被"撵"回乡的D大爷凭借"有经验、比年轻人可靠"得到再就业的机会，返乡后在一家种粮大户那里得到了一份负责管理菜地的长期工作。

农民工人力资本随着年龄的增加而逐渐减少，农民工参与经济活动的意愿也在逐渐下降，特别是第一代农民工，表现出了以短距离为特征的流动偏好以及明显的返乡意愿。①

> 我今年54岁了，刚从北京回来，在北京快二十年了，分了楼房回来装修装修。不出去打工了，岁数大了还没文化，不好找活了……没这个房子也得回来呀，外边不要你那不得回来……以前村里面的房子是土房，都快塌了，十几年没住人了，要是没有搬迁的新房，肯定得盖房。（CM，2019）

---

① 吴越菲. 谁能够成为市民？——农村转移人口选择性市民化研究[D]. 上海：华东师范大学，2017：143.

"房子三五年不住人就漏，十年不住就得塌"，搬迁安置住房避免了第一代农民工将半辈子打工的积蓄投入回乡重建新房，而且搬迁安置区大多位于县城或乡镇，方便其享受一系列的公共基础服务。

(2)家乡建设的吸引。农户搬迁后从大城市回流到所在乡镇，除了家乡情怀外，主要是因为在脱贫攻坚中家乡发生的巨大变化让他们看到了发展契机，这是吸引他们返乡就业创业的关键因素。

A先生是从事装修十几年的"大工"，新房装修的处处细节都能体现出他的技术水平以及对新房付出的感情。

2018年冬天A先生所在的村整体搬迁到B安置区，有着熟练装修技术的A先生回来过年顺带装修自己的新房。通过街坊邻居的介绍，他包揽了多家装修任务，收入颇丰。

> 去年(2018年)回来装修房子，也给别人做点儿。房子一盖起来大家都要往里面搬，装修的活也就多了，家这边乡里乡亲的互相也都认识，这家干完介绍给那家，本来之前冬天回来是闲着没事干的，现在闲不了了。(CM，2019)

返乡逐渐开始成为在外地打工农户的一项生计转变方式，尤其是一些新生代农民工，既有年轻人的精力与拼劲，又在城市开拓了眼界，积累了一定的物质、人力与社会资本，返乡创业已经成为新生代农民工的重要选择之一。①

> 咱们村有个小两口回来开米线店的，以前两人都在外面打工。刚搬过来的时候，晚上待在外面的人少，慢慢地环境不一样了，现在晚上干啥的都有了，有跳舞的健身的，老头老太太遛大马路的，开个小

---

① 祝仲坤. 农民工返乡建房行为研究——基于推拉理论的解释框架[J]. 经济体制改革，2017(3)：89-94.

饭店小超市的都能干下去。（CM，2020）

但是根据我们走访的安置点及搬迁村所了解到的信息得知，年轻一代的搬迁农户依旧对大城市充满着热情，除了向往大城市的繁华以及回乡"多少感觉有点没面子"的心理因素之外，也有 A 先生担心的"熟人多虽然介绍的活儿多，但是熟人拖欠账款的情况也很多"以及年轻人担心回乡是否能找到一份长久的工作，可以让他们在自己家附近稳定发展。

（二）生产方式的转变

搬迁后搬迁户由于农林业生产作业地点、地理距离加大，需要寻找更好的就业机会来达到增收的目的①。搬迁户的打工收入占家庭纯收入的比例显著高于非搬迁户，他们在搬迁之后均有明显的非农化倾向。在已有研究中，农村留守劳动力主要集中为留守老人、留守妇女和返乡农民工。②③易地扶贫搬迁，尤其是城镇安置为这些留守劳动力的再就业创造了机会。

1. 留守妇女从闲赋到就业

易地扶贫搬迁带动了女性移民生活方式的转变。由于社会分工以及家庭分工不同，一些女性劳动者选择留守农村从事抚养小孩、赡养老人以及家务劳动。搬迁在一定程度上促进了女性移民的生计多样化。由于搬迁农户日常开支大幅增长，易地扶贫搬迁背景下留守乡村的妇女开始选择外出务工更多是出自贴补家庭开支的现实需要。

L 县扶贫产业园是县城易地扶贫搬迁安置片区"两区同建"项目，园区

---

①　黎洁，李树茁，格蕾琴·C·戴利. 农户生计与环境可持续发展研究［M］. 北京：社会科学文献出版社，2017：211-213.

②　杜彬恒. 陕西农村留守劳动力教育需求研究［D］. 咸阳：西北农林科技大学，2011：25-26.

③　陈东东. 江苏省农村留守劳动力就业问题研究［D］. 南京：南京财经大学，2016：6.

内的箱包厂和制衣厂吸纳了一大批安置区的妇女们。T村2017年搬迁至安置区，村主任是一位中年妇女，她对搬迁后村里留守妇女的当前就业情况感慨颇深。

> 在老家种点地再加上照顾老人，根本不可能打工，种地一年也挣不了多少钱。在这里最起码能出去打工，妇女们在咱们小区周边都能找到活，超市、饭店都有去当服务员的，掰棒子一天一百块钱，咱们村还有十来个妇女在产业园区里面的服装厂做衣服，都挺能干的。在这里(县城安置区)可以早上给老人做好饭再去附近找活干，你在老家附近能找到活？不能。(CM, 2020)

易地扶贫搬迁带来的便利交通以及就业机会在一定程度上满足了留守妇女对灵活就业的需求。K县工业园区距K县县城安置区2.8公里，2019年引进电子企业、果蔬加工、箱包加工等5家劳动密集型产业。由于安置区妇女的文化水平和技术水平较低，限制了妇女的就业选择范围。比如电子厂，需要有些技能会用电脑的人，有很多工作她们都干不了。另外就是妇女更倾向于可以灵活掌握时间的工作，工作的不稳定也限制了企业招工的积极性。

2. 老年人的分化

我们通常将15~59岁人口称为劳动年龄人口或劳动适龄人口。在调研中发现，片区农村具有劳动能力的非适龄劳动人口(即60岁及以上的老年人)参加劳动的现象非常普遍。一方面赋闲在家又尚具劳动能力的老年人想通过工作增加家庭收入，另一方面企业招工针对简单工种也倾向于雇佣劳动力价值低廉的老年人。这样用工单位节约了生产成本老年人也实现了参与劳动的意愿。

> 用工的人也想找他们干活，给老年人出的工资比年轻人低，用人也省钱。在县城冬天也能有活干，去大棚里摘香菇，年纪大点的一天

也能挣三四十，在村里冬天只能干待着。(CGB，2020)

咱们去年冬天妇联引进来一个串珠的，计件，学好了把材料领回家自己做，冬天农闲时间一天就能挣三五十块钱，每天生活费就应该够了。现在(7月)70来岁的在地里打工一天也100多元。现在地里难找年轻劳动力，70来岁身体没什么毛病那就是好劳动力。(CGB，2019)

政府对建档立卡贫困户的公益岗就业帮扶措施，使一些有劳动能力的贫困老人有了一份稳定的劳动收入。根据实际情况，各个安置区设置了护草、保洁、治安协管等公益岗位，帮助贫困户就地就近解决就业问题，增加家庭收入。

现在老百姓上岁数的人收入很可以了，半劳动能力的我们给他安排了公益岗，还有国家兜底政策，低保呀、高龄补贴这些，生活没问题。(CGB，2019)

我管的那栋楼里有两户六十多岁的老人，给他们安排了保洁岗。老人嘛早上醒得早，每天早上扫一下楼道，这钱也够一个月的吃喝了。(楼长，2019)

五、生计风险与应对策略

通过易地扶贫搬迁，贫困户的生活条件得到了一定的改善，但如何实现农户生计资本的可持续性，仍是扶贫工作中需要考虑的关键。片区搬迁农户生计问题仍存在诸多困难，如何解决现存问题是实现稳定脱贫的关键。

(一)生计风险

1. 内生性发展不足，生计转型遭遇困境

舒尔茨认为，农村的贫困是由于人口质量低下，社会分工不发达，以

及劳动力以外的其他因素，例如资本、技术、信息等投入不足。易地搬迁安置群众的生计转型也面临着同样的问题，并且他们在搬迁前所具备的知识技能不能满足迁移后的生计需要。由此造成移民生计转型困难，内生性发展不足，存在引发次生性贫困的风险。①

对于部分家庭来说，转移就业是脱贫致富中速度最快的有效方式，通过外出务工一年的基本收入也能达到脱贫标准，若能稳定就业增收，那么家庭稳定脱贫提高生活水平是没有难度的。但受经济波动及疫情等不确定性影响，农民外出就业总体上呈现不稳定状态。脱贫不稳定的低收入人口往往知识水平低，缺乏可持续生计能力，在就业市场中处于不利竞争地位。搬迁促进了农村土地流转和农业转移人口市民化，但是也造成了部分农户"无业可就"。搬迁后，贫困农户居住地距离原有耕地较远，导致农户难以将农业生产作为生计来源，只能凭借自身劳动力从事非农工作，如果非农就业出现问题，他们将会再次遭遇贫困风险。

入户走访进入一户 66 岁夫妇家，老两口自有加承包共 25 亩耕地用来种植土豆和莜麦，种地是老两口的主要经济来源，有时还需要帮衬龙凤胎孙子的生活消费。村子即将搬迁至 18 千米外的镇安置区，家里没有农用车及其他交通工具。

> 搬过去条件就不允许种地了，地只能租出去……响应大伙的号召、上头的号召，再不搬走也不合适。也是没住过楼房，挺期待……现在还能动弹，自己得维持自己的生活，能干还得多少干点活、打点工。打不了工就实在没办法了，只能依赖政府了……儿女支持不了，姑娘还凑合着多少给买点儿衣裳，儿子不朝我要就可以了。（CM，2017）

---

① 阎小操，陈绍军. 重启与激活：后扶贫时代易地搬迁移民生计转型与发展研究——以新疆 W 县 P 村为例[J]. 干旱区资源与环境，2021，35（5）：15-21.

老两口具有劳动能力并且搬迁前就从事农业生产劳动，由于外出就业机会的局限，在家庭生计的压力下不得不扩大耕地面积。搬迁后农户生计所依靠的自然资本发生变化，再就业时新的工作要求对搬迁农户的个人能力发出挑战，在失去生产经营性收入后，部分农户可能没有足够的工资性收入补充进来，一些农户对未来生计直接寄希望于政策保障。

> 看别人都搬走了他也就跟着一起搬了……有的人就是有那种想法，不考虑搬到那里之后下一步咋生活，反正政府也不能让搬过去饿着。（CM，2017）

政府为完全丧失劳动能力和部分丧失劳动能力且无法依靠产业就业帮扶脱贫的贫困人口提供兜底保障。① 但这种保障一方面是"保基本"的，不能支持改善型消费；另一方面很多人达不到完全丧失劳动能力和部分丧失劳动能力的条件，但事实上已经进入老年，在农田之外依然无业可就。

2. 刚性支出过大，存在支出型返贫风险

搬迁前农户大额刚性支出主要为重大疾病、子女教育、突发事件这三个方面，搬迁后城市生活成本远高于农村，个人和家庭的日常开支都大幅增长，日常生活支出也日渐成为搬迁农户的大额刚性支出。特别是对于年龄大的搬迁户，受身体健康等因素的限制，无法从事生产劳动只能依靠政府低保维持日常生活，但仍有一部分达不到低保条件的"夹心层"生活艰难。

搬迁农户外出务工更多出自弥补家庭开支的客观需要，而非提升个人

---

① 新华社北京 8 月 19 日电，中共中央国务院关于打赢脱贫攻坚战三年行动的指导意见 [EB/OL].2018-06-15. http://www.gov.cn/zhengce/2018-08/19/content_5314959.htm? from=groupmessage.

和家庭经济地位的主观意愿。入住搬迁安置区后，虽然务工机会增多，但多为苦力型工作，收入水平较低且不稳定。没有职业支持、缺少稳定收入的搬迁移民面对城镇的高生活消费，存在支出型返贫风险。

3. 产业扶贫项目偏离，成效不容乐观

扶贫产业发展是脱贫人口实现稳定脱贫的重要举措，但扶贫产业发展面临一定的风险。有些地方急功近利搞乡村产业，忽视了乡村缺人、缺技术的现实，未来将会出现一批僵死产业；二是以搞工业的思路发展农业产业，导致大量土地集中，用于追求更高的收益。这样做一方面会引发粮食危机，另一方面也会因缺乏市场竞争力而造成乡村产业相对过剩。例如，L村将产业扶贫作为脱贫攻坚的重要举措，引进的公司大力发展花卉、中药等特色作物种植，发展农业扶贫产业。然而农业扶贫产业受自然条件和市场经济发展状况的影响，面临着不同程度的自然风险和市场风险。调研所在地区当地年平均降水量不足400毫米且霜冻频发对该地区的产业扶贫项目造成了很大打击。

干旱和霜冻对特色作物种植产生了较大影响，流转的土地前期投入大、收效慢，种植的芍药开花少、产量低，2017年我们初次来访时农田里种植的牡丹因寒冷天气的影响未能存活。企业连年投入高额资金却没有成效，沉重的财务负担和用工成本让企业入不敷出。2020年公司由于难以支撑巨额投入，发展计划宣告失败。

这几年没见回来一分钱，全是往里面贴，贴不起了。（公司总经理，2020）

当初的想法挺好，但是现在资金好像周转不过来了。他是一个企业家，在咱们这儿从2017年包的地，这3年哪一年都好几百万投进去，没有回报，一分钱收入都没有，光承包费一年就小100万元，种这些花呀草呀又得投资还得雇人工。（CGB，2020）

(二) 应对策略

1. 重视人力资本积累，激发农户发展意识

易地扶贫搬迁农户的生计风险根本问题在于自身市场竞争力不足，搬迁后续发展问题的关键还在于如何激发搬迁农户的发展意识。

易地扶贫搬迁后续扶持应该着力于激发移民的主体意识，发挥移民的主观能动性，实现群众的内生性发展。重视内生动力在搬迁群众可持续生计中的作用，使内生动力与人力资本、自然资本、物资资本等生计资本相结合。针对不同类型的搬迁人口，探寻内生动力与生计资本的优化途径，提高生计资本的使用效率，而不仅仅是"等、靠、要"式的"输血式扶贫"，突出移民的主体性，弱化政府的作用。重点工作应该放在提高移民生计水平，从物质帮助向能力提升方面转变。首先，开展贫困人口职业技能培训，确保每户搬迁贫困家庭至少有一个劳动力熟练掌握一门非农就业技术，提高非农就业能力，逐渐降低其收入中依靠政策性收入的比例。其次，加大对易地扶贫搬迁户就业创业方面的扶持。在大众创业、万众创新的环境下，对有创业需求的搬迁户给予充分支持，这样不仅可以提升群众对生活的满意度，也能真正达到"搬得出、稳得住、致得了富"的搬迁目的。

2. 拓展收入渠道

结合在片区调研情况，扩大搬迁农户收入渠道可以有几个思路：一是根据本地农业特点和优势，加大政策支持力度，辐射带动易地扶贫搬迁贫困户发展农业。二是精准对接易地扶贫搬迁与产业园区，支持促进产业园区满园高效运行，为人们提供更多就近就业岗位。三是精准对接易地扶贫搬迁与劳务经济，鼓励农产品加工、中药材种植、旅游开发等龙头企业吸纳有劳动力的搬迁户就业。

3. 构建政府指导的市场化扶贫模式

从反贫困的视角看，扶贫资源的配置必须兼顾效率与公平，构建政府主导的市场化扶贫模式，共同发挥计划与市场的作用，既能形成扶贫资源集中使用的制度优势，也能发挥市场在配置资源方面的效率优势。

破解政府、企业和贫困户集体行动困境，提高合作效率的途径主要是利益目标趋同或制度约束，前者是因势利导，后者是硬性要求，一般来说，因势利导效果会更好。因此，提高反贫困主体的合作效率，关键是培育利益联结的基础和内在动力，完善反贫困中多方主体利益的联结机制，使其产生利益趋同效应。除政府、企业和贫困户外，还要有效发挥第三部门的补充作用，有助于进一步形成和完善全社会联动帮扶机制。

第五章　易地扶贫搬迁下的人口空间集聚

我国农村地区特别是中西部贫困地区的农村，大多地处偏远、地广人稀、村庄布局散乱，特别是经过多年的人口外流和老年人口自然死亡，致使人口稀疏化愈演愈烈。易地扶贫搬迁作为区域内大规模的村庄整合、人口集中工程，极大地改变了片区人口分布态势，产生了显著的人口聚合效应，在脱贫攻坚和乡村振兴助力下其所释放出的能量也正成为推动片区农村经济发展和城乡融合发展的新动能。

一、易地扶贫搬迁的人口集聚模式

集中，顾名思义，就是把分散的人、物或事集合在一起；集聚就是会合之意。显然，易地扶贫搬迁就是一个人口集中集聚的过程和工程。从不同安置方式看，集中安置通过中心村安置、城镇安置、合并安置等不同形式将贫困地区农村分散的村庄和人口进行集中，达到在一定行政层级范围内的人口大集聚。实际上，即便是分散安置，其人口在各地搬迁总人口中占比不高，但人们的最终安置去向依然是城镇或者发展条件较好的农村，这在一定空间范围内也同样使人口由分散走向集中。就集中安置而言，各地规划实施的集中安置方式主要形成了城镇化引领模式和中心村整合模式两种易地扶贫搬迁人口集聚模式。

(一) 城镇化引领模式

1. 模式内涵与实践操作

"十三五"时期易地扶贫搬迁，各地基于环境承载力和区位优势的考量，一般都将主要安置区设置在县城和乡镇政府所在地，这在客观上推动了农村人口向城镇集中，使农村人口通过政策主导和支持迅速完成住房、生活环境、基础设施和公共服务由农村向城镇的转变。乡镇政府所在地的安置点一般安置本乡镇村民，县城安置点跨乡镇安置。在住房建设形式上，乡镇安置点既有多层楼房也有平房，而县城安置区均为楼房，很多地方还是高层电梯楼。

国家"十三五"时期易地扶贫搬迁规划将城镇化集中安置作为集中安置的主要方式，指出"依托新型城镇化建设，在县城、小城镇或工业园区附近建设集中安置区，占集中安置人口的37%"。而在各地的具体实践中，绝大多数地方尤其是搬迁安置规模大的县(市)，均将城镇化集中安置作为最主要的安置方式，城镇集中安置人口比例远超这一比例，如云南省安置方式由"农村安置"向"城镇集中安置"转变，城镇安置比例由2016年的21.6%提高到2019年的90.6%。贵州省更是由"以城镇安置为主"转变到全部实现城镇化集中安置。

片区横跨的三省也将城镇集中安置作为主要安置方式，河北省城镇集中安置比例达40%，而搬迁规模位居前列的几个片区县的城镇集中安置比例更高，康保县高达94%，其中县城安置人口就占了全县集中安置人口的80%。涞源县规划了19个安置区，其中县城集中安置1处、景区集中安置1处、乡镇政府所在地集中安置17处，城镇集中安置比例达77.8%；阜平县城镇集中安置也达50%。山西省"十三五"期间总搬迁人口47.2万，城镇集中安置比例为62.1%，片区县城镇集中安置比例也较高，如灵丘县存孝社区就安置了全县12个乡镇165个村，共安置7051人，占全县集中安置人口的54.7%。天镇县总搬迁规模27809人，仅县城一个安置点就安置了 10232 人。

可见，无论是不同层级政府的政策制定，还是各地的具体实践，都呈现出搬迁安置点向城镇集中的倾向,① 这些地方的实践探索表明，易地扶贫搬迁城镇集中安置在集聚人口，快速提升城镇化水平，有效安置搬迁人口中发挥了积极效应。

2. 模式案例

K 县位于河北坝上草原最西北部，县境东、北、西三面与内蒙古自治区接壤，平均海拔 1450 米，是国家级扶贫开发重点县，也是河北省 10 个深度贫困县之一。

气候多变复杂，寒冷、多风、少雨，干旱概率高。"十年九旱，剩下一年水灌，四季风沙不断"，成为该县气候的形象写照。年降水量 300 毫米左右，无霜期仅 97 天，旱地占耕地面积的 86%，亩均效益不足 100 元，地瘦人穷，导致群众生存生活条件异常艰苦。

随着贫困程度的加深和城镇化进程的加快，全县青壮年劳动力举家外出，"房堵窗、户封门，村里见不到年轻人"，全县农村常住人口不足户籍人口的 1/3，人口空心率达 70% 以上，全县农村普遍"空、散、破、穷"。面对"空而散"的农村人口和村庄分布，脱贫攻坚怎么搞？基础设施如何建？怎样才能彻底拔穷根？如果不跳出农村，一切与发展相关的问题都难以形成有效的破解机制，换言之，就是找不到抓手和着力点。精准扶贫脱贫的基本方略"五个一批"中的"易地扶贫搬迁脱贫一批"契合 K 县农村实际情况和发展困境，该县很快明确了脱贫发展的思路，将易地扶贫搬迁作为打赢脱贫攻坚战的"当头炮"和重中之重。

K 县规划了近 3 万人的易地扶贫搬迁任务，其规模在片区各县中位居第二。如何安置？K 县基于县情与国家政策的考量，形成了安置点多点布

---

① 马流辉，曹锦清. 易地扶贫搬迁的城镇集中模式：政策逻辑与实践限度——基于黔中 G 县的调查[J]. 毛泽东邓小平理论研究，2017(10)：80-86，108.

局(县城、集镇、中心村)，城镇安置为重点的安置决策。共建设了27个安置点，安置人口25052人，占全部搬迁人口的85.5%。其中乡镇政府所在安置点6个，共安置6000人，县城安置点1个，共安置20110人，占全县集中安置规模的84.6%，搬迁推动人口集聚的程度通过图5-2直观清晰地呈现出来。可见，K县的集中安置是以城镇集中安置为主，更是以县城集中安置为主的模式。

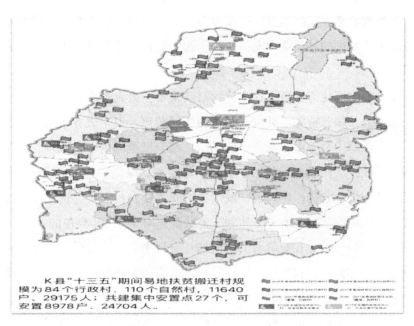

图5-2　K县易地扶贫搬迁村及集中安置点分布示意图

这一安置模式其决策逻辑是基于K县地方社会现实与自上而下的政策引导。具体而言：

一是K县土地贫瘠，干旱少雨，传统种植业收入微薄，农户对土地的依赖性降低。另外K县地处坝上高原，地势较平坦开阔，耕地连片，便于土地流转。近年来，K县土地流转规模越来越大，新型经营主体用来发展规模种植及生态开发，对农户而言则实现了土地效益的最大化。土地集中是人口集聚的先决条件，人们摆脱了来自土地的束缚，便有了易地扶贫搬迁城镇集中安置的强大动力。

二是节约资金。安置点多点分布就意味着基础设施和公共服务的配套性、共享性差，资金投入压力大。虽然国家确定了在资金筹措上"易地扶贫搬迁投融资主体和市县项目实施主体"的责任和分工，但河北省经济发展水平一般，K县更是贫困积累深厚的深度贫困县，财力薄弱。除中央政府的专项建设资金外，其余资金压力必然会传导至省级政府，在此背景下，省级政府必须精打细算、严控成本，集约建设、集中共享，符合经济效应最大化原则的城镇集中安置便在实践中被各级政府赋予更重要的意义而形塑。

城镇集中居住能够最大程度节约财政投资，最大程度共享城镇基础设施和基本公共服务资源。县城安置区内便民超市、卫生服务中心、托幼中心、文化活动中心等服务场所一应俱全。两公里范围内有县医院、中学和经济开发区，居民就业、就医、上学十分便利。绿化、亮化、硬化、美化达标，环境优美宜居。可以说，城镇集中安置使农村居民急速共享到城镇的优质基础设施和公共服务，达到了公共服务均等化一步到位的效果。

三是节约土地。在新阶段的易地扶贫搬迁中，土地被赋予多重而重要的功能。一方面安置点建设的用地指标需求需要得到保障，另一方面搬迁农户宅基地复垦成耕地换取建设用地指标的出让金又是省级投融资主体承接资金的偿还来源，而支撑这些环节的运行机制就是城乡建设用地增减挂钩政策。K县的优势是地势平坦，相对于山区县，更有条件复垦出更多符合要求的耕地。减少小规模安置点，推进城镇安置，更有利于节约集约用地，从而使更多宅基地复垦还耕纳入城乡建设用地增减挂钩项目，获得更多资金，助推搬迁贫困户的后续扶持和脱贫发展，以及安置点的基础设施和公共服务的完善。

四是有利于空心村治理。K县地处偏远、经济落后、人口流失严重，农村空心化程度高。新一轮易地扶贫搬迁在搬迁村的选择上既考虑了生存条件、发展潜力等因素，也有同步推进空心村治理的强烈诉求。K县整村搬迁自然村 104 个，集中安置人口中，同步搬迁人口占 74%，可见，通过整村搬迁解决空心村问题的意图十分明显。2015 年前后，河北省也针对农村空心化问题提出通过建设中心村化解此难题，但由于推行难度较大而进展缓慢。K 县也通过合村并建等形式推动过中心村建设工作，但难抵人口外流的客观趋势，合并后的村庄依然难逃空心化的命运而面临"二次搬迁""再次搬迁"。K 县汲取这些经验教训，这轮易地扶贫搬迁有国家大力度的支持和推动，城镇安置一步到位，避免多次搬迁，重复建设。

五是城镇安置的就业期许。在新型城镇化背景下，地方政府将城镇集中安置模式视为拉动经济增长的重要引擎、促进贫困人口脱贫致富的关键举措。[1] 搬迁人口向城镇集中意味着他们能够更容易地对接非农产业体系，获得更多就业机会。在县域，城镇，特别是县城，生产要素集聚，具有支撑工业项目所需的较高水平的基础设施和公共服务体系。在这一轮易地扶贫搬迁安置点建设中，各地均采取"两区同建"的方式，或者安置区建在开发区旁边，或者在安置区附近配建现代农业园区和手工业厂房。K 县县城安置区就建在经济开发区附近，经济开发区入住企业 20 家，形成"三公里就业服务圈"。安置区管委会通过就业服务中心为安置区群众提供就业渠道和就业服务：通过"就业自助系统"联系县内外企业五百多家；通过引进劳务公司，建立"扶贫搬迁就业服务平台"为群众提供季节性就业服务和临时务工服务；通过引进和培育一些"微工厂"为家庭劳动力提供就业岗位；安置区物业服务中心优先用工；衔接农村扶贫公益岗用工 1500 多个。K 县的城镇集中安置实践在满足搬迁群众就业方面，利用城镇较完善的产业基础、社会服务、就业市场以及脱贫攻坚的政策扶持，形成了依托、提质、搭建、帮扶、自主择业的几种模式。依托就是安置区建在经济开发区附近，由经济开发区吸纳一部分劳动力就业；提质就是以此为契机加快经济开发区建设，大力度招商引资，实现提质培优增效；搭建就是围绕安置

---

① 马流辉，曹锦清. 易地扶贫搬迁的城镇集中模式：政策逻辑与实践限度——基于黔中 G 县的调查[J]. 毛泽东邓小平理论研究，2017(10)：80-86，108.

区搬迁群众的就业需求强化就业服务和就业信息系统建设，并引进能就近灵活就业的微型手工业；扶持就是在扶贫框架下为"走不出去"的弱劳力提供保障性就业岗位；而自主择业则是搬迁群众自主融入城镇就业大市场。这些模式抑或环节的互相配合和深度嵌入极大地化解了2万多人"一夜之间"进入县城所可能产生的就业危机，而且由人口向城镇的大规模集中所产生的集聚效应又反哺了产业和市场。

(二) 中心村整合模式

1. 模式内涵与实践操作

关于中心村，其实就是农民的集中居住，把分散在自然村的农民集中到一定范围，以优化人口空间布局和城乡体系。关于中心村的空间范围和人口规模，多数观点认为是由若干行政村组成的，在农村聚落体系中介于乡镇与行政村之间。也有观点认为中心村不一定就是跨行政村的，是以区域位置和经济发展条件较好的农村居民点为中心，聚集一些周围自然村和散居村民，形成具有一定规模和良好生产生活条件的居住环境，并对周边一定区域经济社会发展起辐射作用的新型乡村聚落，从聚落体系看介于集镇和自然村之间。① 但不管空间范围如何界定，在农村聚落体系中处于何种位置，其性质和意义是毋庸置疑的：首先，中心村是在解决"空心村"尝试中发展起来的，是传统乡村聚落的重构，在社会主义市场经济和城镇化进程中有其必然性。其次中心村是农村新型社区，既有别于传统的行政村，又不同于城市社区。以此为载体和平台，营造一种新的社会生活形态，通过提升管理和公共服务水平促进公共服务均等化和城乡一体化发展。最后，中心村使农村生产要素从分散布局走向相对集中，成为集聚农村发展要素的重要载体。

---

① 龚清概. 发展中心村是建设社会主义新农村的重要着力点[J]. 科学社会主义，2006(4)：79-81.

片区受地形地貌的限制，村庄难以集中布局，呈"满天星"状的零散分布特征，分布散、布局乱、用地小、密度大。30多年来，伴随高强度的人口外流，农村更呈现出"小、散、空、穷"的破败景象，失去了发展的活力和动力。小村并大村，建设中心村，一度成为片区解决农村空心化，破解农村发展瓶颈的抓手，但由于财力有限，政策支持力度不足，干部群众难达共识等主客观原因，中心村建设进展缓慢。新一轮易地扶贫搬迁政策含金量极高，对各地来说都是难得的机遇。各地落实党中央决策部署，用脱贫攻坚统揽经济社会全局，把易地扶贫搬迁作为脱贫攻坚的突破口，走出了一条以易地扶贫搬迁助推美丽乡村、加快脱贫步伐、统揽城乡发展的有效路径。各地以搬迁安置点选址布局为契机，对城乡空间体系和村庄布点进行科学规划。如，河北省阜平县按照经过专业规划确定的城乡布局体系，全县共确定搬迁安置点37个，其中县城1个，中心镇区6个，中心村27个，基层村3个，通过实施搬迁，城乡布局和村庄规模进一步优化。沽源县在搬迁中将682个自然村规划合并为139个永久保留中心村，通过整村搬迁、联建新村的方式完成了中心村集中安置点的建设和搬迁安置工作。

在实际操作中，片区由于居民点分布散，行政村由十几个甚至几十个自然村组成，有的自然村规模小，距离主村较远、脱贫条件差。这些地方一般将原行政村范围规划为中心村的空间范围，将所辖自然村实施整村搬迁，向中心村集中。一般地，中心村所在地就是原行政村村委会所在的自然村，虽然该自然村也在加速萎缩，但相对而言规模较大、经济实力较强、基础设施较为完备，有一定人口承载力，有进一步开发建设的潜力。在这些地方建立安置点，能更好地发挥利用现有比较好的资源设施，也能提升政府进一步加大基础设施建设投资的动力。安置点建设和大量人口入住，进一步带动和刺激服务业的发展，尤其是养老、教育、医疗等公共服务的供给增强，进一步提升了民众的生活质量，也具有了更进一步吸纳人口的潜力和基础。

中心村建设是在对片区农村新特征和发展趋势进行深入思考和准确把

握基础上所作出的新判断、提出的新思路和采取的新举措。中心村建设绝不是人口居住的简单集中，在某种程度上可以说是基层农村的的整体性变革，是农村经济社会结构的整合重组，这一认识也是基于现实判断的高度深化。片区各地一直以来都在探索和推进中心村建设。由于大量劳动力外出务工就业，村庄"空心化"严重，"空巢村"也大量出现。在村庄分布散、布局乱的情形下，村庄缺乏加快发展、稳定脱贫的人力，政府和社会资本缺乏投入的动力。改造空心村，撤并分散的自然村，建设中心村势在必行。

各地中心村建设工作开展得并不顺利。其中既存在客观困难，也有基层领导干部对发展中心村的重要性认识不足的实际问题，存在畏难情绪。但这一状况在易地扶贫搬迁下有了突破性进展。国家易地扶贫搬迁政策性强，投入力度大，各地在此框架下，以集中安置点建设为契机，推进中心村规划布局，迁并本乡的边缘村、空心村、弱小村以及功能缺失村，推动人口向中心村集中。

2. 模式案例

F县龙门村是典型的山区村庄，由16个自然村组成，分散在山坳里。村委会所在村为龙门村，也即主村，其他15个自然村散落在距离主村方圆3公里的范围内。龙门村搬迁前户籍人口2057人、715户，平均每个自然村只有44.7户。在16个自然村中，不足30户的就有4个，不足40户的达9个。村庄分布散乱、用地粗放、环境差是该村的典型特征，也是形成人口流失、乡村衰败贫穷、发展无力的主要原因。2014年，全村建档立卡贫困户410户949人，贫困发生率48.42%。

2017年5月启动易地扶贫搬迁安置区建设，选址在河口自然村。之所以没有选在主村——龙门村建设安置区，主要是考虑河口村的区位优势更好。该自然村紧邻县郊，安置点布局在这里有利于通过城乡一体化发展辐射带动全村发展。河口安置点共建设住宅25栋660套住房，安置了16个自然村的640户1813人，其中建档立卡人口249户685人。

通过易地扶贫搬迁，分散的自然村走向集中形成新型农村社区，这一变化在诸多方面产生了积极效应。

第一，农村土地走向集约化经营。该村在搬迁后将宅基地和原有耕地（旱地）一并进行综合开发，形成连片耕地，进行集中流转。[①] 综合开发后土地集中连片且质量提高，这样就使得原本缺乏市场吸引力而难以流转的分散且贫瘠的土地实现了价值跃升而易于流转，化零为整集中经营极大地提升了土地利用效率。

第二，农户从土地中获益更多。对农户而言，在土地综合开发过程中，铲除了沟渠和作为地界的田埂显著地增加了土地面积，该村就因此而增加了20%~30%的耕地面积，土地面积增加，租金总量自然增加，此其一；其二是由土地流转市场竞争力提升而导致的地租上涨。这两方面的增加必然会使农户来自土地的收益显著增长。而且，农户在享受土地流转租金的基础上，还可以通过包棚和务工获得收益。经过土地综合开发，共开发出土地2400亩，流转713亩，开发出的土地已栽种高山苹果树苗，后续的维护管理工作可常年带动50人参与就业。

第三，人口集聚形成了产业稳定发展的劳动力基础。安置区配套建设了2023平米手工业加工车间一个，可容纳150人就业。2020年6月课题组调研时，扶贫车间已运行了一年多，岗位已经满额。访谈中了解到，扶贫车间最担心的就是招不到工人。但是，随着人们观念的改变以及对于就近灵活就业的需要，车间就业岗位很快就满额了，现在即便有人员流动，很快就会补充上。一定规模的人口集聚就会形成劳动力蓄水池效应，对产业的生产率具有重要贡献，其机制，一是更好的工作匹配，也就是企业能更容易招录到岗位需要的劳动力。二是企业的运行风险会更低，一旦企业突然增加对劳动力的需求，劳动力蓄水池的存在使其更容易及时雇佣到额外需要的劳动力，在工资增幅可控的情况下满足生产对劳动力的需求，保

---

① 宅基地复垦后形成的耕地先由县级易地扶贫搬迁开发投资有限公司经营2年，然后由村集体收回经营。

障企业运行正常。

除手工业车间外，该村紧紧抓住县委县政府大力发展食用菌产业的优惠政策，在安置区周边建了70座食用菌大棚，由65户承包经营，还带动了30多位村民务工，这都得益于村民脱离土地的束缚且集中居住的优势。

第四，吸引外出务工人员回流。龙门村全村外出务工人员430人，主要分布在县内。实施易地扶贫搬迁以来已有近200人返乡就业，从事高山水果种植或经营、扶贫车间务工、承包食用菌大棚等工作。村主任告诉我们，现在没有回流的主要是一些技术工种，有的做厨师、有的做汽车修理、有的在建筑工地从事技术含量高的岗位等。

近年来，脱贫攻坚显著改善了贫困农村的生产生活条件，乡村振兴战略正在落地生根并开辟出新的市场空间。就龙门村而言，农业产业化乘势而上，产业转移下中小微企业快速成长，创造了更多的就业与发展机会，既为本村没有外出的劳动力提供了岗位，也吸引许多外出务工人员主动回流。劳动力回流终结了微观家庭的离散状态及因此而造成的伤害，而且也给回流地带来新的发展契机，为乡村振兴战略的实施注入新活力、新动能。

二、安置区住房吸引外出人口回流

住房是百姓安身立命之所。对于中国人而言，有了房子，生活就有了最基本的保障。房子是家的前提，是幸福的源泉，对于流动人口而言更是如此，住房与他们的安全感、认同感、幸福感存在广泛而深刻的联系。但是现实情况是，广大农民工在城市生活以及市民化进程当中最大的困扰还是住房。2018年国家统计局农民工监测报告显示，在进城农民工中，购房比例为19%，61.3%的是租房居住。[①]"收入水平低"与"住房支付能力差"

————————

[①]　肖子华. 中国城市流动人口社会融合评估报告[M]. 北京：社会科学文献出版社，2021：180.

使农民工在住房市场上处于劣势和边缘化状态，租房比例及住房支出不断提高，同时还面临居住条件差和居住设施不健全的窘境。在此情形下，部分外出务工人员因住房问题而产生了在城市生活的难适应、难融入甚至难维持的困扰。而片区集中安置区建设则为正受困扰的在外务工人员提供了一次千载难逢的选择机会。

"安置小区太好了，终于不用天天灰头土脸抱柴火烧炕生炉子了，屋里的暖气太舒服了"。C阿姨按照规定分到了75平方米的住房，今年夏天搬进了县城集中安置点，"看到我住的好房子，在张家口打工的儿子一家也想回来了"。集中安置点吸引着越来越多的打工者返乡。调研走访中，课题组在不同地方、不同安置区都能遇到因入住安置房而回流的农民工，其中既有第一代农民工也有新生代农民工。

（一）第一代农民工回流

第一代农民工，泛指出生于20世纪50、60和70年代，并于20世纪80和90年代进入城市和厂矿从事非农工作，但户籍仍在农村的劳动者。随着户籍制度改革的深入推进，中国农民工流动正进入一个十分重要的代际转换时期，在新生代农民工日益成为农民工主体的同时，渐行渐老的第一代农民工逐渐淡出公众视野。他们为中国改革开放之后持续30多年的经济高速增长作出了巨大贡献。长期亦工亦农，作为城市与农村的连接者、低成本资源的输送者和最能吃苦耐劳的建设者流动于城乡之间，以"低收入、低诉求"为群体特征，为中国的快速工业化和城市化进程提供了丰厚的人口红利，① 然而，无论是已退出非农劳动力市场的"告老还乡者"，还是继续劳作于城市的"漂泊者"，其最终的社会身份并未发生根本改变。无论是情之所向还是无奈之举，"告老还乡"仍是这一群体中很大一部分人的最终选择，但"还乡"首先面临的住房问题却让他们"近乡情怯"起来。

---

① 蔡昉，都阳，张展新. 中国人口与劳动问题报告［M］. 北京：社会科学文献出版社，2011：89.

易地扶贫搬迁政策的实施，无论是安置区的选址还是住房质量以及获取优质住房的条件，都远远超出他们先前对于"还乡"的期许，"想不到会有这样的好事"的意外惊喜化解了他们对于安身之所的重重顾虑。

案例 5-1

袁女士今年60岁，丈夫65岁，两个女儿已经各自成家。20多年前家里很穷，地里的庄稼没有收成，孩子上学没钱，于是到山西大同打工。现在年龄越来越大，已经很难找到活了，这么多年在外地打工也没有买下房子，一直租房住。在大同收入来源减少，房租压力大，一直想着回老家养老，但是老家也难回。一是老家房子已经破旧不堪，不能住人；二是没有土地（当年外出时，因农业税和三提五统等税费负担重，就把耕地退给村集体。），也就享受不到现在的土地流转收入和附着在土地上的各种惠农补贴及其他优惠政策。基于这样的现实状况，即便回到老家也依然难以维系生活，最关键的是，没有住房，根本迈不出返乡的第一步。"我们两口子天天磨叨这事，进退两难，如果有房子，就算没收入，两个孩子帮衬点也能生活。"国家实施的易地扶贫搬迁政策解除了袁女士一家的现实困局。"去年，村干部给我打电话介绍了搬迁的情况，我毫不犹豫就答应了，想不到这样的好事会落到我的头上，领到钥匙我们就从大同迁回来了"。回到老家，袁女士的丈夫继续打工，主要在镇附近的农田打工，平均每天收入一百多元，袁女士身体不好，有高血压、糖尿病等慢性病，干不了活。对于回来后的变化，袁女士很满意："老了老了终于有了自己的家，心里总算踏实了。"

案例 5-2

9月份李师傅从打工地北京回到老家，对新房进行装修布置，我们到访时已经入住两月有余。李师傅20多年前到北京打工，最初在昌平种菜，随着城郊的菜地迅速较少，管理越来越严格，不得不另寻他路,最后在一家汽车厂稳定下来,这一干就是七八年。这一两年北京开始清理外来人口,清理不符合首都功能的行业产业,李师傅与这两清理都沾边。汽车厂搬迁了,50多岁,没有文化,再找活干也难了,原先租住的是郊区的平房,也都拆除了,租楼房太贵了,负担不起,正好老家建设集中安置房,就彻底回来了。"即便没有安置房,也得回来,家里的老房子自从外出打工就没住过人,已经没法居住了,回来就得重新建房子,不过即便建房子也只是修修补补,也不可能住上这么好的新房子。"

案例 5-3

吴师傅搬进安置区不足一个月,刚刚把新房收拾利索。吴师傅和妻子六年前到了武汉,妻子照看孙子,他打些零工。妻子一直没有回来过,他每年夏天回到老家,天冷了再到儿子家和妻子团聚。"一是适应不了武汉的热,另外家里人多也不方便""今年冬天我不过去了,新房子很舒服"。住在新房子里,吴师傅很满意,村里的土坯房快要塌了,如果没有易地搬迁政策,也打算翻盖一下,"总是要回来的"。儿子自从大学毕业后在武汉成家就没回来过,今年有房子了全家计划都回来过年,老伴还得帮儿子看几年孩子,否则儿媳妇上不了班,不过现在老家住房条件改善了,暑假老伴可以带孙子回来避暑。

1. 回乡养老:第一代农民工的既定命题

"肯定回来,早回晚回最终也得回","不回来往哪死呀?"不一样的语气,相同的内涵,反映出当下中国农民工在代际转换时期第一代农民工的共同心声和既定命题。

第一代农民工返乡一般是由其所处的现实境遇决定的:

一是生存。他们中的绝大多数即便在城市生活多年,落叶归根仍是难以割舍的情结,但是在作何时返乡的决策时,"能否有活干,挣到钱"依然是决定性因素。现实的情形是，受年龄的限制，在城市获得体面就业的机会越来越难，而从事脏苦累险的体力活也越来越力不从心，"没人要了，一看你的身份证就不要你了"，"工资低也不好找活，人家还担心你身体出问题惹麻烦"。可见，自身条件、环境变化以及市场冲击等因素的叠加使他们最容易被淘汰。

詹姆斯·斯科特通过对20世纪70年代东南亚农民行动逻辑和道德准则的提炼，提出了生存伦理（Subsistence Ethics）概念。斯科特认为，生存而不是发展或利益最大化，构成了农民的生存逻辑，农民的理性是"以生存为中心"的生存取向，而不是利益取向。第一代农民工外出务工的根本原因是农业生产的收入不足以维持一家人的生活，农业产出无法满足家庭中教育、医疗、养老以及住房改善的需求。他们外出务工始于最原始的生存动机，是一种生存理性策略。在工资低、工作苦的艰辛打拼中，完成"子女上学，儿子成家"的重大家庭责任，是第一代农民工外出打工的最大成就。对于那些子女多尤其是儿子多的家庭，在他们临近老年，挣钱能力和机会式微，家庭责任无力圆满完成而不得不告老还乡的情况下，留有遗憾甚至惴惴不安。但无论如何，对第一代农民工而言，返乡也是体面的退路。

二为养老。养老问题是第一代农民工整体面临的现实问题，就业难度加大，工资性收入增长后劲不足，必然无法应对高成本的城市生活。随着年龄增大，在城市生活下去的难度也越来越大。"回农村，好歹都能生活"，"只要身体还好，在田地里打工的活也不少。"住自家的房子，种自家的承包地，也可以到田地里打工，虽然收入不高，但生活成本低。至于将来一旦丧失生活自理能力后谁来照料的问题，还无暇顾及，普遍认为"走一步看一步吧"，"现在想这个事是自寻烦恼"。但是第一代农民工中很多人无容身之所，这是他们养老所面临的最为紧迫的问题。即便选择返乡，回到哪里住，也让很多人望而却步。

2. 老房子已破损：似有归期未有期

现实的养老难题并非来自养老保障制度，也不是对"养儿防老"的期待与回报的检视，而首先面对的问题是养老之所，换言之，只要生活能自理，有了住房便有了养老的基础与底气。二三十年的打工生涯，勉强解决儿子成家和住房问题，有能力在城市购买住房的少之又少。他们年纪越大，在城市打工的机会就越少，租住房子以及和儿女同住都会有强烈的窘迫和漂泊感。

在城市和子女甚至是老少三代生活在一起，即使在城市有住房，也一定不太宽敞。子女收入有限，还要供养他们的子女，而已经年老的父母或者没有收入或者收入微薄，也便成了累赘与负担，他们的日子就十分煎熬了。

回乡便成了大多数第一代农民工无法回避的选择，但回乡也并非想象的那么简单，外出几十年，原先的土坯房早已破败甚至坍塌。回到老家住在哪里？是很多农民工不敢轻易选择回家的主要顾虑。与外出务工时受鲜明的"推拉"因素的作用不同，返乡时，城市的"推力"已经随着农民工自身条件和社会环境的变化而逐步形成，而来自家乡的"拉力"，就发展环境而言，在近几年卓有成效的脱贫攻坚下有了很大的改善。经历多年的打工经验和市场经济的洗礼，他们普遍有了新技能、新意识和新视野，在乡村也有广阔天地，即便年老者也能力所能及地在手工业车间或农田务工获取收入，国家也有收入的兜底保障政策。但种种优势在住房面前都显得微不足道，"我家的老房子是纯粹的土坯房，多年前就已经塌了"，"早想回来了，可是建一处新房也不可能，翻修一下吧，也挺麻烦，一直在拖"，住房让农民工不得不在城市"漂泊"与回乡"寻根"之间彷徨。

3. 搬迁安置：春风作伴好还乡

燕山—太行山片区的贫困属于区域性整体贫困，人口大量外流，由此而形成的农村村庄人口规模小、布局分散以及空心村、老人村突出的状况，越来越成为制约脱贫政策落地和区域脱贫发展的瓶颈。易地扶贫搬迁为片区各地推进空心村治理和打破发展瓶颈带来了机遇。片区绝大部分有易地搬迁任务的县(市)均以自然村整村搬迁为主，甚至有一些搬迁规模大的县（市）全部实施整村搬迁，这样一来，对广大外出务工人员无疑是政策利好，他们作为同步搬迁人口与建档立卡贫困人口一起入住至新建的集中安置区，并同等享受安置区配套基础设施和公共服务设施。

在安置区访谈中遇到的许多返乡第一代农民工均难掩激动之情，尽管自筹资金比建档立卡贫困户多一些，但他们普遍认为他们是最大受益者。花费很少费用（很多人认为"几乎是白给"）就能在县城或镇上拥有一套新房，是不敢想象的。易地扶贫搬迁安置区住房建设执行国家标准的交钥匙工程，省钱又省事。现成的住房加快了第一代农民工回流的步伐，案例1中的袁女士一家在得到村干部领钥匙的通知后就收拾家什行囊直接搬进了新居，"先住进来再装修"。租房住条件差，负担也重，一直计划着返乡，可是没房住又犯了难，在村里新建一套房子，投资太大，负担不起，修缮旧房又感觉无从下手，因为住房的问题，而使归期一拖再拖。像袁女士一家受困于住房问题而不能顺利返乡者不在少数，走访中遇到的返乡农民工的回乡日期几乎与交房时间同步。易地扶贫搬迁政策为农民工返乡创业、养老扫清了最后一道屏障，使这个群体的"退路"更加宽阔，在"融不了城"的现实境地下，依然有"回得了村，回得了家"的选择。

（二）新生代农民工回流

学界多将20世纪80年代和90年代出生的农民工称之为新生代农民工或第二代农民工。"新生代农民工"出身农村，长在农村，也有一部分生长在城市，与"心在农村、身在城市"的第一代农民工相比，新生代农民工乡土情结淡化，农业劳动技能缺乏，趋向于城市生活习惯，对城市的认同已超过对农村的认同。这一群体俨然已经从传统农民工的范畴中剥离出来，并体现出特殊的群体属性与时代特征。受深层次的二元户籍体制障碍，新生代农民工逐步形成了社会身份的双重性和社会地位的边缘化特征，这一特殊的群体属性与时代特征容易使其在城市生活中形成认同危机，也事实上使农民工在融入城市中遭遇更加突出的障碍和困难。

但新生代农民工返乡已成趋势。无论是乡村发展吸引返乡创业还是城市生存压力下的被迫撤退，农民工住房问题始终是一个强大的"推力"。有稳定职业、有相当的储蓄和资产能够购买商品房者只是少数，没有稳定的就业或者收入的家庭在城市生活水平的不断提高、物价的上涨尤其是房价高昂的现实境遇下，难以形成在就业地购房或长期租房的预期和需求，再加上被排斥在保障房体系之外，更加造成了他们的"居无定所"。住房问题不仅影响着他们的居住和生活环境，也极大制约着农民工市民化的质量和水平。居住条件不好、卫生环境差，这对于想在城市长期稳定发展的新生代农民工来说是很大的考验。

易地扶贫搬迁政策的实施为覆盖范围内的新生代农民工基于追求自身利益最大化的原则而在继续留城还是返乡之间的抉择增加了一个砝码，他们中的部分人选择的天平开始明显向后者倾斜，安置区建设与交付为意愿返乡的新生代农民工的回流按下快进键。

1. 不愿回去的农村

城镇是回流地的底线选择。集中安置区有在中心村联村并建的，以平房为主；有在集镇和县城政府统建的，以楼房为主。对于第一代农民工而言，安置房在哪里，他们就回哪里安家，他们惊喜于获得新居，并不太在意城镇还是农村。但新生代农民工对住房所在地还是很看重的。LY 村因为有企业投资，建筑为二层联体排屋，每套建筑面积在 100 平方米左右，人均面积远超国家规定的 25 平方米，就居住条件而言，要优于城镇的楼房，但尽管如此，还没有因为在村里有了一直向往的崭新楼房而回迁的新生代农民工，但是镇上和县城的安置区却陆续有回流的新生代农民工返乡入住。

> 以前也没想过会住在镇上。原打算即便在县城买不起房子，先租房也得在县城生活。现在镇上有这么好的房子，家就算安下来了。现在村子搬迁了，即便不搬迁，将来不外出打工了也不会回到村子里住，村里也没几个人了，太冷清，整天土哄哄的，回去也不习惯了。

再说也没面子，村里哪有年轻人回去的？更重要的是儿子在上幼儿园，自从乌海回来孩子就入了镇上的幼儿园，离家也近，非常方便。不过说实际的，镇上幼儿园的条件也一般，我们也正琢磨着到张北县租房子。刚安顿好了再搬家，也挺麻烦，可是为了孩子也得折腾，小学、初中，这里的条件都不行。（CM，2018）

就算没有县城的这个房子，将来肯定也不会回到村里，出来的目的不仅仅是打个工，既为孩子上学也为我们自己挣点奔头。不可能在市里买房子，就算在县城买房子目前也没想过，媳妇照看两个孩子上学，我自己打工，还是很困难的。对于未来我也想过，肯定在县城定居，不是张北县就是康保县，但现在搬迁安置在康保县了，也就稳定在这里了。孩子们在康保县读书，我也不打算往远走打工了，就在康保寻找机会。（CM，2018）

可见，镇尤其是县城是他们回流地的底线选择。回流城镇而不是乡村，至少有三个原因：一是农村与城市的环境差别太大；二是面子上过不去；三是城乡之间、不同层级的城镇之间的资源落差是重要影响因素。

农民工对这些客观现实和心理上的落差也有明显感知，但在生存压力下，很多差距还是可以在"退而求其次"的选项下进入可接受的范围。但是在各种资源之间的权衡中，教育资源往往被作为一种重要的考量。部分新生代农民工已经结婚成家且子女已经达到适学年龄，相比于第一代农民工，他们对随迁子女的教育有更多的期待和诉求。在回流目的地的选择上，子女是否能获得更好的教育资源往往成为影响决策的重要因素。上面的受访者在镇安置点安了家，但仍计划到县城租房生活，就是为了让孩子能接受更好的学前教育。"离城不回乡"的再迁儿童与"回流不返乡"的回流儿童现象背后，是农民工家庭对子女接受优质教育的家庭期待。① 由此，

① 韩嘉玲，余家庆. 离城不回乡与回流不返乡——新型城镇化背景下新生代农民工家庭的子女教育抉择[J]. 北京社会科学，2020(6)：4-13.

在回流城乡的选择上更倾向于城里，而在安家于镇上的情况下，仍希望子女进入县城接受教育。片区各地在易地扶贫搬迁工作推进中，采取以城镇化集中安置为主的策略，在一定程度上加快了新生代农民工"回流式"市民化进程。

2. 退守型回流

农民工是中国从传统农业（农村）向现代非农业（城市）结构变迁过程中涌现的新的群体，无论是向城市和非农就业领域的转移还是在城市的市民化进程，其所掌握和拥有的知识、经验、技能、社会资本及必备的身体、心理条件等综合能力均为重要影响因素。农民工的城市生存能力主要包括获得高工资的能力和职业升级转换能力，需要满足在城市的住房、子女教育等基本的生存需求。但对于部分因身体健康状况较差或者个人素质较低、竞争能力不强的农民工，虽然是中青年阶段，但他们在城市的处境非常艰难。在这种情况下，回到生活成本低，竞争压力小，文化氛围和生活方式和乡村最为接近的小城市或者集镇，也是权衡利弊的理性选择。从某种程度上讲，回流行为既是农民工在城市发展遇到困难应对风险做出的抉择，也是家庭社会功能的现实需要。①

案例 5-4

任某，35 岁，5 年前与妻子一起到了内蒙古乌海市在一家煤矿打工，一年有两三万元的收入。去年（2018 年）L 村整体搬迁到镇政府所在地集中安置点，任某也结束了在乌海的工作，搬迁到安置点分到的新房安家。谈起这段经历，任某的妻子难掩激动："没想到会有这样的好政策，当村干部和我们联系征求搬迁的意见时，我们毫不犹豫就同意了。"任某有心脏病，尽管不严重，但是干重活累活已然力不从

① 戚学祥. 新时代的农民工回流：逻辑、错位及其平衡——基于安徽、贵州、江西三省的调查[J]. 天津行政学院学报，2020，22(1)：70-78.

心，在乌海想多挣点钱也没有其他途径。挣钱少但是开销多，尤其是长期租房，经济压力也大。抛去房租等消费，一年也留不住几个钱。但回到农村老家也不可能，一方面原来的旧房子也成危房了，没有住处，另一方面生活也不习惯了，心理上也不甘心，接受不了。总之就是无处安身，没有着落，深受困扰。"总算是有了属于自己的住房，还是配套完善的崭新楼房，心里踏实多了。"说起现在的收入，任某的妻子也还满意："这边地里的活也多，一天一百多块钱。季节性的，一年的收入没有乌海多，但没有房租支出，总的来说，落在自己手里的，现在比之前多一点。"相较于原来在乌海每年一万多元的入园费用，镇里公办幼儿园一年两千多元也大大减轻了这对小夫妻的经济压力。

案例 5-5

小张，32 岁，初中毕业，一直在张家口市打工，前几年在建筑工地当小工，工资还可以，但是劳动强度太大，没有坚持下来，后又到了一家保安公司，在一个小区物业上班。当保安不累，但是挣钱少，一个月两千多点。年轻人开销大，再加上房租，那点收入根本不够用。最紧迫的是，小张已经 32 岁，还没有谈对象。"在这里打工，自己条件也不好，一直也没有人给介绍过对象，我着急，我妈也着急。"小张没有成家，再加上没有技术，感觉在城市打工没有劲头。这次搬迁安置在镇上有了新房子，他妈就催他回来搬家，于是就辞掉工作回来了。"总算有了楼房了，然后再找个活，希望能找个对象。"

可见，退守型回流农民工由于自身资源禀赋不足导致的发展能力欠缺或者家庭事务、家庭变故的牵绊，只能选择稳定性强而风险性小并能与家人团聚的回乡谋生，在城市继续维持也是勉强坚守。易地扶贫搬迁让他们拥有了在城镇的住房，使得迅速回流具备了低成本且符合心理预期的选项。

3. 创业发展型回流

近几年，随着多项支农惠农政策的有序落地，尤其是精准扶贫、乡村振兴等战略的实施，农村基础设施建设显著改善，发展环境不断优化，农村的吸引力急剧上升，形成对农民工返乡创业的强大拉力。而在经济新常态下产业结构转型升级，为控制人工成本，工业机器人和自动化生产线等人工智能技术在服务业和制造业中的广泛应用，使得城市就业岗位尤其是与农民工技能结构对应的城镇就业岗位竞争日趋激烈，再加上房价高企，生活成本连年攀升，也在时刻侵蚀着农民工坚守城市的意愿和能力。在此背景下形成的推力和拉力，型塑了新生代农民工返乡创业的现实基础和内在逻辑。

农民工返乡创业意义重大，有利于更好地解决他们就业增收的问题，也为乡村振兴战略的实施注入新活力和新动能。在"大众创业、创新万众"时代背景下，政府对农民工返乡创业给予了极大鼓励和支持。2015 年以来，国务院办公厅先后印发了《关于支持农民工等人员返乡创业的意见》《关于支持返乡下乡人员创业创新促进农村一二三产业融合发展的意见》等文件(详见表 5-1)，明确了支持返乡创业的目标任务和政策措施。各级地方政府积极落实国务院关于支持农民工返乡创业就业的一系列政策措施，促进农民工就地、就近就业创业。

表 5-1 国家关于支持农民工返乡创业的相关政策文件

时间	文 件 名 称
2015	《关于推进农村一二三产业融合发展的指导意见》
2015	《关于支持农民工等人员返乡创业的意见》
2016	《关于实施农民工等人员返乡创业培训五年行动计划(2016—2020)的通知》
2016	《关于支持返乡下乡人员创业创新 促进农村一二三产业融合发展的意见》
2017	《国务院关于做好当前和今后一段时期就业创业工作的意见》

续表

时间	文 件 名 称
2017	《国务院关于强化实施创新驱动发展战略进一步推进大众创业万众创新深入发展的意见》
2018	《关于进一步加大就业扶贫政策支持力度着力提高劳务组织化程度的通知》
2019	《关于进一步推动返乡入乡创业工作的意见》

正是这些因素不断累积、相互叠加和集中释放，以及一系列利好政策的催化和引导，农民工返乡创业焕发出勃勃生机。片区各县也不断有农民工返乡创业，尤其是易地扶贫搬迁政策的实施更进一步催化了安置区居民返乡创业的热情。

实地调研走访发现了很多返乡农民工依托易地扶贫搬迁安置区进行自主创业的情况：

一是承租安置区门面商铺。大型安置区一般都配建了门面商铺，由于安置区安置人口规模大，意味着巨大的消费需求和消费潜力。很多人看中了人口规模带来的商机，想承租商铺开店。但政府着眼于入住群众的就业问题，将门面商铺作为促进创业带动就业的平台加以引导发展，仅允许入住群众承租特别是对建档立卡户有优惠条件。L县县城安置区是个可容纳1万多人的大社区，建有临街商铺56间。2020年底课题组调研时，除位置较偏的少数几间外均已出租经营，米面粮油店、餐馆、理发店、诊所、药店，等等，满足群众日常生活的服务和商品一应俱全。

我和我老公在北京多年了，最早在建筑工地打工，三年前开了一家羊肉汤餐馆，生意也挺好。去年孩子要上小学了，我们就回来了。小区附近就有学校，孩子上学非常方便。至于回来后做什么一时也没想好，也想着继续开餐馆，毕竟有经验，做起来顺手，但是餐馆选址很犯难，离小区太远就顾不上孩子。正在这时社区发布了门面租赁通知，这个地方太合适了，说干就干起来了。最初生意很不好，都是农

村人，没有在饭馆吃饭的习惯，也消费不起，现在好了不少，附近也有过来吃饭的，老百姓的生活习惯也在改变。（CM，2020）

我们逐个走访了门面经营者，除诊所多为原村村医经营外，其他商铺的经营者几乎为搬迁村外出务工经商人员，只不过有的是外出回流人员，有的原本就在这个县城务工；另外就是经营商铺的大部分是同步搬迁的非贫困户，他们有经验、有见识，也有投资的能力。

二是在安置区所在城镇经营宾馆。在 G 县某镇安置区调研时我们一行入住镇政府所在地的一家宾馆，与老板聊天得知，他家就是安置区住户，原村距离安置区 3 公里，属整村搬迁，搬过来入住半年了。

我今年 48 岁，原先在大同打工，分到新房子全家就都回来了。在外地打工这么多年也没有属于自己的房子，现在有了家了，当时想回来后无论做点啥活都行，养活一家人没问题。回来后逐渐了解到政府的规划才知道，大部分村庄要搬迁到镇上，镇上的人会越来越多。于是全家就商量开个宾馆。确实投入大了些，好在能贷款。（CM，2020）

三是承包种植大棚。很多地方的易地扶贫搬迁安置区都配套建有手工业加工厂、养殖园区、种植园区、高效林果基地等产业园区。其中的种植园区，为使农户获得稳定收入，一般采用大棚种植，通过贫困户承包经营或者非贫困户承包并吸纳贫困户就业的形式建立利益联结。李师傅是非贫困户，搬迁后返乡承包了安置区附近的香菇种植大棚。

我在北京打工多年了，当厨师也有七八年了，腰椎颈椎都出问题了，干不了重活了。赶上搬迁的好时候，还住上了楼房，正好就回来了。当厨师虽然挣钱多一些，但也是给别人打工，回来后我就在家门口承包了两个香菇大棚，以前没种过，先探探路，去年又有从别人手

里租了三个。感觉还行，公司提供技术指导，活多的时候就多雇几个人。反正付出多收入就多。（CM，2020）

四是创办扶贫车间。在脱贫攻坚中，为使群众就近就业、稳定增收，很多地方大力发展扶贫车间，在易地扶贫搬迁安置区，扶贫车间基本上成了标配。有充足的劳动力供给，有大力度的政策扶持，扶贫车间成为有想法、有意愿的能人返乡创业较好的选择。在 T 县一个镇政府所在地安置点我们见到了制衣车间的 Z 老板，他之前在广东一家制衣企业打工，掌握了制衣技术积累了一定的客户资源。在了解到家乡发生的变化和鼓励创业政策后，有了回乡创业的念头。在帮扶单位的帮助下，Z 老板顺利与当地相关部门沟通对接，得到了当地政策的充分支持，经过一系列的筹备，他的扶贫车间于 2017 年 10 月如期开张。在我们调研时，他的车间共有员工 40 人，其中建档立卡贫困人口 13 人，工资收入在 3000～4000 元。由于车间运转顺利，订单充足，Z 老板正筹备再增加一个车间，扩大生产规模。

非常满意，这超出了我当初的设想。政府给了很多优惠政策，厂房租用、设备补贴、员工培训等，想得非常细致，减轻了我很大的负担。而且，对我来说，当老板了，也算实现了梦想，没有扶贫政策的支持我没有这个机会。还有最重要的是一家人终于团聚了，原先我妻子带着两个孩子和老母亲在老家，我在广东，那个生活很苦。（CM，2020）

相较于外地企业设厂，农民工返乡创办扶贫车间更有利于扶贫产业的"本土化"运行。根据嵌入性理论，某种外界经济行为的有机运行，要融入特定社会环境。① 返乡农民工由于具有同乡优势和情感纽带，能够调动起村内熟人资源构建人情化管理机制，由此克服"水土不服""强硬嫁接"等弊

---

① 刘岩. 嵌入与重构：扶贫车间对乡土社会的关系再造——基于江西省的一个案例[J]. 农村经济，2021（1）：78-85.

端，从而实现扶贫产业的"本土化"运行，这样既保障了扶贫车间的高效运行，也为今后乡村振兴奠定了良好的产业基础。

4. 子女教育型回流

随迁子女的教育问题已经成为我国转型期发展过程中的一个重大社会问题。近年来国家针对农民工随迁子女教育问题制定了"以流入地政府为主"和"以公办学校为主"等政策措施，各地方政府对于随迁子女教育问题的态度也发生了明显改观，逐渐从早期的被动应付转变为积极主动包容接纳。河北省、山西省和内蒙古自治区针对农民工随迁子女教育问题的改革力度很大，将常住人口全部纳入区域教育发展规划，进城务工人员随迁子女全部纳入财政保障范围。将农民工随迁子女就学政策由"两为主"进一步深化为"两个全部纳入"，为教育均衡化和谐发展清除了关隘。可见，中央和地方政府一系列改革政策措施的推进实施使农民工随迁子女实现了在迁入地与城市户籍学生"无差别待遇"就学。

在易地扶贫搬迁中，各地通过新建、改扩建等方式，着力加强安置点配套学校规划建设，积极推动教育资源的整合共享，让搬迁群众享受到了更加优质的教育资源。这一状况以及安置区良好的生活环境成为吸引农民工为子女上学而回流的趋势。但在实地调研中我们发现，因子女教育而回流的农民工很多，其具体情况也是多样的：一是因跨省升学考试制度的差异而不得不在孩子义务教育阶段返回本省就学。李先生在北京打工多年，女儿读小学二年级时回到县城就读。"孩子一上小学我们就想着要回来，不可能在北京高考。那会儿也没做好准备，回来怎么办？回到哪里去？很着急但也没办法。"搬迁安置在县城使李先生有了方向，全家毅然回到了县城，先安顿好女儿上了学，就开始装修新房并谋划在县城的发展。二是父母双方或一方返乡，照顾孩子上学。父母外出打工产生了很多留守儿童，亲子分离和家庭教育缺失成为留守儿童成长中的劣势和隐患，对此父母们也充满矛盾和无奈。"没办法，总得挣钱养家吧！"伴随易地扶贫搬迁的推进，住房改善、生活环境提升、就近就业机会增多，很多外出打工的父母返回家乡。"家门口就能上班，每天下班能陪陪孩子，还不耽误给孩子做做饭，就算有时候要加班，也可以带回家做，方便得很。"在扶贫车间调研时听到过太多这样的对话。外出务工的父母为子女教育和健康成长而回流，这是国家精准扶贫特别是易地扶贫搬迁政策产生的广泛溢出效应的反映。三是因难于支撑在打工地上学或托幼的费用而回流。李女士育有一对双胞胎儿子，准备三岁入托，便带着两儿子从北京回到 K 县安置区的住房，"我和我爱人在北京打工，但北京幼儿园费用太贵了，老家县城的费用低多了。"

5. 家庭团聚型回流

农村劳动力外流，特别是男性劳动力向城镇流动数量的增长，出现了许多离散型家庭，加剧了农村"三留守"现象，并引发了一系列深刻的社会问题。农村老年人养老问题因养老资源结构性缺失而难以破解，留守儿童因"亲情饥荒"而产生心理素质、道德品质、身体健康及学习生活等方面的缺陷和偏差，为贫困的代际传递埋下隐患。夫妻分离因"情感饥荒"而致生理心理健康受损，家庭发展机会减少，家庭稳定性降低等诸多问题。虽然近些年来人口流动的家庭化趋势明显，成为人口流动的重要特征，但从数量上看，农村户籍流动人口的未成年子女仍以留守为主，这一状况依然未有显著改变。留守妇女总体上已经大大减少，但由于承担照料的角色，留守妇女的规模依然很大，特别是近年来，由于"学校进城"迫使学生进城以及农村家庭对孩子教育重视程度的提高而主动进城所产生的陪读留守现象，使留守地也从农村转向乡镇乃至县城。但无论结构如何变化，劳动力大规模外流对家庭完整性的冲击所产生的严峻而复杂的社会问题需要在社会发展中加以化解。

家庭团聚是人的理性的最优选择，从伦理层面看，农民工回流能够满足父母生活照料和情感慰藉的需要，能显著地改善其父母的心理状态和生活满意度；① 从家庭整体利益出发，回家照顾老人、陪伴孩子、结婚成家

---

① 李放，赵晶晶. 农民工回流能改善其父母的生活质量吗？[J]中国农村观察，2018（3）：75-90.

等家庭责任促使农民工做出回流选择。① 每一个因流动而分离的家庭都在通过他们自认为理性的策略为家庭团聚创造条件。返乡回流也好，到流入地定居也好，对于农民工家庭而言，其决策过程是复杂的，就业环境、收入水平、住房情况、政策力度以及个体感受等都是必须要参考的因素。脱贫攻坚战对中国农村的改变是历史性的、全方位的，深刻改变了贫困地区落后面貌，有力推动了中国农村整体发展。② 农村生活环境和发展条件的改善极大地吸引着农民工返乡就业和创业，特别是易地扶贫搬迁城镇集中安置在人居环境、产业基础等方面缩小了与农民工打工地的差距，特别是住房的解决使农民工在坚守还是回流中的利益比较和心理倾向开始向后者倾斜。

案例 5-6

　　李先生在 K 县经济开发区一家脱水蔬菜厂上班，在此之前在涿州一家建筑工地打工。3 年前，为了孩子们上学，全家搬到县城生活。由于县城就业机会少，且工资较低，李先生远走外地打工，妻子留在县城照顾两个孩子的学习和生活。妻子带着孩子在县城租住一套 50 平方米的楼房，李先生在打工地和工友一起租了一间平房，租金不高，但居住环境很差。易地扶贫搬迁政策的实施使李先生一家终于实现了在县城的"安居梦"。领到新房钥匙，李先生就结束了外地的工作，简单装修后全家搬进了 100 平方米宽敞明亮的楼房，"县城房价很高，打一辈子工也不可能在县城买房，抚养两个孩子，也没想过买房的事"。对于家庭中的这一重大变化，李先生现在回想起来依然感觉像在梦中。K 县易地扶贫搬迁工程坚持美丽家园和现代产业园区"两园同建"，李先生顺利地在产业园区找到了工作，获得稳定收入，实现

---

① 刘玉侠，石峰浩. 农民工回流动因的影响分析[J]. 浙江社会科学，2017(8)：86-92，158-159.

② 中华人民共和国国务院新闻办公室《人类减贫的中国实践》，2021 年 4 月。

了在家门口就业。"现在每月三千多元，收入比建筑工地低一些，但是全家不用再租房了，算下来更合算，而且也能照顾到家了，心里更安稳了。"

同样的情形在与另一个受访者的对话中也得到体现。

　　问：家人都住在县城，你为什么不在县城打工？

　　答：县里没有稳定的工作，一般都是季节性的工作，干不长，工资也不高。

　　问：在县城打工可以一家人生活在一起呀？

　　答：像我们这样的也没办法，要挣钱养家，供孩子上学，也要考虑买房子。尽管知道买个房子几乎不可能，但是也得去努力。

　　问：还打算出去打工吗？

　　答：肯定不出去了。梦寐以求的房子有了，彻底没有买房的负担了。在县城打打工，勤快一些，养家也没问题，房租这一块也省了。关键是全家生活在一起，很踏实。

　　问：你父母和你们生活在一起吗？

　　答：他们住在乡里，也是搬迁安置的新房子，很舒服。县城离乡里也就二十多里，我也能照顾到他们。

三、安置区住房空置问题

将"户籍在本村，本村有住房，不在本村居住，在外房屋为个人购置或租赁"者列为符合易地搬迁条件的搬迁人口且可以在集中安置区拥有住房，是实现整村搬迁的重要保证。凡搬迁力度大，且将易地扶贫搬迁与小村整合、空心村治理一同推进的地区，均在这一点上做了宽展性的政策设计，以使在外地有安全稳定住房户能成为同步搬迁户而顺利迁出。由此呈现出的情形便是，这部分人领取了集中安置区的住房，但是依然居住在务工所在自有或租赁的房屋，安置区住房出现空置。

安置区住房空置问题与农村空心化问题一脉相承，但集中安置区并不会沿袭农村空心化的发展方向，不同的安置区住房空置的表现形式和存在问题也不尽相同。在中心村安置区，有的地方对搬迁安置人口进行了年龄筛选，比如 K 县，家庭中有 55 岁及以下的劳动力人口可以选择到县城集中安置区居住，而家中人口均为 55 岁以上的农户只能选择中心村安置区，由此形成中心村安置区老龄化程度明显高于搬迁前原村庄的情形。而没有经过年龄筛选的集中安置，中心村安置点会多一些 55 岁以下的人口，由于有一部分高龄老年人选择分散安置，而使中心村安置点和搬迁前相比，老龄化程度会略低。但这两种情况均不会改变中心村安置点老龄化程度快速提高的趋势。

安置区住房空置问题较为普遍，但在不同类型的安置点又表现出不同的特点和发展趋势。

一是中心村安置区空置房由少变多。这一特征是由中心村安置区的人口年龄结构和住宅价值决定的。如果没有镇和县城安置区可以选择，仅仅是中心村安置区，村里的外出务工人员一般会选择分散安置，集中安置区以老年人口家庭为主，所以入住率高，空置房屋少。而随着老年人相继离世，空置住房会越来越多。而且，与县城安置区不同，中心村安置区由于位置偏僻，住房因缺乏市场投资价值而无人问津，人口减少趋势明显。

二是镇和县城安置区房屋闲置由多变少。镇和县城安置区人口能够共享城镇优质基础设施和公共服务，产业基础较好，能为搬迁人口提供较充足的就业岗位。这些因素决定了绝大部分中青年人口在安置方式选择上更倾向于集中安置。但在安置之初由于在外务工人员，尤其是在县外务工人员很长一段时间都会继续居住在外地，虽然领取了安置房但不回去居住，所以导致安置区住房空置较多。但从长远来看，城镇安置区空置房屋会较少，一是因为随着城镇化不断发展，县域产业基础逐步完善，经济活力逐步增强，劳动力呈现持续回流的态势。特别是集中安置区建设为他们在城镇提供了安身之所，也是劳动力回流的重要引力。二是县城住房市场交易活跃。各地对于安置房一般规定产权依法依规进行权属登记，搬迁对象住满10年后可自愿申请交易。而且安置区住房由于规划建设投入大、质量高，再加上搬迁户获得安置房的价格本身就很低廉，市场交易弹性大，交易会更活跃。

而且，城镇集中安置区特别是县城集中安置区房屋租赁市场也很活跃，由于价格不高，社区配套完善，环境优美，很有吸引力。课题组在片区一些县城安置区调研时遇到很多租户，其中未被列入易地扶贫搬迁范围的农村家庭居多。

> 我在这里租房住，我们村没搬迁，看着附近村子的人们都住到新房了我们也眼红(羡慕之意)，但也没办法。地都流转出去了，也没啥可干了，我们村在这个小区租房子的有好几家，看他们来了，我也就过来了，住上楼房享享福吧。这个小区里都是咱农村人，有很多人都是附近村子的，都认识，好相处，就在这里租了房子。(CM，2020)

> 我们村没搬迁，孙子孙女在县城上学，儿子媳妇在张家口市里打工，我们照看着两孩子，就在这里租了一套房子。这个小区环境好，房租也不贵，很多人都认识。(CM，2020)

县城安置区具有"亦城亦乡"的特征，一方面通过城市化提升了社区的品质，另一面延续了农村的部分形态和属性，保持了一定程度的乡村社会的"乡土性"，因此成为农村进城生活的家庭特别是老年人家庭的最佳选择，心里障碍小，融入顺利。

或出售或出租，多年后，那些由于老人去世或者常年外出人员不回流等原因而形成的空置住房都可以通过市场交易而流转给新的住户。

第六章 易地扶贫搬迁的城镇化发展效应

城镇化是现代化的必由之路，是经济持续健康发展的强大引擎，是解决农业农村农民问题的重要抓手。改革开放以来，我国创造了高速度和大规模的城镇化奇迹，但城镇化产业支撑不足、空间格局失衡、人口市民化滞后等问题由来已久，困境与短板伴随始终。① 目前，我国的城镇化正处于快速发展的中后期，推动发展模式由速度型转向质量型至关重要，对产业基础薄弱的集中连片特困地区而言，城镇化水平的提升则更加依赖人口的大量集聚，以期用人口城镇化带动产业城镇化，② 而易地扶贫搬迁城镇集中安置正是将大规模人口由农村迁往城镇，形成现阶段城镇化水平提升的重要渠道之一。《规划》指出，搬迁并非简单的人口空间转移，而是贫困人口生存和发展环境的彻底改变，易地扶贫搬迁应与新型城镇化、农业现代化相结合，将基础设施和公共服务相对完善的城镇地区作为搬迁安置的重要区域。③ "十三五"期间，建成集中安置区约 3.5 万个，城镇安置 500多万人，城镇集中安置作为易地扶贫搬迁的主要安置模式，帮助大量贫困人口实现离村进城的空间转换，是城镇化发展的有力支撑。在脱贫攻坚与新型城镇化发展的双重背景下，城镇集中安置人口的市民化更是稳定脱贫

---

① 李兰冰，高雪莲，黄玖立. "十四五"时期中国新型城镇化发展重大问题展望[J]. 管理世界，2020，36(11)：7-22.

② 游俊，冷志明，丁建军. 中国连片特困区发展报告(2014—2015)[M]. 北京：社会科学文献出版社，2015：3.

③ 国家发展改革委《全国"十三五"易地扶贫搬迁规划》，2016 年 9 月。

成效、提高城镇化水平的必然要求与重要途径。

一、易地扶贫搬迁城镇集中安置发展历程及效应

易地扶贫搬迁作为党和政府探索实施的重要扶贫举措，搬迁规模巨大，时间紧迫，任务艰巨，在中外历史上前所未有。受现实环境及搬迁区域限制，"十二五"时期之前，安置模式以农业安置为主，迁移距离较近，搬迁人口的经济、社会、文化系统改变不大。随着工业化、城镇化进程的加快，城镇所具有的辐射带动效应凸显，易地扶贫搬迁的城镇集中安置倾向愈加明显。①

(一)城镇集中安置的内涵

城镇安置模式的内涵不仅体现在搬迁人口生产生活地域空间上的转变，还体现在这一群体自身原有的生产生活要素及居住基础设施的改变。② 经过多年的探索与实践，这种安置模式基本成熟。从安置过程来看，城镇集中安置是将贫困人口迁出农村安置于城镇，为迁移农户集中修建住房、配套医疗教育等资源，并形成移民小区的一种系统化的安置模式，③ 其目的是借助城镇综合带动作用，拓宽搬迁人口的就业空间，让搬迁人口共享城镇基础设施与公共服务，达到内生性脱贫，最终实现个人发展。④

结合学者观点与实地考察，城镇集中安置的内涵应大致包含三点：第

---

① 马流辉，莫艳清. 扶贫移民的城镇化安置及其后续发展路径选择——基于城乡联动的分析视角[J]. 福建论坛(人文社会科学版)，2019(3)：167-174.

② 郭华，黎洁. 城镇安置模式对陕南移民搬迁农户生计活动影响研究——基于广义精确匹配模型[J]. 中国人口·资源与环境，2019，29(7)：149-156.

③ 汪三贵，杨龙，等. 扶贫开发与区域发展——我国特困地区的贫困与扶贫策略研究[M]. 北京：经济科学出版社，2017：220.

④ 马流辉，曹锦清. 易地扶贫搬迁的城镇集中模式：政策逻辑与实践限度——基于黔中 G 县的调查[J]. 毛泽东邓小平理论研究，2017(10)：80-86，108.

一，安置地点应位于城镇规划建成区，交通便利，存在发展潜力与空间；第二，城镇集中安置区由政府统一规划建设，同步进行配套基础设施、公共服务设施与产业园区建设，保障搬迁人口基本生活需要；第三，与新型城镇化建设相结合，后续扶持政策着眼于推动搬迁人口市民化，带动迁入地经济和产业发展，提高迁入地城镇化质量。

(二)城镇集中安置的发展历程

城镇集中安置政策积极响应我国城镇化的发展需要，且与当时的经济、社会条件相适应，表现出鲜明的时代性。结合我国总体规划与各地搬迁实践，可以将城镇集中安置的发展历程划分为两个阶段。

1. 初步探索阶段(2011—2015 年)

中国城镇化是人类历史上规模最大的人口迁移和现代化转型过程，[1]经过几十年的快速发展，城镇化水平显著提升，同时问题也逐步显现。21世纪初，我国制定了加速城镇化发展的总体战略，提出大中小城市和小城镇协调发展的基本思路。截至 2010 年"十一五"收官，城镇规模结构呈现出"大的太大，小的太小，缺乏中间环节"的状态，众多建制镇和集镇规模小、人口密度低，独立发展能力差。[2] 同时，土地城镇化与人口城镇化仍然脱节，虽然土地城镇化的发展略快于人口城镇化且完全符合城市的发展要求，但两者的增速之比应维持在 1.12 左右，否则就会逐渐向城市空旷或人口拥挤两种极端情况的其中之一靠拢。2006 年至 2009 年，城市建成区面积的增速略有下降，但土地城镇化与人口城镇化的增速之比高达 1.57，城市面积扩张与城镇人口增加严重不匹配。[3] 与此同时，我国贫困人口规

---

① 李国平，孙铁山，刘浩. 新型城镇化发展中的农业转移人口市民化相关研究及其展望[J]. 人口与发展，2016, 22(3)：71-78.

② 胡少维. 城镇化：怎么理解？如何推进？[J]. 金融与经济，2013(3)：50-53.

③ 盖晶晶，安树伟. 中国城镇化"十一五"回顾和"十二五"展望[J]. 西安财经学院学报，2011, 24(2)：20-24.

模仍然庞大，地区发展不平衡，连片特困地区矛盾更加突出，推动城镇化发展与扶贫开发的任务都十分艰巨。

2011 年 3 月，《中华人民共和国国民经济和社会发展第十二个五年规划纲要》出台，明确要求"加强城镇化管理，不断提升城镇化的质量与水平"，强调"切实保护农民自留地、宅基地等合法权益"，"稳步推进农业转移人口转为城镇居民"，打造"两横三纵"城市化战略格局，同时提出加大对集中连片特困地区的易地扶贫搬迁力度，进行扶贫开发攻坚。同年 12 月，国务院发布《中国农村扶贫开发纲要（2011—2020）》，明确政府在易地扶贫搬迁中处主导地位，增加中央财政对集中连片特困区的财税支持，引导有条件地区将扶贫对象向中小城镇、工业园区迁移，鼓励搬迁与城镇化建设同步推进，非农安置作为一种重要的安置方式在政策性文件中被首次提出，① 为搬迁地点的选择提供了新的可能。2012 年 9 月国家发改委出台《易地扶贫搬迁"十二五"规划》，细化了组织方式、资金筹措、后续扶持等方面的制度安排，支持各省份自己管理本省易地扶贫搬迁项目的规划与推进，② 各地根据自身实际情况进行差异化安置开始有政策可依。在政策支持与引导下，我国部分省区开始探索试行城镇集中安置。在水库移民过程中，浙江温州将有意愿落户城镇的移民迁往经济发达、市场繁荣并有就业机会的城镇或集镇，畅通搬迁人口落户通道，确保这一群体享有市民权益，进行了非农安置的有益探索。陕南地区受自然、社会等条件制约，城镇化进程相对滞后，为确保陕南循环发展战略目标顺利实现，"十二五"时期的陕南移民搬迁虽然以大农业生产安置为主，但把"引导农民通过城镇化途径积极向城镇集中"列为重要安置原则，③ 开始沿干线公路、铁路、沿江等条件较好的城镇建设集中安置区。"十二五"初期，贵州根据本省情况

---

① 吴振磊，李钺霆. 易地扶贫搬迁：历史演进、现实逻辑与风险防范[J]. 学习与探索，2020(2)：131-137，2。

② 国家发展改革委《易地扶贫搬迁"十二五"规划》，2012 年 7 月。

③ 陕南地区移民搬迁安置总体规划（2011—2020）. 陕西省人民政府网. http://www.shaanxi.gov.cn/zfxxgk/fdzdgknr/zcwj/szfwj/szf/201109/t20110914_1667899.html。

在进行扶贫生态移民时开始尝试城镇集中安置，省市两级共计投资 15 亿元，搬迁 150 万人，并把小城镇、产业园区作为主要安置地点,① 探索出了一条实施扶贫生态移民工程与推进工业化、城镇化相结合的共赢之路。

在这一时期，全国尤其是中西部省份开始在移民搬迁中尝试进行城镇集中安置，但各地缺乏相关经验，没有系统化的要求和执行办法，国家层面仅出台引导性的政策文件，各地市需结合自身情况制定具体安置方案，城镇集中安置人口占各地移民搬迁人口的比重相对较低。但无论是浙江还是陕西、贵州，这些探索性的城镇集中安置工程的总体进展都比较顺利，证明了城镇集中安置是助推贫困人口脱贫发展、提升区域城镇化水平的重要路径，扶贫搬迁开始进入与城镇化相关联的阶段。

2. 全面推进阶段(2016 年至今)

经过"十二五"时期的探索与发展，我国城镇化水平逐步提升，但仍然存在城镇化质量不高、发展失衡的新问题与新挑战。城镇化率是衡量城镇化程度的有效指标，即城镇人口占总人口比重，可以分为常住人口城镇化率和户籍人口城镇化率。常住于城镇地区的人口都算入常住人口城镇化率的统计范畴，但这部分群体并非都具有城镇户籍，在城乡二元体制的影响下，他们难以获得与市民同等的权利、服务与待遇,② 两种城镇化率之间的差值即代表"虚"的城镇化水平。2016 年，中国常住人口城镇化率与户籍人口城镇化率相差 16.15%，差距明显，不利于农业转移人口共享城镇基础设施与公共服务，影响新型城镇化建设的质量。与此同时，城镇的规模和区域发展也存在失衡的问题，从 2000 年至 2015 年，在全部地级及以上城市中，常住人口超过 100 万的大城市占比最多，而且始终保持增长状态，中小城市所占比重则较小。2016 年，大城市占总数的 52.53%，中等城市

---

① 唐福敬. 为"最大的民生"急行军——我省启动扶贫生态移民工程观察[J]. 当代贵州，2012(16)：12-13.

② 宋艳菊. 新型城镇化进程中农民工市民化能力提升研究[D]. 沈阳：辽宁大学，2018：25-26.

占 44.78%，人口在 50 万以下的小城市仅占 2.7%，由此可见我国中小城镇发展相对缓慢，大、中、小城市未形成合理的梯度布局。从区域发展来看，2015 年中国东部地区常住人口城镇化率高于其他地区，东部 10 个省市区域的城镇化率为 64.8%，高于中部、西部和东北地区的 51.2%、48.7% 和 61.4%，城镇化水平区域差距明显。① 面对城镇化建设中的问题与挑战，"十三五"时期更加注重"人的城镇化"，城镇集中安置以其在促进搬迁人口市民化、助推中小城镇建设等方面的优势，被放到了更加重要的位置上。

进入"十三五"时期，我国迈入了全面建成小康社会的关键阶段。2015 年 11 月，《关于打赢脱贫攻坚战的决定》出台，易地扶贫搬迁被上升到政治高度，成为有搬迁项目的基层政府必须准时、优质完成的政治任务，是"十三五"时期脱贫攻坚、啃"硬骨头"的主要途径。2016 年 9 月，在资金压力与繁重的搬迁任务要求下，《易地扶贫搬迁"十三五"规划》出台，将中央预算占总体投资的比例降至 8.4%，鼓励各省市用活城乡建设用地增减挂钩政策，借助小城镇的资源优势开展搬迁工作，同时提倡多样化安置房建设形式。② 城镇集中安置不仅仅是人口的空间转移，还配套实施一系列后续扶持政策，重视搬迁人口的市民权益的享有及户籍身份的转变，力促缩小户籍人口城镇化率与常住人口城镇化率之间的巨大差距，助力城镇化质量提升。经过近 5 年的持续攻坚，全国累计投入各类资金约 6000 亿元，建成集中安置区约 3.5 万个，搬迁人口近千万，为脱贫地区经济发展打下基础，脱贫地区基础设施条件全面提升，迁出区生态环境明显改善。城镇集中安置的安置区位于县城或集镇，通过移民搬迁增加小城镇人口规模，促进小城市发展，同时中西部地区大规模的搬迁安置也为提升中西部的城镇化水平作出贡献，推动我国城镇化均衡发展。"十三五"时期，中西部省份城镇集中安置 500 多万人，城镇安置率达 52%，西南地区部分省份城镇

---

① 翟涛.中国城镇化对城乡居民收入差距影响研究[D].哈尔滨：东北农业大学，2017：28-29.

② 国家发展改革委《全国"十三五"易地扶贫搬迁规划》，2016 年 9 月。

安置率超过90%，直接提升了迁入地区的城镇化水平，形成了更加清晰的城乡发展格局，为发展贴合国情、特色鲜明的城镇化道路打开了新思路,①城镇集中安置成为易地扶贫搬迁工程的主要安置模式。

(三) 易地扶贫搬迁城镇集中安置的功能效应

"十三五"时期，城镇集中安置比例高、规模大，这一模式与开放市场条件下的城镇化不同，政府介入程度较深，相应的政策设计与制度安排最大限度地规避了显性风险，城镇的辐射带动作用得以最大限度的发挥，在阻断贫困、赋权增能、经济发展、生态保护等方面具有独特的功能效应。

1. 阻断效应

城镇集中安置有助于确立搬迁人口在脱贫发展中的主体性地位，切实提升这一群体的可行能力，阻断贫困的恶性循环。阿玛蒂亚·森认为，贫困的发生，其最根本的原因在于"可行能力"的丧失与剥夺，使得贫困者因不具备基本的能力而陷入贫困不能自拔。从可持续生计理论出发，为降低贫困人口返贫的可能性，就需要将贫困人口置于反贫困活动的核心地位，并使其有能力对脱贫发展过程施加影响。② 通过实地调研和入户访谈，笔者发现部分贫困人口在自我认知中将自己归类为弱势群体，即无需承担责任与义务，只需被动接受国家或其他主体对自身的帮助，缺乏脱贫的主观能动性。同时，恶劣的自然环境让居住于此类地域的人口不仅难以满足自我增殖的需求，更难以满足提升生活质量和获取更幸福生活的需要，脱贫意愿较强的人口也不得不受限于环境，自身贫困化趋势不断加剧。相较于"十三五"时期之前，当前阶段搬迁人口可持续生计能力差、脱贫动力不

---

① 国务院新闻办易地扶贫搬迁工作情况新闻发布会. 中国政府网. http://www.gov.cn/xinwen/2020-12/03/content_5566758.htm.
② 王三秀. 农村贫困治理模式创新与贫困农民主体性构造[J]. 毛泽东邓小平理论研究，2012(8)：51-56，115.

足，更加习惯于依赖政府的政策支持。虽然政府应在反贫困活动中居于主导地位，但是这并不意味着可以取代贫困人口的自身努力，而是应充分尊重贫困人口的主动性和创造性，提供满足其发展需要的基础设施及公共服务，只需在必要的环节进行必须的导向型支持即可。① 城镇集中安置使搬迁人口原有的生产资料及要素组合发生变化，土地租金、集体分红等资产性收入仍然存在，但非农就业机会明显增加，搬迁人口摆脱收入来源的单一性，以政策性收入为主的收入结构得以改变，可以让其认识到自身参与贫困治理的重要性和必要性，并有信心因为自身努力而摆脱贫困，提升其内生脱贫动力及稳定可持续性。

2. 赋权效应

城镇集中安置有助于激发搬迁人口的自身潜能，保障其基本权益和获得权益的能力，让其拥有更多的选择机会，从而推动这一群体在行为模式、价值取向等层面的市民化。"赋权"是一种以资源、教育、政治、自我意识等给贫困人口更大力量的过程，并在这一过程中激活其劳动自救、自立和发展的能力，改变其精神观念，增加其权能感和实际能力。② 城镇集中安置的赋权，具体指在保障搬迁人口享有基本经济权利、社会权利和政治权利的基础之上赋予其顺畅享受城镇教育、医疗、交通等基础设施及公共服务的权利，为这一群体转变落后的生产、生活方式提供必要的物质条件和制度支持，使其共享城镇化的发展成果，顺利融入城镇生活。易地扶贫搬迁的迁出区多为深度贫困区，环境闭塞、交通不便、基础设施落后等问题客观存在，贫困人口缺乏应有的文化教育、休闲活动等社会化机会，包含陈规旧习的贫困文化在代代相传中被固定下来，而个体就在这样特殊的社会文化环境中进行社会化，并形成与所处环境相适应的行为方式和人

① 陈至发，程利仲. 政府主导、农民主体与全社会参与——嘉兴市新农村建设的推进机制及其绩效的实证分析[J]. 农业经济问题，2007(11)：24-29.

② 黄江玉. 基于可持续生计视角的 PPP 模式减贫效应研究[D]. 北京：中央财经大学，2019：31-33.

格特征，例如听天由命的人生观、封建的思想意识、萎靡不振的精神等。通过城镇集中安置，搬迁人口离村进城来到城镇，实现了生产、生活环境的颠覆性转变。我国长期存在的城乡二元经济体制，让城镇资源要素高度集中，基础设施、公共服务水平远超农村地区。根据社会比较理论，个体会以他人作为自己比较的来源与尺度，通过对比来评价自己的态度、能力和反应的适宜性，① 因此，搬迁人口会自觉或非自觉地将城镇人口的行为当作标尺，并寻求对自身行为的矫正，而城镇集中安置的赋权恰好为满足搬迁人口的这一需求提供了条件，最终实现其观念、意识、能力素质的市民化。

3. 增长效应

城镇集中安置让数百万人来到城镇安家落户，切实推动了区域经济增长，直接快速地提升了迁入地区的城镇化水平。城镇集中安置正是以县城、集镇、产业聚集区为依托进行人口转移与产业建设，是提升城镇化率的重要路径。同时，我国"半城镇化"问题日益严重，户籍人口城镇化率与常住人口城镇化率仍有较大差距，城镇安置人口转户城镇无疑是提升户籍人口城镇化率的直接手段。截至 2020 年底，"十三五"时期易地扶贫搬迁任务已全面完成，中西部省份城镇安置率达 52%，西南地区部分省份城镇安置率超过 90%，对我国城镇化水平的提升贡献明显。从整体来看，全国常住人口城镇化率超过 60%，搬迁规模较大的省区城镇化率显著上升，如贵州提升了 5%、陕西提升了 4.2%、广西提升了 3%，作为迁入地的市、州城镇化率则提升更加明显，例如云南昭通市提升了 7%、贵州黔西南州提升了 12%、云南怒江州提升了 12%。② 同时，政府在迁入区的基础设施投入、教育和医疗等公共服务方面投入的大幅增长，也

---

① 吉木拉衣，李涛，王政岚. 比较心理对农民工幸福感的影响——基于收入和阶层定位的双重视角[J]. 安徽农业大学学报(社会科学版)，2021，30(3)：83-91.
② 国务院新闻办易地扶贫搬迁工作情况新闻发布会. 中国政府网. http://www.gov.cn/xinwen/2020-12/03/content_5566758.htm.

具有明显的增长效应，对经济的短期和长期增长都产生了显著的推动作用。由于生活环境的改善和生活方式的变化，这些搬迁人口在新的居住地也将启动大量的消费，消费的增长也会对整个经济的增长起到催化作用。[①] 结合燕山—太行山片区实际情况来看，多地为限制开发的国家重点生态功能区，无法进行大规模高强度的工业化开发，借易地扶贫搬迁政策的东风实现人口向城镇的集聚是片区城镇化发展的重要机遇与途径。同时，城镇集中安置推动人口集聚的方向是县域乃至更小范围内的行政中心、经济中心，推动小城镇建设为人的城镇化提供空间及物质载体，释放人口红利，带动当地基础设施建设及产业发展，利用小城镇快速增加的消费需求，促进生活性服务发展，在提高人口城镇化水平的同时也将带动产业城镇化的发展。

4. 生态效应

城镇集中安置有助于缓解人与自然之间的矛盾，恢复生态、实现生态的可持续。截至 2016 年 5 月底，因资源承载力严重不足需要搬迁的建档立卡贫困人口共计 316 万人，占建档立卡搬迁人口总规模的 32.2%，[②] 从主要搬迁原因可以看出，易地扶贫搬迁的迁出区与我国生态脆弱地区高度重合，将生态保护工作同易地搬迁工程结合起来是改善环境、缓解贫困的最佳路径，因此，安置方式的选择也必须考虑到地区生态环境保护的需要。城镇集中安置在安置地点、产业发展等方面都有利于生态保护工作的开展。城镇一般分布在地势平坦开阔、水源充足之地，具备满足当前规模安置需求的自然条件。城镇集中安置点选址在资源环境承载能力相对较强的县城和中心镇，尽可能减少对自然生态系统的干扰，同时推进迁出地建设用地复垦、退耕还林，减少水土流失。燕山—太行山片区的战略定位是京津地区重要的生态安全屏障和水源保护区，生态建设任务重，城镇集中安

---

① 王曙光. 易地扶贫搬迁与反贫困：广西模式研究[J]. 西部论坛, 2019, 29
(4)：1-13.

② 国家发展改革委《全国"十三五"易地扶贫搬迁规划》，2016 年 9 月。

置也可推动搬迁人口的生计转变，让农户就地转产进入二三产业，进而减少农业种植业对地下水的消耗，减少过度放牧对草场草甸的危害，满足片区生态保护的需要。

5. 资源共享，节约建设投资

易地扶贫搬迁所需资金数额巨大，城镇集中安置在资金筹措方面具有独特优势，既可"开源"，又能"节流"，大大减轻财政压力。各级政府不仅需要承担搬迁人口的住房建设，还需出资建设配套基础设施和公共服务设施，省级财政压力显而易见，资源整合能力较弱的市、县级财政资金则更加紧张，通过城镇集中安置在迁出区拆旧复垦而获得的土地指标借助"城乡建设用地增减挂钩政策"可以成为搬迁安置的资金与用地的保障。"城乡建设用地增减挂钩政策"通过对利用不充分的农村建设用地进行调整交易，将节余指标在省内挂钩使用，拓宽资金来源渠道，是破解易地搬迁资金与建设用地难题的重要措施。① 从减轻易地搬迁的资金压力的角度出发，城镇地区兴建安置区可以充分利用原有设施，在原有基础之上进行改善与扩容，缩短项目建设周期。燕山—太行山片区村居规模小，分布分散，小且散的村庄分布形态让农村基础设施的配套性、共享性差，② 各村落之间的交通往来十分不便，中心村集中安置不仅需要房屋重建，还需要修建道路、配套产业，增加了扶贫开发的成本。作为搬迁任务相对较重的地方政府，考虑易地搬迁效果的同时还要关注搬迁工程的成本问题，城镇集中安置依托城镇地区的基础设施和公共服务，无需从零开始打基础，避免无谓的投资和产业建设，可以在脱贫攻坚紧迫的时间节点压力下为易地搬迁节省时间与成本。

① 余欢. 城乡建设用地增减挂钩指标政策制度变迁研究[J]. 农村经济与科技, 2020, 31(23): 57-58, 77.
② 段世江, 张雪. 燕山—太行山片区减贫与发展政策目标及实践路径[J]. 河北学刊, 2019, 39(6): 119-125.

二、城镇集中安置人口市民化

易地扶贫搬迁总体进展顺利，现已进入以后续扶持为主的阶段。城镇集中安置人口通过搬迁离开他们世代生活的村落，与其生产生活息息相关的各种条件也随之发生改变，市民化是这一群体"稳得住""能致富"的必然要求，是做好易地扶贫搬迁"后半篇文章"的关键。① 搬迁人口的市民化处于"脱贫攻坚"与"新型城镇化"的双重背景下，必须从广义角度进行理解与推进，这就使得其市民化必然是一个多面向、多层次的系统性工程。② 结合文献梳理及研究主题，本研究借鉴杨菊华对农业转移人口市民化的定义，"市民化是获得市民或城镇居民身份，享有与城镇居民相匹配的公民权利，尊重、遵循城镇生活模式，履行现代城市的价值理念的过程"，[1]只有在角色身份、市民权利、行为模式、价值取向四个领域都实现了转换，其市民化才能真正实现。燕山—太行山片区一直是国家扶贫工作的重点区域，具有自然环境和社会历史的独特性，以这一片区为代表对城镇集中安置人口的市民化进行深度分析，既为提高政策的针对性和有效性打下基础，也可以为其他集中连片特困地区乃至全国的扶贫开发工作提供政策参考。

(一) 角色身份

搬迁人口角色身份的转变有助于其顺畅享受城市服务与市民权利，而在现有的政策生态中，平等享受民事、政治、社会权利既是市民化的重要前提，也是其他方面市民化的基础和条件，[2]因此，本研究将角色身份作为搬迁人口市民化的第一个维度进行研究，包括户籍身份与职业类型两

---

① 黄榜泉. 新时代易地扶贫搬迁人口市民化路径[N]. 贵州日报，2019-04-03 (10).

② 杨菊华. 农业转移人口市民化的维度建构与模式探讨[J]. 江苏行政学院学报，2018(4)：71-80.

方面。

1. 户籍身份：农业户口暂未改变

户籍是一种以家庭人口出生和地域来确定个人社会身份的名称符号，在社会现实中的表现形式或操作方式就是个人的户口。① 在传统文化及历史背景的影响下，我国居民的户籍身份不仅仅是农业户口与非农业户口的性质区分，其核心更在于户籍背后不同的资源配置方式，城镇户籍是顺畅享受城市排他性公共服务的必要条件，② 是研究搬迁人口市民化现状绕不开的重要话题。了解搬迁人口的户籍身份，可以从政策条件与个人意愿与两方面入手。

(1)户籍转换的政策条件具备。在城乡二元体制的长期影响下，各地农业转移人口落户通道不畅。随着新一轮户籍制度改革的正式开始，阻碍户籍转换的政策壁全开始破除，易地扶贫搬迁相关政策也对搬迁人口的户籍迁移作出指导性建议，城镇集中安置人口转户变为"市民"的政策条件基本具备。

从 2014 年至今，户籍制度改革及相关配套工作成效明显，基本扫清了搬迁人口落户城镇的制度障碍。2014 年 7 月，国务院印发《关于进一步推进户籍制度改革的意见》，明确"户籍制度应朝着统一城乡户口登记制度、全面实施居住证制度、推动城镇基本公共服务覆盖全部常住人口的方向发展"，③ 标志着以推动农业转移人口市民化为主要目标的新一轮户籍改革正式开始。2015 年 10 月，国务院通过《居住证暂行条例》，规定"居住证持有人可以享受县级以上人民政府及有关部门提供的一系列公共服务与便利条件"，④ 这一条例突出了居住证的赋权功能，从政策上保障了常住人口享受

---

① 陆益龙. 户籍制度——控制与社会差别[M]. 北京：商务印书馆，2003：54.

② 邹一南. 农民工市民化困境与新一轮户籍制度改革反思[J]. 江淮论坛，2020(4)：54-61.

③ 《国务院关于进一步推进户籍制度改革的意见》(国发〔2014〕25 号)。

④ 《居住证暂行条例》(中华人民共和国国务院令第 663 号)。

城镇基本公共服务，在一定程度上剥离了附着在户籍身份上的各类权益。
2016 年 10 月，国务院办公厅发布《推动 1 亿非户籍人口在城市落户方案》，
提出到 2020 年全国户籍人口城镇化率要达到 45%，应完善落实进城落户
农民的城镇住房保障、医疗保障、养老保障及教育保障，不得强行要求其
转让在农村的"三权"①或将之作为进城落户条件，② 该文件具体提出我国
城镇化发展的时间要求与目标，加大了农业转移人口市民化的财政支持力
度，明确了农业转移人口进城落户的激励机制，从落户限制、社会保障、
个人权益等方面解决进城农民的后顾之忧。2019 年 12 月，中共中央办公
厅、国务院办公厅联合印发《关于促进劳动力和人才社会性流动体制机制
改革的意见》，要求全面取消城区常住人口 300 万以下的城市落户限制,③
至此，农业转移人口落户中小城市的显性门槛基本去除。自 2014 年户籍制
度改革实施至今，公安部、民政部、教育部、人社部等部委也相继出台户
口迁移的鼓励与引导政策，农业转移人口可以在不改变土地权益的前提下
落户城镇，常住人口 300 万以下的城市仅将"具有合法稳定住所"作为落户
条件，而城镇集中安置人口的安置地正是以县级及县级以下的小城镇为
主，政府统一规划建设的安置区住房为这一群体提供了合法稳定住所，其
户口由原居住地迁往现居住城镇可以实现户籍政策层面的"零门槛"。

　　新一轮户籍改革实施以来，城乡之间户口迁移的门槛逐年降低，但户
籍人口城镇化率与常住人口城镇化率之间的差值不降反升，2015 年两率差
为 16.2%，到 2019 年则上升为 16.22%（见图 6-1），农业转移人口的落户
通道仍然存在隐形障碍,④ 而城镇集中安置人口作为因政府行为而出现的
特殊群体，其转户权利必须得到保障，为此，易地扶贫搬迁政策多次强调

---

　　① 三权，即土地承包权、宅基地使用权、集体收益分配权。

　　② 国务院办公厅《推动 1 亿非户籍人口在城市落户方案》，2016 年 10 月。

　　③ 中共中央办公厅、国务院办公厅《关于促进劳动力和人才社会性流动体制机制
改革的意见》，2019 年 12 月。

　　④ 欧阳慧. 新一轮户籍制度改革实践中的落户困境与突破[J]. 经济纵横，2020
（9）：57-62.

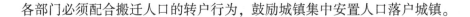

各部门必须配合搬迁人口的转户行为，鼓励城镇集中安置人口落户城镇。

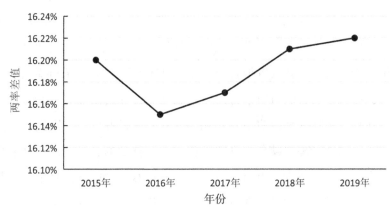

图 6-1　常住人口城镇化率与户籍人口城镇化率差值

《规划》指出，"搬迁后转为城镇居民的人口与当地城镇居民享有同等社会保障政策"，① 这一规定虽未对搬迁人口的户籍转换做出明确规定，但强调了搬迁前后社会保障与个人权益的衔接协调问题，吸引搬迁人口进行户口迁移。2019 年 7 月，国家发改委联合 11 部委发布《关于进一步加大易地扶贫搬迁后续扶持工作力度的指导意见》，提出"积极推进搬迁人口在迁入地落户，确保有意愿的未落户常住人口持有居住证"，② 城镇安置人口落户城镇得到了国家层面文件的背书。随后，2020 年 2 月《2020 年易地扶贫搬迁后续扶持若干政策措施》发布，明确了各部门在后续扶持期的工作要点，从具体措施中保障了搬迁人口教育、医疗、就业等市民权益的享受。国家层面的政策为搬迁人口的户籍迁移应如何进行提出了导向性的方案，片区、省级层面相关政策也纷纷出台。早在 2012 年，《燕山—太行山片区

① 国家发展改革委《全国"十三五"易地扶贫搬迁规划》，2016 年 9 月。
② 国家发展改革委联合国务院扶贫办、教育部、民政部、财政部、人民银行等 10 部门印发《关于进一步加大易地扶贫搬迁后续扶持工作力度的指导意见》，2019 年 7 月。

区域发展与扶贫攻坚规划》就对农业转移人口户口迁移做过相关说明，鼓励符合条件的农村人口在城镇落户。近几年河北、山西、内蒙古三省份针对搬迁人口户籍问题出台了更加具体的政策。河北省明确提出"对申请在安置地落户的搬迁群众，不受当地落户条件限制，凭易地扶贫搬迁主管部门提供的相关证明，在安置地直接办理户口迁入"；① 山西省强调尊重搬迁户意愿，在城镇安置的可申请将户口迁入城镇，社会保障和社会救助政策随户口迁移，由迁入地政府负责协调落实；② 内蒙古自治区则提出搬迁群众户籍实行属地管理，减免户籍转换和户口迁移中的各类费用，切实保障搬迁群众中适龄儿童少年就近接受义务教育的权利。③ 不论是中央意见还是地方规定，易地扶贫搬迁政策中对户口迁移的指导，基本沿着两种路径前进：一是放开有意愿迁入城镇的搬迁人口的落户条件限制，实现户籍身份的彻底转变；二是保障户口仍在原籍的搬迁人口与城镇户籍人口享有同等公共服务，关注其户籍的粘附性福利。两条路径并行，都在一定程度上推动了搬迁人口市民资格的获得。根据文件中对路径一和路径二的不同表述，相对于路径二，政府更加倾向于路径一，即搬迁人口直接转换为城镇户籍人口，但并行实施的路径二却让搬迁人口有了不迁户口即可享受城镇服务的机会，在一定程度上阻滞了这一群体的户口迁移，即户籍身份的变更。

新一轮户籍改革为搬迁人口户口迁移扫清了户籍制度障碍，易地扶贫搬迁政策也明确了城镇安置人口落户城镇的政策倾向，燕山—太行山片区内的各级政府针对搬迁前后搬迁人口社会保障关系的衔接以及城镇福利的享受作出了更具体规定，但"十三五"时期易地扶贫搬迁的建设任务刚刚完

---

① 河北省发改委、省扶贫办等 11 部门日前印发《关于做好易地扶贫搬迁有关工作的意见》，2019 年 1 月。

② 《山西省人民政府关于大力推进易地扶贫搬迁工程的指导意见》（晋政发〔2016〕29 号）。

③ 内蒙古自治区《关于加快推进全区易地扶贫搬迁工作的指导意见》，2016 年 7 月。

成，初步进入以后续扶持为主的阶段，所以燕山—太行山片区内大部分搬迁人口的户籍仍未迁移，城镇集中安置人口的户籍仍保留在原地，制度身份仍是农民，虽其城市权利、服务与待遇的享受与城镇人口基本相同，但仍未实现显性的户籍身份转变。

（2）搬迁人口户口迁移积极性不高。在户籍政策与易地扶贫搬迁政策的双重保障下，搬迁人口与其他农业转移人口在权益获得方面存有明显差异，其在顺畅享受市民权益的同时还拥有更多的农村福利。但在户口迁移前后的利益博弈之下，搬迁人口落户城镇的积极性并不高。

第一，市民权益顺畅享受降低了搬迁人口对落户城镇的重视程度。我国大部分城市已经取消了农业户口与非农业户口的性质区分，但不同户籍背后所代表的不同资源配置方式短时间内却仍难以改变，[1] 本地居民与外来人口之间也存在基于户籍的公共服务差距，主动迁移的农业转移人口如进城农民工若未落户城镇，那其在教育、医疗、社保等领域就难以达到城镇居民的同等待遇，[2] 这些差距进一步限制了进城农民工的职业发展与心理融入，因此，城镇户口对进城农民工的吸引力比较突出。但对搬迁人口而言，附着于户籍之上的市民福利基本得到保障，户口薄上的户籍类型是否变更也就无足轻重了。

> 我们村来的没听说有迁户口的，迁那干啥啊，迁过来也不能多给点钱，咱也不懂这方面的事，弄不明白，人家咋办咱就咋办呗。（CM，2019）
>
> 当初搬主要是为了小孩上学，来的时候因为这事打听来，教育局说开个证明就能在县城接着念，政府都这么说了，我也就没再管户口的事。（CM，2019）

---

① 黄天弘. 城乡融合发展视域下户籍制度改革与农民职业分化互动探析[J]. 中州学刊，2020（9）：62-67.

② 刘萍. 新生代农民工社会融合进程中的公共服务均等化研究[D]. 上海：华东政法大学，2019：31.

现在看病、上学都没感觉受影响，户口不迁过来有时候需要乡里盖章、开证明，好在楼前头的便民中心都能代办，就是慢一点，其他都差不多，户口迁不迁就无所谓了吧。(CM，2019)

从与搬迁人口的访谈中可以看出，他们对户籍身份的转换缺乏关心与了解，提起户籍，大部分人的第一反应是与之相挂钩的医疗、教育、社保等基本公共服务，而非印在户口本上的户籍类型本身，当其公共服务需要被满足时，就会消减对户口迁移的关注度。搬迁人口的城乡迁移属于政府行为，各级政府从政策到具体措施都在力求搬迁人口市民权益的保障。将搬迁人口的户籍与福利相分离，让这一群体享受城镇服务不受是否在迁入地落户的影响，当搬迁人口未因户口不变而感受到生活不便时，主动的户口迁移行为便很少发生。

第二，农村福利持续性享受的不确定性阻碍了搬迁人口的户口迁移。相关研究表明，城乡户籍的福利差距在大部分地区很小甚至已经倒挂，[1]以户籍分割为基础的城乡二元体制早已由剥夺性结构转变为了保护性结构，[2] 即农村户口比城镇户口拥有更加优厚的福利待遇，在易地扶贫搬迁政策之下，这种倒挂更为明显。虽然搬迁人口与城镇居民享受相同的社会保险待遇，共同参加城乡居民医疗保险、城乡居民基本养老保险，但是农村户籍的搬迁人口享有更多的政策倾斜，其不仅在民政、卫生、教育等领域享有补贴，而且拥有土地权益、集体经济收益以及脱贫攻坚之下的资产收益分红，例如粮食直补、农资补贴、光伏扶贫补贴、合作社分红等政策性补助。只有搬迁人口确信其政策利益不因户口转变而受损害时，这一群体户口迁移的阻力才会大幅降低。为了解决农民工落户城镇的后顾之忧，国家在新一轮户籍改革中明确规定不以土地承包权、宅基地使用权、集体收益分配权的退出作为农转非的条件，且搬迁人口除"三权"带来的收益

---

① 蒋笃君. 新生代农民工市民化的现状、困境与对策[J]. 河南社会科学，2019，27(12)：115-120.

② 贺雪峰. 城市化的中国道路[M]. 北京：东方出版社，2014：100-107.

外，还拥有与易地扶贫搬迁相关的政策性收入，但这部分权益的转移对接还处在实践探索阶段，缺乏具有带动效应的良好范例，因此，搬迁人口对落户城镇后是否能够继续享受农村福利存在顾虑，从维护自身权益的角度出发，这一群体对户口迁移存有抵触情绪。

> 现在移民身份转变是个问题，村民自身不愿意变为市民，因为他们在农村有土地呀，有土地就意味着有收入，虽然他们搬到这里，但是土地是他们自己的，他们可以享受一退双还，市民是没有这样的权利的。(安置区党工委书记，2019)

> 户籍是否变更对其城镇权益享受的影响不大，但变成城镇户口后，他原址土地的这些权益如何保障，现在还没有探索出有效的方法，直接拿掉这些人肯定不干，农民也是担心土地这块收益才不愿转户。(ZGB，2020)

> 地不好，现在就给人家白种，但是国家的土地补贴是我们拿着的，过两年没人种了就等着退耕，还能补点，虽然没几个钱，但有肯定比没有好啊，要是迁户口过两年退耕可能就不补了，政策都说不准。(CM，2020)

搬迁人口的户口迁移行为是其综合迁与不迁的优势与劣势进行的理性判断，本质上的自愿与非自愿源于对城镇户籍与农村户籍附加利益的衡量。理性选择理论指出，社会行动者是具有目的性的理性人，他们通过"控制资源"与"获利于资源"两种途径与资源建立联系，将"最大限度地实现个人利益"当作其唯一的行动准则，当无法通过资源直接获利时，才会放弃对资源的直接占有以保证自身权益的最大化。① 对搬迁人口而言，与农村福利紧紧相连的农村户籍无疑是重要资源，其作为理性人很难在无偿

---

① 梅淑元. 易地扶贫搬迁农户农地处置：方式选择与制度约束——基于理性选择理论[J]. 农村经济，2019(8)：34-41.

条件下放弃农村户籍，但相关福利的转移接续仍处在探索阶段，搬迁人口对搬迁后农村福利的持续性享受仍存有疑虑，对其来说落户城镇的获利低于农地权益，即放弃农村户籍不如保留农村户籍，因此，现阶段这一群体很难出现自觉主动的大规模户口迁移行为，户籍身份的转变还需要一段时间。

2. 职业类型：非农就业成为趋势

搬迁人口就业问题的解决是巩固脱贫攻坚成果的重要保障，也是市民化的关键。在搬迁事件的冲击下，搬迁人口的生产生活环境产生了巨大变化，职业选择也因此发生改变。舒尔茨指出，制度是"一种涉及社会、政治及经济范畴的行为规则"，① 以社会环境作为其赖以生存的土壤，社会环境不同，制度本身就会存在巨大差异，② 因此城乡之间存在不同的正式与非正式制度，搬迁人口在搬迁前后所处的制度环境也就存有差异。新制度主义分析范式认为，在特定历史条件下，制度会对个人及群体行为产生深层次的影响，存在于特定社会群体内部、由一系列正式规则（规章制度）和非正式规范（意识形态、风俗习惯和道德认知等）所构成的制度网络既依靠群体成员共同遵守，又对个人社会经济行为起制约作用，③ 因此，搬迁人口职业类型的选择并不是独立的，与城镇就业制度和环境息息相关。搬迁人口在城镇就业制度的潜移默化下，抓住易地扶贫搬迁政策造就的产业发展与就业帮扶机遇，开始职业身份的市民化进程，他们权衡利弊、制定策略，适应工业生产与农业生产不同的规则与要求，逐渐走上了非农就业的路径。

---

① R. 科斯. 财产权利与制度变迁——产权学派与新制度学派译文集[M]. 上海：上海人民出版社，1994：253.

② 冯道军，施远涛. 从新制度主义看中国农民身份的制度变迁——兼论中国现代化进程中的农民问题[J]. 甘肃社会科学，2014(3)：122-125.

③ Coleman, James S. *Foundations of Social Theory* [M]. Cambridge MA：Harvard University Press, 1994：11.

(1)非农就业吸引力高。非农就业具有良好的增收效应与减贫效应，还能促使劳动力实现自身观念更新，提升其人力资本与社会资本，① 成为许多搬迁人口在新的生产生活环境中增收致富的选择。搬迁人口作为理性人，职业选择具有明确的动因，在就业的过程中也对自身的职业选择不断进行反思，对其而言，非农就业具有无可比拟的优势。

第一，搬迁人口返乡种地、养殖的经济成本与时间成本上升。城镇集中安置区与搬迁人口进行农业生产的区域存在一定的空间距离，且大部分搬迁人口没有摩托等个人交通工具，每天往返于原村与安置区之间不仅需付出额外的交通成本，而且不便利，可能耽误种植、喂养等农业活动，影响收入。同时，地方政府为了稳定脱贫成效，主动对接企业与种粮大户，组织进行土地的统一流转，让不舍自家土地撂荒的搬迁人口更加义无反顾地投身非农经济。搬迁后有返乡种地、养殖等经历的搬迁人口表示，继续从事农业生产的收入未见明显变化，但成本明显上升，继续维持原有的生计方式已不合算。

> 搬到城里来你就不要想种地的事了，我们村离这五十多里，还是山路，天天来回跑不现实，原来村里的房子也都拆了，养羊、养猪就更不可能了，养牲口你把它们放哪啊，楼上人也不让你养这些啊。（CM，2019）
>
> 刚搬来的时候有回去种过地，天天骑摩托回去油钱不少，但一天下来活干不了多少，时间都耗在路上了，就种了一年，然后就把地承包出去了。（CM，2019）

第二，非农就业机会充足。按照各地易地扶贫搬迁的规划，每个贫困户家庭至少应有一人实现稳定就业，但刚刚迁入城镇的搬迁人口往往

---

① 陶军明，吴沙秦. 基于职业教育视角的新型城镇化背景下失地农民市民化研究[J]. 教育与职业，2019(19)：82-88.

人力资本和社会资本相对匮乏，融入城镇劳动市场较为缓慢。为了帮助其尽快适应，政府积极开展就业培训，发放求职补贴与就业交通补贴，同时以吸纳搬迁人口就业为前提向企业发放用工补贴，扩宽了搬迁人口的就业空间。随着我国社会的逐渐发展，非农经济对劳动力的需求不断上升，① 而城镇相对农村拥有更多的非农就业资源，搬迁人口与非农工作的接触机会明显增加，除了城镇中原有的二、三产业，配套建设的产业园区也新增了不少工作机会，只要搬迁人口有工作意愿，找到一份非农工作并非难事。

> 当时搬进城里觉着没钱生活，现在慢慢可以找到活干就放心了，我看只要是不懒都能找着工作，小区周边的活也不少，不说那些挣得多的，妇女扎衣服一天 80 元不成问题，老人给绿化带除草一天也得有个 50 元。（CM，2019）

> 每天早上安置区门口都有招短工的车来招人，招什么人的都有，看哪个合适就上哪个老板的车就行，都快形成个小劳务市场了，不少城里人也来这找活干呢。（CM，2019025）

第三，非农就业收入相对较高。迁出区属于"一方水土养不起一方人"的区域，水土条件不佳，自然环境的先天不足直接限制了第一产业的发展。坝上流传的民谣"坝上一场风，年初到年终，春天刮出山药籽，冬天刮出犁地层"就形象地展现了从事农业生产所要面临的恶劣条件，同时燕山—太行山片区农业集约化程度低，一旦遭遇突发事件的冲击，农田的产量与农户的收入都会大幅减少。与此同时，非农就业可以降低收入的不确定性，消减自然条件变动对收入的影响，同时提供较高的工资与福利待遇，不仅有助于缓解当期贫困，而且可以提高脱贫稳定性，显著降低建档

---

① 王志章，杨志红. 农地流转、非农就业与易地扶贫搬迁脱贫效益[J]. 西部论坛，2020，30(4)：59-68.

立卡贫困户的贫困脆弱性。①

搬迁人口的非农就业经验表明，非农就业不仅当期收入明显高于农业生产，而且预期收入也相对较高，是他们适应城镇生活与规则的快捷途经。

> 说实在的，城里消费高点，你得挣的比在村里多才能生活，现在搬过来地也没法种了，我就想着找点活打个工，本来怕咱没文化没人要，但产业园里招工的厂子不少，女的也招，钱人家按月给你打卡里，不那么操心，家里有个啥事也能拿出点钱来了。（CM，2020）

> 现在我们两口子都打工，就是趁着能干多挣点呗，我平常在工地上干装工，有时候也接点私活，女子上学要花钱，儿子还没成家，怎么也得在县里再买套房，给他挣出个首付来让他自己还贷。（CM，2019）

可见，非农就业降低了搬迁群众收入的不确定性，增加了其对未来生活的信心，引导其坚定了非农就业的职业选择。根据托达罗人口模型，工资差距是农村劳动力从农业部门向非农业部门转移的根本诱因，并且只要这种差距存在，劳动力转移就不会停止。② 非农就业对搬迁人口而言不仅仅是一种职业类型，还是缓解城镇相对较高的生活成本压力的途径，其不仅可以在收入上帮助搬迁人口改善"农业依赖"的窘境，而且能够改善这一群体的心理预期，使搬迁人口有信心、有途径实现内生性脱贫。

（2）农业雇工成为搬迁人口的重要就业方向。"农业雇工"是指受雇于农业生产经营者从事农业生产与经营活动并收取劳动报酬的劳动者，③ 其

---

① 孙伯驰，段志民.非农就业对农村家庭贫困脆弱性的影响[J].现代财经（天津财经大学学报），2019，39（9）：97-113.

② 文洪星，韩青.非农就业如何影响农村居民家庭消费——基于总量与结构视角[J].中国农村观察，2018（3）：91-109.

③ 毕欣宁.土地规模化流转背景下黑龙江省农业雇工受雇问题分析[D].哈尔滨：东北农业大学，2019：9.

不同于农民工，以农业生产为主业，但又明显区别于传统的农业劳动者，以从农业生产经营者处获得劳动报酬作为主要生活来源。① 因此，成为农业雇工也是搬迁人口职业身份市民化的重要途径。从调研情况来看，傍晚时分城镇安置区内总会出现大量扛着农具归家的搬迁人口，他们往往面容疲惫、皮肤黝黑，这部分人就是所谓的"农业雇工"，他们做出这一职业选择的原因具有鲜明的群体特色。

一是熟悉工作内容。选择成为农业雇工的这部分搬迁人口往往在搬迁前的主要生计活动就是农业劳动，他们缺乏非农产业的工作技能与经验，但掌握农业种植的基本知识与专业技术，在熟悉的土地上从事熟悉的劳动让搬迁人口对适应新工作的自我怀疑与焦虑得以消减。"去地里打工"是许多初入城镇生活的搬迁人口在进行职业选择时的第一反应。

> 我就念了个小学没有多少文化，种了半辈子地除了种地啥也不会，来了找活除了去地里打工还能干啥呢，现在摘菜、打药的活也挺多，当然咱也干不了厂子里那些活，人家说不定嫌咱手笨还不愿意要咱呢。（CM，2019）

二是工资结算风险小。工厂的工资结算方式一般为月结，建筑业则普遍年底结算发放一年工资，受近些年拖欠农民工工资事件的影响，搬迁人口对月结、年结的工作可以按时发放工资持怀疑态度。农业雇工工资日结，虽然工作内容与工资数额仅依靠其与雇主的口头协议约定，但雇主大多为本地人，农忙时节的雇工需求较大，为保证下次招工的顺利，往往会按时足额支付。即使未履约，农业雇工也仅仅是损失一天的精力与劳动，工资结算风险较小。相对于其他农业转移人口，搬迁人口的家庭资本积累有限，进行职业选择时更加惧怕风险，在"生存理性"影响下的择业行为将"首先避害，其次趋利"的行为准则贯彻始终。

---

① 高海霞. 农业雇工劳动关系及其法律调整[D]. 长春：吉林大学，2008：5-6.

厂子里说是一个月发一次钱，我听说三四个月发一次都是常事，万一倒闭了倒霉的还是咱这些打工的，这些年看病都没攒下钱，基本上挣多少花多少，有些人拖三四个月没事，可是我们家就指着这个钱吃饭呢，去地里干活一天一发，风险小点。（CM，2019）

三是工作相对自由。工厂出于管理需要具有明确的规章制度，上下班都有严格的时间规定，与此相反，农业雇工的工作时间相对灵活，身体不适或家中有事时都可以选择不去做工，且农业雇工一般为季节性集中劳动，可以在就业淡季从事其他副业，增加家庭收入。

响应号召优先去安置区招人，一开始招的人没干几天直接不来了，后来根本都招不上来人，主要是当地人适应不了这种工作模式，受不了定点上下班，阴天下雨的就不来，原来雇的十六个人走的就剩一个了，给我们管理也造成了一定压力。（产业园区企业经理）

去厂里干了几天，不适应，在生产线上一坐就是一天，头晕眼花的，到晚了、做坏了都罚钱，去地里打工的话基本上隔几天就换一家干，干完想歇几天也行，咱农民还是下地出苦力行。（CM，2020）

从新制度主义范式出发，企业性生产与农业性生产在制度的规范与执行方面存有巨大差异，农业生产活动一般采用非正式规范，而企业性生产则需要正式、严格的规章制度。[①] 长期的农业生活让搬迁人口习惯于自由的时间安排，在习惯的影响下难以承受高强度的重复劳动，就业技能的缺乏也导致其就业空间狭小，短时间内无法适应工厂、企业的雇工要求。虽然人们的行为在很大程度上受到制度结构的制约，但制度只能约束个体，

---

① 贾海刚，孙迎联. 失业与贫困：失地农民自愿性失业问题研究——来自西部 A 市城郊 12 村的调研实据[J]. 新疆社会科学，2020（1）：135-143，152.

不能塑造个体的偏好,① 当组织制度与个人意愿出现冲突时, 个体就很可能出现消极行为或进行重新选择。部分搬迁人口难以适应工厂的各种规章, 同时又不想割断与土地的联系, 考虑到农业雇工工资日结及时间自由等优势, 在不改变农业劳动的前提下, 改变工作性质, 成为农业雇工是较为理性的工作选择。

(3)部分外出务工人员返回县城就业。在政府政策引导下, 出现了长期外出务工的搬迁人口返乡回流工作的现象。新制度学派提出, 组织或个体所面临的环境可以分为制度环境与技术环境, 前者将社会公认的"合法性"放在首位, 后者则追求效率,② 搬迁人口的就业地点是在"制度合法性"之下, 最具经济效率的选择。制度安排会赋予行动者一定的行为规范, 而国家会确立某些文化模式为制度安排提供合法性基础,③ 政府从巩固脱贫成效和推动城镇化发展角度出发, 出台了一系列鼓励搬迁人口非农就业的政策, 支持产业园区企业招聘安置区内的搬迁人口, 对积极吸纳搬迁人口就业的工厂给予财政补贴与贴息贷款。政府的政策与宣传建构了搬迁人口县域内就业的制度条件, 给这一群体的就业行为赋予独特的目的与意义, 成为引导其进行就业地点选择的观念力量。除此之外, 配套产业园区、经济开发区提供就业机会, 自主创业机会增多, 安置区住房更让搬迁人员有了在城镇的落脚点与归属感, 节省了租房支出, 方便照顾老人与子女, 吸引了部分搬迁人口的目光。在制度环境与技术环境的共同作用下, 搬迁人口的就业行为是服从政策环境与舆论支持, 通过策略计算得出的经济上最优或次优的结果。

从十八岁就去北京打工, 这房子交钥匙就回来了, 本来想着装修

---

① 冯道军, 施远涛. 从新制度主义看中国农民身份的制度变迁——兼论中国现代化进程中的农民问题[J]. 甘肃社会科学, 2014(3): 122-125.
② 周雪光. 组织社会学二十讲[M]. 北京: 社会科学文献出版社, 2003. 72-74.
③ 赵宇, 王利伟. 新制度主义视角看农民外出就业动因与模式[J]. 法制与社会, 2008(14): 196-197.

好了搬完家就回北京，结果在家一待就是三年。回来在附近找了个活干，挣的那是赶不上北京多，但是守着家也没那么累，俺娘今年七十八了，留她一个人在家里不放心。（CM，2020）

以前夏天都是跟着他们出去打工的，现在国家政策这么好，原来快塌的土房给换镇上楼房，这一下镇上人都比以前多不少，饭馆饭菜都比以前贵了，就打算也开个店，租了安置区的门脸。这片房子也是先租给搬过来的人，生意现在看着倒也行，先干着看看吧。（CM，2019）

长期在外务工的搬迁人口受城市文化的影响相对较深，不仅积聚了一定的物质资本，也积累了丰富的工作经验，适应工厂流水线式的工作模式，是市民化的优质对象。[1] 这部分人口的回流不仅可以填补本地企业"熟练工"的空缺，而且能够直接提升本地的城镇化水平。回流搬迁人口成功的就业、创业事例具有明显的"示范效应"，可以带动其他外地务工人员返乡，[2] 但安置区配套产业、企业尚处于建设过程中，其产业结构、用人需求及工资水平相对于回流人员的期望仍存有差距，但如何让这一群体"稳下来"并带动更多人口回流仍需要继续探索。

（4）女性就业机会增加。以"扶贫车间"为载体，女性搬迁人口的非农就业机会增加。"扶贫车间"是一种具备盈利性质与扶贫性质的经济组织，主要从事轻工业品和农副产品初级加工等劳动力密集型工作，[3] 对农村贫困女性就业和增收作用显著。

① 张甜. 内陆地区农民工回流对其流出地城镇化的影响[D]. 福州：福建师范大学，2016：30-31.
② 王爱华，张珍. 农民工"回流式"城镇化：理论逻辑、现实困境与改进路径[J]. 当代经济研究，2019(12)：60-67.
③ 童永胜，张光新. "扶贫车间"如何充分调动农村闲置劳动力[J]. 农经，2018(6)：92-95.

图 6-2　服装加工扶贫车间(2020 年调研拍摄)

在传统的性别分工制度影响下,农村女性是在家务农与照顾老人小孩的主要承担者,即使有外出务工的想法与技能,也不得不因为家庭事务留守家中,同时,在平衡家庭与工作关系时也缺乏绝对的自主权,被理所应当地认为应以家庭为重,① 因此,"距离家近""时间灵活"等成为这一群体工作选择的重要考虑因素。在经济及交通条件的限制下,工作机会少,满足农村女性要求的工作更少,正如王某在描述搬迁前生活时所说,"按时按点接送孩子上下学把时间都打乱了,住得偏僻零活也不好接,去工厂工作也不可能,伺候孩子、给老人做饭就是我的工作了"。

为了满足搬迁人口的就业需要,集中安置区周边一般都配套建有扶贫车间,在工作内容与工作报酬的双重影响下,女性成为车间中的就业主体。工厂老板之所以选择在产业园区内投资,一是因为安置区内搬迁

① 陆继霞,吴丽娟,李小云.扶贫车间对农村妇女空间的再造——基于河南省的一个案例[J].妇女研究论丛,2020(1):36-46.

人口多，劳动力充足；二是用工成本低；三是考虑到政策优惠，比如机器补贴、地租减免。然而当扶贫车间落地运行后，按点上班的工作制度难以保障女性个人家庭角色的完成，以女性为主要招工对象的工厂出现用工不足的现象。在"就业难"与"招工难"并存的情况下，部分扶贫车间主动适应当地工人特点，放宽车间的招工限制与管理要求，对上下班时间不做严格规定，女工可以采取加班或提前上班的方式完成工作任务，吸引了一大批在家赋闲的女性走上工作岗位。在车间从事做书包工作的小吴表示，"一开始因为孩子没出来打工，但听人说这边厂子要求没那么严，送孩子上学之后我就接着过来，放学接完孩子伺候他吃了再回来干点，这边晚上挺晚才关门，做的越多挣的越多"。搬迁安置在县城的 Z村村支书也认为，搬迁之后女性的就业机会明显增多，"现在女的在家照顾老人小孩，抽空她就可以去园区打工，村里就不能想这些了，首先她出都出不去，除了种地没有挣钱的机会，在村里有村里的生活方式，在这里有这里的生活方式"。扶贫车间的出现，既在经济层面上减轻了其家庭负担，让女性从无收入或农业收入转变为非农业收入，又在社会层面上缓解了女性在协调工作角色与家庭角色之间的压力，保障了这一群体职业身份市民化的顺畅进行。

(5)老年人政策性就业。不同年龄段搬迁人口的职业选择与就业行为在搬迁事件的冲击下受到了不同的影响，老年人受制于年龄、体力不足及技能有限等因素赋闲在家，仅部分实现政策性就业。在多个城镇集中安置区的调研中，笔者发现无论是节庆假期还是工作时间，小区楼前总能见到老年人三五成群聚在一起，访谈得知他们大多没有就业，只能闲谈聊天打发时间(见图 6-3)。

土地是农民的命脉，而种地则是农村劳动力最主要的生产方式。搬迁后，大部分城镇安置区与原村空间距离较远，随着原址住房的拆除复垦，种地的经济成本、交通成本以及时间成本大幅提升，回村进行农业生产的难度提高，原本以此为生的老年人也只能闲赋在家。

图 6-3　安置区内闲谈聊天的老人们（2019 年调研拍摄）

　　我们村离这里快三十里地，回去一趟太麻烦，种地就更不用想了，是谁愿意种就给谁种去，别荒着就行，现在没地可种了，干别的也干不了，彻底的闲人了。（CM，2020）

　　以前自己种点够自己吃的，养点牛羊，搬过来之后要继续养的话得进镇上建的养殖小区，还得交饲料钱，那就养不起了。上个月村里房子给拆干净了，牛没处放，全卖了，现在也没有收入，去找活也不好找。（CM，2019）

　　随着农业生产活动的终止，老年人原本忙碌的生活突然空闲下来，在收入减少和支出增加的经济压力下，有就业意愿的老年人开始寻找工作。然而，在城镇就业规则与环境的影响下，许多企业出于生产效率和安全生产等方面的考虑，招工设置了严格的年龄限制，不雇佣 60 岁以上的工人，老年搬迁人口缺乏就业技能和市场竞争力，在年龄劣势下找到工作较为困难。

　　我们现在也大量缺人，安置区50岁以内的都可以要，年龄再大点就不行了，一是我们工作量大，怕老人受不了，二是这个他长期务农，流水线的工作他不适应，也学得慢，招老年人对厂子来说确实风险太大。(CM, 2019)

　　产业园必须得60岁以下，其实你超了50岁人家就不愿要你了，本来奶牛厂能去，但听说有个老头用机器的时候打瞌睡把手给伤着了，厂里赔了不少钱，人家就不招50岁以上的了，我们这个年纪在城里找不着活，人家一问你年龄就直接不要你了。(CM, 2019)

在就业技能和年龄要求的限制下，老年搬迁人口在劳动力市场上就业困难，公益性岗位成为这一群体就业的重要选择。易地搬迁安置小区公益岗的招聘对象多为安置区内未实现就业的建档立卡贫困户，主要负责安置区的保洁、保绿、公共卫生服务等，工作内容简单，工作量不大。同时，公益岗工资较低，年轻人更倾向于外出打工，合适且愿意选择公益岗的不多，村里在选择时也会向有劳动能力的低龄老年人倾斜，公益岗帮助部分老年人实现了再就业。

　　我们村的公益岗基本安排的是年纪大的，每个人都有自己负责的片区，打扫得非常干净，这伙人睡不着觉，天不亮四五点你就能看见他们拎着扫把开始扫了，到下雪的时候你来看吧，人们还没起呢道上的雪都扫干净了。(CGB, 2020)

　　公益岗一个月是三百五，工资主要从光伏收益里出，现在这部分资金还比较充足，公益岗名额也比较多，我们村基本上有点劳动能力的老人都安排了公益岗，多少是个补贴，当然那种年纪太大干不了活的咱也不会安排。(CGB, 2019)

就业可以为个人生计维持提供可靠的经济保障，对于将农业生产作为主要生活保障的农村老年人而言，搬迁让其失去了最主要的收入来源，他们不得不尝试进行非农就业。从访谈结果来看，虽然其仍具备工作能力，但找寻工作之路并不顺利，赋闲在家成为常态，仅部分建档立卡贫困老年人依靠扶助性政策实现就业。在此种情况之下，老年搬迁人口将形成以政策性收入为主的收入结构，短时间内难以实现内生性脱贫，市民化道路上更加依赖政府的政策与补贴。

(二) 市民权利

在市民化过程中，户籍身份的转换是形，市民权利的享受是实。虽然市民资格最好是伴随户籍的改变，但只要户籍只起人口登记功能，就不作为界分市民权利的标尺，① 是否可以顺畅享受城镇户籍背后的社会福利，成为衡量农业转移人口市民化现状的重要依据。随着易地扶贫搬迁进入以后续扶持为主的阶段，城镇集中安置人口搬迁后的个人发展与生活适应被提到了更加重要的位置，而这两点都与其公共服务的享受息息相关。2019年7月，相关文件明确指出要"确保搬迁群众和城镇原住居民享有同等的基础设施和基本公共服务"，公共教育、医疗卫生与配套基础设施是其中的重点建设方向。②

1. 公共教育：顺畅享受城镇教育资源

在经济社会持续稳定发展的大背景下，我国基础教育经费投入不断增加，但广大农村地区仍然是教育基础设施建设的薄弱点，教育水平与教育质量也与城镇地区有较大差距。③ 在城镇集中安置政策下，搬迁群众子女可转学衔接迁入地学习，顺畅享受城镇地区优质的教育基础设施与资源，

---

① 杨菊华. 农业转移人口市民化的维度建构与模式探讨[J]. 江苏行政学院学报，2018(4)：71-80.

② 国家发展改革委联合国务院扶贫办、教育部、民政部、财政部、人民银行等10部门印发《关于进一步加大易地扶贫搬迁后续扶持工作力度的指导意见》，2019年7月。

③ 张晨. 新型城镇化中城郊失地农民公共服务供给问题研究[D]. 长沙：湖南大学，2017：33.

学习环境明显改善。

（1）搬迁群众子女城镇就读。保障搬迁群众子女的受教育权利是易地搬迁政策的重要组成部分，各地基层政府在安置区建设的同时积极新建、扩建学校和托幼设施，从硬件设施到政策条例两方面保证搬迁群众子女应学尽学。

第一，搬迁群众子女城镇就读硬件设施齐备。片区各自然村之间相距较远且村庄规模小，村庄空心化严重，生源不断减少，农村地区的中小学大多已合并或取消。早在搬迁前，不少学生就已在县、乡（镇）就读，所以新增学生在集镇中学的承载范围之内，仅根据实际需要对中学进行改建即可。与集镇不同，县城安置区集中安置了县域内多个乡镇的人口，许多原就读于乡镇中学的学生将按照政策转入县城中学。为了缓解县城教育基础设施的压力，配套学校会与城镇安置区同步规划与建设，从硬件设施上为搬迁群众子女享受城镇教育资源打好了基础。

第二，搬迁群众子女城镇就读政策保障充分。国家发改委《关于进一步加大易地扶贫搬迁后续扶持工作力度的指导意见》要求"各地精准做好搬迁群众子女转学衔接工作，保障搬迁群众适龄子女在迁入地公办学校接受义务教育"[1]，因此，城镇集中安置人口的子女享受城镇教育资源不与城镇户籍相挂钩。从访谈来看，搬迁群众子女在城镇就读的条件与原城镇居民的差异不大，但因其户籍未迁移，所以某些环节需村委会出具证明材料。

> 当时孩子马上初一，直接就报到县里中学了，我们那个时候刚拿到房子钥匙都没入住，孩子就先到城里上学了。我早就有把他送到县城来念书的打算，赶上这个政策也没交借读费，报到的时候拿村里证明去就行。（CM，2020）
>
> 没感觉有什么特别的，办个手续开个证明就转过来了，正常搬家

---

① 国家发展改革委联合国务院扶贫办、教育部、民政部、财政部、人民银行等10部门印发《关于进一步加大易地扶贫搬迁后续扶持工作力度的指导意见》，2019年7月。

给孩子换个学校也要证明，我们村小孩现在都在安置区旁边新建的小学，那个学校基本上都是搬迁过来的学生，人挺多的。(CM，2020)

(2)学习环境明显改善。让子女享受城镇优质的教育资源，是吸引搬迁人口进入城镇的重要因素，城镇教育基础设施与师资力量明显优于农村地区，搬迁群众子女进入城镇地区就读后学习环境和教育质量明显改善。

搬迁前，随着开设在村的学校逐渐被取消，片区内的孩子只能去距离最近的行政村上幼儿园，一个老师负责数十个孩子，缺乏先进的教学器材，教学手段和方法相对落后，许多父母表示不满意村幼儿园的教学质量，但周围也没有其他更好的选择，"我们孩子以前在那上幼儿园被烫着好几次，那里就两个老师，周围好几个村的孩子都往他们那里送，根本管不过来，教的也一般，只能算是个看孩子的地方"。迫于农村教育资源匮乏的现状，小学阶段就需要去乡镇或县城就读，寄宿在学校内每周拼车回家，交通不便，家长为了子女的学习只能让其离家上学，"村里没有好学校，很小就把她送到镇上的学校念，从小就和大孩子一样住在学校里，假期就自己拿着行李书包和人家拼车回家，也是心疼啊"。个别家长为了让孩子学习生活更加方便，在学校附近租房陪读，迫于经济压力居住环境也可见一般。

搬迁后，城镇集中安置人口的子女可以直接享受到和城镇学生一样的教育资源，学生上学路程较近，交通方便，教学设施先进，教育水平高，交通时间与成本显著下降，学习的动力与积极性提升。

这里学校管得比以前严很多，老师也建了微信群经常联系，还有课外活动，人家这学生底子也好，有学习好的能带动他一块学，来了以后感觉比不上别人了，念书还比以前上心点了。(CM，2019)

搬过来最受益的就是孩子上学这块，现在住得近了，上完晚自习地自己走回来就行，学费、书费、住宿费都不要钱，开学就交了450元的饭钱，一学期国家还给补助500元，比以前省心多了。(CM，2019)

2. 医疗卫生：就医看病有保障

保障搬迁人口的健康权益既是"两不愁、三保障"的重要工作内容，也是搬迁人口应当享有的福利权益，城镇集中安置人口是否可以顺畅享受城镇地区的医疗资源，不仅关系着脱贫质量，也关系着这一群体的市民化进程。

（1）医疗资源更加丰富。易地扶贫搬迁相关文件显示，各基层政府要根据迁入地人口规模和医疗机构设置规划建设完善基层医疗卫生机构，保障搬迁人口可以及时享有医疗卫生服务。[①] 截至 2019 年，国家卫健委共安排专项资金 4.6 亿元，提升片区医疗基础设施与公共卫生服务能力，[②] 集中安置点均建有达标的卫生室或社区卫生服务中心，并配备相应卫生技术人员。片区三省区在后续扶持实施意见中也均规定，搬迁人口医保关系无缝衔接，由原居住地和新居住地共同负责其医保待遇保障工作，医保经办机构也将集中安置区或集中就医邻近的医疗机构纳入医疗保险定点协议管理范围。在多项政策保障下，城镇集中安置区的居民既可以利用城镇原有的医疗设施，也能享受三甲医院开展的健康扶贫活动，医疗资源更加丰富。例如建设规模位于片区前列的 K 县县城集中安置区，配套医疗服务中心，承担原镇卫生室的职责，配备医生与护士，提供家庭医生签约、健康体检等多项基本医疗服务。同时安置区距离县医院仅 1 公里，步行 15 分钟内即可到达，搬迁群众可根据需要选择不同的医疗机构就医。

（2）就医买药更加便利。片区村庄空心化严重，通常几个自然村才有一个卫生室，药价偏高且种类不全，然而在村村民基本都为 60 岁以上的老年人，大部分人长期服药，用药时只能自行前往数公里之外的集镇购买，

---

① 国家发展改革委联合国务院扶贫办、教育部、民政部、财政部、人民银行等 10 部门印发《关于进一步加大易地扶贫搬迁后续扶持工作力度的指导意见》，2019 年 7 月。

② 工信部：扛起"片长"职责，打赢燕太片区脱贫攻坚收官之战. https://baijiahao.baidu.com/s? id＝1649639520398592961&wfr＝spider&for＝pc/.

有些老人为了省些药片甚至减少药物用量或者症状稍微减缓即断药，"原先的村医是外村的，药卖得特别贵，同样的药一片比镇上贵好几毛，我都是去镇上的时候捎回来，有时候去村卫生室。拿药还经常没有，那里就能看看感冒咳嗽啥的"。农村地区交通不便，村里老人一旦发生意外急需送医也可能因交通问题而贻误时机，对身体造成无可挽回的损伤，甚至失去生命，"以前村里有个老头犯病了，打电话叫救护车，结果救护车都开不进来，还是大晚上现找人把他抬到大道上的，差点就救不回来了"。

搬入城镇后，搬迁人口可直接享受城镇完善的医疗服务体系，药店、诊所、医院齐备，吃药、打针、看病都方便许多，就医买药的路程缩短，常见小病在安置区配套的基层医疗卫生机构即可解决。

> 我光脑血栓就犯了几回，这个病过了 24 小时就不好治，亏着现在离县医院近，看病方便了，经常吃着药，孩子们也放心。（CM，2020）

搬迁群众对搬迁前后医疗资源改善的感知最为明显，大多呈满意态度，并且已经切实享受到了医疗卫生条件提升所带来的好处。

（3）医疗服务更加多样。进城上楼直接颠覆了搬迁人口原先熟悉的农村生活环境条件，其能否利用好城镇地区多样的医疗服务，能否形成适应城镇环境下的积极有效的健康生活方式，不仅对其维持可持续健康能力的意义重大，而且对其市民化进程产生重要影响。①

搬入城镇后，享受的医疗服务更加多样与优质，例如送药上门、免费体检、健康讲座等。体检是发现身体存在健康隐患或健康问题的必要手段，但健康观念的缺乏以及医疗资源的匮乏让很多一辈子生活在农村的老人难以意识到体检的重要性，自发参检率极低，错过了从疾病萌芽时就将它扼杀的机会。搬入城镇后政府定期开展体检服务，积极组织健康宣传活

---

① 喻开志，屈毅，徐志向. 健康权益可及性对农民工市民化意愿的影响——基于马克思市民社会理论的分析视角[J]. 财经科学，2020(8)：52-67.

动，搬迁人口的健康意识大有提升。

> 不是说建档立卡的都有家庭医生嘛，以前那个王大夫过一阵儿来量个血压发个宣传册就没了，也不顶事……现在都是县医院的大夫过来看，还组织去医院体检，前一阵还组织来给看眼，过两天也不知道还有啥活动，你看那宣传栏上还写着呢。（CM，2019）

健康权益作为个人身体与精神健康的保障，是农业转移人口市民化意愿的重要影响因素，保障搬迁人口享受城镇地区丰富的医疗资源、医疗服务是提高其市民化主动性的主要手段。搬迁人口对城镇医疗服务的赞许侧面体现了其对城镇生活的认同，为这一群体的市民化进程打下了良好的心理基础。

3. 配套基础设施：硬件条件明显改善

配套基础设施数量与水平直接影响到搬迁人口的生活质量，如果进入城镇后的生活质量得不到保障，势必会降低搬迁人口对于城镇的认同感①和对易地扶贫搬迁政策的信任感，进而影响到市民化进程。

（1）生产性基础设施改善明显。搬迁人口从"一方水土养不活一方人"的地区迁入城镇，公共基础设施的改善最为直接明显，水、电、路作为最基本的基础设施，与安置区住房同步规划，基本按照城镇的标准建设。各地统筹考虑安置区人口流量，在现有的基础设施基础之上，铺设饮水管网，让搬迁人口用上经过净化、消毒的自来水，保障饮水安全，许多搬迁户在访谈中表示了用水更加方便安全的观点。

> 原来都是吃自己家打的井水，咸得不行，听说之前县里来做检测

---

① 吴正国. 新型城镇化背景下金昌市失地农民市民化现状评价分析及建策［D］. 兰州：兰州大学，2020：45.

说水质不达标，有个什么物质超标。现在自来水起码安全，也不用大冬天去井边压水了，用水这块是比以前好了。(CM，2019)

我们村原来条件相当艰苦，海拔高，水都是靠人力从山下往上面背，最初动员搬迁时我们村属于第一批，用水这块儿改善非常多，尤其是对那些老年人来说。(CGB，2019)

电力由电网公司根据迁入人口规模进行规划，架设电网线路，扩容电力设备，并且为未来留有余地。安置区选址均在交通便利之处，外出方便。考虑到搬迁人口的务工情况，部分安置区开通了到产业园区的直达班车，满足了搬迁人口上班通勤的基本需要。配套基础设施的齐备提升了搬迁人口的生活质量，但是这种方便是以收费为前提的，搬迁人口尤其是老年人口在搬来之初不舍得用水、用电，未让配套设施的效用达到最大程度。

以前在村里水是不收费的，个别老年人刚来心疼水费，都不在家里上厕所，晚上也不开灯，有时候你从楼下看着以为他家没有人呢。(CGB，2019)

适应需要过程，市民化也并非一蹴而就，迁入城镇时间不同的搬迁人口对城镇生活的适应度明显不一，不舍用水、用电的消费行为实质上是搬迁初期生活不适的表现，需要加以关注与引导。搬迁人口需要协调好"农民"与"市民"之间生活方式的差异，以适应突然转变的角色。对迁入安置区时间尚短的搬迁人口而言，"惯习"的强大力量让其难以在短时间内接受必须改变的生活细节，以致做出种种"违规行为"。通过对入住城镇安置区两年以上的搬迁人口进行访谈与观察，发现随着对生活设施的持续使用，已经习惯于接受这些设施带来的便利，自然而然地在生活方式上向市民角色转化。

(2)生活设施更加完善。农村地区生活服务设施整体建设不足，公共娱乐或休闲类的基础设施不健全，近几年虽然配备图书室、健身器材等，但受环境与观念影响多处于闲置状态。同时，村民难以像城镇居民一样有固定的活动场所放松休闲，多在饭后去路口或小卖部门口闲聊，没有多余的娱乐活动。城镇集中安置区则与农村形成鲜明对比，在国家政策与省市政府对配套基础设施建设的高度重视下，基层政府大力完善配套设施。文化活动中心、健身器材、图书室等基本普及，为移民的业余活动提供了场地，方便广场舞、扭秧歌等集体性休闲活动的进行，满足了搬迁人口精神生活方面的需求，帮助其养成市民的生活习惯与休闲方式。

片区农村空心化严重，有的自然村在村村民仅几十人，商铺早已消失了，购买生活必需品只能依靠走街串巷的移动小卖部或乡镇集市，更遑论看病卖药的卫生所，现在便民超市、卫生室就开在安置区周边，搬迁人口的日常生活比以前方便很多(见图6-4)。

图6-4　县城安置区周边商铺　(2020年调研拍摄)

我们村小卖店卖的东西不全，买点水果要不去赶集，要不就从来村的小货车那里买，现在镇上多了这么多人，小超市、饭馆呼啦啦开了一片，生活很是方便。(CM，2019)

健全的公共基础设施与完善的公共服务显著提升了农业转移人口的市民化认同感,[①] 城镇安置区健全的生产性、生活性设施不仅满足了搬迁人口的物质需要,而且有助于提高其对目前生活的满意度,从客观与主观两个方面推动其市民化进程。

(三) 行为模式

搬迁人口将对原城镇居民的日常生活模仿作为一种外部形象上的装饰,既有助于相关人群更好地融入城市生活,也展示了他们在生存需要之上的更高需求,透视出搬迁人口市民化的主动性[②]。从主观领域来看,搬迁人口的市民化要通过积累城市性,习得城市文明,逐渐实现行为模式的转换,[③] 因此,本研究将行为模式作为搬迁人口市民化的第三个维度进行研究。

1. 休闲娱乐:逐渐开始享受"闲暇"

休闲娱乐是个人身心放松和精神满足的一系列行为方式,是衡量人们生活质量的重要标准。[④] 搬迁人口休闲娱乐的改变是通过对外在强制的日常生活的重新定义来开始市民化的过程,[⑤] 在城市生活秩序的影响下,搬迁人口在长期遵循的农耕文明基础之上形成的休闲娱乐方式逐渐改变。

(1)休闲活动参与度提升。在"乡土文化"中培育出的"日出而作,日落而息"的生活习惯与生存压力影响下,吃苦耐劳成为备受推崇的精神品质,

---

① 王凯,李凯,杨胜慧. 基于非户籍人口市民化意愿的社区公共空间营造研究——来自国家级新区 181 个社区的调查[J]. 中国人民大学学报,2020,34(2):38-47.

② 朱力. 论农民工阶层的城市适应[J]. 江海学刊,2002(6):82-88,206.

③ 杨菊华. 农业转移人口市民化的维度建构与模式探讨[J]. 江苏行政学院学报,2018(4):71-80.

④ 徐梅. "村庄上楼"——符号互动理论视角下城中村失地农民生活方式转变的适应性研究[D]. 昆明:云南大学,2016:29.

⑤ 杨菊华. 农业转移人口市民化的维度建构与模式探讨[J]. 江苏行政学院学报,2018(4):71-80.

而享受"闲暇"、休闲娱乐则被视为"不务正业",① 这让不少村民即使在农闲时节也选择打零工或在家休息,很少参与多样化的娱乐活动。马斯洛需要层次理论指出,人类的需求从低到高可以分为:生理、安全、社交需求、受尊重需求和自我实现,并且低等级的需要得到保证之后,人类才会有更高层次的追求,② 易地扶贫搬迁给予的产业就业支持及政策兜底缓解了搬迁人口的生存压力,满足了其最低层级的生理与安全需要,这一群体开始追求归属感与社交需要的满足。同时,从土地上解放出来的搬迁人口闲暇时间增多,在城镇消费文化的影响下,人们对休闲娱乐的认知逐渐改观,周边城镇居民多样的闲暇活动也对搬迁人口产生吸引力,搬迁人口参与休闲活动的主动性逐渐增强。

> 种地是需要下苦力的,你不偷懒都可能倒赔钱呢,闲一点都不行,现在来到城里不干农活没那么累了,吃了晚饭就去跳舞去,还有扭秧歌的,搞直播的,可热闹了。(CM,2020)

休闲娱乐的主要目的就是"打发时间"求得身心的调节与放松,打牌、看电视以及闲聊是比较大众的休闲方式,个别安置区还组织群体性比赛,搬迁人口的娱乐活动趋于市民化,开始适应城镇的生活方式。安置区集中安置大量村民,人员密集,同时配套的文化广场更是给人们提供了打牌闲聊的场所,极大地便利了移民的休闲文化生活,安置区的管委会也经常组织开展一些活动,如扭秧歌、广场舞大赛、棋牌比赛等,不仅丰富了移民的闲暇生活,也拉近了大家的关系。

> 头一年有不适应的,所以在家里闷得慌,后来老出去转就和人家

---

① 王乐,涂艳国. 城市化进程中失地农民的闲暇危机与教育支持研究[J]. 湖南师范大学教育科学学报,2017,16(6):61-68.

② Block M. Maslow's Hierarchy of Needs [J]. *Educational Psychology Interactive.* (Valdosta Ga Valdosta State University. Retrieved),2014,67(2):172-178.

凑一块玩了，夏天组织广场舞，冬天有扭秧歌，小区后边二三百米还有个夜市，就算什么都不买也都爱去逛逛。(CM，2019)

以前太冷清了，村里都是些老头老太太，想找人凑一局牌都难，我身体不好也不愿到处串门，现在好多了，出了家门就有人，热闹多了，有时候小区或后边广场放电影我也跟着去看看。(CM，2019)

(2)非消费性的娱乐方式占主导。进城上楼让搬迁人口接触到了更多的娱乐方式与活动，部分娱乐活动需要通过消费购买，虽然这一群体开始有意识地享受闲暇，但其参与的活动仍比较单调并且基本为非支出型，不存在很大的消费。

吃饱饭就去门外转转，打打扑克，家里就我一个人挣钱，现在没地种，我妈还常年吃药，哪敢乱花钱啊，打扑克就是几个人凑一块打发时间的，没有说在这上边费钱的。(CM，2019)

从生命周期理论出发，个人消费与收入的不确定性相关联，收入预期不稳定时个体的当期消费相应减少，更倾向进行预防性储蓄以应对无劳动能力的晚年生活，[①] 搬迁人口迁入城镇时间尚短，对未来收入充满不确定性，娱乐方面的支出相对比较谨慎，非消费型娱乐活动是这一人群的首选。

值得注意的是，搬迁安置补偿款的一次性给付让不少搬迁群众手里有了"闲钱"，部分贫困户缺乏脱贫内生动力，没有危机感，突然增加的金钱让其有了富裕的错觉，给了其无所事事的理由与资本，经常参与消费型娱乐活动，就业积极性低，依靠国家政策性补助度日。

(3)提升性休闲活动较少。"闲暇活动"是指在一定社会历史条件下，

---

① 刘丽丽. 就业稳定性与农民工消费：理论解释与经验证据 J]. 消费经济，2021，37(1)：50-58.

人们在其自由支配时间内的活动方式，① 农村人口的闲暇生活长久以来都与土地相挂钩，因搬迁而与乡土剥离开来之后，其曾经的闲暇能力与认知都需要提升以适应市民角色。② 从调研情况来看，搬迁人口尚未彻底认识到闲暇活动的意义，很少主动选择提升性休闲活动。

> 还读书看报呢！干一天活下来那么累就想歇着，看看电视聊聊天一晚上就过去了，平常也不大去跳舞，趁着还能挣钱得多干点，说实在的，干完活哪有精力跳这个啊，看个电视咱就知足了。(CM，2019)

在生计压力、文化水平等因素的限制下，搬迁人口很少会主动选择发展自身健康和精神水平的提升性活动，劳动强度大的体力型工作让他们更愿意在劳动之余居家休息，所以其休闲娱乐活动具有群体特色，目前都比较单一，倾向于闲聊、看电视、打扑克这种不花钱也不耗体力的活动，真正看报纸杂志、学习健身的人仍是少数。

2. 风俗习惯：现代与"旧习"并存

风俗文化是聚居于某区域的民众创造、共享、传承的风俗生活习惯，是在长期生活中积累形成的一系列非物质的表现。搬迁人口的成长环境、文化水平、社会角色乃至民族身份构成比较复杂，搬入城镇后不仅要适应安置区内多样的风俗人情，还需接受城市文明与乡村文明之间的碰撞。现代文明与传统习俗在安置区内的交汇，让搬迁人口出现了诸多不适应与不协调的情况。

(1)"陈规旧习"仍然存在。安置区采用城市社区的管理方式，往往会制定小区公约、文明守则等，调研发现，有些搬迁人口看似习惯了现代的

---

① 王雅林. 生活方式概论[M]. 哈尔滨：黑龙江人民出版社，1988：469.
② 朱力. 论农民工阶层的城市适应[J]. 江海学刊，2002(6)：82-88, 206.

生活方式，但在很多方面仍然保留着乡土生活的思维与习惯，在"惯习"的引导下做出违约行为，小区绿化被破坏种上蔬菜，楼道公共空间被占用堆满杂物，健身器材用来晾晒衣物等情况在不少城镇安置区都有出现。

> 搬迁过来后农民最难改变的就是生活习惯，老人们节俭，以前家里的一些器物舍不得扔，但是楼房里也没有地方存放，于是就堆在楼道，还有些大型工具就放在绿化带中，给清洁工作带来很大的麻烦。（安置区党工委书记，2019）

惯习是"一套持续的，可转化的性情倾向系统"，"是由积淀于个人身体内的一系列历史的关系所构成，其形式是知觉、评判和行动的各种身心图式"，当惯习固定下来后，短时间内很难发生改变。尽管惯习是旧有生活环境造就的结果，但它会在新环境中通过人们的生产生活活动重建过去的结构①，所以即使搬迁人口脱离了原有环境，惯习仍旧会引导其行为。这些违规行为一方面代表了搬迁人口承袭了以前在村落生活中遗留下来的生活方式，另一方面则反映出房屋设计不能满足搬迁人口的实际生活需要，原有的杂物和大型工具无处堆放，这也是他们的无奈之举。这些冲突在一定程度上体现了搬迁人口向现代生活方式转变过程中所必须经历的阵痛，搬迁人口必须在"制度"与"生活"即"市民"与"村民"中作出选择。

（2）卫生习惯逐渐养成。良好的卫生习惯是个人素养的重要体现，是提升生活质量的保障，从实际调研情况来看，进入城镇后人们的精神面貌明显改善，家中整洁、衣着得体、面容干净，卫生意识明显提升。之所以产生这种变化，不仅与城镇卫生制度与规定的约束有关，还受搬迁人口对"市民"这一角色的行为期望影响。

针对搬迁人口的环境卫生行为，集中安置区制定有专门的卫生制度或

---

① 牛晨光.制度变迁视角下易地扶贫搬迁安置社区治理研究[D].上海：华东政法大学，2019：24.

公约，村干部与物业是这些制度的实际维护者，通过开会、微信通知等形式不断强化搬迁人口的卫生意识，规范其卫生行为。

> 刚开始来的时候都还是老家那个作风，村里开会、物业开会就一再强调卫生这个事情，倒垃圾必须倒到固定地点，不能像以前在老家那样乱扔垃圾，这么好的地方大家都得注意这个卫生环境。（CGB，2020）
>
> 来了之后明显不一样了，我们村的70多岁的就是在那晒太阳也得穿得干干净净的，有些衣服在村里能穿，在县城就不能穿了，大家都干干净净的，你穿脏了吧唧的人家都看你，自己也别扭啊。（CM，2019）

郑杭生指出，"角色"是指与人们的某种社会地位、身份相一致的一整套权利、义务的规范与行为模式，它是人们对具有特定身份的人的行为期望①，进入城镇后，人们意识到自己原有的生活方式已经不适应全新的城市生活环境，开始向市民模仿学习他们的生活习惯，穿着注重干净卫生，头发及时清洗修剪，房屋也经常打扫，尽力向"市民"这一角色靠拢。

> 以前要想去理个发，还得花十来块钱的车费，长着吧，长点就长点，在这里几乎月月理发，很方便。（CM，2019）
>
> 农村就和城市不一样，在农村衣服你天天洗也没必要，洗了就又脏了，再说夏天干完活热得不行，洗澡你得自己先烧一铁锅水淋着洗，同现在用太阳能洗条件就不一样啊，也就能洗干净一半吧。（CM，2019）

要扮演出符合期望的角色，需要有适合角色的舞台，同时还要具备扮

---

① 郑杭生.社会学概论新修（第三版）[M].北京：中国人民大学出版社，2002：107.

演角色的能力，城镇完善的基础设施让搬迁人口保持干净卫生变得容易方便，更加便利的用水用电、更加方便的洗浴条件、更易清扫的瓷砖地面等变化都为搬迁人口形成良好的卫生习惯打下基础。

（3）"婚丧嫁娶"仪式简化。随着居住环境的改变，早先的节日庆祝活动已有些不便开展，逐渐向城镇居民的庆祝方式靠拢。在婚丧嫁娶等人生大事方面表现尤为明显。一般在农村操办婚礼宴请宾客的方式都是以村为中心，可能一家结婚全村参加，熟人圈子交往的方式就比较简单，类似婚礼这样的大型活动都是在自家的院子或借用邻居家的场地，但在城镇生活，原先的场地和形式自然就率先"城市化"了，婚礼逐渐演变为在酒店举办结婚仪式，仅宴请关系较近的亲朋好友。

> 我们孩子结婚办事都在县城饭店，但是外头人就不让他们来了，主要就通知在县城内居住的，一个是交通，人们喝点酒也不好开车，要是村里的、朋友来了就再补请一顿。以前在村里办阵仗就大了，农村人聚一块喝了酒不是打架的就是赌博的，一块全搅和。人家办事不叫你，你当然也不叫人家，慢慢地就剩亲朋好友参加了。（CM，2019）

在片区，葬礼具有很强的仪式感，"鼓匠"是农村地区老人葬礼上必不可少的，搬入城镇安置区后葬礼仪式稍有简化，须在安置区内已经预先划定好的专门区域内进行，但搭灵棚的行为仍普遍存在，个别县城安置区已经开始严令禁止此种丧葬活动，要求葬礼一律到殡仪馆进行，举办仪式的花销减少，葬礼更加文明化。

> 这会死了当天就拉到殡仪馆去，一点也不让你盖灵棚什么的了，人们省了一块什么支出呢，就是鼓匠，弄上那个场子都要一万块钱，那也算个风俗吧，咱政策上不让你搞了大家自然也习惯了。（CM，2019）

（四）价值取向

随着生产生活方式的转变，搬迁群众已经或主动或被动地接受城市文明的熏陶和洗礼，价值取向逐步开始改变。价值取向作为最难实现的市民化维度，必须触及、动摇、改变个体在长期社会化过程中逐渐习得的最深层次的人生哲学。价值观念需要脱离旧有规则向现代市民意识转变，自我定位也必须逐渐向城市居民靠拢。

1. 价值观念：更具现代性

价值观念体现了人对事物和世界的认知、理解、评价以及抉择，表现人、事、物的作用或者价值，有鲜明的主观性和选择性。[①] 同时，也具有动态性的特点，个体的价值观会在不同的生活状态和生活情境的影响下发生变化，既反映生存状况，又表现出一定的群体性。[②] 搬迁群众进入城镇之后受到城镇文明的感染，竞争意识、法律意识转变尤为明显。

（1）竞争意识提升。大多数民众迁入城镇后，感受到生活成本的提升，在城镇中谋取到一份工作后，也能够提升自己的就业技能勤恳工作，适应城镇生活，具备了一定的竞争意识。

> 搬迁后原先村里的地都种不了了，政府很照顾我们，给钱给房咱不能啥事都麻烦政府啊，就和上面提了我想建养鸡场的想法，村里也很支持，给我特批的地方和贷款，现在产量、销路都稳定了，疫情期间损失不小也都撑过去了。（CM，2020）

> 现在搬到镇上，吃菜要钱，吃水也要钱，不挣钱吃不上饭啊。现在年轻人结婚起码县城一套房，我怎么也得给儿子把这套房挣出来啊。（CM，2019）

---

① 韩雨诗. "城中村"居民城市融入中的价值观问题研究[D]. 太原：山西农业大学，2019：9.

② 李德顺. 价值论[M]. 北京：中国人民大学出版社，1987：13.

传统农耕文明以耕种为主，村民之间的贫富差距不大，所以常常有"小富即安"的自我满足感。① 迁入城镇之后，一方面就业形式多样化，不同行业、不同岗位薪资差距明显，另一方面在相对于农村一定程度的自给自足，要满足城市"高消费"的生活需求的双重影响下让原本不明显的压力骤然凸显，在市场法则主导下的现代社会影响下，这一群体的竞争意识明显提升。在政策鼓励及竞争心理的影响下，部分搬迁群众抓住机遇就业创业，努力改善生活条件，适应城市生活。

(2)法律意识增强.。城镇集中安置区具有搬迁地域广、搬迁人口多、多民族聚集等特点，为了避免产生各类矛盾纠纷与社会治安问题，各安置区纷纷开展各种形式的法治宣传教育活动，加强对搬迁群众的法制教育，让人们接受法治文化熏陶，提高法律素养。调研发现，人们的法律意识大幅度提高，安置区内的治安状况比农村提升很多，生活也更加安全放心。

> 宣传栏里贴过画报，村支书也开会说过，不能高空抛物，不能偷东西，不能乱扔垃圾，把人打伤也算是违法，反正知道不该干啥，治安管理没多大问题，现在都是文明社会了。(CM，2019)

> 咱们搬下来肯定和在村里不一样，原来偷个棒子摘个豆角子，你不种瓜摘人家一个瓜，下了县城以后这一套根本别想了，现在到处都有监控，你偷也好干别的也好都能给照到。再加上有别的村偷电瓶被抓到的在安置区里根本抬不起头，现在这小偷小摸的都收敛了。(CGB，2020)

"贫穷和愚昧是实现民主和法治的障碍，因为民主和法治是人类文明的产物和标志。"②城乡二元经济结构模式下农村的经济水平远远落后于城市，农民已经习惯于简单质朴的生活方式，他们满足于现状，缺少利益驱

---

① 刘名文. 新型城镇化进程中的失地农民市民化研究[D]. 济南：山东师范大学，2016：29.

② 于光远. 换脑筋[M]. 北京：中国经济出版社，1999：314-315.

动，法律需求有限，当搬迁人口脱离原先落后的生产生活环境后，其法律意识开始得以形成与扩展。

2. 身份认同："市民"认同模糊

身份认同是个体对自己所扮演的社会角色的认知，个体在社会互动中，通过内外对比、资源衡量找寻"我归属于谁"的问题。① 搬迁群众身份认同中的关键就是其认为自己属于"市民"或"农民"中的哪一类群体。随着进城上楼，这一群体"农民"的自我身份定位已经发生动摇，城镇居民特征不断增加，但"市民"的身份认同仍处于模糊的状态。

（1）群体身份定位模糊。根据身份认同理论，模糊性身份认同是自我身份认同与社会身份认同之间的博弈，这体现了搬迁人口对市民身份的边缘性认知，从心理上将自己归为城市发展过程中的"边缘人"群体。② 在城镇化进程中，人口流动性强，生产生活方式变化快，身份认同模糊的个体广泛存在。③ 城镇集中安置人口同样也面临身份定位问题，短时间内难以给出"我是谁"这个问题的确切答案。在日常生活中，"我是市民还是农民"这种问题虽然不常出现，但搬迁群众也会对自己的身份定位进行思考，这种农民与市民的认同博弈，导致搬迁人口出现"非城非乡"的摇摆认知和"亦城亦乡"的二元认知，呈现出既相互排斥又彼此包容的身份认同状态。当问及搬迁人口如何看待自身身份时，回答大多比较犹豫，一定程度上体现了搬迁人口对自身身份认知比较模糊的状态。

> 还真没考虑过这个问题，你要说算农民吧，咱不种地了还住在楼上，你要说算城里人吧，咱收入可赶不上人家呢，两个都沾边两个都是，看你怎么想了。（CM，2019）

---

① 辉明. 徐海波. 香港人双重身份认同评析[J]. 岭南学刊, 2016(2)：51-58.
② 金耀基. 从传统到现代[[M]. 北京：中国人民大学出版社, 1999：77-82.
③ 李蓉蓉，段萌琦. 城镇化进程中中国新市民的身份迷失——身份认同危机的类型学研究[J]. 经济社会体制比较, 2019(3)：118-125.

在搬迁群众看来，其进城上楼享受城镇的基础设施，居住地域、公共服务、社会保障都与城镇居民未见明显差距，享受了"城里人"的待遇，但是长期农村生活塑造的"村里人"认知根深蒂固，两种属于不同身份的特征并存使得搬迁人口对自身身份认同模糊不清，搬迁人口的市民化进程受到影响。

（2）代际差异明显。代际差异是搬迁人口市民身份认同的典型特点。从调研情况来看，城镇集中安置区住户的年龄与市民身份认同呈现负相关，老年人的身份认同并未随居住地域改变而转变，仍旧认为自己的社会身份是"农民"，中青年群体对"市民"身份的接受度相对较高，特别是，青年群体更加愿意将自己归为"市民"，身份定位转变较快。

> 这和住哪儿没关系，我在地里干了半辈子活，搬出来也改不了种地的身份，况且也没有什么收入，哪能和城里人一样呢，人家工作多稳定，多体面，是拿固定工资的，我们就是住的地方不一样了。（CM，2020）
>
> 搬过来感觉自己就算城里人了，没感觉有啥区别，住的都一样，以前都是土路现在变成柏油路了，逛街也是在县城里逛，没啥自卑感，也就是收入上比人家少点，也没啥影响"。（CM，2020）
>
> "应该算市民了吧，现在不都是居民户口了嘛，搬迁过来之后上学、看病都有政府补贴，和城里人待遇一样，政策都能享受到，在楼房住，吃菜去买，打工也在厂里，这不就是城里人嘛"。（CM，2020）

老中青三代人成长经历各异，对乡土生活的留恋感以及对市民身份的定义明显不同，这也导致了不同年龄个体在搬迁之后对市民身份的认同程度差异。老年人口长期在农村劳动，对土地有着特殊的感情，祖祖辈辈的务农经历更让其在心理上烙印着"农民"的身份标签。中年人常年在外打工，乡土记忆并不深厚，非农劳动早已在其身上塑造出了城市生活习惯与文化习惯，是"农民"还是"市民"对其工作生活影响不大，能够相对坦然地接受"市民"身份。青年群体自初中开始远离村落，在城镇上学，对"市民"身份的定义仅仅与居住地域和工作性质相挂钩，离村进城搬入楼房后比较乐于接受自己的新身份。

三、城镇集中安置人口市民化的优劣势

城镇集中安置人口与其他农业转移人口不同，在市民化过程中具有鲜明的群体特征，既拥有得天独厚的政策优势，同时也具有先天性不足。优势与不足在这一群体的市民化过程中相互交织与博弈，共同造就搬迁人口市民化的现状。

（一）城镇集中安置人口市民化的优势

城镇集中安置人口是在易地扶贫搬迁政策执行之下而诞生的特殊群体，这一群体的脱贫致富关乎脱贫攻坚的效果与质量，所以地方政府普遍将城镇集中安置人口的后续发展上升到政治任务的高度，给予了一系列政策优惠与帮扶，让城镇集中安置人口的市民化拥有了诸多政策优势。

1. 住房保障——市民化的物质前提

住房是农业转移人口在城市生存发展的基本条件，也是市民化的重要物质前提，[1] 但以定居为目的的家庭住房消费（租赁或购置住房）具有大宗性、高门槛的特征。由于农业转移人口收入水平低，住房可支付能力不足，仅凭个人的能力，这一群体中的绝大部分都难以在城市获得适合长期居住的家庭式住房，[2] 难以为其市民化发展提供必要的支撑。城镇集中安置人口拥有一套条件好、配套全的城镇住房，为其市民化提供了基本的物质保障，增强了其对城市社会的认同感和归属感。

---

[1]　熊景维. 我国进城农民工城市住房问题研究[D]. 武汉：武汉大学，2013：19.
[2]　李英东. 农民工城市住房的困境及解决途径[J]. 西北农林科技大学学报（社会科学版），2016，16(2)：55-60.

（1）提供在城市生存发展的物质空间。住房作为一种生活必需品，是农业转移人口在城镇生存发展不可或缺的物质和精神屏障。城镇安置区住房一方面为搬迁人口提供休憩住宿的场所，是其劳动力再生产的重要物质保证；另一方面也是满足其作为"社会人"娱乐消遣和情感交流等精神需求的主要空间，特别是作为家的住所承担为人们释放情绪、获取精神激励和支持的社会功能，是个体天然的庇护所。① 搬迁人口作为社会人，除了获取经济收益外，还必须满足自身基本的社会需求，安置区住房所提供的家庭和社会的基本功能让搬迁人口的社会需求得以实现，为其劳动就业提供必要的社会支持，避免其陷入压抑和失范的心理状况，顺利开始市民化进程。

（2）提升城镇集中安置人口的市民化意愿。"有恒产者有恒心"，只有在城镇获得安居型住房，"漂浮"的农业转移人口方才具备"沉淀"下来的基本物质条件，有更加主动的市民化倾向。在现实中，是否拥有宜居性和常态化的城镇住房还影响着农业转移人口对自身市民化前景的认知和评价，进而支配着市民化的心理和行为。② 燕山—太行山片区城镇安置区住房由政府统一规划建设，均为交通便利、靠近公路的住宅小区，县城安置区以高层住宅楼为主，个别楼房加装电梯，集镇安置区多为平房或多层楼房，环境优美，交通方便，配套设施齐全，加深了搬迁人口市民化意愿。

> 一开始都不愿来城里，后来安置区房子盖好了，大家来看了之后都改变了想法，感觉这里环境比老家好很多，尤其我们这边冬天冷，但安置区供暖，现在搬过来有两年了，没有谁说想回去的。（CM，2019）

在我国特定的城乡二元体制结构下，是否拥有城镇住房通常被作为判

---

① 熊景维. 我国进城农民工城市住房问题研究[D]. 武汉：武汉大学，2013：19-20.

② 李勇辉，刘南南，李小琴. 农地流转、住房选择与农民工市民化意愿[J]. 经济地理，2019，39（11）：165-174.

别社会成员"市民资质"的依据之一，① 城镇住房的拥有让搬迁人口认为自身拿到了市民资格的入场券，不再感觉成为市民是遥不可及的事情，减轻了搬迁人口对城镇的疏离感，增加了其对城镇生活的归属感，市民化意愿与信心增强。

> 真是没想到家里那土房能换上这楼房住，要不然不知道啥时候能在城里买上楼呢，有房子心里有底了，再趁着能干多挣点钱，咱就真是城里人了。(CM，2019)

(3)减轻城镇集中安置人口的经济压力。农业转移人口要在城市工作和生活，必须先解决住房问题，所谓"安居"才能"乐业"，城镇住房是这一群体在城镇生存发展的基本物质保障，同时也是市民化身份和地位的重要表征。虽然有些地方房屋租金已经十分低廉，但租赁费用在他们的收入中仍占相当高的比重，生活质量乃至教育、医疗等方面的支出都会受到影响。因为城镇集中安置人口在城镇已经拥有了可供长期居住的住房，固定消费中减少了租房成本，所以可以增加社交、休闲以及自我提升等方面的支出，更加接近原城镇居民的生活方式。

> 原先为了孩子上学在县城租房，家里就孩子他爸一个人挣钱，孩子想学画画我都得想着她太小了过两年再学，现在搬过来不用租房子了，拿那个钱给孩子报了个辅导班。(CM，2019)

(4)提升城镇集中安置人口的人力资本。人力资本是劳动力进步和经济增长的源动力，居住环境(包括物质环境和社会环境)会显著影响人力资本积累、社会资本的质量和信息可得性，从而影响劳动力产出和经济

---

① 郑思齐，曹洋. 农民工的住房问题：从经济增长与社会融合角度的研究[J]. 广东社会科学，2009(5)：34-41.

增长。

从物质环境看，住房条件会对居民的健康水平和快乐感有一定的影响，更重要的是，城市的众多公共服务资源以及就业机会都是附着在区位之上，① 从这个意义上讲，城镇安置区住房让搬迁人口拥有了享受城镇公共服务和使用城镇基础设施的机会，让其能够接近和获取更高质量的城镇资源，这些资源也有助于搬迁人口的技能提升、知识积累以及劳动就业，有利于提高其劳动力产出。城镇安置人口享受到与原城镇居民同等的权利，真切感受到市民生活的便利，市民化意愿增强，更容易实现市民化。

2. 社区建设——市民化的重要平台

理想类型的社区建设一方面承担着社区经济功能、社区管理服务功能、社区文化功能、社区环境功能和社区保障功能，并使其达到完美的状态，另一方面通过这些功能的完全实现促进农业转移人口市民化。② 城镇集中安置人口由农村社区进入城镇社区生活，城镇集中安置区就是他们接受城市文明、适应城市生活的重要载体和平台，在政府行政力量组织指导下的社区建设为搬迁人口的后续发展、市民意识培育以及社会网络的扩展提供了一定物质和精神上的帮助。

（1）社区组织帮助后续发展。社区组织是指在社区形成的，具有特定的目标、相对固定的组织成员和特定内部结构和规章制度的社会群体，③ 城镇集中安置区的社区组织由基层政府牵头建设，有场所、有人员、有制度，提供多项服务，通过行政手段引导搬迁人口接受现代的生活方式与生产方式，帮助他们更好地适应城镇生活。

城镇集中安置区完全以城镇社区为模板进行建设，在这个新的社区

---

① 熊景维. 农民工的城市住房困境及其解决路径[J]. 城市问题，2016(5)：98-103.

② 金耀基. 从传统到现代[[M]. 北京：中国人民大学出版社，1999：66-68.

③ 王鑫. 社区建设视角下失地农民市民化研究[D]. 南京：南京师范大学，2012：27.

中，既有"熟人"也有"生人"，各地纷纷探索建立临时性机构进行管理，如社区综合服务中心、便民服务中心或易地扶贫搬迁安置区党群服务中心等。这些机构一般采用政府主导的科层制组织结构自上而下进行管理，组织引导原有的村落管理与现有的社区管理进行衔接，设立民政服务、社保服务、计生服务、法律服务等服务窗口，可为搬迁人口提供镇级以上单位的代办服务。依靠其特有的政治地位、政治权力以及信息网络，为搬迁人口提供就业登记、就业培训和就业推荐等服务。结合城镇社区实际，不少安置区以楼宇为单位进行管理，设立"楼长"一职，协助安置区管理机构进行工作，通过楼长汇总安置区居民的意见与需要，更好地为这一群体的生活所需和后续发展服务。

在城镇集中安置区，大到社区治安管理，小到物业费如何征收，都可以看到政府的身影，村干部参与社区治理增强了搬迁人口对社区组织的信任感，这种行政主导型的组织管理方式也更有利于生存发展能力较弱的搬迁人口适应城镇生活。

(2)社区环境培育市民意识。社区环境会影响居住主体的行为，干净的社区环境、规范的社区管理以及健全的文化设施都为搬迁人口扮演市民角色提供了合适的"舞台"。政府主导之下的社区管理更加严格，对社区治安、卫生环境的要求显著高于商住小区，以环境倒逼搬迁人口提高法律意识、养成卫生习惯。从地理位置来说，城镇集中安置区一般位于城镇核心区域的外缘，搬迁人口可以逐渐适应城镇生活、接触城镇居民，慢慢树立竞争意识、效率意识，以至于将市民的思维方式内化于心，并以此作为自己行动的指导。从社区文化角度来讲，活动可以营造环境，搬迁人口可以利用安置区内多样化的文化基础设施，以市民为参照对象，开展文化活动，并以此营造出现代城市文化氛围，提升个人素质。

(3)社区活动增强社会交往。社会交往是指在一定的历史条件下，人与人之间相互来往，进行物质、精神交流而产生相互联系的社会活动，①

① 彭穗宁. 论失地农民到市民的再社会化[J]. 理论与改革，2005(6)：87.

搬迁人口由不同的村落迁往同一集中安置区，虽然存在风俗习惯的细微差异，但同为城镇的外来人口，群体内成员更易互相接纳与认可，共同参与社区活动，重建社会关系网络。

城镇集中安置区一般规模较大，为群体性娱乐活动的开展打下基础，如舞蹈队、秧歌队等，这些团队是具有共同爱好的搬迁人口自发形成的文化娱乐组织，具有非正式组织的特性，对搬迁人口转变为市民有很强的推动作用。首先，这些组织一般是搬迁人口自发组成的，凝聚力高，能满足人们的情感需要，使组织成员在新的环境中获得心理安全感；其次，组织成员在文化娱乐的同时，可以彼此沟通遇到的困难与问题，能得到安慰和心理上的支持，这对解决搬迁人口市民化过程中产生的问题有积极的作用；最后，这些文化组织有助于搬迁人口接受提升性休闲活动，丰富自身的娱乐方式，在行为模式上逐渐向市民靠拢。

(二) 搬迁人口市民化的劣势

从市民化内涵出发，农业转移人口的市民化是一个渐进的过程，不仅是户籍身份和居住地域的转变，还包括行为模式、价值取向等层面的现代化。城镇集中安置用非常规的手段跨越式地开启了搬迁人口的市民化之路，巨量的资源投入直接改善了搬迁人口的生产及生活环境，但这一群体离村进城缺乏经济、心理的准备时间，习惯性依赖政府支持，在市民化过程中存在群体特征明显的市民化劣势。

1. 搬迁人口文化素质低，自我发展动力不足

搬迁贫困人口文化素质相对低下，受教育程度低，接受新知识、新技术、新思想的能力较差，很多搬迁人口在项目规划初期搬迁意愿不足，搬迁后对于融入城镇生活和就业的意愿也不强烈。L县产业园区某入驻企业因安置区丰富的劳动力资源而选择落户于此，但目前员工仍以外地工人为主。该企业经理谈及本地工人较少的用工结构时，表示："我们是计件制，但本地人不愿意加班，给他们加钱也不想多干，大批的订单在后面压着

呢,没办法就把老厂的员工调过来帮忙了"。部分搬迁人口具有鲜明的"小富即安"思想,较低的文化水平限制了这一群体的认知水平,赚出基本开销就不愿意继续付出,自我发展动力不足。

加之,搬迁建档立卡贫困人口"脱贫不脱政策",在搬迁后仍然可以享受资产收益扶贫分红等政策性补贴,除此之外还有土地流转金、生态补偿金、粮食直补等,即使不工作也可以维持在城镇的基本生活,一定程度上助长了这一群体安于现状的心理。

2. 职业技能缺乏,就业层次低

许多搬迁群众在个人努力或政策帮扶下实现非农就业,却集聚在低工资、高替代率的工作岗位。劳动力的自身禀赋在工资决定机制中起着重要作用,劳动力本身的人力资本差距是工资差距的主要原因,[①] 大部分搬迁人口受教育程度低、文化素质不高,只能选择技术含量较低的工作。搬入县城安置区的两年有余的张某表示:"咱没有经验,厂子里更愿意要那些熟练的人,去干啥都得现学,你就挣得比人家少,咱没技术没文化,就只能靠出大力挣钱,在工地上干装工,过几年这活干不了之后就只能再说了。"

在新制度主义分析范式下,我们也不能忽视社会制度在搬迁人口就业现状中的作用。劳动力市场中的工资差异会受到结构性因素的推动,就业机会不平等、工资获得不平等也受制于户籍身份的职业隔离的影响。[②] 技能缺乏、农村户口确实可能引发就业困难与就业歧视,长此以往也极有可能形成就业空间广阔但就业层次较低的矛盾局面。

3. 贫困文化恶性循环,社会交往存在隔膜

"十三五"时期易地搬迁对象的贫困程度更深,原本的生存环境和居住

---

① 罗楚亮. 城镇居民工资不平等的变化:(1995—2013)[J]. 世界经济, 2018, 41(11):25-48.

② 吴晓刚, 张卓妮. 户口、职业隔离与中国城镇的收入不平等[J]. 中国社会科学, 2014(6):118-140, 208-209.

条件更为恶劣，按照原有的政策力度难以完成搬迁任务，经过多轮扶持仍未啃下来"硬骨头"。这部分人群搬迁之后聚集居住，很可能导致其原本安于现状、不思进取的贫困文化在此地重新生根发芽，"陈规旧习"难以去除。并且贫困文化具有代际传递功能，贫困人口的下一代从小就生长于消极落后的生活环境中，贫困文化对其思想的影响不仅使之难以抓住脱贫致富的机会，而且沉浸于自己的"圈子"中，排斥同群体的人交流。

虽然城镇集中安置区地处城镇，但是安置地点多位于城镇边缘，与原城镇居民的居住区距离较远，社会交往的范围仅限于搬迁人口之间，社会交往存在空间隔膜，难以帮助移民实现跨文化的社会适应。同时，阶层位置在相当程度上影响到人们的居住分化、社会交往和社会认同，搬迁人口和原城镇居民阶层属性不同，在社会中扮演或担任的角色也不一致，这就导致他们之间存在社会交往的阶层隔膜，搬迁人口受到先进文明的生活习惯、社会观念的影响较弱，导致其极易陷入社会隔离的境地，贫困文化开始周而复始地恶性循环。

4. 缺乏专业人才，社区管理受限

城镇集中安置小区是以政府组织为主、物业服务为辅的管理模式，虽然社区管理过程处处都存在着政府的影子，但仍然难掩物业工作人员缺乏专业知识、物业管理水平有限所造成的不便和困扰。

物业工作人员和管理人员中，专业技术人员的构成比例很低，从事服务的工作人员以本地居民为主，一般由退休人员和已婚妇女担任，他们大部分缺乏专业理念和技能，也没有接受过比较系统的物业服务工作的训练，对社区基础设施的保养和维护力度不够。同时，开展的服务项目也较为固定，很少在发展中更新或扩展服务项目，其中有些服务项目缺少对搬迁人口需求的深入调研，难以发挥安置区文化基础设施的最大效用，造成阅览室、活动室的闲置浪费，不利于搬迁人口市民权益的享受。

四、推动搬迁人口市民化的现实路径

推动搬迁人口的市民化进程需要结合搬迁人口的群体特质、政策供给及执行力度，本研究综合考虑搬迁人口在市民化进程中所拥有的优势与面临的劣势，从个体发展、文化适应、社区治理、就业帮扶等方面提出推动搬迁人口市民化的现实路径。

（一）增能赋权，提升搬迁人口的自我发展意识与能力

农村贫困地区的文化环境与生活环境相对封闭保守，在这种环境中成长起来的农村人口带有自我发展意识相对较弱的先天劣势，面对搬迁带来的生产、生活方式巨变，部分搬迁人口难以从心理及经济层面融入城镇生活，难以依靠自身力量适应环境变化。基于搬迁人口的群体特质，推动这一群体市民化必须从破除其不良思想倾向、扩大其权利保障范围入手。

一是"增能"，激发搬迁人口的发展潜力。转变传统保守的思想观念、树立自我提升的信念是发掘自身潜力进而发展致富的前提。在推动搬迁人口思想转变的过程中，政府需承担更多责任。从调研情况来看，参与社区活动可以增强搬迁人口对安置区的归属感，让搬迁人口有动力、有信心适应城镇生活，基于此，社区服务机构应有计划地开展社区活动，拓宽搬迁人口参与社区管理的渠道，调动搬迁人口的发展积极性。同时，政府部门应积极作为，紧扣当地产业需要开展就业技能培训，为岗位定制"人才"，提升搬迁人口的就业技能，降低其就业困难程度，帮助其丢掉社会适应的思想包袱。此外，相关部门与媒体也应树立典型，通过安置区宣传栏、广播、地方新闻等渠道对搬迁人口脱贫致富事迹进行宣传，激发搬迁人口的自我发展意识，转变部分搬迁人口的"等、靠、要"思想。

二是"赋权"，切实保障搬迁人口的各项权利。"赋权"指赋予个体充分运用多种外界资源的权利，搬迁人口增权的重点在于增强他们对城镇公共资源的实际控制能力。政府应统筹整合各类资金与政策，推动重大设施项

目优先向易地扶贫搬迁项目延伸，完善安置区配套基础设施建设，让搬迁人口切实享受与当地城镇居民同等的社会公共服务，满足搬迁人口的基本生活需要。同时，以社会保障为切入点，构建搬迁人口的社会支持系统，保障搬迁人口在社会救助、社会保险、社会福利等方面的合法权益，建立农村养老保险、最低生活保障、农村新型合作医疗保险等与城镇居民各类社会保障制度的衔接和转换机制，坚定搬迁人口的信心。

(二) 分类施策，分层次推进搬迁人口非农化就业

搬迁人口的就业情况与其年龄差别有着很强的相关性，在推进搬迁人口非农化就业的过程中，必须把握不同年龄群体的特点，因人制宜，分类施策。青壮年掌握一定的劳动技能，易于接受改变，离村进城的空间转换将更多青壮年搬迁人口吸引到非农行业中来，但受限于较低的人力资本水平，大量集聚于低技术要求的劳动密集型产业。老年人口思想传统保守，难以适应高强度的重复性劳动，现代企业严格的招工年龄限制更是将这部分60岁以上的群体彻底拒之门外，即使其身体素质尚佳，也较难找到工作并发挥自身价值。因此，应针对不同年龄群体有区别、有重点地推行就业促进机制，精细化决策。

一是自力更生，鼓励青壮年搬迁人口提升就业层次。青壮年具备生理及心理优势，能够较快适应现代工业生产及第三产业发展的需要，拓宽就业空间仅需政府在经济及技能上提供支持与帮助。经济上，建立激励型就业资金补贴体系，给予交通补贴，提供创业贴息贷款，个体经营正常运营一年以上给予一次性创业补贴。技能上，定期开展职业培训与心理咨询，与高职院校合作提升搬迁人口的理论素养，与企业合作提高搬迁人口的实践操作能力，增强这一群体在就业市场中的竞争力。

二是政策扶持，帮助老年搬迁人口发挥余热。统筹开发扶贫公益性岗位，人员聘用向低龄老年人倾斜，让这些具备劳动能力的老年人有事做、有钱挣。同时，可以依据当地文化资源，发展居家经济，对接小微企业引进工序简单的手工活，帮助老年人实现家门口就业。

（三）文化建设，推动市民文化形成

积极向上的社区文化是丰富居民生活、陶冶居民情操、塑造居民素质的基石，在搬迁人口市民化进程中发挥着重要作用。城乡环境之间的巨大差异造就了市民与农民在生活习惯、价值观念等方面的差异，从社区入手，加强文化建设，可以在潜移默化中推动搬迁人口市民化。

一是开展文化活动。随着迁入城镇时间的延长，搬迁人口的闲暇观念逐渐改变，基层政府也应因势利导，让搬迁人口对文化活动的要求向城镇居民看齐。增加文化活动种类，满足不同年龄群体、不同性别群体的需要，从搬迁人口的现实需要出发进行基础设施建设，提升文化基础设施的实用性及使用率，引导搬迁人口参与提升性休闲活动，举办增进安置区成员感情的集体活动，让社区成为凝聚力极强的"共同体"。

二是培育社区文化。弘扬社会主义新风尚，积极对接高校，开展法制教育，开设卫生讲座，进行移风易俗宣传，破除"惯习"对生活习惯的错误引导，推动婚丧嫁娶等传统仪式的文明化，从思想上帮助搬迁人口转变观念，适应城镇地区的生产生活，加快城镇集中安置区向现代城市社区转化的速度。

（四）完善体制，提升社区管理组织化程度

易地扶贫搬迁刚刚转入以后续扶持为主的阶段，安置区管理仍处于在实践中摸索创新的过渡时期，但安置区的正常运转，是切实保障搬迁人口权益，引导其向城镇生活方式和现代价值观念转变的前提，因此，必须加强正式组织建设，优化治理架构。

一是加强社区正式组织的建设。党组织与物业作为关系安置区发展的重要制度性力量，直接关系到社区整体治理水平，必须明确这两者的职责范围。应坚持党建引领，加强基层党组织建设，形成党小组、党支部、党总支的三级架构，密切联系群众，整合社区资源，提升服务效率。物业起辅助作用，明确自身定位，协助政府组织共同服务安置区群众，根据安置

区管理实际定期组织培训，培养与引进具备相关管理经验的优秀人才，让安置区功能得以有效发挥。

二是激发多元主体活力。建立健全居民自治体制，通过与搬迁群众密切协商确定安置区治理规范、行为规范，推举楼长等社区居民代表，充当搬迁群众与社区组织沟通的桥梁，规范搬迁群众行为，形成他们认可的管理依据。同时，积极引入社会力量参与安置社区治理中，与邻近学校、医院进行合作，向社会购买安置区不具备的商品与服务，提升搬迁人口对搬迁后生活的满意度。

第七章　易地扶贫搬迁中的产业发展与就业

随着我国"十三五"易地扶贫搬迁的安置点建设和搬迁入住等环节的逐步完成，"搬得出"已经不再是需要关注的问题，但是，人们搬迁后的稳定与发展依然是易地扶贫搬迁工程的重要任务，也是我国在后脱贫时期巩固脱贫成果，构建长效脱贫机制的重要关切点。能否稳得住、有就业、逐步能致富，也是检验易地扶贫搬迁最终效果的关键。为了推动做好后续扶持工作，确保搬迁群众稳得住、能脱贫、逐步能致富，2019 年 6 月，国家发展改革委联合 10 个部门和单位印发了《关于进一步加大易地扶贫搬迁后续扶持工作的力度的指导意见》，对如何推进后续扶持工作提出了指导性意见。2020 年 2 月，国家发展改革委又联合 12 个部门和单位出台了《2020 年易地扶贫搬迁后续扶持若干政策措施》，进一步细化了国家层面的后续扶持政策。在这些政策中，加强产业培育和就业帮扶在提高可持续性和激发内生发展动力上具有现实意义，是引领乡村振兴的动力和稳定脱贫成果的基础保证。

习近平总书记指出："产业兴旺，是解决农村一切问题的前提。"党的十八大以来，产业扶贫越来越受到重视。在中央布局的脱贫攻坚战"五个一批"工程中，产业扶贫是处于首位的工程。在课题研究的几年中，课题组走访了片区多个地区，见证了各地在脱贫攻坚实践中的产业发展之路和多渠道创造就业机会的努力，极大地激发了贫困地区的发展活力和内生动力，夯实了稳定脱贫的基础。

一、易地扶贫搬迁中的产业发展

产业扶贫可以为贫困人口带来就业机会，通过实现自身发展，激发内生动力，实现贫困人口从"要我脱贫"向"我要脱贫"的观念转变。同时，产业扶贫对于优化贫困地区产业结构，扶持贫困地区特色产业发展，增加贫困户收入，实现从"输血式扶贫"向"造血式扶贫"的转变具有重要意义。[①] 易地扶贫搬迁下的产业扶贫力争实现对搬迁群众的全覆盖，对有劳动能力者通过引导就业和参与产业发展实现增收致富，而对于劳动力不足或者丧失劳动能力的贫困户则通过入股分红的形式介入产业发展从而摆脱贫困。如果没有产业的扶持和持续的稳定收入，搬迁家庭就没有重建生计的能力和条件，无法在收入没有增加或增加不多的情况下而消费大幅度增加的新居中，提升其生计能力。因此，在易地扶贫搬迁规划中，同步进行产业发展规划，各地将发展产业作为实现脱贫的根本之策，各式产业从无到有、由弱变强，在培育产业经营主体，覆盖和带动贫困群体，增强农村集体经济活力等方面发挥着重要作用。

（一）产业扶贫的地方实践

课题组在片区深入基层走访调研，通过实地观察和深度访谈收集第一手资料，在对资料梳理汇总的基础上，以益贫带贫方式为主线，将片区的产业发展实践归纳为就业嵌入型、入股分红型和承包经营型三种类型。

1. 就业嵌入型

就业嵌入型在实践中有两种模式，一种是"扶贫车间+农户"模式，一种是"产业园区吸纳就业"模式。

---

① 崔坤灿. 河北省阜平县产业扶贫的现状与对策研究［D］. 保定：河北大学，2020：14.

（1）扶贫车间+农户。扶贫车间是脱贫攻坚期间以壮大贫困村集体经济、实现贫困人口就地就近就业增收和资产收益为目的，以农产品初加工、手工业、来料加工经营等劳动密集型产业项目为主要内容，建设在乡村的生产经营活动场所。① "扶贫车间"作为一种新兴的产业扶贫模式，是产业下乡的一种形式，是地方政府在精准扶贫顶层设计下的创新性实践，是国家大力推广的精准扶贫重要举措之一。近年来，扶贫车间在全国多地推广和发展，对农村贫困劳动力转移就业、农业产业发展、农民持续增收和维护农村稳定等方面都有积极作用。②

扶贫车间缘起及本质。"扶贫车间"受到各地青睐和重视，是因其抓住了我国贫困人口贫困的本质。贫困人口之所以贫困，很大程度上是因为其劳动力弱质或闲置抑或因弱质而闲置。农村贫困家庭之所以存在劳动力闲置现象，除去因懒散而自愿性闲置外，主要有四方面原因：一是农业生产的季节性。片区大部分区域农事活动季节短，农作物一年一季。虽然从春种到秋收，时间跨度较长，近半年，但真正忙于农活的时间拼接起来不足两月，这其中很多时间处于闲置状态而没有收益。二是非农就业机会匮乏。片区产业基础薄弱，再加上冬季漫长严寒，一些劳动密集型的建筑类和农业类产业也都进入"冬眠期"，农闲时就近打工的机会十分匮乏，人们自然养成了农闲"无事可干，除了聚在一起闲聊就是打牌、玩麻将消磨时间"的习惯。三是弱质劳动力闲置。片区农村弱质劳动力主要是老年人和残疾人，他们在农村人口结构中占比越来越高。由于身体功能的障碍，这一群体虽"身有余力"，但却被自然排除在劳动力市场之外，成为依靠社会保障和政策兜底维持生活的主体，也成为在农村社会环境中的弱势群体而被边缘化。四是留守妇女群体没有收入途径。留守妇女是家庭中照顾者和抚育者的角色，也是农村中青壮年劳动力的主体。在孩子上了学、老人生

① 张晓颖，王小林. 扶贫车间：行为体、驱动力及持续性讨论[J]. 河北师范大学学报（哲学社会科学版），2021，44（3）：130-139.

② 雷小奇. 插花型贫困县区"扶贫车间"建设的思考与建议——以张掖市甘州区为例[J]. 新西部，2020（Z5）：42-45.

活还能自理的情况下，妇女们照料的时间变得零碎，"送孩子上了学就没事了，一天主要的任务就是接送孩子做做饭，其他时间就闲待着"。家庭事务的束缚使得她们不能外出务工，而她们每天零散的时间却没有弹性的工作来吸纳，劳动力的浪费自然意味着潜在收入的流失。

而"扶贫车间"通过将产业扶贫思想与农村闲置劳动力实际情况相结合，因其设在家门口且工作时间灵活、工作内容简单的特点而能够最大程度地发挥闲置劳动力的潜能，使其成为生产要素进入生产领域并获取收益，在稳定拓展贫困家庭收入来源上发挥作用。习近平总书记于2020年6月在宁夏考察时指出，乡亲们在家门口就业，虽然收入不比进城务工高，但省去了住宿、伙食、交通等费用，还能照顾家庭，一举多得。短短数语，说透了这个"小车间"的"大作用"。

"扶贫车间"在片区的实践。片区各县均已实现人脱贫、村出列、县摘帽的目标任务，区域性整体贫困问题得到历史性解决，产业扶贫发挥了极其重要的作用。特别是针对易地扶贫搬迁集中安置群众，他们几乎脱离了农业生产，来自土地的收入减少，而配套建设的扶贫车间便成了部分"离家难""就业难"的群众获取收入的最佳途径。

从各地的发展实践来看，扶贫车间从无到有、从认知摸索到加速布局，形式多样、内涵丰富。从其加工的产品来源看，有两种类型：一是结合地区产业特色，将当地农林产品就地加工转化，促进优势农产品初加工、深加工。如广灵县的柳条编织、灯笼编织，灵丘县的中药材和杂粮加工，张北县的以马铃薯为主的根茎类蔬菜加工以及中国联通在沽源县建立的藜麦深加工车间等。通过扶贫车间将本地的产品进行深加工，延伸产业链，提升附加值。二是来料加工。来料加工型扶贫车间一般承接的是企业生产流程中的一个或几个简单工序，涉及服装加工、箱包制作、玩具加工等多种手工加工制造业。从入住或被认定为扶贫车间的企业看，有三种类型：一是本地龙头企业或合作社。在脱贫攻坚进程中，各地广泛发动、引导和鼓励当地民营企业参与到精准扶贫的"万企帮万村"行动中，企业履行社会责任，开展企业帮村行动，其主要形式是通过扶贫车间将本企业的生产线延伸到农村、社区，如顺平县西南蒲万里鞋厂、鑫睿服饰顺平县服装加工厂、保定永鑫肠衣有限公司、顺平县顺安绿生农业科技开发有限公司等企业建立的"扶贫车间"。一些从事特色种养业的合作社达到"扶贫车间"标准的也被认定并扶持。二是引进外地企业。各地不断加大劳动密集型小微企业招商引资力度，近几年随着京津冀协同发展的推进，片区县积极承接产业转移和非首都功能疏解，通过精准对接招商布局扶贫车间。如隆化县促成了北京华泰崐鹏科技、天津佳泰工艺品等12家重点手工业企业入驻，涉及绢花、拉花、服装箱包、毛绒玩具等手工业项目；繁峙县从北京、河北等地引进制衣、箱包等手工企业63家。三是对口帮扶单位援建或对口帮扶单位所辖企业直接建设并运营。如首农裕农食品有限公司充分发挥自身在种植、加工、销售和科研全产业链果蔬鲜切方面的优势，在张北县建立的以马铃薯为主的根茎类蔬菜加工基地。丰宁县南关蒙古族乡与北京银泰百货集团合作建设扶贫车间项目，在全乡14个村建设扶贫车间。四是私人运营。一种是私人公司达到"扶贫车间"认定的标准，如阜平县刘某2014年创建的服饰加工厂，在阜平县手工业扩大规模贴息贷款的支持下，工厂缝纫机由25台增加到70台，车间工人从30人增加到106人，于2018年被认定为扶贫车间，享受政府对于扶贫车间的一系列扶持政策；另一种是私人以车间为厂址创建扶贫车间。私人运营的扶贫车间很多是外出打工者返乡创业的载体，他们在外打工多年，眼界开阔、思想活跃，有寻找机会积极发展的动力，凭借自己前期积累的资金、技术、市场关系，借产业转型的大势回到老家的乡镇或村庄开办工厂，承接订单进行代加工。近几年家乡重换活力，便捷的交通、优美的环境也成为他们的返乡引力。

扶贫车间的 F 县实践及效应。F 县扶贫车间起步较早，在吸纳搬迁户就业和激发劳动者内生动力等方面体现出多重积极效应。

第一，F 县扶贫车间发展情况。① F 县农业发展条件差，工业基础弱，男性劳动力外出打工是家庭经济收入的主要来源。2014年，F 县明确了

---

① F 县手工业车间发展情况相关资料由县手工业办提供，在此致以诚挚谢意。

"长打算、短安排、强基础、创机制"的扶贫开发工作路径，针对全县农村留守妇女劳动力大量闲置的实际情况，把发展家庭手工业作为"短安排"的重要内容之一，采取多项举措，全力推进农村家庭手工业发展壮大。2016年"十三五"易地扶贫搬迁开始启动，针对易地扶贫搬迁"无土安置"的现状，为确保"搬迁一户、安置一户，脱贫一户"，按照"扶贫搬迁到哪，产业项目就跟到哪"的思路，在安置区配套建设了手工业扶贫车间，为搬迁群众兴产业、促脱贫提供了保障和契机。F县通过"政府支持、企业运营、农民参与"的模式，与白沟、雄安、天津等地深度对接合作，引进并大力发展家庭手工业。以白沟、雄安等地企业投资开办分厂，或者当地农户与白沟、雄安等地企业老板合作办厂为主要模式。

F县在国家、省、市及各方社会力量的支持下，对手工加工业高度重视，投入力度很大，手工车间在建设与运营效果方面是调研中最突出的。截至2020年底全县建成36个标准化手工业厂房，建设达标并通过认定的扶贫车间发展到221家（认定范围和条件见专栏6-1），涉及服装、玩具、箱包等多个行业，几家有资质的企业为应对新冠肺炎物资供应还生产口罩、防护服、隔离衣等防疫物资。F县41个易地扶贫搬迁安置点均配套建设了标准化手工业加工厂或扶贫车间。

专栏 6-1　　　　F 县扶贫车间认定范围和条件

一、认定范围

建立在乡村、社区带动建档立卡贫困劳动力就业，从事农、林、畜牧业、土特产品生产、开发、加工和销售，家庭手工工艺品制作销售、来料加工等生产活动依法办理工商注册登记的个体工商户。

二、认定条件

1. 必须是依法办理工商登记注册的个体工商户，运行正常，且加工车间建立在乡村、社区。

2. 带动贫困劳动力就业10人以上，或吸纳贫困劳动力就业达职工总数30%以上。

以促进贫困群众灵活就业、就近就业为原则，F县的"扶贫车间"探索出两种模式，一种是"企业+车间+搬迁群众"模式，进行订单加工或来料加工，建设厂房式"扶贫车间"；一种是"企业+搬迁农户"模式，将适宜分散加工的产品延伸入户，建设居家式"扶贫车间"，推进居家就业，解决贫困人口难以离家的困难。两种模式均实行多劳多得的计件薪酬制度，覆盖了几乎所有的有劳动意愿的搬迁群众实现就业，解决了部分贫困人口出不去、就业难的问题。

调研发现，在扶贫车间上班的以妇女和老人居多。搬迁前，很多妇女，其丈夫在外打工，自己在家照顾老人和孩子，一天中大部分时间是闲散的。

> 搬来这之前我每天的任务就是接送孩子上下学、做做饭，然后就在家待着也没什么可做的，地里的活不多，种了几亩玉米，也是雇机器，野猪糟蹋得厉害，也收入不了多少。搬过来后学校就在家门口也不用接送了，正好政府在小区附近建了这个扶贫车间。我现在业务很熟练了，月月有收入，也不耽误给孩子做饭，很高兴，确实没想到搬来变化这么大。（CM，2020）

F县某镇安置区居民胡女士今年48岁，在家门口的扶贫车间当缝纫工，每月能收入两千多元："我没有外出打过工，家里4口人2亩地，之前就靠老公打工赚钱，现在我也可以增加收入了，日子好过多了!"

"企业+搬迁农户"模式为那些行动不便的弱劳力或者由于照料家人出不了家门的人们解决了增收的问题。截至2020年底，F县插花、纸盒、手工编织等"小手工活"进农户项目已达3245户。

在F县任何一个普通手工加工厂里，一个熟练工日均工作9小时，月收入可达3000元左右。家庭手工业成为F县当前农村家庭增加收入的重要组成部分，让妇女真正为农村家庭实现脱贫致富撑起了半边天。

第二，扶贫车间就业的积极效应。扶贫车间，不仅对解决贫困农民在家门口就业、增加家庭收入起着重要作用，更重要的是由农村"就业边缘人"向"产业工人"的转变引致的观念转变而产生的蝶变效应。

一是妇女自我劳动意识的形成。在扶贫车间就业，从经济层面上增加了妇女在家中的收入，在社会层面上平衡了妇女在家庭和市场中的角色，更为重要的是在空间上，农村妇女既能工作又能在家照顾老人和孩子，这在一定程度上成了她们社会生活的延伸，以及家务空间与生产空间再造的途径。① 扶贫车间对于妇女不仅是物质空间等系统的改变，还是社会关系、社会文化和伦理、社会感情空间的改变和再构建。② 在 F 县，丈夫在外打工挣钱养家，妻子承担家务和照料责任是农村家庭普遍的劳动分工格局和收入构成。妇女是农村劳动力的主体，其中 35～50 岁的女性占比最高。农村妇女中既有从未有过外出经历的，也有因照料子女和老人以及其他缘由而中断打工返乡的。但不论属于哪种情况，她们的家庭收入格局基本上是"一人挣钱养活全家"。

由于耕地少收入低以及耕作部分或全部外包，再加上农作物经常遭受野猪等野生动物的"霍霍"，来自农业生产的劳动投入和收入几乎可以忽略不计。于是，家务劳动便成了妇女们的重要任务。

> 搬过来前我每天的主要事情就是接送孩子上学，公婆自己生活，不需要我照顾。把孩子送到学校就没事了，串串门打打牌玩玩手机。我老公在北京打工，收入主要靠他，生活没有问题，但存不下钱。（CM，2020）
>
> 孩子上小学我就从外地回来了，爷爷奶奶辅导不了孩子学习也管不了他。以前我俩在外挣钱，回来后我就没收入了，地也没种，这么多年没种了，不想麻烦，也收不了几个钱。（CM，2020）

---

① 陆继霞，吴丽娟，李小云. 贫车间对农村妇女空间的再造——基于河南省的一个案例[J]. 妇女研究论丛，2020(1)：34-46.

② 孙盛龙. 国内扶贫车间发展研究[J]. 生产力研究，2020(10)：7-9.

可见，农村妇女作为家务劳动的承担者，他们真正劳动的时间是零散的、碎片化的。搬迁后家务劳动减少了也简化了，"没啥事了，做饭全用电了，取暖也不用生炉子了，学校就在家门口，不用接送孩子了，真的是没事干了"，空闲时间更多了，如果无事可做就显得"浑浑噩噩"，是极大的浪费。"扶贫车间"是对这个群体进行时间管理的价值载体，使她们搬迁后的生活更有序高效，一方面使闲散的时间创造了财富，改善了生活，提高了生活质量；另一方面劳动是价值的真正源泉，通过参与劳动，妇女的精神状态和综合素质会得到明显提升；三是受妇女积极劳动、创造财富、精神面貌焕然一新的感染和熏陶，孩子会更加自信乐观积极向上，这些品质对提升农村教育水平，切断贫穷代际传递影响深远。

乡村引进和培育"扶贫车间"的主要原因就是有大量闲置劳动力。但是"扶贫车间"的运行也并非想象中那样顺畅，最初并没有出现妇女们"蜂拥而至"的场景。其困难也是来自劳动力的闲置。

为什么会出现闲置劳动力很多但满足不了扶贫车间用工需求的情况？最初的设想是村里的妇女有迫切地想挣钱的欲望而苦于没有条件和渠道，扶贫车间正好可以满足她们的需要。深入了解才发现多数妇女没有挣钱养家的想法，即便家中没有需要照料的人，她们也不出去挣钱，挣钱主要依靠丈夫。

> 我们乡里统一组织召集村民进行宣传，有些妇女宁愿在家里闲待着也不去上班，然后我们又逐家上门做工作，讲透政策、讲透意义，可谓苦口婆心。说到底，懒散惯了惰性就大了。（XGB，2020）
>
> 上班就不自由了，肯定受约束，一辈子没被约束过，受不了。挣钱是男人的事，我把家看好就行了。（CM，2020）

在家庭生活上，受封建思想的影响，部分农村妇女仍然把个人生活幸福、人生理想寄托在丈夫、子女身上，缺乏自我意识，缺乏自立自强的精神，默默地扮演着从属的角色，依附思想严重。妇女增收意识淡薄，从家庭经济收入状况看，"半边天"的缺位成为家庭经济状况差甚至贫困的主要原因，对这一问题的认识也成为精准扶贫中产业扶贫和"扶贫先扶志"的着力点。

经过政府动员以及培训补贴、稳岗补贴等政策支持，以及较早进入车间的妇女们的示范带动，进入扶贫车间上班的妇女逐渐增多。从不熟练到成为得心应手的熟练工，从不误家务和农活到以车间工作为主，妇女的生产生活方式、生活习惯及精神面貌都在发生着明显的变化。

在这个过程中，加班与否成为妇女转变的又一个突破性、标志性成就。扶贫车间中订单数量决定了企业的发展空间和赢利水平，而能否如期高质量完成订单任务则是企业的生命线。如此，加班对于入住扶贫车间的企业而言便成为紧急情况下甚至是常态化的需要。但由于妇女们受生活习惯和观念的影响，多数妇女对于加班没有兴趣。"在厂子里干了一天活，晚上就不想再受累了""平时晚上睡得早，没有熬夜的习惯""钱挣多少是个够呀？差不多就行了"。不加班的理由有无数种，但是这种状况也在迅速转变，许多扶贫车间由下班人走屋空到晚上灯火通明，越多越多的妇女晚饭后又走进了工厂。

这种转变也是妇女们由农民向产业工人转变的内在表现，分析其原因有三：

一是对收入的追求。妇女进厂上班的主要甚至是唯一动机就是为了获取收入。这种对于收入的追求既有来自对家庭生计需求的考量以及因有了稳定收入后自己家庭地位的改变，也有与同事竞争的动机。

> 以前全家就靠老公自己打工挣钱，吃喝倒是没问题，但其他打算就没法去做了。没搬家那会儿想着把房子装修一下，钱紧，一拖就快十年了，要不是政府搬迁，还在拖着。现在我也挣钱了，就宽松多了，我一个月两千多，有时候也能到三千，平时花销都够了，老公挣的钱可以存起来了。（CM，2020）

在扶贫车间上班获得稳定收入对于妇女无论在理念上还是现实生活中，都使她们对自我的角色定位更加清晰。一方面在家庭中的地位明显提升。农村妇女虽然承担着家务劳动，但是由于家务劳动的零散性和无价值感，事实上使妇女对于自己作为劳动主体的意识愈发淡薄，不仅如此，家庭其他成员以及村民对此也持同样的认知。

> 我也承认我对家庭的贡献不大，不是说我拉扯孩子照顾这个家不重要，而是一天基本上是没事干，串门子拉闲磕自己也觉着无聊。自从上班了改变太大了，以前我婆婆不过问我家的事，老觉着我啥也不干看不上我，现在主动过来给做做饭。（CM，2020）

另一方面参加社会工作获得了积极的社会评价，极大地促进了妇女们自信心的提升。"每天上下班遇到熟人都会问"上班去呀?""下班了?"，感觉自己真正成了上班族，有一种从未体验过的自豪感。

因为是计件付酬，业务熟练不熟练、产品合不合格、加班不加班等都直接影响着员工的收入。正如调研中有的妇女所言："上班开始挣钱了也就开始在意挣钱多少了。"车间负责人说，一般领工资比较多的，一定是工作更积极的，这里面既有收入的竞争，也有"面子"的因素，落后了会觉得不好意思。

> 工人们主动过来加班儿，有时候干到两三点钟，朋友圈很多人都给我点赞。在一个山村的晚上，过去都是天黑就睡觉了，现在呢，大家能够主动加班，真的是，别说我想不到，我相信更多的人都想不到。他们渴望这份工作的态度，更加坚定了我把这个把扶贫车间做下去的信心。（车间负责人，2020）

二是责任与感恩。脱贫攻坚路上，一个都不能少，一户都不能落。妇女是脱贫攻坚的重点对象，也是脱贫攻坚的重要力量。如果身心健康的妇女没有融入当地的产业发展或通过外出务工获取有效收入，则扶贫就不是真扶贫，如果如此而实现了脱贫，则意味着没有扶真贫。党的十八大以来，我国在脱贫攻坚战中更加重视妇女参与和受益，出台一系列扶持妇女脱贫的政策和举措，为贫困妇女脱贫致富提供强有力的保障，妇女的积极性空前高涨，参与度得到极大提高。在此过程中，越来越多妇女的内生动力被激发出来，使"让我脱贫"的被动思想转变为"我要脱贫"的主动意识，经历了从"等、靠、要"到"主动干"的人生蜕变，表现出强烈的对脱贫攻坚和家庭发展的责任担当。

国家下这么大力气扶贫还不是为老百姓好？咱可不能拖后腿。（CM，2020）

挣钱致富就是自己的责任，是自己家的事，有手有脚都待在家里不可能发财。（CM，2020）

把厂子开到家门口就是让大家有地方挣钱，更容易挣钱。钱都送达手边了，你不伸手去取，活该受穷。（CM，2020）

"天雨不润无根之苗"，只有激发出群众的内生动力，才能使群众主动积极地发家致富，也才能从根本上确保脱贫效果持续稳定。具体到扶贫车间，这种责任感是与"感恩"紧密相连并通过感恩得到体现并强化的。"感谢老板给我们提供这么好的挣钱机会"，这是在访谈中最常听到的话语。"不影响照顾家还能挣到钱"，这是对"好的挣钱机会"最有认同感的诠释和感悟。"这里的人们朴实，也都特别愿意挣这份钱"，这是某车间负责人张先生打消顾虑，扩大投资规模建厂房的原因。"在她们的思想里不完全是靠雇佣关系在工作，很多人觉得我建厂帮了她们，所以干活很投入，学习也很快，有了比较急的订单大伙都积极加班，很多次都到了凌晨两三点，很感动。"

三是工作氛围和新奇感的吸引。农村妇女的生活基本上处于原子化状态，这种状态虽然自由，但也孤独。"整天没事干，也不想干啥"，这是多数受访妇女们对以前生活状态的描述。家务劳动被大多数人看作妇女的本分，但对妇女而言并非发自内心的"乐而为之"，因单调、枯燥和缺少成就感而使她们不再有探索的热情与活力。这一切都在她们成为企业员工后有了改变。工厂里热火朝天的生产场景和热烈和谐的同事关系所营造出来的团队氛围对妇女具有很大的感染力，成为吸引她们来扶贫车间上班的一种动力。

> 在工厂上班伙伴多了，能聊得来的姐妹多了，大家在一起说说笑笑，每天都很开心，感觉干活很轻松。（CM，2020）
>
> 以前在村子里每天就那点事，做不做都行，就那几个人，也没啥可聊的，车间里有一些本村的，也有邻村以前不认识的，上班后认识了许多人，感觉整个精神状态都变了。（CM，2020）

尽管平时也与同村姐们串门聊天，但一方面长久陷入消磨时光的无意识，本身就是浪费时光；另外就是同村姐们越来越少，能聊得来的更少。在车间里妇女们切磋技术是她们交流的重点内容。"她们都不甘落后，熟练工是大家羡慕的对象，在这个圈子里就是明星。"互相观摩，新手主动向熟练工请教，学习技术的气氛非常浓厚。

> 我特别喜欢这个感觉，大家一起交流，一起学习，好好工作，多多挣钱。而且老板对我们非常好，每次加班老板都给我们带糕点水果牛奶咖啡啥的，中间吃点宵夜聊聊天，特别热闹。（CM，2020）

生产的产品带给妇女们的新奇感和自豪感也是对她们的一种吸引和激励。农村妇女，特别是那些没有外出经历的妇女常年生活在落后闭塞的农村，获取信息的手段和渠道很少，缺少对于外部世界的体验和感悟。对于一些平时生活中常见常用的衣服、背包等物品以及那些未曾见过更未曾使用过的酱菜篓、景泰蓝以及玩具等物品，到底是如何生产出来的，往往深感遥远而神圣。而进入车间并亲手参与生产就充分认识了物品本身，还深度了解了它们的生产过程，"真的是开眼了，即便出去打工也不见得能认识这些东西""年年买衣服才知道衣服是怎么来的，也学会看衣服的质量了"。工业生产线上的产品对于城市人而言都是陌生而新奇的，更何况是农村人呢？产品的新奇感带给思想观念封闭的农村妇女强烈的冲击力。"上班族"的经历提高了她们的见识、拓宽了她们的视野，也丰富了她们的知识和经验。而从她们手中生产的产品也全方位地解析着眼界、世界以及由参与"国家大事"而洋溢的满足和肯定。她们生产的产品大多是出口订单，这些"洋玩意"被分销到世界各地；很多扶贫车间生产口罩、防护服等防疫抗疫产品，在抗疫中发挥了重要作用。车间负责人告诉我们，工人们得知自己是在为抗疫一线生产急缺物资后，工作积极性很高，也更愿意加班。"口罩、防护服这些物品我们都能生产，一开始听说，我们都不相信，现在我们生产了好几个月了，能为抗疫做贡献，非常自豪，如果不是这个厂子，做贡献只能待在家里了"，受访者满脸洋溢着激动，风趣地和我们分享她的感受。

可以看出，借助扶贫车间，妇女由闲散劳动力成为"上班族"，其所产生的积极效应集中体现在脱贫攻坚中特别强调的"扶志"与"扶智"上。从最初的"不情愿""观望""需要动员"到现在成为一名职工，有了固定工作和稳定收入，她们的命运也随之发生了根本性改变。她们为家庭收入做出了"看得见"的贡献，家庭地位提高，从主内转变到既主内又主外，从单纯的家庭角色转换到家庭角色和社会角色并重；劳动意识增强，从传统的依附者转变为具有独立意识的"劳动主体"，自我发展能力不断提升；经济上的独立性大大提高，思想解放步伐加快，接受现代信息增多，适应形势发展的能力增强。这些特质和转型对于贫困山区的妇女而言可以说是迎来了一次大解放。这一解放是对其内生发展动力的唤醒，为她们注入了活力，进而使她们在家乡社会经济发展中发挥更大的作用。

四是残疾人和老年人等弱劳动力获得了非农就业的机会，从此有了体现自身价值的平台。对农村残疾人而言，因为残疾而无法外出务工或者因外出务工致残而返回家乡者，在农村无论从事种植业还是养殖业，均因身体障碍而无法达到摆脱贫困的标准；而老年人的状况与残疾人群体极为相似，无论是从未有过外出务工经历的还是因年龄障碍在外难以找到工作机会而返乡的第一代农民工，他们除了从事力所能及的种养业，主要的生活来源便是社会保障和子女提供的经济支持。搬迁后，失去了来自土地的收入和从事农业生产对于人生价值的寄托，"无用感""负担"以及夹杂其中的顾虑和不安，考验着易地扶贫搬迁的"稳得住"。

> 我今年46岁，三十多岁的时候在外打工失去了右手。地里的活干不了了，养了几只羊，养多了也顾不过来，缺一只手做活很不方便。搬过来后羊也养不了了，按说住在县城找活容易，但是残疾人就难了，心里着急呀，虽然有低保，但是感觉自己就是个负担。(CM，2020)
>
> 我今年62岁，在老家的时候我种着两亩多地，还有一个小菜园子，收入不多，但吃饭没有问题，平时花钱的地方少，没有就少花呗。活不多也不累，但每天忙忙乎乎地也不闲着，心里比较踏实。刚搬来的时候哪也不熟悉，也没事干，打工肯定没人要咱，每天在小区站墙根，很无聊。(CM，2020)

可见，老年人、残疾人等弱劳动力搬迁后面临着难就业、"无所事事"的困境。尽管来自各种渠道的收入已经使他们跨过了贫困线，成功脱贫，但如果想通过进一步增加收入以提高生活质量，却没有更好更多的选择。这种境况所产生的连带效应十分明显：除增收困难外，弱势人口因脱离劳动而自信心受损，消极的自我形象增强，对身心健康产生不利影响，因而对新环境的适应难度增大，从而增加了易地扶贫搬迁的风险和隐患。

"扶贫车间"以其工作时间灵活，对从业人员的文化水平和技能水平没有太高要求的特点，吸引了大量老年人、残疾人参与其中。"没有想到我也能上班""我这个岁数在外面不可能找到活了，打扫卫生都不要你，现在只要你愿意干就有活"。调研中，车间里的老年人和残疾人对现状表示满意，对所从事的工作也能胜任。被访者 S 大爷在背包生产车间工作，他的工作是将做好的背包翻过来，先用右手将背包放在立柱上，用没有左手的手臂简单辅助就可顺利完成这个工序。

> 我虽然是个残疾人，但做好这个工序一点也没问题。我一个月挣两千多，从来都没有想到过我这个缺一只手的残疾人还能上了班。出事后我的脾气也不好，家人跟着遭了不少罪，现在好了，住上楼房了，也有了工作了，一切都好了。(CM，2020)

由于自身身体的缺陷，很多残疾人都有严重的思想包袱，心理脆弱、自卑心理严重、对未来没有信心，而这一切还是源于自身在参与生产劳动上存在着较大的困难和障碍以及社会对残疾人的固有认知。"扶贫车间"让残疾人能够参与力所能及的非农劳动成为产业工人，对很多农村残疾人而言这是对一生中鸿沟的逾越，这一逾越改变了残疾人对自己、对社会的认知，也使公众对这一群体产生全新的印象和认识，从而有利于帮助残疾人融入社会。

调研中的一个扶贫车间专门用于核桃破壳取仁，这是 F 县某乡根据搬迁群众老人多的特点而引进的某食品公司设立的扶贫车间。核桃加工除少量机器加工外，需要大量的人工破壳取仁。在器械的辅助下非常轻松，正好可以安排大量搬迁入住的低技能人口。两个车间吸收 200 多名群众就业，其中 60 周岁以上的占了 70%，岁数最大的 85 岁。

> 刚搬过来那会没事做，心里慌呀，房子倒是好得很，可是吃啥喝啥呀？自从第一个月领了工资就踏实了。这活谁都能干，也都能干好，比家里的活轻松多了。我第一个月挣了 1800 元，现在都在两千多，这么大岁数了还能打工挣钱根本没想到。月月有收入，不用孩子们接济了，我们想买啥就能买。再说了，干活也是活动，从家里走到车间，然后就干活，本身就是锻炼身体。来车间后，手脚也灵活多

了。（CM，2020）

受访者很健谈，越说越激动，周围一起干活的老人们一边"咔咔"破壳，一边满意地附和着，脸上洋溢着满足和兴奋。

有的扶贫车间用工以老年人为主，有的扶贫车间老年人从事其中的几个简单工序，如翻包、检验拉链、穿拉链头、剪线头等杂工。调研中我们发现几乎每个扶贫车间都有老年人工作的身影。在 F 县某镇安置区扶贫车间我们看到一个老太太，今年 70 岁，专门剪帽子上的线头，这是帽子生产过程中的最后一个环节。剪线头不计件，每天 30 元。老人干活很细心，身边已经整齐地码起一垛垛帽子成品。"我每天过来，不紧不慢地做，在家闲待着没意思，这个岁数还能上班挣钱，多好。"

扶贫车间使残疾人、老年人摇身变成"上班族"，在增加收入的同时也获得了自我实现的满足以及身心健康状况的改善与提升。一是重新认识了生活的意义，树立起积极的生活态度。二是从农业到非农产业的转变使老年人保持着好奇心和积极性，促使其继续学习和探索新事物。三是做一些力所能及自己擅长的工作，使精神有所寄托，人生价值得以体现。四是有了收入有了寄托就有利于克服各种适应障碍，从而以积极的心态拥抱生活。可见，在积极应对人口老龄化成为新时代国家战略的背景下，"扶贫车间"所带动的老年人"参与"实践，成为积极应对老龄化的积极老龄化的创新性实践范式。

三是激发了内生动力，夯实了稳定脱贫的基础。稳定脱贫最根本的保证就是有稳定的收入，发展产业无疑是稳定增收的最有效途径。只有产业兴旺，才能给贫困地区源源不断输血，既可使贫困家庭脱贫致富，又可使农村集体经济焕发活力。扶贫车间在贫困户家门口提供就业，同时为提高农村经济、促进乡村振兴输送了动力源，切实发挥兜牢民生底线的作用。①"扶贫车间"不但实现了贫困群众就近就业，而且有助于弘扬勤劳致富的传

---

① 孙盛龙. 国内扶贫车间发展研究［J］. 生产力研究，2020（10）：7-9.

统美德，让贫困群众发挥自身力量，产生内生动力，实现获得感和优越感。

第三，扶贫车间发展壮大的经验。片区各县都将发展扶贫车间作为吸纳闲置劳动力就近就业增收的重要举措，大力投入积极布局，在很多地方确实发挥了短期增收和改变群众等要靠思想的积极作用。但调研中也发现，一些地方的扶贫车间"建设火热，运营冷清"，有的是厂房建好了，没有招来企业入驻；有的是企业租赁了厂房，享受了一定的优惠政策但是不投产。结果导致投资建造的厂房长期闲置、停摆，难以带贫益贫，造成财政资金的极大浪费。F县始终把加强扶贫车间建设作为就业扶贫的有力举措，在运营模式、政策补助、营商环境及收入保障等方面不断摸索创新，将"扶贫车间"打造成该县助农带县的典范。其值得借鉴的经验有三：

一是政府重视，大力扶持。F县扶贫车间的发展从规划布局、招商入驻、带贫益贫机制设计以及推动产业优化升级等各个方面政府都积极参与全力推动。特别是通过奖补政策吸引和通过优化发展环境进行保护和培育两个方面对扶贫车间健康发展产生了积极作用。

> 对想要办厂的老板来说，赔赚是个未知数，但办厂需要投资，如果不慎，可能一家生活受到连累。虽然这里比较偏僻，但由于县里给的政策好，购机器给补贴，还免费提供厂房，就毫不犹豫过来投资了。（车间负责人，2020）

为扶持全县家庭手工业健康发展，2014年F县出台《关于支持新型家庭手工业发展的实施意见》鼓励当地农民、各类手工业人才和客商发展家庭手工业。对发展家庭手工业的农户给予免征所得税、营业税、城镇土地使用税等各种优惠，对符合条件的小型微利企业按减20%的税率征收企业所得税。2015年F县又制定出台了《关于家庭手工业发展的扶持政策》等优惠政策，对在县域内经营两个月以上，经验收合格的手工业加工企业新购进的缝纫机每台给予2000元补贴，对符合要求的手工业企业从业人员给予为期 90 天每人每天 40 元的培训补贴。对企业正常经营 12 个月以上，根据带动工人人数和发放年工资总额超过 30 万元以上的企业，给予 1 万元至 20 万元不等金额的奖励。

减免税收、购机和开业前三个月给予资金补贴等优惠政策推动了 F 县家庭手工业发展驶入快车道。2020 年为实现"愿意来，稳得住，做大做强"的目标，县政府进一步优化和强化政策扶持力度，奖补力度更大，涉及范围更广。

二是改善和优化发展环境。1. 规范对手工加工企业的行政执法检查。除按照法律法规进行的监督检查外，要求任何单位和部门不得到企业乱检查、乱验收、乱指导、乱整改；不准擅自扩大检查范围和改变检查内容；不准违反规定，擅自查封、扣押、冻结、划扣、没收企业的财物；更不得以任何名义和形式进行无偿占有；杜绝任何形式和名义的人为增设门槛、非法检查指导、扰乱生产秩序等影响企业正常生产经营活动的行为。2. 规范对手工加工企业的收费行为。除按照法律、法规进行的税费征缴、行政收费等事项外，要求任何单位和部门不得企业乱收费、乱罚款、乱摊派；不准强行要求企业提供赞助、捐赠、订购报纸杂志、书籍、音像制品等；不准强行要求企业购买指定商品和接受有偿服务；不准借检查之机，吃拿卡要，以权谋私，中饱私囊；不准接受企业的宴请和营业性娱乐消费；不准接受企业的礼品、礼金和有价证券。

三是培育社会组织助推手工业发展。相继成立了"F 县手工业协会""F 县手工业发展促进会"，这两个组织积极发挥着桥梁作用，组织会员开展培训、订单对接、技术交流等活动，进一步规范对手工业加工企业的组织领导，推进上档升级，规范管理，助推全县手工业健康有序发展。在促进会的努力下，阜平县先后成立了诚捷和阔博两个物流公司，专门负责家庭手工业的原材料和成品运输，以降低企业成本。在企业管理方面，不断加大对工人技术培训力度，从白沟选派技术员入驻企业，开展技术指导，通过提升工人技术水平来提高产品质量，并推行计件工资制度，工人多劳多得，全面激发工人工作的积极主动性和能动性。按照发展规划，该县将适时到白沟新城、容城、蠡县等产业基地组织举办手工业项目推介会，宣传资源及政策优势，开展企业对接交流活动。

四是领导发挥着决定性作用。与一些地方的扶贫车间"开花不结果"，沦为形式主义扶贫不同，F县扶贫车间不断发展壮大，上档升级。这些成绩得益于政府的高度重视，更是与一个人的推动密不可分。这个人就是手工业领导小组办公室主任邢某。他于2015年到F县挂职，利用自己在手工业发达城市的工作经验和业务关系，抱着"兴一个产业，富一方百姓"的信念，打开了F县手工业发展的局面。

> 当地地处深山，长期贫困，人们的思想观念很落后，就是政府机关干部们也是观念陈旧、思想保守。最初他们都认为当地妇女太懒惰，即便建起车间也不会过来上班，认为干不成，所以不愿意去推动这项工作。（邢主任，2020）

邢主任深入一线了解F县手工业发展现状，了解当地闲散劳动力的状况，在此基础上推动当地政府出台了一系列关于家庭手工业发展的扶持政策，为家庭手工业发展注入催化剂。邢主任积极向白沟企业家宣传F县的扶持政策以及劳动力丰富等优越的办厂条件，经他牵线搭桥，多家外地企业成功入驻。

在他的努力下，F县手工业发展有了坚实的基础，开始向着做大做强的目标迈进。但是，任何工作都是由人来推动的，如果当地干部的思想观念不改变，邢主任一旦离任，F县的家庭手工业将面临一定的风险隐患。

> 这是我最担心的，虽然我在开展这项工作中特别重视制度上的建设，努力搭建好发展框架，甚至最难的，做群众的工作，调动她们的劳动积极性，我都开展得很成功，但是一路走来，我的感受是，工作成功与否，人的因素是最关键的，特别是能力和信念。（邢主任，2020）

(2)产业园区吸纳就业。产业园区是聚集产业的载体，也是吸纳就业的平台。所谓产业园区吸纳就业，主要是通过依托工业园区、农业园区、龙头企业等，在灵活选址和规划的前提下，建设集中安置社区，实现新建园区和社区两不误和两促进，在增强迁建区域经济发展后劲的同时，使搬迁对象实现就近就业，以解决搬迁贫困户的生计问题，引领群众增收致富，增强其自我发展能力。

产业园区吸纳就业的类型。在易地扶贫搬迁的过程中，为确保易地扶贫搬迁群众能够"搬得出、稳得住、可发展、能致富"，地方政府搬迁安置选址以产业园区为依托，通过整合资源、用活政策，带动贫困户增收脱贫。产业园区吸纳就业主要形成了两种类型：一是搬迁安置区与产业园区"两区同建"，即利用自身区域优势，结合贫困人口自我发展能力，在建设安置社区的同时在其周围同步建设产业园区。"两区同建"这一概念起源于山东省德州市宁津县的实践。该县的五个村庄合并建成大社区，并建成蔬菜产业园，组织农民进入产业园区就业打工，成为产业工人。不仅促进农民生活方式和生产方式实现了"两个转变"，还推进城乡基础设施、公共服务、产业布局等方面统筹发展，最终构建起城乡经济社会一体化格局。[①] 其二便是在已有的经济开发区（或产业园区）附近建设搬迁安置区。这样，工业园区发展可以为移民提供更多的就业机会，解决搬迁群众就业安置问题。

产业园区吸纳就业在片区的实践。自2016年起，片区从解决搬迁户长远生计着手，按照有利于方便群众生产生活，有利于土地资源节约集约利用，有利于产业发展的原则，采取并实施搬迁安置社区与产业园区"两区同建"和直接依托产业园区建设集中安置区，积极引导贫困户进行有序转移就业，形成了各地符合实际的产业扶贫经验。

第一，"两区同建"移民搬迁模式。两区同建是生产生活同步考虑，搬

---

① 杨亮. 两区同建：德州市新型城镇化模式研究[D]. 济南：山东师范大学，2017：9-10.

迁安置社区和产业园区同步建设。将扶贫产业支持重点放在安置区，部署在移民安置点周边。在产业发展方向上，强化深度融合，根据安置点实际情况，坚持宜工则工、宜农则农、宜游则游，同步规划农业、工业等产业园区。工业园区重点发展劳动密集型产业，实现企业用工与社区居民就业双赢；农业园区则大力发展现代农业，加快土地流转，实现规模经营，发展设施农业。

针对"两区同建"推进过程中的关键问题，各地重点围绕土地、资金、建设等三个领域创新思路举措：一是把握土地规模经营这个前提。土地集中流转、规模经营是发展现代农业的前提。该县探索推进了"股份+合作"的土地流转模式，农户以农村土地承包经营权入股合作社，合作社统一建设园区、发展产业，破解土地"细碎化"的问题。二是充分发挥市场主体作用这个核心。通过政策倾斜、项目支持、资金帮扶等方式，最大限度地发挥市场的主体作用，引导辖区企业积极参与移民安置小区和现代农业园区建设，形成政府引导、企业推动、市场决定的局面。三是着力破解金融制约这个关键。针对易地安置小区和现代农业园区建设中的资金问题，充分发挥专项资金、社会资金和帮扶资金的主渠道作用，积极探索PPP融资模式，设立"政银企户保"和"金融富民农户贷"金融扶贫平台。各地"两区同建"坚持把目标任务和群众意愿有机结合，取得了很好的效果。例如，承德平泉市梓椤树社区，通过集中居住社区和集约化产业园区同步建设，使得原村民在中心村实现了城镇化集中居住、产业化园区集中就业，走出了一条农村城镇化的发展之路；保定市阜平县大力推行"两区同建"，在集中安置区同步建设养殖园区、高效林果基地等"两区同建"项目248个，覆盖搬迁群众1.7万余户，实现年户均增收1.1万元；涞源在县城和白石山两个大型安置区内投资5.29亿元，分别集中同步建设搬迁扶贫产业园区。县城扶贫产业园区引进家庭手工企业41家，新增就业岗位4000余个。白石山片区扶贫产业园区引进容城毛绒玩具、北京丰台绿山谷芽菜等劳动密集型企业入驻，增加就业岗位达3000个。

第二，依托已建成产业园区移民搬迁模式。利用已建成工业产业园入住企业多、基础设施较好、公共服务配套、就业岗位多的优势，打造易地扶贫搬迁转移就业基地，将易地扶贫安置小区建设在其周边，可以让安置搬迁对象进厂务工，解决搬迁群众就近务工就业问题，实现搬迁户从农民到职工的身份转变，为搬迁群众在"家门口"就业、脱贫提供了有力保障。依托产业园区移民搬迁模式在各地较为普遍，其优势在于产业园区基础好，吸纳农村转移劳动力能力强，有助于居民实现稳定脱贫。例如，尚义县在县城安置区充分发挥经济开发区引领作用，实施辽宁大金风机塔筒制造、白羽肉鸡肉制品精深加工、雪川异型薯全粉加工、冷榨胡麻油深加工项目，吸纳了3500多人就业。

N县产业园区吸纳就业实践及效应

第一，N县产业园区吸纳就业发展情况。N县县城集中安置区是N县最大的易地扶贫搬迁集中安置点，占地398亩，总建筑面积27万平万米，共建设楼房69栋3102套，安置搬迁户3207户7934人。脱贫攻坚以来，N县着眼整村搬迁、集中安置，探索出了闭合式易地扶贫搬迁的新模式，涉及"两区同建"和"依托产业园区"两种模式，旨在千方百计扩大搬迁群众的就业增收，真正把"群众口袋鼓不鼓、富不富"当作考验易地扶贫搬迁成效的试金石，确保易地扶贫搬迁群众能够实现"拔穷根、挪穷窝、迁新居、立新业"的目标。

"两区同建"模式就是在安置区附近同步配套建设农业产业项目区。园区占地面积509亩，总投资5610万元，建设了164座日光温室，全部种植高端有机果蔬，年产量120万公斤以上，总产值可达1100多万元。日光温室蔬菜大棚是"脱贫产业区"的重点项目，主要采取了三方面措施带动贫困户稳定增收。一是股份分红。将扶贫对象的政策扶持资金等生产资料折价入股，由企业统一管理和生产经营，结成联股、联利的共同体，通过入股分红形式，实现股份到户、利益到户。二是安置就业。通过直接招聘入住安置小区劳动力的形式吸纳就业。园区种植基地安置长期工40多人，每年季节性用工100人左右，为有劳动能力的贫困户提供打工机会，实现稳定增收。三是土地流转获益。企业通过流转土地带动当地73户贫困户，年户均增加收入 4880 元，扶贫脱贫效果显著。

> 园区大棚主要是蔬菜，一般都是应季蔬菜，有西蓝花、西红柿。具体分红就是通过上面专门的扶贫资金注入，然后一年后给这些老百姓分红 500 块钱。园区招聘 40 多人为长期工，剩下的是季节性的，不是说一直都用人。一般来说，最多时候用人能达到 100 多人，主要负责种、管、收、包装等工作。工资淡旺季有差别，这几年农田务工工资上涨较快。（农业产业园区负责人，2021）

依托已建成产业园区模式在 N 县具有一定典型性。出 N 县县城，沿国道 111 线一路向南 10 余公里，便是经济技术开发区。县城安置区依山而建在开发区核心地段附近 5 公里的上坡处。因此，可直接通过经济开发区产业集群的优势，紧紧抓住京津冀协同发展、北京非首都功能疏解以及怀柔对口帮扶 N 县的有利机遇，依托怀柔科学城、国际会都、中国影都的建设，利用"一园一基地一孵化器"，引进一批产业项目落户产业园区。在易地扶贫搬迁之初，N 县就聚焦以就业促脱贫，在政策范围内最大限度地让利于民，近三年来共引进 35 个重点项目落成，总投资达 110.51 亿元，可为各类劳动者提供大量工作岗位，给安置区居民就业提供了有力保障，切实增强了主导产业吸纳贫困劳动力就业的能力。

> 安置区最初建设的时候主要就是考虑依托经济开发区的工业园区来进行建设的，其目的就是为富余闲置的劳动力提供大量就业岗位，让人们可以就近就业，解决搬迁之后的后顾之忧。（扶贫办负责人，2019）

目前开发区已形成了三大主导产业：以远景能源、宏亭汽配、雁阳汽配、德重电子等为代表的高端装备制造产业；以平安高科、金田麦食品、朴诚乳业等为代表的绿色有机食品产业；以河北恒钏发泡陶瓷、北旺装配式建筑等为代表的新型建筑材料产业。全区共入驻各类企业71家，产业规模逐渐壮大，产业链条不断延伸，带动效应持续增强，推动开发区绿色创新高质量发展，为安置区居民提供了千余个就业岗位。

> 对于安置区的就业情况，园区企业能提供两千多个就业岗位，争取让广大搬迁群众找到满意的工作。目前，安置区有1300多人在工业园区内上班，有保洁员、保安，也有一些生产线上的熟练工和技术工。熟练工和技术工主要是外出务工回流人员。（安置社区负责人，2019）

第二，产业园区吸纳就业的积极效应。通过产业园区吸纳就业的方式，为安置区群众创造了大量的就业机会，增加了农户收入，提高了搬迁群众的生产条件和生活质量，劳动就业及产业发展的问题得到了有效解决。在这一模式下，社区是基础，是"安居"之所，集中为农民提供近乎城市的生活环境，产业园区是支撑，使其"乐业"，提供了与城市打工所获收入相当的就业机会。具体而言，产业园区吸纳就业的模式具有几方面的积极效应。

一是拓宽了就业渠道。在实施易地扶贫搬迁项目之前，村民们的发展方式较为原始、单一，除部分青壮年劳动力外出从事非农就业外，没有外出的农民主要从事传统的种养业，在牛羊养殖业受市场和禁牧政策的影响以及种植业受制于一家一户小农模式的局限下，农民的收入水平非常低。搬迁后，土地流转解除了土地对于农民外出就业的牵绊束缚，加速了搬迁群众向非农就业岗位的流动。更加丰富的就业方式、更高的劳动收入，是通过产业园区吸纳就业带来的改变。由于"两区同建"推进和产业园区的依托，更多的就业方式和就业岗位被创造出来，搬迁群众有了更大的就业选择空间，既可以到农业园区从事农业生产，也可以在工业园区从事服务型和技术型工作，还可以自主创业。

搬迁之前，我们家就靠几亩地生活。搬到这里最初也很慌，不知道该干什么，不过很快招工的地方就多了，社区不断通知。蔬菜大棚招工时我过来了，感觉这个工作很适合我。活儿也不累，一天一百，一个月能挣个三千来块钱，比起在村里看"天"吃饭可强太多了。（CM，2019）

园区依托最关键的环节在于就业。产业园区吸纳就业越多、越稳定，搬迁居民越能够顺利就业，获得理想工资收入，越能够确保"搬得出、稳得住、能致富"的目标实现。这其中最重要的问题就在于，园区的产业能否承担新增居民的就业压力，并提供足以维持其生计的工资收入。因此，为了促进搬迁群众就业、稳定增收，N县精准施策，因地制宜培育发展主导产业和特色优势产业。不断强化就业服务体系建设，通过社区和企业进行对接，及时了解园区内各类空岗信息、用工需求，长期为居民搭建就业平台。开发区管委会联合安置区、人社局、妇联不断组织招聘会，邀请开发区企业参与，为群众提供大量就业岗位，帮助居民实现稳定就业和灵活就业。

搬出穷山沟的王宝刚，经过选拔来到经济技术开发区内的怀丰产业园工作，成为一名产业工人。"每天骑车只需10多分钟就能到厂子。跟企业签订了长期劳动合同，每月收入都有保证。"种了半辈子地，如今成了工人，王宝刚自然是新鲜而激动："有做梦的感觉。起初有人担心能不能待得下来，如今，许多搬迁过来的人和我一样，在家门口就找到了工作。"王宝刚的妻子也在这个产业园，夫妻俩每月合计能挣七千元左右，孩子也转到了县城小学读书。实践证明，靠着产业园区吸纳就业既能为移民解决就业又能为园区输送一批劳动工人。

而对于那些文化水平不高又没有一技之长的搬迁群众，政府则把技能培训作为抓手，通过培训使搬迁户真正能够掌握一门就业技能，同时也帮助他们进一步转变就业观念，学有所得，学有所获，为实现稳定就业奠定基础。

安置区的居民文化程度普遍不高，不少人在车间技术岗还是不太能胜任，因此很多人更愿意选择或者是只能选择去企业和建筑工地当力工。但是咱们还是会专门组织免费的技能培训或者直接推荐去企业里以工代训也可以说是做学徒的，帮助他们树立新的就业和生活观念的同时，培养满足企业需求的技能人才，去年就培训了一千多人。（社区就业办公室工作人员，2020）

二是有效缓解"三留守"难题。搬迁安置后，随着产业园区入驻企业的增加，就业机会也不断增多，为搬迁群众就近就业、返乡就业创造了条件，极大地缓解了"三留守"问题。一方面，没有外出的农村劳动力有条件和机会在家门口就业，不但避免了家庭分离，而且还可以降低外出务工的生活成本；另一方面，有些家庭在搬迁前夫妻一方或双方外出打工，而搬迁后因为有高质量的新居吸引以及能在家门口享受便捷的就业机会，从而选择返乡就业，圆了家庭团聚梦。更重要的是，有利于解决农村妇女的就业问题和困境，增加其经济收入，提高女性的家庭地位。

头两年我在矿上打工，每天累死累活也挣不多点儿钱……家里只有老娘和一个孩子。现在我在建材城里干点活，就想着早点把孩子供出来，再一个主要离家近，能给老人做点饭，现在自己还能照顾自己呢，等过两年身边肯定离不开人，所以也就不打算再出去了。（CM，2019）

以前我和孩子他爸在北京打工，一年到头也回不了家两趟，现在都在家门口上班，能顾家也方便。还是在家好，能给孩子做饭，送他上学，又能伺候家里老人，这岁数也大了，身边没个人可不行。（CM，2019）

由此证明，社区依托园区建，园区围绕社区转，能够很好地解决农村

"三留守"问题。搬迁群众家门口就业，既能为父母尽孝，又能给孩子关怀抚慰，这也是 N 县努力实现"就业一人，脱贫一户，稳定一家"的目标。一举多得，意义深远，守住温暖小家，创建和谐大家，促进社会稳定。

三是转变传统观念，提高生活质量。易地扶贫搬迁，让深山中固守传统小农生产生活方式的村民深层次地融入城镇化、市场经济和现代化的的生活方式。集中安置搬迁群众，尤其是城镇集中安置的搬迁群众承受着生产生活方式和文化心理等突如其来的巨变，特别是脱离传统生产方式后出现的获取收入来源的"真空期""空白期"，增加了他们心理适应的难度，不知道干什么，没有劳动，就找不到存在价值，对未来的生活充满顾虑和不安。加之搬迁伊始，配套产业园区自身的造血功能尚未健全，吸纳劳动力有限。搬迁群众很难在本地找到工作，虽然住上了宽敞明亮的新房，但消费却明显增加。

> 刚搬来那会挺不适应，种不了地了，养不了羊了，不知道该干啥，但是花钱的地方却多了。我们村有一些人搬过来后没有营生，一天天地打麻将，成宿成宿地玩，白天在家里睡大觉。（CM，2020）

随着产业园区更多入驻企业落地投产，以及政府就业服务体系的不断完善，安置区群众逐渐转变了"靠住墙根晒太阳，等着扶贫奔小康"的"等、靠、要"思想，形成了"在家待着半年闲，不如打工挣些钱"的新共识。

> 现在工作机会很多，随便找个活儿，每个月最低都有 2000 块钱左右的收入，维持家庭的日常开支就够用了。（CM，2020）

在物质生活水平提高的同时，精神生活也在不断丰富。白天在园区务工，晚上大家可以聚在一起聊聊天或跳广场舞，日子过得滋润充实。行为渐成习惯，他们逐渐从农民转变成了居民，已经在城镇生活中找到了自己的角色定位。

四是化解企业难题，助推园区发展。由于受疫情影响，劳动力流动受阻，不少企业陷入"用工荒""招工难"，同时疫情也使农民工跨区域外出打工受到了极大限制。这时，农民工为了生存不得不选择就近寻找就业机会，企业也顺势加大本地招工力度。针对这种情况，社区的作用便很好地发挥了出来。通过收集、摸排有求职意愿的居民信息，根据岗位需求及时向企业推送，确保求职人员与企业招聘岗位的匹配，让闲置劳动力就近就地就业；经常性地组织招聘会，搭建起企业与安置区劳动力之间沟通的桥梁。社区充分发挥其作用，使附近园区企业有效解决了招工难的问题。

> 疫情后企业全面复工复产，在招工方面确实存在很多困难，上个月社区又组织了一场招聘会，这个安置区是一个大社区，青壮年劳动力就有4000人左右，这次报名的人还算不少，确实给我们解决了一个很大的难题……农村人实诚，也不耍什么心眼，干活又很踏实，现在我们车间整个的效率都提高了一大截。（园区企业负责人，2020）

五是实现脱贫攻坚与乡村振兴有机衔接、一体推进。乡村振兴的核心是产业振兴，产业扶贫是乡村振兴最直接、最有效的衔接点。因此，产业园区吸纳就业是加快乡村振兴、推进城乡融合发展的重要平台。地方政府需要适应乡村振兴的时代要求，在支持推动产业集群发展中发挥出关键作用，按照有序调整分类优化、政府引导与社会市场协同的原则，促进企业高效发展，让脱贫人口和低收入人口稳定就业、高质量就业，[1] 这是提升乡村整体可持续发展水平，最终实现共同富裕的关键。同时，更为重要的是，人才是实现城乡融合发展的生力军和主力军，乡村振兴同样离不开人才这把"金钥匙"。产业扶贫为劳动力提供了更多的就业岗位，在"输血"的时候也在"造血"，从根本上解决了农村劳动力的思想贫困问题，也吸引了

---

[1] 蔡小慎，王雪岚，王淑君. 可持续生计视角下我国就业扶贫模式及接续推进乡村振兴对策[J]. 学习与实践，2021(5)：30-41.

越来越多的年轻劳动力回到农村，这些劳动力成为了乡村振兴的中坚力量。

2. 入股分红型

入股分红型一般有光伏扶贫项目和养殖种植项目。

（1）光伏扶贫项目。光伏产业是在产业扶贫中发育起来的一种新兴业态，光伏扶贫已成为扶贫工程中的重要模式。光伏因其简单、高效、一次投入即可长期获益而在贫困地区产业扶贫项目中被迅速推广，成为国家精准扶贫十大工程之一。光伏扶贫是贫困户中弱劳动力和无劳动力者实现增收以及村集体经济突破零增长的有效途径。燕山—太行山片区的 33 个县均属于国家光伏扶贫工程重点实施范围,[①] 光伏扶贫作为脱贫攻坚的手段之一和实现精准脱贫的重要举措，在片区各地得到快速发展，目前几乎覆盖了各县所有的贫困村和建档立卡贫困户。

片区大力推广光伏扶贫项目具有显著的优势：一是片区自然条件适宜光伏项目布局。光伏发电项目的选址优先考虑太阳能资源丰富的地区。片区地势偏高、常年日照时间长，空气透明度高、光照充分、太阳能资源丰富，在全国属于太阳能资源 II 类区域，特别是坝上地区，太阳能资源最为丰富。土地也是光伏发电项目选址必须考虑的因素。发展光伏项目以不占用基本农田为最佳。片区土地贫瘠，开发利用价值低，土地性质多为未利用地，盘活荒山、荒地、尾矿库等闲置土地资源的潜力大。特别是坝上地区，多为浅山丘陵，地势开阔、面积广袤，而且荒山、荒坡、盐碱地多。其他分布在太行山脉的地区，山地多且多为荒山荒坡，正好符合光伏项目对于电站选址土地性质的要求，为开发建设光伏项目提供了绝好的自然条件。近几年，太行山脉铺满"铁甲"，就是充分利用了太行山区光能资源和山地广阔的地理优势而大力发展起来的光伏发电产业。二是光伏扶贫项目

---

① 国家发展改革委等部委《关于实施光伏发电扶贫工作的意见》（发改能源〔2016〕621 号）。

开展条件简单，契合了片区贫困地区产业基础薄弱、农村劳动力短缺且弱质的客观现实。片区紧邻京津，生态涵养功能定位决定了片区在产业选择上的刚性约束，高耗能、高污染以及对水资源依赖强的产业均在严格限制之列。另外就是劳动力因素，片区农村特别是深度贫困地区的劳动力大量外流，常住人口不足户籍人口的三分之一，且多为老弱者。普通劳动力短缺，专业技术人员懂经营、懂销售、懂政策的青年人才更为稀缺。缺人问题始终是产业发展必须要解决的难题，而光伏产业则很好地规避了这些制约因素，满足了生态和劳动力等多方面现实问题的要求。光伏扶贫项目只需一次性建设投入，后续不需要复杂的管理和劳动，对于贫困农户而言能够省心省力持久获益。三是光伏扶贫项目是国家政策扶持的产业。光伏项目具有经济收益安全稳定、节能减排效果明显等特点，很好地兼顾了扶贫开发和生态保护，体现了"绿色发展"的理念。国家对光伏扶贫有着明确的政策支持，国家相关部委相继出台了支持光伏扶贫的顶层设计，如《关于实施光伏发电扶贫工作的意见》(发改能源〔2016〕621号)、《关于支持光伏扶贫和规范光伏发电产业用地的意见》(国土资规〔2017〕8号)、《村级光伏扶贫电站收益分配管理办法》(国开办发〔2017〕61号)、《光伏扶贫电站管理办法》(国能发新能〔2018〕29号)等，明确补贴政策、收益分配，规范项目管理、强调扶贫本质。各地为推进光伏扶贫也出台了大量的支持政策。政策支持对光伏扶贫项目健康发展，充分发挥光伏产业效能，加快扶贫对象脱贫致富步伐，助推精准扶贫工作开展发挥了重要作用。

片区的光伏扶贫项目主要有集中式和分布式两种建设模式。从产权归属和收益分配角度划分，主要有三种类型：一是利用贫困户屋顶或院落空地建设小型光伏发电系统，这种情况有的是建档立卡贫困户利用无息贷款安装的，产权和收益均归其所有，有的是村集体统一建设，产权归村集体，贫困户获取固定收益。二是以村集体为建设主体，利用村集体的土地或村集体租用村民土地建设小型电站，产权归村集体所有，收益由村集体、贫困户按比例分配，确保贫困户的收益占比。在光伏扶贫项目中，村级电站是主体。有的村具备建设电站的条件，一般单独建设村级电站，对于一些单村建立电站困难的村子，采取跨村联建的方式。各地村级电站建设在实践中探索出如天镇县同煤宏丰农业公司蔬菜大棚顶部建设的侯家夭村 100kW 的农光互补电站、中地公司牛舍棚顶建设的 800kW 牧光互补电站等模式，大大降低了用地、并网输出和运维成本，提高了电站运行效益。三是利用荒山荒坡建设大型地面光伏电站，产权归投资企业所有，之后企业捐赠一部分股权，由当地政府将这部分股权收益分配给贫困户。如曲阳县利用当地开阔的山地，从 2013 年开始，与三峡、电投、大唐、华能、英利等知名企业合作建设大型山地单体运营光伏电站，光伏产业与精准脱贫紧密结合，探索出企业、政府与贫困村贫困户多方共赢的利益分配模式。

通过集中联建方式，易地扶贫搬迁不会影响到贫困村和贫困户分享光伏项目收益分配，依然延续搬迁村及搬迁户与迁出地之间的光伏利益分享格局。而且，随着光伏扶贫模式在实践中的不断成熟和完善，各地为增加农民收入，助力脱贫攻坚，在符合条件的集中安置点屋顶开展屋顶光伏项目建设和运营成为易地扶贫搬迁安置后续产业帮扶工作的重要内容，河北省为此还专门出台政策组织实施，[1] 规定以全省 35 个有易地扶贫搬迁任务的贫困县 406 个集中安置点为重点，按照宜建则建原则组织开展屋顶光伏项目建设。

光伏扶贫项目在迁出地与迁入地的双向布局下进一步实现了光伏收益对贫困村和贫困户的全覆盖，在保证固定收益的基础上也使部分农户的收入有了进一步增长的空间。

将集体土地上的光伏资源开发赋予集体股权，让搬迁群众分享资源开发收益，[2] 是各地光伏扶贫的主要益贫机制。但这种开发其成本是由财政专项扶贫资金和整合涉农资金注入的，这就决定了光伏扶贫的本质是资产

---

① 河北省发展和改革委员会、河北省扶贫开发办公室印发《河北省易地扶贫搬迁（"空心村"治理）集中安置点屋顶分布式光伏发电项目建设实施方案》（冀发改能源［2019］1210 号）。

② 国家发展改革委《中国的易地扶贫搬迁政策》，2018 年 3 月。

收益扶贫。收益分配是光伏扶贫的核心环节，这一环节从将发电收益形成村集体经济收入再由村集体进行二次分配开始。二次分配如何进行，从表面上看是贫困人口获益的差异，从深层次看则是贫困人口的劳动意识和发展动力以及贫困户与非贫困户之间如何进行分配的差异。下面我们以 K 县为例①，对光伏收益的二次分配进行探讨。

K 县充分发挥海拔高、地域广、光照时间长的优势，把光伏作为产业扶贫的重要支柱。截至 2020 年底，全县已建成 181 个村级光伏扶贫电站，其中 151 个采取集中联建形式，实行统一运营和管理。全县 18.3 万千瓦光伏扶贫电站年均发电时数 1800 小时，光伏年收益 1.15 亿元，带动 195 个贫困村 1.7 万多户贫困群众稳定增收。

如何构建利益联结机制，如何合理分配所得收益，考验着光伏扶贫的成败和决策者的智慧。K 县最初采取的分配方式是"一分了之"，每户每年3000 元。这种分配方式虽然简单易行，却向人们传达出扶贫就是发钱的信息，从而出现了贫困群众"等着扶、躺着要"新问题，甚至出现争当贫困户、抢做贫困户的现象。而非贫困户则认为贫困户可以"不劳而获"而他们却"劳而无获"，由此导致心理失衡，两个群体之间的矛盾随着扶贫工作的深入日益凸显。实践中，K 县很快意识到光伏收益在贫困户中平均分配的弊端，探索改革光伏收益分配办法，其指导思想是避免"政策性养懒汉"，激发贫困群众的内生动力。基本思路是按照差额化原则进行二次分配，以工资性分配为主，以救济性分配为辅，鼓励贫困户通过力所能及的劳动获得劳务收入。具体做法可以概括为四点。

一是改革收益分配办法，构建带贫减贫新机制。为破解"一分了之"和"政策性养懒汉"等问题，根据 2018 年调研 K 县时提出的"光伏收益不能按户平分，要激励贫困群众靠劳动获取收益，靠双手勤劳脱贫"的思路，开始全面改革光伏收益分配方式，确权光伏电站到村，收益归村集体所有，其中 80%用于农村扶贫公益岗工资，20%用于村内小型基础设施建设、公

① 相关资料由 K 县扶贫办提供，在此致以诚挚谢意！

益事业、孝善基金、奖励补助等，彻底纠正原来政策设计中的平均分配，调动贫困群众劳动脱贫的内生动力，有效提升群众满意度。

二是公益岗全覆盖，激发群众脱贫新动力。按照"因事设岗、人岗相适，精准扶贫、多劳多得、奖勤罚懒"原则，全县农村设立卫生保洁员、生态管护员、村务协管员、电站维护员、道路养护员、爱心护老员、疫情防控员等七大类2.2万个公益岗，使村半(弱)劳动力贫困群众全部实现就地就近就业。扶贫公益岗实行"基础工资+绩效工资"，月工资500元左右。严格考核管理，明确公益岗职责，划分公益岗责任区，每月公开公示，主动接受群众监督，从源头上杜绝出工不出力、"大锅饭"和养懒汉现象，实现扶贫对象精准、资金使用精准、脱贫成效精准，保障政策落实。

三是卫生保洁全覆盖，重塑乡村环境新形象。全县326个行政村和易地扶贫搬迁安置区，共设置卫生保洁公益岗9400多个，对农村街道、联村道路和搬迁安置区进行网格化分区、常态化保洁。同时，大力实施"拆、清、建、管"四项举措，三年累计拆除残垣断壁和危旧房屋9万多处，清理积存垃圾120多万吨，所有行政村配置垃圾桶1.3万个，配备电动和人力保洁车2000多辆，垃圾转运车27台，建设转运站14个。在不增加县财政支出的前提下，构建起"村收集、乡转运、县处理"的城乡一体化环卫保洁机制，彻底改变了过去农村粪污满地、杂草丛生的脏乱差现象，农村环境问题得到了全面治理。易地扶贫搬迁安置小区公益岗覆盖楼宇外(院落外)的所有范围，保持了生活环境常洁常清。

四是集体收入破零增收，焕发村级组织新活力。光伏电站收益的20%作为村集体收入，每个村集体年增收5万至13万元，彻底解决了村集体收入无渠道、办事没资金的被动局面，各村普遍设立孝善基金，只要子女每月为老人支付100元至300元赡养费，村集体就奖补20%，调动了子女履行赡养义务的自觉性和积极性。对5300名完全失去劳动能力的贫困群众，每月发放150元到300元生活补贴。全县各村广泛开展"公益之星""道德模范""文明家庭""敬老孝亲""脱贫典型"等评选，自行组织扭秧歌、广场舞等文娱活动。通过组织各类活动一方面增强了村级党组织的凝聚力、战斗力，另一方面也在一定程度上改变了群众安贫乐道的旧思想，形成了脱贫光荣的新共识。现在村里和生活小区里聚众打牌的少了，参加公益劳动的多了，茶余饭后广场上跳广场舞、扭秧歌的队伍和围观的群众是小区里一道靓丽的风景线。集体经济的充盈，提振了脱贫攻坚"精气神"，使乡村治理有了"底气"。

（2）养殖项目。JX 养鸡是 L 县在全县域布局的扶贫产业项目，共规划建设 450 栋鸡舍，覆盖全县所有乡镇、所有贫困户，真正实现了乡乡有产业、家家能受益，养鸡项目全县域覆盖。借鉴某村的成功经验，2018 年，L 县政府与河北 JX 农牧发展有限公司①签署了《战略扶贫合作协议》，进行深度合作，在全县推广布局。合同项目包括屠宰、加工、种鸡场、孵化场、饲料厂、冷链物流、有机肥厂等全产业链合作，核心区投资 5.8 个亿，建设 8100 万只肉鸡屠宰和 3 万吨肉鸡熟食深加工企业。全县利用扶贫资金建设鸡舍 500 栋。这标志着 L 县的肉鸡养殖产业跳出了单一饲养环节，实现了全产业链式发展。按照规划，所有项目建成后，预计年营业收入 24.6 亿元，年均利润总额 4501.5 万元，上缴税金 5515.5 万元，新增就业 4000 余人，实现扶贫收益 1.3 亿元，覆盖 L 县全部贫困人口，实现稳定增收脱贫的目标。

JX 养鸡项目运行采取"龙头企业+基地+村两委+合作社+贫困户"的模式，理顺了各方的权利义务关系，实现了由"资金到户"向"效益到户"的转变。村支部牵头组建合作社，将财政投入的扶贫资金转为村集体和贫困户共同持有，折股量化到户，全部投入合作社。合作社全权负责养殖企业的日常管理运营，年终盈利在扣减各项成本费用后，确保集体收益，群众按股分红。

该案例的典型性在于贫困户无成本入股，稳收红利。为确保贫困户有稳定收入来源，将产业扶贫资金折股量化后入股新型经营主体成为各地实

① JX 农牧发展有限公司是国家农业综合开发产业化经营项目单位、河北省农业产业化经营重点龙头企业，是一家集种鸡繁育、雏鸡孵化、饲料加工、肉鸡养殖、屠宰分割及熟食加工和生态农业有机肥于一体的大型现代化农牧企业。

现"收入达标"的普遍做法。在此案例中，贫困户不用投工投劳，不需投入资本，便能坐收红利，稳定增收，其核心机制在于政府和企业对贫困户的双聚焦：一是政府通过财政资金采取资产股权量化的方式，赋予建档立卡贫困户股权，股权分布覆盖所有贫困户，使其具有财产收益；二是财政资金注入龙头企业，壮大了企业实力，切实帮助企业解决了在当地发展面临的基础设施建设、土地流转等难题，建立了更加完善的企业与农户利益联结机制，从而增强了企业的经济实力、发展活力和带动能力，在此基础上，贫困户实现了稳定分红。

贫困户能否稳定分红，既取决于企业的运行情况，也取决于合作社的经营管理。JX 公司是一个大型现代化农牧企业，规模化、集群化程度高，抗风险能力强。L 县与 JX 企业合作，是将其作为产业扶贫样板来打造的。政府推动、政策支持是 JX 养鸡在 L 县快速推进并产生效益的根本保证。经过各方助力攻坚，JX 养鸡在 L 县形成全产业链发展、全县域布局的格局，经过各方反复酝酿、磨合形成了合理的运行模式和利益联结机制，这些都是保证企业稳定运行以及企业经济效益稳步提升的重要手段。

在 JX 养鸡项目上，L 县利用扶贫资金投入建设分散养殖场，解决了生产养殖缺乏资金的问题，其经营由村两委委托合作社进行，合作社享有经营权；收益权归合作社贫困户社员享有。在实际运营中，JX 公司与合作社签订代养协议，由公司提供鸡苗、饲料及技术支持，45 天出栏由公司按照协议价收购。

> 为避免人们将鸡销售到公司以外的地方，公司定的收购价远高于市场价。（扶贫办负责人，2019）

对于合作社来讲，能否按公司协议规定交付成鸡直接决定着盈利水平的高低。影响成鸡交付的因素有两个：一是出栏批次；二是养殖质量，即死亡率控制。一般每年出栏六批，有的村庄位于深山区，冬天气温太低养鸡场就得关闭，这样每年只能出栏四批。

我们村有两个鸡场，每个鸡场两个鸡棚，冬天太冷不能养，每年出栏四批。现在鸡场的条件还不行，还达不到冬天保温的要求，这个事县里也开始重视了，准备改造升级，如果改造了我们每年就能出栏六批鸡，收益更好。（CGB，2019）

对于鸡的死亡率控制，合作社为鸡场购买了保险，政府对保险费给予一定补贴，以保证贫困户的利益不受损失。在质量控制上，人为的因素是最关键的。饲养员是否有责任心、技术员是否用心、技术是否过硬等主客观因素决定了养鸡质量的高低。

一个鸡场雇两名饲养员，饲料是公司提供的，养鸡的步骤也是公司定好的，也有技术员指导，养得好不好就看饲养员用不用心了……处罚没有意义，已经造成损失了，再说一个农民你能罚他什么。（CGB，2019）

平时只有饲养员在鸡场，技术员按时过去作指导。饲养员的责任心最重要，技术员也很关键，某村去年一棚鸡死了不少，就是技术员的问题，不过这个损失算公司造成的，不用合作社承担。（CGB，2019）

可以看出，L县把JX养鸡作为脱贫攻坚产业扶贫的主导项目，在风险控制上进行了严密设计。扶贫产业能否形成长效机制，其载体——企业的生命力至关重要。企业运行不畅、经营不善甚至倒闭，扶贫也就无从谈起。L县在合作企业的选择上将企业的实力放在第一位进行考察，JX公司是大型龙头企业，实力雄厚。在产业建设上采取全链条、第一二三产业融合发展的模式，这一运行模式能够有效规避市场波动风险。

3. 自主经营型

自主经营型一般体现为承包经营的形式。T县农户承包食用菌大棚就属于这一类型。2015 年该县决定大力发展食用菌产业，把食用菌产业作为脱贫主导产业进行培育。政府注入帮扶资金到企业，推行"公司+合作社+基地+农户"的经营管理模式，引导农民开展食用菌种植，旨在为种植户带来持续可观收益。五年来，T 县通过农业产业结构调整，使食用菌产业从无到有继而发展壮大，截至 2020 年底建成食用菌规模园区 110 个，建设标准化大棚 4617 栋，年产菇耳 6 万吨，带动群众增收达 3 亿元，直接带动 1.5 万户群众增收，其中 8620 户建档立卡贫困户户均年增收 1.6 万元。

食用菌大棚在绝大部分集中安置区都有覆盖，租赁企业棚室开展食用菌生产是一种重要的农户参与方式。以某镇安置点为例，2016 年在安置点附近流转土地 80 亩，发展以食用菌为主的大棚种植业，建设大棚 73 个，由 34 户搬迁户承包经营，其中建档立卡户 20 户。刘某是 2014 年识别的建档立卡贫困户，致贫原因为缺劳力。2017 年刘某搬迁到该安置区后承包了一个香菇大棚，1.5 万个菌棒，年利润达 3 万多元。

"企业安排专门的技术指导，统一回收销售，我们只要勤劳一些打理好就行。"经过一年多时间的历练，刘某经营香菇种植越来越熟练，也获得了实实在在的收益，一个大棚满足不了他增收的需求，于是在 2018 年又转包了一个。通过种植香菇，他家的生活发生了翻天覆地的变化，最根本的是产业发展点燃了群众的创业激情。

> 食用菌种植收益浮动很大，一个大棚年收益一般为两三万元，好的时候五六万元甚至更多，管理比较好，菌棒出菇就好，加上市场价格较高，挣得能到高位，如果能多付出辛苦，少用工，人工成本低，自然收入就更高。（CGB，2019）

该案例的典型性主要体现在贫困户零风险创业。当地群众可以通过三种方式参与发展食用菌产业：一是企业集中流转群众土地进行产业化经营，群众获得土地租金；二是群众租赁企业棚室开展香菇生产；三是公司招聘群众参与生产。其中农户参与最直接、参与程度最深、收益最大、最能激发内生动力的当属第二种，即承包经营。由于贫困户没有财产积累，缺乏承受风险的能力，想挣怕赔的心理让他们不敢尝试。T县通过实施"贷款+保险"金融扶贫模式、企业的统购统销政策和技术支持以及政府多方位的财政补贴，卸下了贫困户的心理包袱。一是由政府贴息，每个棚可贷款5万至10万元，用于满足产业发展的各项投入所需。二是通过发展农业保险降低产业风险，主要涉及菌棒和销售环节，菌棒损坏由保险公司赔偿，如果产品售价过低，导致农户弥补不了成本，由保险公司来补差。县政府对保费进行补贴(县财政补贴60%，农户自担40%)，大大提高了农户的参保积极性。三是产品由公司根据市场价格收购再由公司统销，农户不承担销售风险。种植过程中企业对农户生产经营各个环节提供技术支持，全面解决产品存活率不高、质量参差不齐等问题。四是政府对农户棚舍建设和菌棒参保提供补贴。

如此，贫困户进行香菇种植几乎是零风险。政策保障了农户生产经营的稳定性，极大地激发了农户通过发展产业脱贫致富的积极性。

(三) 产业发展的风险及其规避

在巩固脱贫成果与推进乡村振兴的交汇期，除了强调社保兜底，不断提升农村基础设施和公共服务水平外，要始终把产业发展作为稳定脱贫成果和引领乡村振兴的基础保证。

在课题研究期间，课题组走访了片区部分县(区)，深入了解产业发展情况。在脱贫攻坚实践中，各地将产业发展作为实现脱贫的根本之策，在培育产业经营主体，覆盖带动贫困群体，增强农村集体经济活力等方面发挥着重要作用，极大地激发了贫困地区的发展活力和内生动力，夯实了稳定脱贫的基础。但同时我们发现，一些地方在产业发展中存在着因追求局部和短期利益而掩盖实际生产状况的问题。

一是村级发展产业风险高。调研发现，有的县村村拉项目、上产业。村级产业发展受两个因素的限制。一是缺人。深度贫困地区劳动力大量外流，常住人口不足户籍人口的三分之一，且多为老弱者。普通劳动力短缺,专业技术人员、懂经营、懂销售、懂政策的青年人才更为稀缺。二是抵御风险能力弱。贫困村产业发展基础相对薄弱,以村为单位的产业布局扶贫资金使用分散,产业规模较小,配套设施不齐全。小、散、弱的扶贫产业发展格局难以形成较大的规模效应和经济效益,抵御市场风险的能力相对较弱。农村产业发展应以县、乡(镇)为单位,减少村级布局产业。在经营管理人才缺乏以及面对风险的脆弱性等客观情形下,村级产业经营风险大、存活周期短。以县、乡(镇)为单位发展产业有利于资源要素的集聚和扶贫产业的专业化、规模化发展,从而更具市场竞争力。

二是脱离本地特色的产业同质化强、带动性弱。特色产业是一个地区立足本地资源优势在长期的发展过程中所积淀、成型的。河北、黑龙江等省的马铃薯、莜麦、玉米、大豆等大宗农产品是当地的特色资源,但当地围绕特色农副产品深加工产业发展缓慢,主要销售"原"字号产品的格局没有改变;一些地方为了如期完成脱贫摘帽任务,往往通过朋友、熟人引进一些短平快项目,没有充分利用当地地理环境和资源优势,大路货、同质化现象突出。一方面引进的企业会因水土不服而难以发展壮大;另一方面因与当地资源优势脱节,与农户利益黏合度不高而只能通过分红获取暂时性收入无法实现稳定增收。

各地发展产业必须遵循"因地制宜"的原则,形成具有区域特色的规模优势产业。在这方面,课题组在黑龙江省调研中发现了很好的典范。拜泉县甜玉米精加工和海伦市鲜食玉米产业的发展就立足本地资源不断延伸产业链条,既保证了企业的原料供应,也为种植业结构调整、贫困户增收起到了积极作用。海伦市以生态循环为理念,在发展鲜食玉米产业基础上,青贮饲料加工、肉牛养殖、肥料加工等下游产业也快速发展壮大,展现出强大的发展潜力。而且,产业扶贫还应注重对农业龙头企业、农民合作社、家庭农场等新型农业经营主体的培育,拜泉县和海伦市均形成了"企业+合作社+基地+贫困户"的经营模式,通过土地流转、订单种养、提供劳务以及入股分红等方式将贫困群众纳入产业链条,提高了贫困群众在产业发展中的参与度和受益度。

　　三是发展产业以牺牲生态为代价。蔬菜产业是河北坝上地区主导产业、优势产业。张北县、康保县、沽源县和尚义县四县的蔬菜种植面积达77万亩，占张家口蔬菜种植面积的一半以上。尚义县大青沟镇的蔬菜产业吸引了来自四川、湖北等地近两万名务工人员，蔬菜产业种植前景大好。但蔬菜是高耗水产品，一般收获一公斤蔬菜需要七公斤水浇灌。发展蔬菜产业使地下水常年处于超采状态，蔬菜主产区地下水位严重下降。多年来该地区蔬菜产业的发展严重破坏了区域内整体性生态平衡。植被退化、土地沙化盐碱化加剧、河湖干涸(24个面积1平方公里以上的淖泊已干涸20个)、生物多样性锐减等生态问题均已显现。

　　在产业选择和产业定位中既要挖掘本地优势和特色，更要关注优势中的生态"短板"。缺水是冀北地区产业发展的硬约束，在产业选择上要严格禁止将耗水产业作为优势产业加以培育。牢固树立生态就是资源，生态就是生产力的理念。冀北地区的区域功能定位明晰，即生态涵养区，区域经济发展、群众增收致富与环境保护之间的矛盾亟待破解。一是以《张家口首都水源涵养功能区和生态环境支撑区建设规划(2019—2035)》为契机，破解生态脆弱区主导产业面临的转型难题，加快推进区域"水改旱"，开展退水还旱、实行旱作雨养种植。二是将易地扶贫搬迁和"空心村"治理作为推动农村整体性变革和农村经济社会结构整合的着力点与突破口，以人口集聚推动民众生产生活方式集约，为产业培育和产业集聚创造有力条件。同时，原有宅基地复垦后实施还林还草，极大地拓展区域生态空间。三是以水源涵养功能区和生态环境支撑区建设为契机，创新区域发展体制机制，将农村居民转变为生态建设者，专门从事生态建设和维护工作，以化解农民生活与生态保护之间的矛盾。

　　四是产业园区(或扶贫车间)开工不足，存在资源浪费和带贫乏力的情况。主要体现在三方面：一是安置区配建的产业园区入驻企业不多，扶贫车间闲置、停摆的情况较突出。出现这种情况既有脱离实际和市场规律的"一哄而起"，也有重建设、轻管理和运营的"投资政绩"。二是有的企业只为享受政府优惠政策，"入驻而不发展"，甚至"假入驻"。"入驻而不发展"表现为企业维持运营以获取政策补贴为目的，没有长远发展规划和动力，而"假入驻"则是办理相关手续，享受政府的优惠政策而不进行生产运营。F县某安置区投资上亿元配建产业园区，2020年课题组调研时发现规模庞大的园区，只有两家企业在生产，"签入驻协议的有好几家，平时不生产，只是在领导检查时把他们叫过来""政策太优惠了，他们占了地盘不生产还总和政府讨价还价"，陪同我们调研的工作人员表示着内心的无奈。闲置、停摆的扶贫车间造成财政资金浪费，甚至变成了一种形式主义扶贫。三是招工难。一方面是劳动者收入达不到预期，安置区劳动力通过外出务工可获得更多收入；另一方面是农民有农业生产的传统，在农田里干活更容易、更自由。近几年农田用工价格大幅度上涨，吸引了大批安置区劳动力，导致扶贫车间出现"农田旺、车间淡"的用工形势，影响企业正常生产。

扶贫车间建设要尊重实际，因地因情而建，避免不具备条件的"为建而建"，要加强督导检查，压实扶贫责任，将扶贫车间的健康运营和带贫作用作为考核重点，让扶贫车间"真扶贫"，避免"报告里轰轰烈烈，车间里无声无息"。与一般企业的生产车间不同，扶贫车间在设立之初就承载着党和政府的殷切期盼，具有重要的社会公益属性，[1] 因此发挥政府的作用意义重大。一是要严格管理，加强规制，避免出现"假入驻"和"入驻而不发展"现象。二是提升扶贫车间的质量，引进培养优质企业，引导企业不断上档升级，延伸产业链、提升利润空间，提高工人的薪资水平，从而化解招工难问题。三是要优化营商环境，完善物流体系，为企业提质增效保驾护航。

二、易地扶贫搬迁的就业途径

就业是民生之本，是扶贫之要。稳定的就业岗位和收入来源对贫困人

---

① 张友鹏. 扶贫车间高质量发展面临的问题及对策建议[J]. 当代农村财经, 2021(4)：25-28.

口来说，是最直接最有效的脱贫举措。

就业是易地扶贫搬迁工作的核心，是搬迁群众稳得住、增加收入的关键。从 20 世纪 80 年代的吊庄移民到"十三五"时期的易地扶贫搬迁，推进移民就业，实现稳定增收都是移民搬迁政策实施的初衷。不同时期实施的移民搬迁由于宏观环境、扶贫重点和物质基础条件的不同，各阶段易地扶贫搬迁就业的政策措施和实施方法就明显不同。吊庄移民以农业就业和工程务工为主，开发式移民阶段探索农业和产业等多重就业模式，易地扶贫搬迁探索发展阶段以产业发展带动就业务工为主，精准扶贫战略下的易地扶贫搬迁攻坚阶段以培育就业技能和实现产业稳定就业为主。① 不同阶段的易地扶贫搬迁就业政策不同、模式不同，但都对搬迁群众稳得住、有发展这一目标的实现进行了积极探索。

"十三五"时期的易地扶贫搬迁以集中安置为主，其中城镇化集中安置是主要安置形式。脱离了赖以生存的土地资源，通过搬迁实现跨越式发展，就业问题成了继"搬得出"问题解决后所面临的最严峻考验。

就业帮扶是易地扶贫搬迁后续扶持工作的重要内容，是帮助搬迁群众搬得出、稳得住、有就业、能致富的重要举措，关系着脱贫攻坚成果巩固，关系着搬迁地经济健康发展、社会和谐稳定。② 进入 2019 年，片区各地易地扶贫搬迁任务相继完成，搬迁群众就业压力逐步凸显，入住新居后难适应，无事做，成为"稳得住"的风险源。为此，为推动搬迁群众就业，国家出台相关政策进行部署安排。

《规划》强调把搬迁后续发展放在更加重要的地位，对搬迁安置工作和后续脱贫机制作出详细安排，为易地扶贫搬迁的攻坚阶段提供了政策依据。③ 各地搬迁任务已逐步完成，工作重心开始从工程建设全面转向搬迁

---

① 张涛，张琦. 新中国 70 年易地扶贫搬迁的就业减贫历程回顾及展望[J]. 农村经济，2020(1)：39-45.

② 人力资源社会保障部、国家发展改革委、财政部、国务院扶贫办《关于做好易地扶贫搬迁就业帮扶工作的通知》(社部发[2019]47 号)。

③ 国家发展改革委《全国"十三五"易地扶贫搬迁规划》，2016 年 9 月。

群众后续扶持，2019 年 5 月人力资源社会保障部、国家发展改革委、财政部、国务院扶贫办联合发布《关于做好易地扶贫搬迁就业帮扶工作的通知》(人社部发〔2019〕47 号)明确了就业帮扶的工作方向、建立了就业帮扶工作机制、完善了就业帮扶政策体系。为进一步加大对易地扶贫搬迁安置区和搬迁群众的后续帮扶力度，2020 年 2 月国家发展改革委联合国务院扶贫办、教育部等 13 个部门印发了《关于印发 2020 年易地扶贫搬迁后续扶持若干政策措施的通知》，在加强安置区产业培育和就业帮扶方面，明确了具体政策措施。①

在各地易地扶贫搬迁规划过程中，特别是对于安置区的选址布局，便于就业是优先考量的因素，按照"哪里有产业往哪搬、哪里能就业往哪搬"的思路，分类施策。如，K 县将 55 岁以下有劳动力的家庭集中安置在县城，因为县城能提供更多的非农就业机会。H 县鼓励、支持有劳动能力的贫困人口向县城集中转移，对有意愿从事高效农牧业的贫困人口，选择在"近水、靠路、有产业"的中心村集中转移，也是出于方便就业的考量。

(一) 易地扶贫搬迁就业促进的模式

片区各地在搬迁安置促进就业方面，探索出四种模式：

1. 产业吸纳就地就近就业扶贫模式

在安置区附近配套建设产业园区以及在工业园区附近建设安置区都是解决搬迁群众就业问题的重要手段。从调研情况看，各地根据资源禀赋、

---

① 开展就业帮扶，多渠道创造就业机会，健全安置区公共就业服务体系，对万人以上大型安置区开展专项帮扶，开展针对性强的职业技能培训；加大东部地区职业院校面向"三区三州"等深度贫困地区招生计划投放力度；引导农产品加工产能向安置区周边聚集，将有条件的安置区纳入产业园体系，推动搬迁户与带贫主体建立稳定紧密的利益联结机制；鼓励搬迁民众通过创办网店、参与快递物流等方式实现就地就近就业；发挥东西部扶贫协作和定点扶贫等机制作用，援建一批劳动密集型扶贫车间，在安置区因地制宜设置一批扶贫公益岗；广泛吸纳搬迁民众参与生态保护工程建设。

区域特色、基础条件以及政策支持力度等因素进行产业布局和规划。总体来看，牛羊养殖、食用菌和蔬菜大棚种植等为农业项目，工业园区、扶贫车间、光伏产业等是较普遍的产业项目。在这些项目中，有的以分红为主不吸纳就业，有的以吸纳就业为主，如扶贫车间。产业方面的具体运行情况上文已经详细论述，这里就不再赘述。

2. 农田务工创收自我就业模式

农村劳动力持续外流与城镇化步伐加快共同推动了农村土地集中经营趋势的形成。各地以"明确所有权、稳定承包权、搞活使用权"为导向，探索建立土地流转新机制，使土地流转更加活跃有序。土地流转适度规模经营助推农业生产向现代化、产业化、规模化方向发展，促进了农业结构的调整和优化，增强了农产品的市场竞争力，提高了农业经济效益。从农户微观层面看，土地流转不仅重塑了农村人地关系的新格局，改变了土地在农户间的分配结构，重构了农民生计模式，给农户收入及收入分配状况带来了直接影响。这其中，田间务农对农户的影响最为显著。

片区各地土地流转集中经营日趋活跃，其中坝上地区大部分土地属于低丘缓坡，土地平整适合集中连片开展机械化耕作，土地容易流转出去。外出务工回流人员、种粮大户、专业合作社、域外农业产业化企业等农业经营主体以及政府主导建立的农业示范基地和园区，纷纷加入吸纳农户土地的行列。蔬菜、莜麦、胡麻、马铃薯以及各种小杂粮，中药材、黄花等适宜当地气候条件的经济作物规模化种植和经营的格局已经形成。农业产业化发展拉长了农业产业链，产前、产中、产后三大环节以及整个生产过程实现分工与专业化发展，创造了更多的职业种类和就业岗位。我们在S县调研发现，仅大萝卜采收环节就有铲菜、装车、清洗、分拣、打包、入库打冷等工序，这些工作在农民家门口就能完成，为农民提供了就近务工创收的机会，同时也带动了田间劳务市场的兴起。

那么易地扶贫搬迁对田间劳务市场和搬迁群众产生何种影响呢？

一是易地扶贫搬迁加速迁出地土地流转。土地是农户重要的生计资本，土地问题是易地扶贫搬迁后续扶持工作中的关键。片区多为整村搬迁、集中安置，为解决搬迁群众种地远、种地难的问题，各地政府积极协调和引导搬迁户土地有序流转。土地流转不仅使搬迁农户获得了流转收入也改变了农户的生产方式，为农户拓宽就业渠道提供了条件。二是田间劳务市场更趋繁荣。A 先生是农田劳务经济人，他负责组织并向田间输送劳动力。A 先生从事劳务经济人已有 5 年，易地扶贫搬迁对这个领域的影响让他感慨颇深。

> 搬迁到安置区后我们的工作效率提高了，以前人们居住比较分散，拉满一车人比较难，要不他们到一个点等我，要不我开车沿途拉人，都不方便。现在小区门口就是劳务市场，每天早晨 6 点人们到这里集中。市场大了，做我们这一行的人也多了，光南区门口就有 7 个。有了竞争，我们的提成就会降下来，这样对打工的有利。（经纪人，2019）

对搬迁群众而言，土地流转后，不再被土地牢牢锁住，田间打短工成了主要增收渠道，居住在安置区使得打工更为方便。

> 我们村比较偏僻，村子里人又少。我们村和附近几个村有种地多的，农忙季节也会雇人，但是活不多，而且我们自己也有地要种，人家忙咱也忙。搬过来就不一样了，一来我们不种地了，全靠打工，二来安置区人多，门口就是劳务市场，只要你愿意干天天有活干。（CM，2019）

尽管很多地方在安置区建设时都配建了产业园区，但田间劳务市场对劳动力的吸纳仍优于产业园区。对坝上某镇的调研发现，各种配套产业吸纳搬迁群众就业不足 20 人，而在田间劳务市场，每天都有 200 多人通过经纪人加入田间劳动大军之中。

田间劳务市场的兴起和兴旺在客观上抑制了扶贫产业的落地和发展，田间劳务市场分流了绝大部分劳动力，造成扶贫产业劳动力供给不足。K县产业园区负责人介绍说："招工难呀！我们到安置区组织过几次招工，但每次都空手而归。"有的地方配套建设的厂房准备引进企业投产扶贫车间，也因劳力不足而搁浅。

搬迁群众更愿意在田间务工，实地深入调研发现有三个方面的原因：

一是传统习惯使然。"都是自己原本常做的活，不需要培训都会干"，搬迁群众对从事农业生产没有陌生感，在心理上更容易接受，更显亲近。

二是收入符合预期。这是最主要的影响因素。田地里的活季节性明显，每年主要集中在五月至十月，日薪从淡季的一百多元到旺季的两三百元、三四百元不等，随着农村人口老龄化、留守人员减少以及种植大户越来越多，农田雇工日薪涨势明显。一般而言，每年五个月如果每天出工，收入两三万元没有问题。

> 每年最早开始的就是土豆种植，从四月中旬就开始切籽、耕种，这一年的农忙就开始了。一直到十月初，只要想干，每天都有活。（经纪人，2019）

在田间务工只需不到半年就能获得两三万元，同样的收入在工厂上班则需要一年。田间务工实行工资日结制，每天收工的时候就在地头把一天的工资结算了，人们觉得踏实，按他们的话说就是"不担心被骗了"。

三是用工灵活。首先是时间灵活，干一天挣一天的钱，工资实行日结制。其次是对老年人、残疾人等弱质劳动力没有限制，"只要你觉得能干，你就可以去干"，在田间地头时常能看见年龄大、有残疾的农民在忙绿。调研发现，在田间劳动的以第一代农民工居多。他们多年在城市打工，一般55岁后就很难找到合适的工作，返乡养老的同时干点力所能及的农活是他们普遍的愿望。

我今年65岁了，在张家口打工二十多年，回来也快十年了。这几年地里的活很多，我每年都来，收入还不错，在市里这个岁数没人要了，看门也嫌你岁数大。（CM，2019）

对于雇主而言，这种雇佣格局是劳动力市场倒逼的结果。农村田间劳动力市场显现出劳动力"供不应求"的态势，降低了雇主对劳动力选择的空间和余地。弱质劳动力占比较大客观上加剧了农业产业发展在效率与成本之间的矛盾。

土地流转、农业产业化发展吸纳搬迁群众就业，极大地缓解了搬迁后农户的生活适应难题，盘活了闲置劳动力，增加了农户收入，对化解易地扶贫搬迁农户生计风险发挥了重要作用。尽管搬迁群众自发性田间务工不在政府后续帮扶规划范围之列，但其强大的吸纳就业能力以及鲜明的发展趋势，客观上为易地扶贫搬迁"稳得住、有发展、能致富"提供了有力保障，成为基层政府在易地扶贫搬迁工程中投入成本最低的一环。

3. 公益岗托底安置就业帮扶模式

摆脱贫困群众的福利依赖，破除"等、靠、要"思想，最有效的手段和途径就是将其纳入就业体系，获得稳定收入。在此过程中，贫困群众自身的能动性和主动性逐渐被调动起来，脱贫发展的内生动力得以形成。通过产业吸纳、转移就业、以创业带动就业等方式使能"扶"的、好"扶"的贫困劳动力基本实现就业，剩下的小部分弱势群体成了无法离乡、无业可就、无力脱贫的"老大难"。他们或是年老力衰、缺少技能的残疾人员，或是家中有老幼病残需要照顾、无法离家的人员。农村就业市场容量较低，通常没有多余岗位可供选择，即使有就业岗位，受自身条件、家庭环境制约，闲置劳动力并不能如愿找到合适的工作。基于此，各地积极开发公益岗，通过公益岗兜底安置就业困难人员，帮助困难群体打通就业壁垒。

从国家政策层面来看，中共中央国务院在 2002 年下发的《关于进一步做好下岗失业人员再就业工作的通知》中首次提到公益岗。次年，劳动和社会保障部在其下发的《关于开展下岗失业人员再就业统计的通知》中给予公益岗新的定义：由政府出资扶持或社会筹集资金开发的，并且符合公共利益的服务和管理类岗位。新时期脱贫攻坚公益岗政策沿袭了这一理念和做法，其本质属于工作福利，强调福利的获取必须以付出工作和劳动为前提，进而实现自我发展。其思想契合了贫困地区尤其是深度贫困农村乡村空心化、人口老龄化和弱质化的结构性根源以及精准扶贫激发内生动力的内在要求。

公益岗政策已经成为新时期中国扶贫工作的重要组成部分，其内涵是在贫困地区，运用政府(社区)购买服务的方式设置一批公益岗，给予现金或实物补贴，实现贫困人口的就业和增收，同时增加当地的公共服务供给。

公益岗的开发是对资产收益"一股了之""一分了之"进行反思和改进的产物。资产收益扶贫在贫困村集体经济薄弱与贫困人口结构变化，以及各类扶贫资金益贫效果欠佳的状况下酝酿而生。资产收益扶贫是我国实施精准扶贫方略的重要内容之一，① 其实施对象主要是自主创收能力受限制的农村贫困人口。在实践中，一些地方为方便操作将资产收益通过分红的方式在所有贫困人口中进行平均分配，很多项目如片区普遍实施的光伏扶贫项目，贫困户全程不参与，不用投入精力与财力，坐等分红，没有建立起合理而紧密的利益联结机制，从而形成政策养懒汉、助长不劳而获和"等、靠、要"等不良习气。这种资产收益分配方式体现出的福利性特征加剧了非贫困户与贫困户之间的矛盾，加大了全面脱贫的难度。

基于资产收益型扶贫模式在分红中的弊端，国家及时引导各地作出调整，除保障丧失劳动能力的贫困人口稳定脱贫外，对于有劳动能力(包括

---

① 《中共中央国务院关于打赢脱贫攻坚战的决定》(2015 年 11 月 29 日)。

弱劳动能力)的贫困人口采取就业扶助的办法,通过从事专门开发的公益岗获取报酬,报酬资金来源于原渠道的资产收益分红。多数地区以岗位以及奖惩办法实施差异化的利益分配模式。

下面以 K 县扶贫公益岗为例进行分析。

在 K 县脱贫攻坚过程中,"小红帽""黄马甲""白大褂"三支具有鲜明标志的队伍格外引人瞩目,发挥了重要作用。

在这三支队伍中,黄马甲就是公益岗,是专门针对贫困户中年老体弱、文化程度低、无技术特长的成员开发的就业岗位,以帮助其实现就业获得收入。在岗位设置上,搬迁前在原居住地根据实际需要设置护林员、保洁员、卫生监督员、公共设施看护员、秸秆禁烧巡查员、夜间巡逻治安员、防火巡逻员等,搬迁后由于集中居住在县城或乡镇,远离原住地,之前设置的岗位已经与安置点的实际需要不相符。以 K 县县城安置区为例,该社区共设置的公益岗包括卫生监督员、村务协管员、卫生保洁员、小组长、单元长等,其中卫生保洁员岗数量最多,占 90%。该社区公益岗设置具有以下几方面特点。

第一,全覆盖。该安置区建档立卡贫困户 1975 户 4680 人。在建档立卡贫困人口中,通过各种形式吸纳的产业工人及外出务工劳动者,除完全丧失劳动能力的,均已实现就近稳定就业和增收。

该社区公益岗共安置 1529 名贫困人口就业。从年龄结构上看(见表 7-1),可以发现年龄越小,从事公益岗工作的人口越少,这与贫困发生规律是一致的。55 周岁以上的人口占了绝大部分,占比高达 75.7%,年龄最大的 86 岁。这个群体既包括没有外出经历一直在农村从事传统种养业的,也有在搬迁前后返乡的第一代农民工。

"就地就近、技能简单、强度适中、用工灵活"的岗位开发原则使更多就业困难群众加入公益岗,在一定程度上帮助他们改善了生活困境,将输血式扶贫转变为造血式扶助,对增强贫困户自我发展能力,保障群众生活、促进和谐发展起到了重要作用。

表7-1　K县县城安置区从事公益岗人员情况

年龄	人数(人)	比例(%)
55 岁及以上	1158	75.7
45~55 岁	293	19.2
35~45 岁	53	3.5
25~35 岁	20	1.3
25 岁及以下	5	0.3

相较于55岁以上的人口，青壮年劳动力在就业市场上具有一定竞争力，但政府在公益岗设置规模上有24.3%的份额留给年龄较大的劳动者，究其原因主要有如下几方面。一是患大病。这部分人因身患大病，无法从事社会生产劳动，道路卫生保洁这类工作更符合其工作需求。受访者H女士就属于这种情况，她今年50岁，三年前患了脑梗，留下了后遗症，行动不便，她的工作是小区道路卫生维护。

这个活我能做得了。小区和村里不一样，村里打扫卫生我干不了，路上每天都有牛羊的粪便，力气小打扫不干净。小区里很干净，打扫不费力，平时有垃圾我就捡捡，保持干净就行。这个公益岗让我挣了钱，还督促我出来活动锻炼，现在已经习惯了，每天出来好几趟。(CM，2019)

在该社区与H女士情况一样的被录用到公益岗的55岁以下贫困人口有21人，他们的共同点是因身体病弱不能在外面找到合适的工作机会，公益岗的工作更像是为其"量身定制"。

二是因照料负担不能外出就业。一般而言，能在家庭中承担照料责任的都属于健全劳动力。受"男主外，女主内"传统性别文化的影响，家庭中大多由女性承担照护病弱老人或抚育未成年子女的责任，绝大多数承担照料责任的女性仍处于工作年龄，她们面临着照料家人与劳动就业的两难选择。在就业市场上很难找到既能投入工作又不影响照料家人的工作，公益岗使她们实现了工作家庭两不误。

> 我婆婆在炕上躺了两年多了，离不开人。搬迁过来后，我丈夫在附近的工业园区上班了，我出不去，啥也干不了。根据我家的情况，村里推荐我当了公益岗保洁员，这份工作不仅能每月增收几百元，还不耽误照顾婆婆。（CM，2019）

> 我家两个孩子都上学，一个上初中，一个上小学。搬过来后孩子们上学很方便，不用接送了。省事了，我也很轻松，一天做好三顿饭就行，但是出去找个活干肯定不行，主要是时间上顾不过来。这个公益岗解决大问题了，我负责一段路的卫生，捎带着就做了，照顾孩子挣钱两不耽误。（CM，2019）

三是残疾人。随着我国经济社会的发展，在残疾人事业和残疾人就业保障等方面取得了显著成就。由于市场竞争以及残疾人生理、心理的客观障碍，导致他们与健全人相比，在开放性的劳动力市场中处于弱势地位，特别是农村残疾人实现家庭外就业难度更大。在搬迁前，部分残疾人依据自身条件从事种养业，部分残疾人因残疾程度较重无法从事种养业成为国家政策兜底保障的对象或依赖家庭成员的供养为生。残疾人群体普遍面临着"因为一人、拖累一家、致贫一户"的窘境。搬迁后，他们住进新居无所事事，对未来的生活充满迷茫，焦虑和不安情绪较浓，考验着"稳得住"的搬迁目标。

> 我今年43岁，十年前因遭受车祸瘫痪，出入靠轮椅，生活不能自理。出事前我是家中的主劳力，虽然没有出去打工，但养牛养羊，还种了不少地，收入还是不错的。出事后拖累了妻子和孩子，生活一直很艰难。我成了家中的累赘，不想活的念头一直有，老婆孩子也一直劝我，给我信心。搬过来后村里让我做公益岗，我知道我做不了啥，

当时也就没当回事，最后村干部让我做户外保洁组小组长，告诉我这个工作我能做好，我一听觉得确实可以做好，于是就上岗了。到现在已经工作两年了，我每天出去几趟，监督管理我们小组的工作情况。我坐轮椅出来很方便，我和我的组员相处得非常好，她们有的是我们村的，有的不是。这个工作彻底改变了我，我老婆孩子也说家中的气氛变了。(CM, 2019)

我今年26岁，三年前在张家口一家工厂打工出了事故这个胳膊截肢了。一直单身，和父母一起生活。外出打工不可能了，种地也不行，就算废掉了。村里给我安排了楼长这个公益岗，我活动没有问题，也会与人沟通，这个工作非常适合我。我非常珍惜这个工作，自己感觉干得很好，社区领导也表扬我。(CM, 2019)

正如受访者的母亲所言，自从儿子当上楼长，人也活泼起来了，平时话也多了，对生活逐渐有了信心。可见，尽管与市场上的就业岗位相比公益岗的薪酬水平偏低，但对于残疾人而言，能够参与劳动中，意义非凡。不仅能在物质上获得生活保障，也能帮助他们融入社会，实现人生价值。

从K县安置社区公益岗设置及人员安排上可以看出，通过"因事设岗、因人定岗"的方式能够将有就业意向、有一定劳动能力且无法在劳动力市场就业的贫困人口全部纳入公益岗范围。尽管与城市同等规模的社区物业管理相比，该社区公益岗设置显得"过多过滥"，但因其制定了严格的管理制度，有效避免了"不干活也拿钱""公益岗养懒汉""空饷岗"等现象的发生。

第二，工资水平的动态调整。该社区公益岗工资水平是不断调整的。最早设立公益岗时工资水平是每月300元，主要是在不考虑其他收入的情况下确保劳动者年收入在贫困线以上，从而达到稳定脱贫的条件。社区公益岗工资水平在2019年进行过一次调整，提高到每月500元。这次上调，一方面是考虑到物价上涨的因素，但更主要的原因则是"钱多了"。

村集体账面上的钱除光伏发电分红，还有其他的项目分红，还有一些企业给的钱。这些钱是专门帮助贫困人口脱贫的，不能给非贫困人口。除给无劳动能力的贫困人口发放生活补助外，公益岗工资是一大块，但500元也是极限了，不能再涨了，工资太高了会引起矛盾。（CGB，2019）

借助公益岗，可以有效解决农村弱劳力的就业问题，提高他们的脱贫能力。因此，公益岗政策无论对于现阶段巩固脱贫攻坚成果还是乡村振兴都有其持续发展的合理性和必要性。公益岗政策的持续性发展，需要大量资金支持。目前来看，资金保障不依赖财政资金的投入，光伏发电资产收益以及大扶贫格局下社会资本的注入能够保障公益岗工资的发放。

第三，岗位管理的灵活机动性。公益岗属于政策性兜底安置就业，旨在帮助特殊就业困难群体以及一定阶段就业困难的个人实现就业获取收入。部分帮扶对象所面临的就业情形是动态的，比如有的人没有了家庭照料负担就可以外出寻找工作，残疾程度较轻的通过其他渠道找到了工作可以退出公益岗。该社区公益岗设立了进入与退出的相关规定，在外就业的贫困人口如果因故不能继续工作，可以申请参加公益岗，如果不能保证在岗就要申请退出。

我们允许退出与进入，不能用公益岗把大家捆绑住，那样意义就不大了。退出说明他们有了收入更高的工作，这更有利于大家增加收入，而且有人退出就能空出岗位，让其他符合条件的人受益。（社区书记，2019）

社区公益岗员工队伍的流动性表现出季节性特征。县城周边农田的规模化经营为农民提供了大量就业岗位，农田打工成为搬迁群众获取收入的优先选择。每年五月至九月是农田用工旺季，也是社区公益岗员工退出最集中、最多的时候。村干部告诉我们，每年这个时候剩下的就是真正出不了家门的就业特殊困难人群。公益岗的灵活机动性推动了政策保障与市场机制的协调配合，充分调动了各方面的积极因素，使部分身体条件较好的贫困人口实现了年收入最大化。

> 我们社区非贫困人口多，他们中有很多一年的收入就是季节性的农田打工，而做公益岗工作的一些人却两项工作都不影响，地里打工挣钱多就去地里干活，地里的活没有了就做公益岗。如果从比较一个人的收入来看，他们比非贫困人口要高，他们全年都有收入。（CGB，2019）

相较于纯粹的资产收益分红，公益岗的开发优势在于：

一是推动乡村社会治理。公益岗政策的实施使农村公共领域的活有人干了。K县积极发挥"黄马甲"公益岗的作用，坚持脱贫攻坚与改善农村人居环境同步推进，村庄村容村貌得到明显改善。该县为此获得了2020年全国村庄清洁行动先进县的称号。村级集体经济空壳最突出的表现就是农村公益性基础设施和公共服务提供难，村组织无力，村民个体化、分散化，村庄脏乱破败荒芜。在尚未建立起覆盖城乡的公共财政体制的情况下，改变农村发展落后的面貌缺乏一个持续性发挥作用的内源性动力。公益岗扶贫方式紧扣乡村治理核心问题，在一定程度上解决了乡村发展公益领域和公共服务领域缺乏资金保障的问题。从K县公益岗岗位设置上看，主要涵盖三大类：①围绕疫情防控等重大突发事件，开发防疫消杀、医护辅助、物流配送、道路管制、卡点值守等应急管理类岗位。②为满足城乡基层公共服务需求，开发保洁、保绿、公共设施维护、妇幼保健、托老托幼助残、农村物流快递收发等便民服务类岗位。③开发农村公路建设与管护、村庄公共基础设施建设与管护、水利工程及水利设施建设与管护、河湖巡查与管护、垃圾污水处理、厕所粪污无害化处理、河塘清淤整治、秸秆禁烧巡查、人居环境治理、造林绿化等"三农"服务类岗位。这些岗位的设置紧紧围绕精准扶贫和提升农村公共服务水平两大目标，岗位职责是保障公共利益。这与乡村治理的公共性诉求不谋而合，也与"生态宜居、乡风文明、治理有效"的乡村振兴要求相契合。

公益岗设置运行后，乡村面貌发生了明显变化。通过公益岗，带动更多人参与村庄的公共事务管理中，社区自我治理能力有效提升，集体行动的困局开始松动，公共空间开始发育，公共领域开始重塑。

村民说："以前村子里到处又脏又乱，路上满是牛粪羊粪。人们为了自家院子干净，家家的杂草垃圾脏水都往院子外面扔。现在不一样了，有垃圾点、有环卫员，定时定点打扫清运，到处干干净净，乱扔可不行。"

村民说："环境好了，住得也舒服。这几年我们自己也讲究卫生了，以前穿件旧衣服一年不换，鞋子也从来不洗，院里院外脏兮兮土哄哄的，怎么也干净不了，干脆就不管它了。现在人们就不一样了，穿衣服也讲究多了，脸也洗得勤了。"

村干部说："现在村集体经济有些收益了，村里方方面面的事也有公益岗了，很多以前该办想办但办不了的事情现在也都理顺了，村里一下子就有了生机了。以前各家忙各家的事，没事忙就各回各家闲待着，公益岗将村里几乎所有有点劳力的人都调动起来了，他们增加了收入，改善了村里的面貌，也减轻了村委会的压力。"

易地扶贫搬迁集中安置小区都是新建小区，在县城或镇规模较大安置点实行社区化管理，实行"原籍管理地和林，社区服务房和人"的模式，公共事务和为民服务有社区和物业按照各自的职能范围分工负责，互相配合。为确保"稳得住"，安置区设法减轻搬迁群众经济负担，采取免除若干年物业费等措施。为保障物业管理正常运行，就需要地方财政特别是县级财政补足相关资金缺口，这无疑加重了相关部门的财政负担。

二是避免福利依赖，激发内生动力。贫困人口不投劳不投资不承担任何风险的资产收益分红就是典型的"不劳而获"。尽管资产收益分红对确保贫困人口如期脱贫，实现"收入达标"有决定性的作用，但其所产生的诸多负面效应却与脱贫精神相悖，对长效脱贫、稳定脱贫产生了障碍。资产收益分红只能改善贫困者的物质条件，却难以调动贫困群众脱贫的主体意识和参与发展的积极性。对于无法离乡、无业可扶、无力脱贫、有劳动力的贫困户，因为就业难而丧失生活动力，形成了"等、靠、要"思想。

在调研中，很多扶贫一线的干部对我们讲述了"一分了之"的最初想法和困扰。K县扶贫办主任的观点很具有代表性。

> 最初对于就业困难的贫困人口我们能做的也就是一轮轮的分红覆盖，让他们的收入水平保持在贫困线以上。这样做，一来是随着扶贫的深入，各种产业发展起来了，各种资源也多了，可供分红的资产多了；二来就是操作简单，平均分配也好，是否有低保差异分配也好，都不复杂，也都能说得过去。但是这样做，心里也发虚呀，白给钱谁都高兴。但是一些人却认为他是贫困户，这些钱是他应得的，一些人有了这份白给的钱就不再去想其他挣钱办法了。（县扶贫办干部，2019）

公益岗解决了就业困难群众的就业问题，践行了有劳才有得的正向激励，有助于树立勤劳致富、脱贫光荣的价值取向和政策导向。K县扶贫公益岗开发管理凸显"稳就业、托底线、救急难、临时性"属性，将就业困难群体纳入就业帮扶范围，使其能就近便捷就业且有稳定收入。一部分因年龄偏大但身体素质较好的搬迁群众在正规单位找不到工作，可以通过在田间打工获取收入。"搬过来就想着到地里打工，我们这边地里的活多"，可见他们对搬迁过来的生计安排是有计划的。因重病残疾或照料家人而无法工作的这类群体通过公益岗政策也实现了就业增收。

> 咱是个残疾人，离不了轮椅，怎么可能会上个班？从来没想过这事。搬迁是个好事，至于生活主要靠老婆孩子和国家的低保。我觉得这个公益岗就是专门为我量身定做的，收入虽然只有500元，但对我意义就不一样，我能工作了，至少能养活自己了。（CM，2019）

三是优化资产收益分配，提高资产收益扶贫效益。资产收益在所有贫困人口中的平均分配实际上降低了资产的扶贫功能，政策规定这部分钱的受益对象只能是贫困人口，非贫困人口不能享受，在贫困人口内部也应使其惠及更困难的群体。公益岗政策便能有效解决这一问题。"如果没有一个分钱的合理依据，又会引出更多矛盾。"公益岗将外出务工的或者虽然没有外出但能在当地就业的人口排除在外，使常住人口中的老弱病残、丧失劳动力、难以维持正常生活的贫困人口获得生活补贴，有劳动能力的尽其所能参与劳动，以劳动报酬的形式分享资产收益。正如某村干部所言：公益岗使资产收益这部分钱分给了最困难的、最需要这些钱的人。公益岗使资产收益真正发挥了它助困、托底的功能。福利政策实施要专业化和分类化，要把各项福利分配给最需要的群体，而不是叠加给所有的贫困户。对于不同类型贫困户，应当做到精准帮扶、因人施策。

四是受益群体突破了贫困人口的限制，改善了村民关系。随着脱贫攻坚工作的不断深入，各种政策与贫困户精准对接，贫困户的生产生活状况明显改善，满意度不断提高。但层层加码的帮扶导致非贫困户尤其是处于贫困线边缘的群众心理失衡，容易产生强烈的不满和怨气。K县的光伏资产收益因为没有与受益贫困人口建立利益联结机制，只是纯粹发钱，非贫困人口对此意见颇大。访谈中，非贫困户要不不愿多谈，要不情绪激动。受访者张某是非贫困户，搬迁前在村里养羊种地，搬过来后一直在县城打工，对于现在的扶贫工作很关注。

> 我对扶贫给钱很不理解，把钱给了真正没有收入的困难户，我没有意见，但是有些贫困户有胳膊有腿为什么白拿钱？有的人还在外打工挣钱呢，也给他发钱，这就不对。我家也不比他们家的情况好多少，搬来这里之前我把羊都处理了，现在在建筑工地打工，收入还可以，就是时间不长，眼下的这个活做完了就没活了，做其他活收入低养不了家。（CM，2020）

中国社会深受"不患寡而患不均"思想的影响，"给"必然会引发社会矛盾。对于贫困户而言，"白拿钱"也并非理直气壮。正在打扫楼道卫生的受访者胡某道出了她的心里话："给钱虽然谁也看不见但是村里人都知道，我们私下里也聊这个事，自己拿了钱肯定是好事，但是心里还是多多少少有点不踏实。但干活就不一样了，我们公益岗这些人每天都在人们眼皮子底下干活，干这些活大家都受益，靠干活挣钱心里踏实。"公益岗的公共属性和公益属性，为全体社区居民营造了一个舒适、干净的生活环境，提升了他们对搬迁安置生活的幸福感和满意度，使得公益岗只能惠及贫困人口的资产收益突破了政策边界，社会管理和公共服务的提供以另一种形式使非贫困人口也享受到了资产收益的益处，发挥了综合平衡的作用，在一定程度上缓和了扶贫工作中对部分贫困人口由纯"输血式"扶贫所引发的社会矛盾。

五是有利于化解"难稳住"的社会风险。能否"稳得住"是易地扶贫搬迁成功与否的重要标志。稳得住就意味着搬迁群众在新环境完成了对社会关系和生产关系的重构，在基础设施配套、公共服务提供以及搬迁群众的收入保障、社会适应、人际交往等各方面都扫清了障碍、理顺了关系。这其中，是否有能够满足搬迁群众基本生活的收入来源是考验稳得住的关键，在这方面确实存在着一定的风险隐患。这些风险隐患在搬迁入住早期最为突出；主要表现在三个方面：一是无土安置，就业风险突出。集中安置点普遍远离自己的耕地，这使农户搬迁后无法通过农业种植获取收入，耕地作为生计保障的最后一道保险的使命就此终结。这就更加需要增加务工就业的机会来保障搬迁群众获取稳定收入。但入住之初，人们对新环境还不熟悉、不适应，一时难以找到或者适应其他谋生手段，加之安置区配套的扶贫产业还没有完全投产，吸纳就业的能力有限。

住进来后不种地了、不养殖了，干什么，还没有那么多的渠道，能干什么，老百姓也很迷茫，毕竟留在家里没外出的基本上就是出不去的，在他们的认知里除了种点地养点羊似乎别的都做不了。（驻村

干部，2019）

在搬迁入住之初，难就业的问题非常突出，既面临扶贫产业多处于基础建设期，提供的就业机会有限，又面临搬迁群众对市场就业观念和能力的约束。随着入住后多种形式的就业帮扶政策多方发力、多措并举以及搬迁群众就业自觉意识的提高，实现了从最初"就业无门"到"选择性就业"的改变，难以就业的仅剩老弱病残的弱劳力。二是搬迁群众的经济压力明显上升。这种压力的上升源于搬入新居后收入水平变化不明显。一部分低保对象能够依靠低保金维持基本生活，但对于没有低保且难以就业的群众，其生活保障问题变成了考验"稳得住"的突出问题。在生活方面，搬迁群众由原居住地自给自足的消费模式转为搬迁后市场化采购的消费模式，生活成本提升、生活压力不断加大。在迁入新居第一年，大部分家庭有余粮和存储的土豆等蔬菜，生活压力还不大，消耗完存货之后生活压力明显增加。这部分困难群众重构生计资本存在诸多支撑性要素缺失的问题，自身的无力与政府工作推进的阶段性导致了入住初期的生计艰难。三是社会救助的中间层生存艰难。对于没有低保又难以就业的群众，他们既难走出家门获得就业机会也不够获得低保等政策兜底的条件，在脱离了原有生计模式后没有生计来源，生活很容易陷入困境。即便是低保贫困户，仅靠低保金也难以维持在安置区的生活。

以上三方面问题，从根本上来说是无土安置方式下的易地扶贫搬迁缺乏对部分就业困难贫困户稳定就业的保障，从而形成较大的社会风险。扶贫公益岗政策的实施切实帮助无法转移就业的弱劳动力实现就近就地就业，确保"零就业"的弱劳动力贫困户就业"全覆盖"，实现了稳定增收，有效化解了生计风险。

　　公益岗解决了大问题呀，年纪不大的、身体好的在家也待不住，搬过来安顿好了就想通过各种途径找活干，这里消费比在村里高多了，谁能待得住？但是最难的就是那些出不去的老弱病残，有低保的还好说点，没低保的确实难办，我们干部心里也清楚这些人没收入早晚会出问题，但是也很迷茫，没有办法。公益岗的思路一出来，这事就解决了，所以我们对公益岗这个事非常重视。(CGB，202)

(二) 就业中的问题及其规避

为促进搬迁群众稳定就业，片区有搬迁任务的县(区)均多措并举，多点发力，形成了政府、企业、社会组织及扶贫搬迁户等多主体合作参与的机制，就业渠道变得更加多元化，群众的就业选择更加灵活多样，但也存在着难就业和就业不稳的问题。

一是劳务输出效果不明显。经过几十年的农村劳动力转移就业，没有外出的基本上是不愿外出和不能外出的。不愿外出的在农村经营种养业，搬迁后不得不在非农领域寻找就业机会，但因年龄偏大、整体素质偏低、适应力下降而不愿意到外地打工，另外受健康、观念等因素影响而不能外出务工的搬迁后同样走不出去。尽管各地都将劳务输出作为促进搬迁群众就业的重要途径，通过加强外联获取就业信息或者利用定点帮扶、对口帮扶、东西部协作等方式，积极为有外出务工意愿的搬迁群众联系用人单位，推动劳务输出，但课题组实地调研发现，效果甚微。2018 年我们到 L县调研，某村驻村干部告诉我们，经他们单位推荐，天津一家企业录用了该村 10 名村民，月工资四千多元，不到两月，已经有 8 人"跑回来了"。其原因主要是在农村闲散惯了，在企业上班相对于农活较累加之不适应严格的工作制度约束。二是低龄老年人就业困难。低龄老年人搬迁前是农村的"劳动力"主体，入住安置区后他们成了就业困难群体。其原因一方面在于安置区大多建在城郊，距离县城商业中心较远，安置区周边各方面设施不完善，产业发展滞后，就业环境容量低。三是岗位难匹配。安置区配套建设的工业园区或者依托经济开发区可以提供少量门槛较低的岗位，但搬迁群众中的低龄老年人在文化程度、就业技能和年龄要求等方面不符合企业的用工要求。四是就业质量低。社区提供的公益岗岗位多优先覆盖建档立卡贫困人口，虽然所需条件与低龄老年人相符合，但工资待遇较低，难以满足生活需求。五是就业稳定性不强。不能稳定就业意味着搬迁群众不能稳定脱贫。尽管各地多措并举开发了多样化的就业渠道让搬迁群众有业可就，但是就业的稳定性不强也使"稳得住"和"稳定脱贫"面临极大挑战。就业稳定性不强的原因是多方面的，最主要的因素来自劳动者个人和产业。对劳动者个人而言，他们就业层次较低、工资水平不高，没有福利和保障的激励和约束，自然就会因追求收益最大化而在不同岗位间流动，最终形成"高不成低不就"无业可就的状态。对产业而言，受市场、疫情以及自身管理和发展意愿等因素的影响，在吸纳搬迁群众就业方面会出现波动现象。

实现搬迁群众就业增收、稳定脱贫目标，需要对易地扶贫搬迁后的就业路径进行优化，一是注重就业意识培养与职业技能培训，破解群众主观上缺乏脱贫动力的"精神贫困"，培育和增强他们的就业竞争优势。通过引用身边案例、文化活动寓教于乐、专家学者讲形势讲政策等方法，强化贫困户的自觉脱贫意识。加强职业技能培训也是提升自觉意识的重要环节，有了一技之长就会产生就业信心。按照"学以致用、方便群众、确保实效"的思路对接群众就业的"真需求"，提高其自我发展能力，使人们能够通过劳务输出和自主创业向现代农业和第二、三产业转移就业。二是利用政府的主动干预机制弥补搬迁群众的就业市场失灵。利用区域产业结构调整和扶贫产业发展及乡村振兴的机会落实国家发展改革委联合国务院扶贫办、教育部等12个部门印发的《关于印发2020年易地扶贫搬迁后续扶持若干政策措施的通知》，引导农产品加工产能向安置区周边聚集，将有条件的安置区纳入产业园体系，推动搬迁户与带贫主体建立稳定紧密的利益联结机制。加强招商引资和产业培育，盘活、做大做强现有工业园区和扶贫车间，充分发挥其吸纳劳动力就近就业的优势。

第八章　易地扶贫搬迁安置社区治理

社区是社会的细胞和单元。搬迁安置社区治理是关系扶贫搬迁移民能否顺利融入新环境、过上美好生活、实现"稳得住"的关键环节，安置社区治理效果不仅关系移民生存发展，还关系到民族团结稳定与社会繁荣大局，更关系到实现国家治理体系与治理能力现代化的改革目标。

"十三五"时期，我国建档立卡贫困人口和同步搬迁人口合计共有近1500万人口完成了易地扶贫搬迁，堪称我国减贫史上的伟大创举。全国共建成的3.5万个集中安置点中，其中3000人以上的有350多个，万人以上的有70个，有的安置区比县城人口还多。① 具体安置区规模和分布详见图8-1。

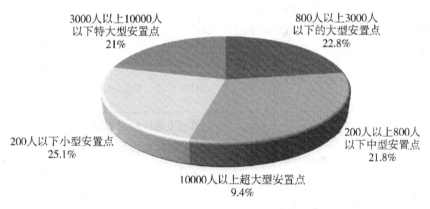

图8-1　不同人口规模的安置区分布

---

①　王正谱在巩固脱贫成果强化搬迁后扶工作现场推进会上的讲话[EB/OL].
https://m.thepaper.cn/baijiahao_12748470.l.

随着搬迁群众陆续入住安置区，我国"十三五"易地扶贫搬迁工作重心开始向后续扶持转变，2019 年出台的《关于进一步加大易地扶贫搬迁后续扶持工作力度的指导意见》是这一转变的标志性文件。此后三年，相关政策密集出台，为后续扶持工作的有效迅速开展提供指引和保障（详见表 8-1）。从近年中央及各部委陆续出台的这些文件可以看出，以促进社会融入为目标的搬迁安置区社区治理是后续扶持政策体系的重要组成部分。

表 8-1　易地扶贫搬迁后续扶持政策文件涉社区治理内容梳理

发布时间	文件名称	颁布单位	涉社区治理主要举措
2019 年 7 月	《关于进一步加大易地扶贫搬迁后续扶持工作力度的指导意见》（发改振兴〔2019〕1156 号）	国家发展与改革委等 11 部委	加强安置区基层组织建设，健全安置区社区服务设施，合理设置社区办公和服务场所。完善安置区社会管理，提升服务能力和水平，建立健全搬迁群众自治机制。促进搬迁群众融入新社区新环境
2020 年 3 月	《关于深入贯彻落实习近平总书记重要讲话精神决战决胜易地扶贫搬迁工作的通知》（发改振兴〔2020〕374 号）	国家发展改革委	对于迁入人口万人以上的特大型安置区，省级层面要逐一研究制定帮扶工作方案，统筹整合省级相关部门政策资源予以帮扶，一揽子解决产业就业、社区管理、社会融入等后续发展问题
2020 年 2 月	《关于印发 2020 年易地扶贫搬迁后续扶持若干政策措施的通知》（发改振兴〔2020〕244 号）	国家发展改革委等 13 部委	加强安置区社区管理。指导地方配套建设社区综合服务设施，加强对安置区社区服务体系建设运行情况的调查督促。将安置区和搬迁群众纳入农村思想道德建设、乡村文明培育行动、农耕文化传承保护工程等工作中，引导搬迁群众移风易俗，形成邻里和睦、守望相助、文明节俭的好风尚

发布时间	文件名称	颁布单位	涉社区治理主要举措
2020 年 10 月	《关于做好易地扶贫搬迁集中安置社区治理工作的指导意见》（民发［2020］110 号）	民政部、国家发展改革委、公安部等 9 部委	到 2022 年，以党组织为核心的安置社区组织体系全面建立，社区综合服务设施基本完善，搬迁群众能够有序参与社区治理，有效融入新社区生活。到 2025 年，安置社区治理体系和治理能力全面加强，社区综合服务设施建设和公共服务水平进一步提升，搬迁群众获得感、幸福感、安全感进一步增强
2020 年 12 月	《关于实现巩固拓展脱贫攻坚成果同乡村振兴有效衔接的意见》	中共中央国务院	聚焦原深度贫困地区、大型特大型安置区，从就业需要、产业发展和后续配套设施建设提升完善等方面加大扶持力度，完善后续扶持政策体系，持续巩固易地搬迁脱贫成果，确保搬迁群众稳得住、有就业、逐步能致富。提升安置区社区管理服务水平，建立关爱机制，促进社会融入
2021 年 4 月	《关于切实做好易地扶贫搬迁后续扶持工作巩固拓展脱贫攻坚成果的指导意见》发改振兴［2021］524 号)	国家发展改革委等 20 部委	贯彻开放发展理念，构建开放融合的安置社区。补齐社区服务设施短板。提升社区治理整体水平。促进安置点开放融合

安置区社区治理是后续扶持的抓手和核心工作，是所有工作开展和推进的载体，也是检验易地扶贫搬迁工程成败的试金石，因为社区治理是否科学有效直接影响到移民生计发展、社会融入以及权益保障等诸多民生和

社会发展核心要义。因此从中央到地方对安置区社区治理非常重视，紧锣密鼓进行探索实践，将其作为后续扶持工作的重要内容进行布局推动。

一、安置区社区治理的地方实践

片区易地扶贫搬迁集中安置点分布基本上有三种情况：中心村就近安置、乡镇安置和县城安置。每种安置方式搬迁移民的地理空间位移如下图所示。

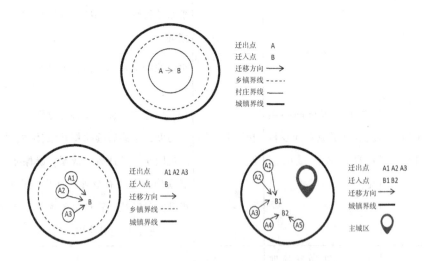

图 8-2　不同集中安置方式的移民空间位移状态

由中心村就近安置所形成的新村，其治理模式依然沿用原先的农村基层自治组织体系，由原村级党组织和村委会管理和服务，比照居民小组完善村民小组服务功能，为搬迁群众办理各种事项，保障搬迁群众各项权益不受损害，确保搬迁群众生产生活不受影响。而规模较大的乡镇和县城安置区都已建成新社区，如何对新社区进行有效治理成为各地积极而紧迫进行实践探索的重要任务。本部分专门针对乡镇和县城安置社区的社区治理进行调研、总结模式，研究不同模式的治理特点。

(一)安置区社区治理模式探索

虽然易地扶贫搬迁在我国已有很长的实践历史,但在安置社区治理上一直以来多为从农到农,规模超大的集中安置情况不多,城镇集中安置比例也很低。而"十三五"易地扶贫搬迁以城镇集中安置为主,形成了许多规模较大甚至是万人以上的超大社区(见图 8-1),这些社区因扶贫而形成,在一定程度上具有"亦城亦乡"的过渡型特征,特别是县城安置区因跨行政区划较大,其治理结构与治理关系呈现出新的形态,也因此面临更为复杂的社区治理困境。针对易地扶贫搬迁社区治理,各地进行着艰巨的探索实践,在不断摸索中总结经验、调整完善。课题组从 2017 年开始在片区调研,经历了社区治理的变动过程,从搬迁入住初期的各村管各村、各乡镇管各乡镇的临时工作机制,到上级派出机构统管,所涉乡(镇)村配合再到基层党建引领下社区治理构架逐步完善的过程。可以说,经过不断的摸索与尝试,各地安置社区治理都有了不同成效,找到了符合自身实际情况的治理方法。通过对片区易地扶贫搬迁的深入调研,我们梳理汇总安置社区治理的探索实践,总结出了如下几种社区治理模式。

1. "居委会+原村两委"模式

这一模式主要是指原村委人员随搬迁居民一同迁入安置社区,由乡镇政府选派干部直接领导,在社区统一集中办公,形成社区居委会。原村干部仍然负责原村事务的管理,是社区治理的主要力量。为保证搬迁群众迁出地与迁入地的双重利益,涉及搬迁群众在迁出地的土地、林草地等集体资源、各类补贴及集体经济分红,皆由原村委进行管理和负责衔接相关事务。对安置区的水、电和公共卫生以及各项公共基础设施运行和维护等工作,专门引入新型物业公司进行系统化运作。这一模式在实际运行中,事实上形成了"原村委管理地和林,社区服务房和人"的管理格局。

T 县某镇安置社区就是典型乡镇安置社区,安置区就坐落在镇政府所在地,共有 28 个自然村迁入,集中安置 2355 户 5226 人。该安置区在易地扶贫搬迁工程完成后进一步扩建，空心村治理项目村民陆续迁入。为了更好地对社区进行管理，在入住初期成立了社区居委会，乡镇干部被任命为社区居委会的书记、副书记，各搬迁村的村干部是社区居委会的成员，依然按照之前的村委会换届选举规则进行任命。

乡镇安置社区目前在社区治理方面多是采用这一治理模式，主要是由社区治理现实情况所决定。片区易地扶贫搬迁大多是整村搬迁，原村村民没有变化，原村委也不变，由原村委管理自然更顺畅。面对陌生的社区和管理框架，人口要素要想纳入社区发展体系中，必须要有"代理人"来负责搬迁居民与社区治理体系之间搭建良好的沟通桥梁，而原村委人员则扮演起这一角色。[1] 他们作为乡村与社区的连接，一方面可以在新的搬迁社区中与原村村民构建联系，缩小原村治理组织与搬迁群体之间的空间距离，增加村民对新社区治理结构的熟悉度，帮助村民快速融入社区生活，提高社区治理效率和效果；另一方面承接上级领导下发的各项任务，以及向搬迁居民传达各种政策，传达落实更顺畅，更容易调动大家的积极性，有利于社区治理工作的开展。

物业作为市场主体为社区居民提供基本的公共服务，满足社区居民的公共服务需要，在社区治理框架中是必不可少的组成部分。搬迁前，对于水电及房屋院落等设施的维护管理是农户自己的事情，但搬迁后无论安置区是楼房还是平房，在社区建设上都借助易地扶贫搬迁政策机遇向新型社区转型，需要专门机构、专业人士来打造优美宜居环境，与农村相比，安置区住房、水、电等设施更先进、更复杂，也必须由专业人士维护维修。可以说，如果没有物业部门，安置社区一定无法入住运行。

　　都是农民，以前住的都是简单的平房，自家都可以修修补补，但是楼房就不一样了，上下水、电路、暖气、房子漏水等这些都不是个

---

① 白冰雪. 空间社会学视域下易地扶贫搬迁社区的治理研究——以两个集中安置社区为例[D]. 武汉：华中农业大学，2020.

人能处理得了的。刚有了自己的新房子，老百姓特别仔细，一来怕到手的房子有质量问题，一有问题就过来找，二来他们没住过楼房，对有些方面是不是有问题不太清楚，所以刚入住那会我们物业特别忙。（物业经理，2020）

可以说，有了物业部门的服务使搬迁群众有序搬迁入住，有效地缓解了经历急剧变迁的搬迁群众的焦虑不安情绪，对"稳得住"起到了重要作用。

2. "党总支+社区居委会"模式

这一模式是通过建立完善易地搬迁安置社区基层党组织，充分发挥党员的先锋模范作用，带领居民开展自我管理，走上自我服务与自我治理道路。党总支发挥好领头羊的作用，将原村党支部成员纳入党组织，有利于安置区后续工作的开展。

L县县城安置区共入住 10193 人，在搬迁入住之初委托县城市建设投资公司进行社区管理工作，建立的社区组织机构以社区党总支和社区服务中心为主要构架，党总支班子成员 9 人，主要是由县乡领导人员担任，下设 15 个党支部，由原 8 个乡镇 15 个搬迁村的党支部构成。各支部负责自己原所在村务，支部负责人要做到上情下达，并且本村情况做到及时向上级反映，在安置社区治理中真正发挥了关键枢纽的作用。采取迁入地、迁出地双重管理形式开展工作，原村委人员还需要回到原乡镇单位为村民办理民政方面的事情。

有的和户口挂钩的一些民政方面的事情搬迁居民需要在乡镇和县里来回跑，例如办理准生证或者结婚，家里有老人去世等相关事情，大家还是得回到原来乡镇办理。（社区党总支委员，2020）

为进一步规范易地搬迁安置区的管理，强化基层服务功能，确保"村改居"工作平稳过渡，确保安置区群众享受到均等化公共服务，L县对县城安置区参照城市社区基层组织管理体系架构，在原有社区党总支组织机构的基础上，增设了社区居委会，明确了其城市社区居委会同等管理服务职能，探索形成了"三不变、一改变"基层治理模式。三不变，即原行政隶属关系不变；原村集体的债权债务不变；土地、财产所有权和使用权不变。一改变，即管理方式的改变，即实行双重管理。城中村既接受原乡镇党委的管理，同时又接受社区党委的管理，享受与城镇居民同等待遇和社区公共服务。为推动自治组织全覆盖，将居民小组建在楼栋上，以楼栋为单位，设立责任区，在党总支的领导下，有效提升社区自治水平。

3. "党工委+管委会+社区居委会"模式

为积极探索易地扶贫搬迁集中安置区村庄撤并、后续帮扶、就业就学、社会保障、资源资产处置、基础设施和公共服务配套等社会治理新模式，切实让搬迁群众权益有保障、收入有提高、环境有改善、生活品位有提升，确保群众搬得出、稳得住、有就业、逐步能致富，提升基层治理体系和治理能力现代化水平，构建新型城乡融合新格局，有些地方将规模超大安置区按照街道一级设置组织机构，形成"党工委+管委会+社区居委会"治理模式。这一模式是超大型安置社区普遍采用的模式，在社区治理过程中形成了自上而下的党组织垂直管理体系，这一形式最先出现于我国的四川、贵州等地，随着易地扶贫安置社区治理工作的不断推进，在全国得到推广。

Z县移民新城既有易地扶贫搬迁安置群众也有"空心村"治理项目安置群众，总人口22295人，其中易地扶贫搬迁7055人。Z县移民新村的社区治理也经历了组织机构逐步健全、服务功能逐步完善的发展过程。到2021年在编制获批和"村改居"推动下，创新性地推动了社区治理组织构架的完善和服务工作的优化。

一是健全了组织机构。组建新城党委工作委员会和管理委员会，分别作为县委、县政府的派出机构，机构规格为正科级。党工委和管委会对辖区行使管理、协调、服务职责，新城党工委、管委会内设党政综合办公室、党建工作办公室、社区建设和物业监督管理办公室、社会事务管理办公室、综合服务中心5个工作机构，规格为正股级。将新城划为三个社区，每个社区除书记兼主任(由党工委委员兼任)外，另配备7名工作人员，其中社区班子成员4名，分别为副书记、支委委员、居委会副主任、居委会委员，其他社区工作人员3名，班子成员从社区5个功能型支部书记和整村搬迁的51名村干部中择优选配，其他社区工作人员通过政府购买服务选用。

二是创新治理模式。以划定的社区为基础，党工委成立三个社区党委，党委下设16个党支部，建立26个楼栋党小组，形成党工委——社区党委——党支部——党小组四级组织体系；选配楼长86名，建立管委会——社区居委会——网格长——网格员四级网格管理体系。在社区党委领导下，社区居民委员会、业主委员会、物业公司共同协商社区事务，共同利用社区资源，共同开展社区服务，共同创建和谐社区，建立四位一体管理模式。开展两项便民服务。针对搬迁村部分群众年龄偏大、行动不便等实际情况，由社区派驻楼长或党员，为居民提供低保、社保、医保等代办服务；由86名楼栋长和26个党小组为困难家庭、住院病人、失能人员、孤寡老人提供志愿服务。健全一项议事协商机制。每周召开一次联席会议，由党工委牵头抓总，社区党委、党支部、居委会、业委会、物业公司、乡镇派驻员、楼栋长共同参与，共同研究决定社区重要事务，有效整合社区资源，真正实现功能互补、资源共享，解决群众反映强烈的热点、难点问题。

楼长制是网格化管理的支点。楼长制是在新冠疫情防控形势下，为更好地位居民提供疫情期间各项服务而创设的。在每栋楼会选举一名楼长负责该栋楼的相关事情，更好地对疫情信息进行掌握。楼长可以是自荐也可以是该栋楼内的居民选举产生，要求有责任心可以很好地服务于搬迁居民，年龄不超过60周岁，在原先村子里任职的会优先选用。党支部书记会对楼长进行严格的审核，审核通过上任之后则会与楼长签订合同。楼长主要负责上情下达并且对该楼内的居民情况做到基本掌握，对于楼内的相关事物进行管理。

> 我们做的工作其实也挺简单，主要是上面领导有什么指示，派发了什么任务，我们就在我们楼的微信群里进行通知，现在人人有手机比较方便，不用挨家挨户上门通知。谁家的情况我们都了解，一开始有的都不认识，现在谁家什么情况门儿清。我们还有一个工作就是监督，谁家乱堆乱放，哪个楼道没有打扫卫生这些事情我们都要监督完成。工作也不累，人家还给发工资，一个月几百块钱，大家还挺信任，不过也有的居民不理解觉得我们楼长爱打小报告。（楼长，2021）

三是优化服务功能。以群众需求为导向，树立"小窗口、大服务"理念，推行限时服务、延时服务和随时服务，用更高标准规范行政综合服务工作。在行政综合服务中心设立便民服务窗口，将户口管理、民政残联、社会救助、劳动保障、就业服务、计划生育、文教卫体等服务进行整合，实行集中办公，为居民提供"一站式"服务。

四是打造智慧社区。新城管委会牵头开发便民小程序，开通新城公众号，开辟智慧党建、物业服务、便民服务、就业服务四个板块，为搬迁群众提供方便快捷的线上服务。安装门禁识别、无死角监控、智能呼叫系统，将易地扶贫搬迁安置区与"空心村"治理安置区的监控同步接入网格化智能服务管理平台。

五是有序推进"民改居"。以缩小城乡差距和提高城乡居民生活水平为核心，以易地扶贫搬迁和"空心村"治理为契机，充分尊重村民意愿，有序推进"民改居"工作，加快促进农业转移人口市民化，保证农民利益不受损、有保障。Z县"民改居"工作按照"三化、五全、三不变"的总体思路开展。

"三化"。一是推进村民居民化。以确保农民与城市居民享有同等权益和待遇为推手，参与"民改居"的村，由村委会管理变成社区居民委员会进行管理，实行"两委两会一社"管理模式，即，社区党组织、社区居委会、社区居民代表大会、社区建设议事协调委员会和社区居民合作组织。坚持以"党建+智慧+服务"为主题，打造智慧社区。"民改居"村民不仅享受农民权利，同时得到市民待遇，让村民带着资源、带着保障、带着尊严变居民，变得来、留得住、享保障、过得好。二是推进资源资产化。按照"撤村不撤社"的原则，原村民经济合作社改为居民股份经济合作社。县扶农公司在新城设立分公司，把资源优势转化为资本优势。义合美新城"民改居"搬迁村集体的林地、草地、"四荒地"等资源，经居民股份合作社成员代表会或成员大会同意，全部入股县扶农公司新城分公司，由扶农公司统一经营，确保村民持续稳定受益。三是推进公共服务均等化。建立健全公共服务机制，加大公共服务和基础设施投入，水、电、路、讯等基础设施和教育医疗、文化卫生等公共服务与县城居民实现同城化。安置区楼房全部为大产权、电梯楼，配建一级医院、六轨制小学、幼儿园各1所，开通免费公交专线。

"五全"。一是土地全流转。新城"民改居"搬迁村涉及的耕地全部由扶农公司新城分公司进行统一流转，村民赚取土地租金。二是"三资"全托管。新城"民改居"搬迁村村民原享有的资产性收益继续延续，全部由县扶农公司新城分公司统一进行管理和发放，实现农村"三资"(资源、资产、资本)全面托管经营。三是就业全覆盖。新城安置人口中的劳动力全部享受由公共就业服务机构提供免费就业咨询、就业指导、职业介绍、职业技能培训补贴、就业优惠扶持，实现就业全覆盖。四是社保全兜底，实现应保尽保。五是户籍全部落在居住地。按照村民自愿原则，搬迁村民户籍可全部落到新城，也可保留原农村户籍，继续享受农村居民待遇。

"三不变"。一是农村集体土地权属不变。根据《土地利用总体规划》中明确的土地用途，严格用途管制，各类土地(建设用地、农用地、未利用地)保持用途不变。"民改居"后的集体用地原权属不变。二是所有涉农惠农政策不变。搬迁村民原享有的各项涉农惠农政策保持不变，特别是脱贫户，原享受的教育、医保、就业、住房等扶贫帮扶政策继续延续。三是公章暂时不变。整体搬入新城的行政村，村委会公章暂时保留，仅用于处理"民改居"过程中可能出现的遗留问题。

(二)不同社区治理模式的共性

乡镇安置区和县城安置区在社区治理上存在因人口规模和重视程度的不同而不同的治理组织架构和推进力度，但不管哪种模式，提高社区治理效能都是推进国家治理体系和治理能力现代化的具体要求和实践内容，是其实践的纵深发展和微观呈现，因此，不同模式在核心内容上有许多共同点。

1. 多元主体协同治理

社区治理模式以政府主导型为主，各社区均以党建为引领，探索创新"基层党建+社区管理+群众自治"治理模式，形成社区居民委员会、业主委员会、物业公司多元共商共治的格局。引入物业管理公司，形成"政商协管"的自上而下的社区治理格局和自下而上的居民自治组织。"一站式"为民服务大厅，保证社区居民公共服务的供给。政府协助下的物业管理公司参与社区治理，负责社区空间内部景园、卫生和社区安全保障工作。虽然社区居民与物业之间的冲突发生较多，但是物业主体的加入不仅完善了社区的服务功能，更加提升了社区的现代化水平，对于搬迁居民的市民化起到了积极作用。以市场力量弥合政府在社区治理中微观把控，使社区管理体系更加规范，更加契合城镇社区对生活服务质量的要求。[①] 基于此，搬迁社区内部规划建立起特定的公共服务和社区治理空间，聚集包括医疗、卫生、治安、教育、文化、水电管理等公共服务部门，统筹性的治理空间作为一个服务型空间为社区贫困搬迁群体提供多元化服务。

---

① 王筝. 城市社区多元治理中的物业管理定位[J]. 河南牧业经济学院学报，2020，18(3)：7-11.

2. 网格化管理，提升治理"精准度"

社区空间的区隔性带来搬迁群体的居住空间的公私界限，打破了乡村社会的分散、开放式居住环境，居住空间被压缩。① 搬迁社区中楼宇的封闭性导致社区干部没办法像乡村社区一样可较为便利地进入贫困户家了解情况，给社区干部工作开展带来困难。而社区居民以贫困户为主体的特殊性，使得政府需要对他们进行精准且密切的观察了解。为了解决无法完成对社区贫困搬迁户的直线管理以及走访入户难的问题，社区治理实施网格化模式，建立自下而上的社区自治组织，依据楼宇的地理分布特征划分楼栋单元，并对单元和楼栋进行编号，通过社区民主评议与选举产生单元长和楼长，形成"单元-楼长"制，以"楼长"作为连接，协助社区治理组织完成上传下达工作，使社区管理可以有效触及居民群体，建立起社区治理网络。

网格化管理与互联网手段相嵌入，将互联网资源与社区资源相结合，着力打造"智慧社区"。借助信息化手段，以网格化的方式对居民的需求进行分析和识别，进而将需要解决的问题统一调配职能部门，有效提升了安置社区的管理和服务效率。

3. 双重管理维护双项权益

双重管理是我国安置社区治理普遍存在的一种状态，搬迁居民由乡村转入城镇，实现了生存空间的转变，但是由于户口仍然是农村户口，因此与户口相关联的许多乡村权益无法转入迁入地，因此搬迁居民受社区与原户籍地乡镇府的双重管辖，主要管理内容包含两方面。一是村集体资产利益分配。农村集体资产主要是指归乡镇、村集体全体成员（社员）集体所有的资源型资产、非资源性资产。主要包括集体所有的土地、森林、草原、

① 陈淇淇. 社会空间变迁视域下易地扶贫搬迁移民群体的社会适应研究——以兴义市 Z 社区移民为例[D]. 贵阳：贵州大学，2019.

荒地之类的自然资源以及其他。涉及村集体利益分配时需要召开村民代表大会，现在得益于智能手机的普及，几乎每个村子都会有一个微信群，在涉及村集体利益分配时会在微信群进行通知，村民不用再回到原村也可以了解相关的事情。另一方面是涉及盖章相关事宜。由于医疗保险、养老保险、残疾人服务等社保相关业务的信息系统比较完善，每年只需要认证即可，涉及民政事务时，在微信群通知认证后，居民便可以自己手机认证不再需要回到村里，很多居民不会认证相关事务便可以求助于便民服务中心，让其帮忙认证。但是在申请享受相关社会保障需要原村委会盖章的时候，需要搬迁居民回到原乡镇进行解决。搬迁居民在办理出生、死亡与户口相关的事情时也需要回到原乡镇进行办理。

双重管理的优点是可以保障居民双项权益，但其缺点也很明显，在现实层面无法实现对居民事项"一体化"服务，也使搬迁群众在内心深处难以割舍与农村的联系，从心理层面不利于今后"村改居"的实现。

4. 加快新市民、新生活、新要求的道德规范

几种模式的社区治理都不同程度地重视规章制度和居民公约的制定，强化政策宣传、法制宣传，推进社会治理和文明实践示范活动，培养搬迁群众的参与意识、公共意识、责任意识、规则意识和合作精神，形成社区共同价值，增强社区居民的社区认同感和归属感。

二、安置社区治理效应

虽然很多社区完成搬迁安置工作时间还不长，但是在各级政府的高度重视和基层政府狠抓落实下，社区治理取得较好成效，与搬迁之初的不安、不适相比，社区居民的生活已经有了很大改观，幸福指数也不断提高。

(一)助力群众融入社区生活

搬迁群众入住安置社区首先要解决的便是适应社区生活问题，是否能

够融入是社区治理面临的主要问题，这不仅关系着社区稳定和发展，更是检验脱贫成效的重要因素。社区居民由各搬迁村人口汇集而成，在人口搬迁集聚过程中，带着传统农村文化进入了现代化的安置社区生活体系中来，城乡文明的碰撞是社区治理面临的重要挑战。经过社区治理工作有条不紊展开，社区居民开始逐渐融入社区生活。

1. 老年人的慢融入

由于安置区常住人口以老年人为主，老年人的生活习惯和习俗根深蒂固，且由于文化水平较低，因此，对于新环境较难适应，对新鲜事物接受较慢，对社区生活融入较缓。经过社区工作人员不断帮助和社区现代文化的熏陶，他们在社区的生活大有改观，主要体现在以下几方面：

第一，帮助老年人适应新环境。为了帮助老年人尽快适应楼房里的生活，社区会专门组织工作人员教授老人们相关知识，帮助老年群体快速适应。例如，有的老人因为不会开关防盗门而不敢出门，有的老人不会使用电器、坐便器等。针对这些情况，社区工作人员专门上门服务，现场示范指导。

第二，帮助老年人学习新规则。为引导和规范居民行为，打造干净、整洁、有序的社区环境，社区制定了规章制度，并通过多种渠道进行宣传，让大家知晓并遵守，但是很多老年人认为一辈子没被约束过，依然沿用在农村时的"惯习"，做出很多不文明行为。如从楼上扔垃圾，在室外大小便等，对此，社区工作人员对其不断进行劝说、引导和教育。"老人们都能认识到城市和农村的不同，一般都能很快认识到自己的问题，对我们的工作很理解。"经过社区工作人员的引导以及社区环境自然约束和熏陶，老人们慢慢扭转"惯习"，对自我行为有所约束，自身素质不断提高，更好地适应了社区文明生活。

刚来的时候不习惯用马桶，也不舍得上厕所用水，许多老人就在室外大小便，尤其是男性老人更多一些。我们就只能不断地劝说教育，挨家挨户地教老人们使用马桶，告诉他们社区卫生需要大家共同维护，不能再像在村子里的时候了。现在这种情况少多了。（社区工作人员，2021）

第三，为了缓解老年人孤独寂寞的心理，很多安置社区会经常组织一些娱乐活动或者文艺表演等来帮助老年人度过闲暇时间，使老年人快速融入社区生活，减少对原先农村生活的留恋。

第四，为了保障老年人的正常生活，解决生活困难，社区工作人员经常到老人家里进行探望，尽可能地将生活确有困难的老人纳入社会保障体系，并给予物质帮助，让老人更好地适应社区生活，为其提供一个安心的晚年。

> 自从搬到这儿来政府挺照顾的，家里就剩我们老俩口了，孩子们都在外地。我老伴儿腰腿不好，我也有高血压，常年得吃着点药。我们有低保，但是老了没啥收入，生活也是将就过。他们这几个孩子（指社区工作人员）老来看我们，时不时地带点米面啥的过来，我感谢他们呀，倒是自己的孩子不咋回来。（CM，2020）

安置社区针对老年群体采取了一系列有针对性的工作方法和措施帮助他们化解困难和困扰，适应新环境，加快他们融入社区生活的步伐。

2. 年轻人的快融入

与老年人相比，年轻人对于安置区的生活更容易接受且更容易适应。他们更加关注的是生活是否方便，配套基础设施是否完善，以及就业等相关问题。

第一，社区一站式服务减轻了年轻人的负担。由于年轻人上要赡养老人下要养育孩子，生活负担较重，要解决的事情较多，一站式服务在一定程度上为年轻人群体提供了生活便捷，减轻了生活压力。社区有更加配套的便民服务和文化娱乐设施，生活也不像之前一样枯燥乏味，生活质量明显提高。

第二，社区配套产业园区和幼儿园，既为孩子们在县城或集镇就近上学提供便利，也使妇女等闲散劳动力在兼顾家庭的同时还能就业增收。大多数年轻人对搬迁安置感到满意，认为与搬迁前相比生活发生了更好的变化。

第三，很多外出打工的青壮年的父母原先在农村生活，由于交通不便，孩子回来探望父母也受到限制，在搬到安置社区之后，交通便利也可以增加孩子回家探望次数。有的青壮年父母在农村生活不放心，鼓励父母到安置社区生活，在搬到安置社区之后，舒适的生活使得青壮年更加放心外出打工。

(三)打造多元化就业格局，推动生计转型和可持续发展

政府持续加大对搬迁群众就业方面的投入，社区也将搭建促进就业的平台作为治理工作的重要内容，群众就业渠道不断拓宽。形成服务机构帮扶就业，"两区同建"带动和吸纳就业，公益岗兜底就业以及自我创业带动就业的多元化就业格局，使社区居民生计有了更多的选择空间，使社区居民生计转型更加顺畅，可持续生计更有保障。

(四)推进社区居民市民化进程

通过产业、公共服务以及组织管理等方面的转变促进搬迁居民的市民化发展，主要体现在以下几方面。

第一，非农就业成为主要趋势。在居住环境的改变以及就业政策的推动下，搬迁居民逐渐实现了非农就业。非农就业在产生良好的增收效应的同时还影响着劳动力自身职业观念的更新，从而提升其人力资本和社会资本。[1] 相比传统农业入不敷出的窘境，非农就业所带来的收入明显改善居

---

① 陶军明，吴秦沙. 基于职业教育视角的新型城镇化背景下失地农民市民化研究[J]. 教育与职业，2019(19)：82-88.

民的生活条件，降低了脱贫人口的脆弱性。

第二，市民权利得到保障。搬迁居民是否同原城镇居民一样享受平等权利成为衡量农业人口市民化的重要依据。首先城镇集中安置要求搬迁群众子女同城镇居民子女一样可以共享城镇教育资源。国家发改委《关于进一步加大易地扶贫搬迁后续扶持工作力度的指导意见》要求"各地精准做好搬迁群众子女转学衔接工作，保障搬迁群众适龄子女在迁入地公办学校接受义务教育"。各地政府在安置社区建设的同时积极扩建和新建学校、幼儿园，保证搬迁群众子女就近就读。其次是搬迁居民可以与城镇居民共用城镇基础设施。随着搬迁居民的入住推动了城镇基础设施的进一步完善发展，相比较原有居住环境，完善的水、电、路等基础设施和教育医疗等公共服务直接提高了搬迁居民的生活水平和便利程度，提高了人们对迁入地的认同感和发展的信心，推进其融入社区生活和市民化进程。

第三，行为及心理发生转变。搬迁人口脱离原有的生活环境后其行为方式发生诸多改变，穿衣更加干净整洁，良好的卫生习惯逐渐养成。群体活动在拉近搬迁人口之间距离的同时减轻了他们对原来农村生活的留恋。与此同时，搬迁居民的心理也发生了重大转变。人口聚集在隐藏个性特征的同时放大其重点关注对象的特性，因此在相互比较下提高人们的竞争性，从而在市场主导的城镇生活中不断抓住机会提高生活水平。并且随着社区的文明建设，搬迁居民的现代化观念逐渐提升，法律意识逐渐增强。

三、安置社区治理困境与风险

社区冲突的根源主要包括三个方面：政治方面引发的冲突；经济引发的冲突以及价值观不同引发的冲突。由于安置社区对比原来的农村社区是一种全新的环境，将依然处于传统文化的群体突然统一性地嵌入现代化社区的框架之内，出现文化断层则是必然的，对于某件事情的处理由于个主体间价值观念的不同导致主体之间关系紧张甚至引发冲突。根据已有研究可得知社区冲突是社区内的个人或团体为了某种利益而产生的互相抗争①。

　　在易地扶贫搬迁安置社区后续扶持的进程中，最突出的是社区治理问题。2020年11月5日国务院召开新闻发布会其中就社区治理问题作出解答，主要包括三方面的问题：首先，搬迁群众地域性差异大、人数较多、人员结构复杂、个人利益诉求不一，使其社区生活、观念等差距大导致社区融入困难。其次，村民入住到安置社区后，由于传统生活方式发生巨大转变，传统管理模式不适应于安置小区内部管理需要建立新的秩序。最后是安置社区的管理人员临时调换，"两委"班子大多是由迁出的"村两委"人员产生，对于现社区内制度化、多元化、规范化的治理工作不熟悉，胜任难度大大提高②。由于社区居民素质参差不齐、管理人员不足、管理质量不高等原因，时常导致社区各主体之间关系紧张，社区管理难度较大。安置社区治理虽然取得一定成效，但问题也很突出，社区治理也面临诸多新的挑战。

（一）管理体制交叉，社区融合多元复杂

　　易地扶贫搬迁安置社区不同于其他的社区，主要区别在于社区居民是由在政策指导下短时间内完成搬迁的村民所构成，受户籍和居住"分家"因素的影响，在片区对于安置社区形成了较为明显的两种管理模式，一种是双重管理模式，即社区居民受到原村委会和社区管理委员会的双重管理。这一模式存在很大的弊端，虽然各村委人员了解本村事务，但是正由于这种熟人关系，所以很可能出现工作懈怠或者权力私用等情况。另一种是居民直接受到社区居委会的管理与服务，脱离原村委人员的管理。③ 这样就

---

① 张菊枝，夏建中. 城市社区冲突：西方的研究取向及其中国价值[J]. 探索与争鸣，2011（12）：60-65.
② 国务院新闻办就易地扶贫搬迁集中安置社区治理工作举行发布会[EB/OL]. http://www.gov.cn/xinwen/2020-11/05/content_5557616.htm.
③ 叶敏. 城乡混合的双重管理：农民安置社区的治理之道——基于沪郊嘉定区的经验探讨[J]. 华东理工大学学报（社会科学版），2020，35（5）：37-49.

容易出现搬迁群众被"双重管理"和"无人管理"两种情况。我国刚刚完成脱贫攻坚任务，易地扶贫搬迁安置社区目前仍处在 5 年过渡期，大部分安置社区目前所采用的仍然是双重管理模式，"村改居"则是我国安置社区以后的一个发展方向，很多安置社区也在积极寻找"村改居"的思路与办法，但是真正探索实践的却很少。①

社区治理是物业、业主和政府等多元主体相互合作的过程，这些行为主体会通过正式和非正式的规则，通过协商、互惠等形式对社区公共事务进行有效管理，从而协调多方主体的共同利益。② 虽然在解决社区矛盾过程中，多元化的治理主体都参与其中，但在治理过程中仍然存在问题反映不及时、上下沟通困难等问题。因此，在社区治理中，各行动者处理事务时主要以合作共治为主，防止管理者与被管理者之间因误会而产生矛盾，从而导致两者关系僵滞引发小区环境的混乱，不利于构建和谐美好的安置社区。

为了对社区的搬迁居民实行统一管理，为搬迁居民提供更好的服务，在安置社区成立了临时党政机构，没有岗位编制，许多工作人员是临时抽调，大大增加了社区管理机构的不稳定性③。这样的管理组织存在很大的弊端，首先是人员不足，安置社区事务繁杂，人员数量不够，导致很多工作人员身兼数职，工作量大，因此工作人员经常加班加点。长时间的疲劳工作导致社区管理工作人员的工作热情不高，办事效率低，不能为社区居民提供更优质的服务。其次是社区工作人员仍然是受原单位编制约束，因此社区工作有时难以协调，很多时候依赖于人情世故，办事效率不高。

---

① 王新歌，虞虎，等.燕山—太行山片区旅游精准扶贫识别案例实证——以河北涞水县为例[J].生态经济，2017，33(7)：151-155，231.

② 孟祥林.我国社区治理的三个向度：制度创新、社会资本建构与社区共同体塑造[J].新疆财经，2019(4)：47-60.

③ 王荣菊，李兴祥.黔南易地扶贫搬迁后续扶持发展探究[J].黔南民族师范学院学报，2021，41(1)：101-108.

(二)社区治理组织发展缓慢,功能受限

在安置社区,居民需要更加良好的服务去融入社区生活,由于社区治理仍在不断发展完善过程中,因此服务方面仍存在很大的提升空间。政府和行政力量一直占据绝对主导地位,导致形成思维惯性,安置社区自治组织相对弱小,社会组织缺位,社区治理主体单一,最突出的就是社区内志愿者服务欠缺。由于安置社区居民自愿服务意识不高及管理模式的局限性导致社区内无正规的志愿服务团队。志愿服务不仅可以提高社区居民参与度,增强社区居民的归属感,对于社区治理有更好的辅助作用①。目前从调研情况来看,社区内的志愿服务还是存在很大的欠缺。在物业方面,目前片区的安置社区均引入了物业主体,物业管理需要成本支出,也需要盈利运营,这就决定了物业必须向居民收取物业费。由于社区居民之前并未接触过物业,加上农村居民的节俭习惯导致搬迁居民对于物业费的缴纳很抵触,从而引发社区居民与物业关系紧张,这是社区治理中的一大问题。

(三)居民素质偏低,增加了社区治理的难度

一是居民公共意识差。安置区住户从村民转变为城市居民,虽然住址和身份有所变化,但是原有的生活习惯和思想观念未能及时改变,导致社区内系统化管理实施困难。首先是传统生活习惯短时期内难以纠正。比如卫生间的使用,搬迁后,部分老年人由于如厕方式不习惯、马桶冲水会产生额外费用,则会选择在楼外空地或楼道内排泄解决,从而引起周围邻居的不满②,为物业和居委会人员在管理过程中增加了难度。管理者只能对其不断进行劝说,虽然情况有所好转但并未彻底解决这一问题。

---

① 许芸. 社会组织参与拆迁安置社区治理的行动研究——以 XY 社会工作站为例[J]. 社会工作与管理,2016,16(6):41-48.
② 袁方成. 治理集体产权:农村社区建设中的政府与农民[J]. 华中师范大学学报(人文社会科学版),2013,52(2):1-17.

之前在农村我们多方便呐，如果内急随便找个没人的地方就可以解决了，排在田地里还是天然的肥料。现在呢，搬到楼房以后我是一点也不习惯用马桶，有时候一连几天排便困难，还得吃药。（CM，2019）

以前在农村上厕所也不用水，平常我也不舍得花钱，能省就省，现在搬来这里冲个马桶也要花钱，一天这水钱也得好几块，心疼得不行。（CM，2019）

其次是环境卫生意识较差。入住安置社区后，居民的环保意识普遍不高，生活垃圾在楼道内随意丢弃。由于搬迁居民大多以村里的老人为主，传统的生活方式已融入他们一生，一些不良生活习惯在短时期内难以纠正。布迪厄认为惯习是"一套持续的，可转化的性情倾向系统"，是由"积淀"于个人身体内的一系列历史的关系所构成，其形式是知觉、评判和行动的各种身心图式①。从片区安置社区的相关调研中发现，社区治理所存在的紧张与冲突大部分是惯习的不同，使得传统社区文化与现代社区文化产生碰撞，不相容部分导致主体之间关系紧张②。部分安置社区是由社区居委会代行物业职能，任务繁重、管理质量不高、服务水平低、部门职责不清，则导致安置社区内居民基本需求无法满足，满意度低。

二是社区居民旧日生活方式复现。首先是楼内空间被占用。由于村民搬迁时所带东西众多，无法在有限的房屋空间内妥善安置，多数居民会选择把一部分物品放在楼道内，以此来拓宽居民房屋面积，但会造成乱堆乱放的窘境。面对此现象，管理人员多番劝说，部分居民依然难改，有些居民认为管理者严苛不近人情，管理者则觉得居民不讲道理胡搅蛮缠，从而引发双方不满，最终导致社区居民与管理者关系紧张。这样的行为给社区治理带来阻碍，管理者与住户之间矛盾凸显，纠纷数量增长。

---

① 王树生. 布迪厄的"实践理论"及其对社会学研究的启示[J]. 社会科学研究，2007(5)：97-103.

② 李敏. "村改居"社区治理现状研究[D]. 成都：电子科技大学，2019：28-32.

以前在农村，每家每户都有自己的院子，还有库房可以存放许多东西，现在来到县城，地方小我们又没有那么多的空地方去存放东西，许多东西我也不舍得扔，都是用的到的。楼道这些空地儿也没人用，正好可以放我家这些东西，要不扔了怪可惜的。有人来管说楼道不让占用，但也不给我们解决，只是让我们放回自己家里或者处理掉，我们也没有办法。（CM，2019）

他们把有用的没有用的都搬过来了，但是楼房就那么点儿地方，他们看见楼道空着就往楼道堆放，整个楼道乱七八糟，有的居民甚至在楼道里饲养家禽，有的居民甚至将家猪饲养在卫生间，引起周围邻居的不满，影响居民之间的和谐。我们楼长就天天在楼道转悠，看到谁家乱堆乱放就敲门提醒，有的住户连续几次告诫都不听只能村干部上家里进行不断劝说并且用现金处罚的方式予以警告，刚来的时候这种情况特别常见，现在还是好多了。（社区楼长，2019）

其次是户外的公共空间被占用，安置社区内有些居民会因阳台面积小，无法晾晒被子、床单等大件物品，而去楼外空地私拉线绳来满足晾晒的需求，这种行为不仅影响居民社区的整体景观，还遮挡了部分居民自然光线，给部分居民生活造成影响，使得居民之间关系紧张，产生矛盾；如若管理者强行制止和拆除线绳，也会造成两者之间关系紧张。

以前在自己家院子里会经常趁着天气好的时候拿被褥出去晾晒一下，大家都说那样可以杀死螨虫，现在来到社区住上楼房更应该干净才是，阳台上小被褥晾晒根本放不下，最好的就是在外面楼下拉根绳晾晒，不仅地方宽敞，还能风吹更好。每天还得早早下来，下来得晚就没有地方了。（CM，2019）

最后是对绿化空地的占用。搬迁前，在农村可以有土地或菜园种植蔬菜供应家里的日常食用，会省下一部分不必要的支出。搬迁后，安置社区没有之前的种植条件，居民所需蔬菜水果都需要自己花钱去超市购买，给居民增加了一定的经济压力。部分居民为减少日常开销，会在楼外空地的绿化区内种植蔬菜，这种行为导致了绿化空地被占用，不仅影响社区的整体绿化美观，还会因为绿化空地的公共空间占用导致管理者与搬迁居民的关系紧张。

> 楼下那些空地本来是用来绿化的，由于搬迁初期还未来得及对其进行更好的修整，结果居民一搬来看见有空地，春天就种上了蔬菜什么的，我们对其进行劝说让他们清理掉，他们不听还会和我们发生争吵，夏天有的居民甚至会使用农家肥，导致小区臭烘烘的，检查组来视察工作的时候还会责备批评我们，我们也是很头疼。下面居民不理解，上面领导还批评，有时候工作着实难做。(社区负责人，2019)

> 我们家之前有一个小院子，种各种蔬菜，到了夏天瓜果蔬菜啥都有，我们老两口几乎不用买，有时候吃不了还会分给邻居。搬到这里来就不能种了，人家也不让种，一夏天的菜全靠买，不少花钱，那楼下的空地让我们种种不是挺好嘛。(CM，2019)

从以上发生的事件中可以看出，首先搬迁居民身上的传统生活习惯在短时期内无法彻底纠正；其次安置社区系统化治理过程实施困难，由于搬迁居民和社区居委会的管理方式都以"自我"为主，在搬迁安置社区建立初期欠缺协商机制，导致后期社区在环境治理中多方各行其是。①

搬迁居民由于已经习惯了农村生活，自身文明素质不是很高，因此在搬到社区之后将原有的惯习带到社区，传统的生活方式复现，因此产生的矛盾也时有出现。在初期阶段，人员众多、工作繁杂，使得社区管理采取

---

① 吴新叶，牛晨光. 易地扶贫搬迁安置社区的紧张与化解[J]. 华南农业大学学报(社会科学版)，2018，17(2)：118-127.

了一禁了之的做法，这种处理方式，不但没有改善社区环境，反而使很多行为屡禁不止。① 从社区管理人员的谈话中了解到，他们在社区初期治理中确实忽略了搬迁居民的感受，对居民许多行为采取强制限制手段，导致居民不理解社区治理人员工作，甚至会引起矛盾冲突。

（四）居民社会参与率低，归属感差

在社区治理初期，由于社区事务繁杂、管理机构不稳定以及搬迁居民融入困难等因素导致社区治理主要还是以管理为主，居民自治的程度普遍较低。社区居民的素质不高，参政议政的意识不强，导致他们参与社区事务内生动力不足，"等、靠、要"思想严重，遇到问题习惯于找社区干部解决，而破解难题、开拓创新的意识不强，不同程度增加了社区治理的难度。② 由于安置区治理涉及原村事情比较复杂，村集体利益无法分割，因此社区管理不能将搬迁居民的全部业务纳入社区治理体系中来，村民有些事情还需要回到原村进行办理，不能享受更好的一体化服务。因搬迁居民无法割舍与原来村子的联系，从心底依旧认为自己还是一个农村人，致使其心理层面缺乏对社区的归属感，在心理上无法获得满足，不利于今后"村改居"的实现。

（五）社区居民社会网络亟待重建

安置社区居民在搬迁之前已经形成了固定的交往区域和社会关系网络，搬迁打乱了原有秩序，造成社会关系庇护网络断裂，从而使搬迁居民对居住社区产生陌生感和不安全感，社区居民面临陌生的社区环境和邻里，亟须建立新的社交网络。乡镇安置区居民可能认识但并不熟络，大部分是点头之交，而县城集中安置区属跨乡镇搬迁，除了本村人员大

---

① 曾小溪，汪三贵. 易地扶贫搬迁情况分析与思考[J]. 河海大学学报（哲学社会科学版），2017，19(2)：60-66，91.

② 胡晓. 乡村振兴背景下的新型农村社区建设研究[J]. 广西科技师范学院学报，2021，36(2)：46-53.

家几乎不认识。有的居民性格热情和社区人员熟络较快，而有的搬迁居民足不出户很难建立起新的社会网络关系，再加上楼房单元格的限制，搬迁居民也不再像之前在农村时经常串门，社会关系建立不再像搬迁之前那样容易。

> 来了这里谁也不认识，没事儿干去楼下转一圈就又回来了，碰到熟人了就站着聊会儿天。现在串门少了，不像在村里的时候，一撩腿儿就去了，主要是离得远了，有时候想去串个门吧，隔了好几栋楼，上楼下楼的又麻烦。现在住的楼房家里都打扫得干干净净，去了给人地都踩脏了，去过一两次也就不愿意再去了。(CM，2020)

城镇安置社区居民相比较农村闲暇娱乐方式增多，健身器材、广场舞以及棋牌之类的活动，然而真正能融入的居民较少，大多数居民仍然感觉孤独、陌生甚至不适应，从而降低对社区的认同度。

(六)脱贫产业发展不足，群众就业质量不高

目前，我国对脱贫产业的政府资金投入不足、未有相应的资金使用政策，未分划出产业扶贫专项基金，各地只能整合统筹各类财政项目用于产业扶贫工作;① 产业技术服务落后，虽然搬迁后给予城市产业较多的劳动力，在其文化素质偏低，技术能力传统化，主要表现为从业人员老龄化严重、体力能力较差;专业技术培训不强，优秀人力资源匮乏;基层服务中心人员年龄及能力知识落后，服务能力不足，无法解决其现实问题;② 并且市场主体扶贫支持力不足，其带动相关产业能力有限，无法在参与扶贫的过程中给予有力的资金和职位支持，两者之间利益机制不完善，企业与

---

① 王鑫. 精准扶贫背景下武陵山片区易地扶贫搬迁研究［D］. 中南民族大学，2018：173.

② 蒋艳，杨金江. 易地扶贫搬迁社区治理的困境与出路——以云南省昭通市靖安新区安置点为例［J］. 云南农业大学学报（社会科学），2021，15(2)：1-5.

搬迁户之间也缺乏履行职责的保证机制，导致双方关系利益不稳定，缺乏有力的产业和利益机制的支撑。①

这些问题的存在导致搬迁群众就业质量不高，面临可持续生计困境。搬迁居民能否在县城"稳得住"关键点是搬迁居民的经济基础和后续发展动力，而后续发展动力的来源主要依靠就业。在国家政策扶持下，"完全失业"是不存在的，但由于易地搬迁贫困户自身发展能力不足，导致其在非农就业市场的竞争力处于劣势，多数搬迁居民仅能从事低端制造业、批发零售业、住宿餐饮业等中小企业中短期临时性工作或当地政府所提供的保安、保洁等短期临时性就业岗位，这些工作由于收入低、就业环境差等原因导致搬迁居民无法进行长期稳定地工作，从而会陷入一种"半失业"的窘境。②

另一方面，安置区"两园同建"引进的企业及安置区周边原有企业其质量和社会责任感有所差异，有的是看中了政府的优惠政策或者廉价劳动力，而在投产运营或吸纳就业的真实情况可能并不如所愿，企业发展和群众就业不相匹配，导致"用工荒"和"劳动力闲置"情况并存的局面，带动就业能力不强，搬迁人口可持续发展面临困境。

(七) 对社区治理缺乏认知, 费用缴纳不积极

很多安置社区明确入住前几年不收取物业费，有的县规定三年，调研中还发现有的县是十年，也有的县从入住就收取物业费，但为缓解贫困户在搬迁初期的经济压力，在费用实际收取时给予了部分优惠。调研中了解到有的县安置入住已过三年，但物业费收入还没有说法。居民不愿意缴费是普遍现象，原因也多种多样。有对政策不了解的，有因管理服务水平低、质量差而拒缴的，更主要的是物业费的支出，增加了居民的经济压

① 王鑫. 精准扶贫背景下武陵山片区易地扶贫搬迁研究[D]. 武汉：中南民族大学，2018：174-176.
② 张宁. 新型城镇化背景下我国农村社区治理对策研究[J]. 农村经济与科技，2016，27(13)：236-237.

力，给居民造成了不同程度的经济负担而不愿缴的。

> 我们这里是服务费优惠20%。但优惠不优惠一个样，都不好收取。部分没有低保的老人没钱缴费，而子女不与老人住在一起也不愿替老人缴；年轻人则外出打工常年不在家，物业费缴纳也不积极；有些人借口物业服务不好拒绝缴费。我们只能是哄着来，如果把居民哄得高兴了可能人家就把物业费给交了。我们有时候会联合党工委对居民进行说服教育，但总有那种钉子户，目前我们还没有什么好的解决办法。在物业入驻社区的这一两年一直是处于亏损状态，但由于是政府工程也就只能硬撑下去。(物业财务人员，2021)

大多数安置小区还未收取物业费，搬迁群众也缺乏支付费用的意愿，物业亏损运营不可持续，财政补贴负担巨大。而且安置区普遍没有配套维修基金，随着设施老化，后期维护资金需求将不断增大，一旦外部帮扶撤出，房屋及配套公共施设的后续维护运行将面临困难。

易地扶贫搬迁安置社区的治理与农村地区不同，多数管理措施皆由物业公司承担，物业公司作为第三主体的存在，专业技术人员的聘用及公共设备的维护都需要资金支持，使得治理成本费用大幅增加。① 由于物业属于个体或私营企业，后期运营资金多数出自社区住户，部分社区住户费用收取困难，使得物业公司许多工作难以正常开展，造成部分社区内环境管理混乱。② 这不仅会造成居民与物业之间出现诸多矛盾问题，也会使其对管理工作不理解而造成对政府行为的误解，从而进一步引发居民与当地社区基层治理人员之间的关系破裂。

---

① 孟梦. 元治理视域下易地扶贫搬迁安置社区的多主体治理结构研究[D]. 兰州：西北师范大学，2020：38-39.

② 翟绍果，张星. 易地扶贫搬迁的政策演进与创新路径[J]. 西北农林科技大学学报(社会科学版)，2019，19(1)：15-22.

四、安置社区治理水平提升路径

安置社区治理虽然取得初步成效，但是在治理过程中各方面的问题不断呈现，许多安置社区没有正式的机构，社区治理也是处在不断地摸索中，有些治理困境严重阻碍了社区发展，需要对此作出探讨和总结并给出破解对策。

(一) 消除碎片化管理模式，构建多元主体协同共治格局

政府是易地扶贫搬迁的主导力量，也是安置社区治理体系的主要部分。我国基层政府一直实行"元治理"，治理结构单一。安置社区为了更好地服务于搬迁居民，应积极推进社区治理体系转变，由"元治理"体系向"多元治理"转变，体现"以人为本"的核心治理理念，在政府主导下，构建市场主体与社区居民共同参与社区治理格局，将社区居民融入社区治理组织体系，从而发挥搬迁人口的主观能动性。

一是要充分发挥安置社区的基层党组织领导核心作用。着力打造"党工委—党支部—社区居委会—楼长—群众"的社区党群服务模式，将原先各村的党员纳入这一体系。县城安置社区主要是由县级政府各部门人员组成，乡镇级别组要是由乡镇政府各部门人员抽调组成，要将临时组织机构以法律法规形式确立为正式长期管理服务机构，对于服务中心人员也采取编制以确保服务中心人员的稳定性。

二是要推广成立社区居委会和业主委员会形式。对社区进行统一管理，打破原有的乡村治理模式，坚持民主自治的原则最大限度地提高社区居民参与社区管理，实现搬迁居民的自我管理、自我教育以及自我服务，在此基础上协调好与社区服务中心的工作，最大化地提高社区工作完成效率。社区居民的有效参与不仅是形成社区良好秩序的基础同时也会大大提高社区居民的凝聚力和归属感。但是由于搬迁后初期工作繁琐复杂治理难度大以及受搬迁居民文化水平和长期以来生活习惯的限制而普遍

存在社区居民参与不足的情况。很多搬迁居民认为社区治理是政府的事情和自己没有关系，这很大程度上限制了安置社区的发展。因此要培育搬迁居民社区参与的自我意识和能力，发挥居民对社区的主人翁精神。通过搬迁居民的广泛参与可以加强居民对社区事务的管理与监督，推进社区治理的有效性，也大大提升居民对社区服务的满意度，从而降低社区的矛盾冲突。

三是安置社区内可利用信息技术实现精细化管理。网格化、精细化管理是现代城市住宅小区普遍所采用的模式，这一模式可以实现社区的优质管理，提高社区运转效率。[1] 由于安置社区的特殊性，现在很多地方仍然采用传统的各村管理各村的模式，随着搬迁社区的后续发展，要想实现社区的优质管理必须将现有的管理模式转变为网格化管理的现代模式。将社区内的每栋楼作为网格单元，每个网格单元由一名楼长负责，对于楼栋比较多的社区可以将楼栋划分为小组，每个小组有一名楼长负责，楼长由社区居委会选举产生。

(二) 提高管理人员综合素养，提升社区治理能力

由于当前的安置社区受到双重管理，所以安置社区的管理机构仍然是临时机构，人员数量较少、任务繁重、社区治理效率低。[2] 目前的管理机构岗位都是通过县乡人员抽调或者是招聘而来的，并不是正式的事业或政府编制，大家的工资较低，工作积极性不高，人员流动性比较大。社区居民虽然身份由村民转化为居民，但是其自身素质不高，致使社区发展仍然缺少内生动力。面对此现象，政府和社区应该加强对社区内精英群体的培养，培养一支能够在社区治理体系中发挥能动性的优秀队伍，实现易地扶贫搬迁安置社区的自主运转。在管理层，要大力培养基层党员在内的政治

———————

① 张恺. 共建共治共享社会治理视角下城市基层党建网格化问题研究[J]. 山东行政学院学报, 2019(3)：26-31.

② 安治民, 方洪琳. 外生型城镇化视角下易地扶贫搬迁的进路研究——以铜仁市思南县为例[J]. 贵阳市委党校学报, 2019(5)：1-7.

精英，从基层培养或从外面调任，使那些清正廉洁、一心为民的优秀管理者成为党组织的先进社区治理模式的实践的后备人员队伍。同时要培养致富带头人的精英人才，不仅要自己发家致富，更要能带领社区居民过上富裕生活。

(三) 化解居民生计困境，提高生活质量

要加强对安置社区居民的就业支持力度。因为青壮年劳动力的大量外流，因此搬迁居民很多是已经超过退休年龄的老年人，但是部分老年人仍然具有劳动能力并且具有就业意愿，所以政府应该对于这部分群体重点关注，给予合适的就业机会。加大对安置社区的教育、医疗等保障力度，在保障就业稳固根基的同时补齐短板，让安置社区的居民享受到与城镇社区同等的服务，从心里认同自身身份的转换①。另外还要注重搬迁居民的能力培养，加强相应的技能培训，让搬迁居民能够掌握一技之长，可以达到自我独立就业，让搬迁居民能够真正拥有在城镇生活下去的能力。

加强安置社区社会保障体系建设。对于没有能力参与就业的社区居民给予适当的社会保障，争取实现对没有就业能力人员保障的全覆盖并且要对社区居民的行为规范进行引导，从而使其改变原有的生活陋习让他们在城镇有尊严地生活，使搬迁居民从内在完成"村改居"。② 对于搬迁贫困户要适度扶持，以防形成"等靠要"的过度依赖思想，从而违背初衷使社区发展失去内生动力。

根据地方安置区的经济发展水平，进一步提高搬迁居民的教育、医疗、卫生、养老保障等方面的服务质量，在政府的引导下充分发挥市场的调控作用，以满足搬迁居民的日常需求，政府也在物业费、税费等方面给

---

① 左停，苏武峥. 乡村振兴背景下中国相对贫困治理的战略指向与政策选择[J]. 新疆师范大学学报 (哲学社会科学版)，2020，41(4)：88-96.
② 农村财政扶贫攻坚综合开发治理课题组. 关于探讨拓展城乡一体"四化"建设小康之路的方略[J]. 经济研究参考，2018(16)：3-62.

予优惠政策，减少搬迁居民的经济负担；① 要依据安置区居民的生活现状，适当地放宽低保的条件，扩大覆盖面，在资金的筹集和发放上应给予政策倾斜，保证搬迁居民的基本生活水平；加大就业创业扶持政策的实施，对有劳动意愿和能力的居民，提高劳动力组织化水平，加强与当地或发达地区企业的协作，扩大输出规模；对于能力差、年纪大的劳动力，社区可以提供相应的公益岗或就业帮扶，在最大程度上保证搬迁居民经济收入的稳定性，提高其生活质量，快速促进居民融入社区生活。②

(四) 增强服务供给能力，提升社区服务品质

安置社区治理要逐步实现由治理向服务的转变，在"以人为本"充分满足搬迁群众需要的基础上，发挥人口规模效应，完善社区服务设施，提高服务水平，从而增强搬迁居民的幸福感和归属感，推动搬迁居民身体和心理的双向转变。

一是提高安置社区物业管理服务质量。很多安置社区引进了物业管理，但是由于社区层级不同，物业服务质量会有所差异。有的安置社区为了缓解社区居民的经济压力会免收物业费用由政府代缴，期限到了之后再由居民自己缴纳费用，对于搬迁居民在过渡期的不稳定性起到了一个很好的缓冲作用，但是也有其弊端，容易引起居民的依赖思想。物业管理模式应该因地制宜地推广到河北省城镇安置社区，并且要引进好的物业为社区居民提供良好的管理服务，物业对于居民所反映的问题应该及时解决。

二是要加快安置社区便民利民服务建设。不仅要因地制宜分阶段地提供相适应的公共配套服务设施，还要根据社区安置规模来匹配，以免出现资源浪费或者资源供不应求的情况。促进供给主体的多元化也是社区治理的必要条件，在权责明确的前提下，鼓励社会企业主体参与，对于安置社

---

①　国务院发展研究中心和世界银行联合课题组. 中国：推进高效、包容、可持续的城镇化[J]. 管理世界，2014(4)：5-41.

②　刘建玲. 深度贫困县易地搬迁后续生计以及可持续发展对策研究[N]. 张家口日报，2021-05-15(03).

区附近的商铺来说，要让贫困户优先选择，并且给予适当优惠，不仅能够带动社区贫困户快速脱贫还能提供直接面对搬迁居民的社会服务。建立以安置社区为单位的公共服务体系，不仅会提高供给效率、扩大供给规模还可以提高搬迁居民生活的便利度。

三是加强安置社区志愿服务建设。建立属于各安置社区自己的志愿者服务体系，主要是以社区内老人为主体。老年志愿者团队不仅可以做更多的公益事业为社区服务，同时还可以顺应人口老龄化的发展态势开发老年人力资源，丰富老年人的生活，缓解老年人孤独寂寞的情绪。另外要不断扩大志愿服务团队，吸引广大年轻人特别是青年学生加入，为志愿者服务团队注入新的活力。学生可以利用假期参与志愿活动，还可以在参与自愿服务活动中提升其思想素质。

（五）加大宣传力度，推进社区文明建设

国家发改委发布《关于印发2020年易地扶贫搬迁后续扶持若干政策措施的通知》提出要将安置社区和搬迁群众纳入农村思想道德建设、乡村文明培育行动、农耕文化传承保护工程，引导搬迁群众移风易俗，形成邻里和睦、守望相助、文明节俭的好风尚。社区文明建设是社区治理的重要内容。社会关系遭受冲击，搬迁居民文化素质较低、难以融入是安置社区治理中普遍存在的问题。因此要加大宣传力度，组织社区活动，帮助搬迁居民重塑社会关系。

一是营造文明的居住环境。搬迁居民由于习惯了农村自由进出的宅院、生火取暖做饭的生活，因此对于生活习性，社区应该安排专门的人员上门进行指导和帮助。许多人习惯了大声吆喝，但是在安置社区由于人比较多而且很多都是陌生人害怕别人投来异样的眼光，大家也就慢慢改掉原先的喊话方式，改为见面打招呼说话声音也低了很多。除了道德约束之外为了提高搬迁居民的基本素质，社区应该专门通过电视或者网络给大家定期播放城市社区居民行为指导，并且在社区公告栏或者楼门口、墙上等张贴文明宣传标语，以大家随处可见的方式为社区居民营造讲文明、树新风

的良好氛围。另外，为了增加社区居民的文化氛围，社区居委会可以不定时地举办知识讲坛、歌咏比赛、棋牌比赛、体育竞技等文化休闲活动，在丰富社区居民生活的同时提高社区居民的文化素养，提高生活质量，增添生活情趣，还可以拉近社区居民之间的关系，创造良好融洽的邻里氛围，在社区治理中减少居民冲突。

　　二是要推进安置居民的文化融入。对于安置区居民进行社区规范、法律法规等相关知识的普及教育，提升法制意识，逐渐改变以往行为方式，既要学会用法律的武器保护自己，又要学会用合法的途径表达自身诉求；基层群众组织通过村民代表、知识分子、党员代表等修订村规民约，规范安置区居民行为，因为群众之间的事情具有复杂性，村规民约在基层的作用不容忽视，政府相关部门也可通过"优秀村规民约"推介会，互相学习宣传；弘扬优秀的家庭教育方式、整理家规家训、进行道德评议，提升道德素养。通过村民文化与居民文化的融合再生，实现文化融入。

第九章 易地扶贫搬迁的生态效应

面对更严峻的资源限制及生态系统服务功能退化带来的严峻形势，国家提出了建设生态文明和优化国家发展景观的议程。[①] 党的十八大明确提出生态文明建设理念，把生态文明建设作为统筹推进"五位一体"总体布局和协调推进"四个全面"战略布局的重要内容。党的十九大深入把握新时代社会主义生态文明建设的新要求，将生态文明建设纳入我国社会主义现代化建设和中华民族伟大复兴的战略安排，明确提出到2035年生态环境根本好转，美丽中国目标基本实现。[②]

而实现此目标的重点和短板都在贫困地区，因为贫困地区往往同时也是生态脆弱地区。我国的贫困地区与生态脆弱地区在空间分布上具有高度的重叠性。全国80%的贫困县和95%的贫困人口分布在生态环境脆弱、敏感和需要重点保护的地区，连片贫困区的生态环境脆弱指数与贫困指数的相关性达到80%以上。[③] 截至2016年年底，我国享受国家财政转移支付的国家重点生态功能区所在县有725个，国家扶贫工作重点县、集中连片特困地区县有832个，其中有434个既属于国家重点生态功能区又是国家扶

---

① 杨清可，段学军，等. 基于"三生空间"的土地利用转型与生态环境效应——以长江三角洲核心区为例[J]. 地理科学，2018，38（1）：97-106.

② 邓宏兵，张雨瑶. 牢固树立社会主义生态文明观[N]. 人民日报，2017-11-22（7）.

③ 曹诗颂，王艳慧，等. 中国贫困地区生态环境脆弱性与经济贫困的耦合关系——基于连片特困区714个贫困县的实证分析[J]. 应用生态学报，2016（8）：2614-2622.

贫工作重点县的"双重县"。① 可见，贫困是生态环境退化的主要诱因，生态环境恶化又进一步加剧了贫困。贫困地区的这一特征说明，扶贫开发重点在于破解环境约束下的经济发展与生态保护困境，是中国扶贫开发的主战场，也是中国生态文明建设的重要区域。

贫困地区的生态贫困是生态文明建设过程中的一块短板。这些地区由于多种因素导致经济和生态处于双重弱势地位，从其中任何一方单兵突进均不能从根本上打破生态和贫困的恶性循环。在生态文明理念、思想和明确的发展目标指引下，精准扶贫、精准脱贫将生态文明建设与反贫困结合，推动生态文明建设与经济发展协同共进，实现脱贫致富和生态保护的双赢是客观要求和基本遵循。

易地扶贫搬迁是扶贫开发和生态保护的复合系统。易地扶贫搬迁规模大的区域多是我国深度贫困地区，也是生存环境最恶劣、生态环境最脆弱、最不具备发展条件的地区。燕山—太行山片区是集中连片特困区，片区所属的 33 个县分布在深山区、石山区以及黄土高原和坝上高原，这些地区地处偏远、生态失衡、生产生活条件恶劣，是典型的生态脆弱和经济贫困的耦合区域。而且，片区又是拱卫京津冀地区的重要生态安全屏障，生态区位极其重要。易地扶贫搬迁使国土空间结构、人口空间布局、群众生产生活方式、土地利用方式等诸多方面发生了巨大变化，而且通过一系列生态工程和自然措施对迁出区进行生态修复也是易地扶贫搬迁工作的重要内容。这些调整和变化必然会对自然生态环境产生影响，并因此而产生一些列生态效应。这类生态效应其实质体现为由易地搬迁所带动的系统性变迁所塑造的新格局与生态环境建设成为一对既相统一又相对立的矛盾统一体，具体体现为生态增殖和生态胁迫两种效应。

---

① 张化楠，接玉梅，葛颜祥. 国家重点生态功能区生态补偿扶贫长效机制研究[J]. 中国农业资源与区划，2018(12)：26-33.

一、易地扶贫搬迁的生态增殖效应

生态增殖效应是指在进行易地扶贫搬迁中所产生出的对生态环境保护有益的影响。易地扶贫搬迁是一项人口分布、资源环境、经济社会重新调整与完善的系统工程,① 由此带动的已经发生和正在发生的诸多"变化"对区域生态修复和生态环境持续改善产生了显著效果。

(一)村庄搬迁,减少了对自然环境的多点切割

片区纳入易地扶贫搬迁的村庄基本上分布在深度贫困地区,这些村庄的景象整体而言是脏乱差且破败不堪的。村庄的这种环境状况与散乱的分布格局相结合,就形成对自然生态空间的点、线、面状的不断挤压和切割,造成自然空间的破碎化,从而加剧了环境的恶化和治理的难度。

片区村庄环境恶化的现状是由以下几方面因素长期积累而造就的。

一是生活垃圾污染。随意丢弃是这些村庄处置生活垃圾的习惯性方式。家家户户以"自扫门前雪"为主,其卫生意识及自家生活垃圾处理仅限于院落围墙之内,而自然地将生活垃圾清理出院落,丢弃至围墙之外。于是,房前屋后道路两侧的杂草丛中甚至水沟里,塑料袋、废电池、酒瓶子、农药瓶、烂菜叶以及灶台里的草木灰等能降解或不能降解的生活垃圾均散落或堆积而无人管理。还有一些卫生意识差的农户,自家院子也很少清扫,生活垃圾在院子里堆积踩压,脏乱不堪。而且随着商品的多样化,很多塑料以及化工制品的垃圾在农村普遍出现,这些垃圾在自然状态下很难降解。成年累月随意丢弃致使农村暴露垃圾越积累越多,环境日趋恶化。

① 易地扶贫:1000万人的命运突围,还给世界的将是无数种可能[EB/OL].[2020-09-15]. https://baijiahao.baidu.com/s?id=1677882410976656696&wfr=spider&for=pc.

二是禽畜养殖污染。每年春初是片区村庄环境卫生相对干净整洁的时候，因为积攒堆放一年的牲畜粪便被清运到农田，家家户户门前一个个粪（垃圾）堆消失了。片区各地农户零散养殖家禽家畜既是一种传统的生活方式，也是获取经济收入和保障部分生活资料自给自足的途径。养殖就会产出粪便，从猪圈、羊圈、牛圈清出来的粪便堆在自家门前，经过一年的积压发酵，来春运到田间。随着粪肥一起运送到田间的还有含有重金属的废旧电池和难以降解的塑料等生活垃圾，污染农田。随着农村人口的减少，老年人种田越来越吃力，越来越没有精力将粪肥运入田间，同时承包土地的种田大户多使用化肥代替粪肥，于是很多村庄出现了大大小小的粪堆无人清运多年堆积的现象。

近些年，随着片区禁牧政策的深入实施以及养殖业收益高涨，设施养殖规模不断扩大，养殖农户数量不断增加，许多农村出现了牛棚、鸡舍等小型养殖场。集中养殖效率高、效益高，但对农村环境的污染更严重。禽畜粪便经过无害化处理变成有机肥，能够改良土壤、培肥地力，是绿色食品生产的主要养分，但在没有政府部门基于保护环境的规范性约束、监管及技术指导下，以户为单位的设施养殖以追求经济收益为目标，对因其养殖而造成的环境问题视而不见或缺乏基本的环保认知，环境污染问题严重。畜禽粪便随意堆放，并随雨水进入水系；养殖污水不经无害化处理直接排放到沟渠或者开放水域里，造成水质恶化；粪便含有大量的病原微生物和寄生虫卵，孳生蚊蝇，传染疾病。多方面污染使禽畜养殖污染成为农村三大污染之一。

三是厕所污染。农村人居环境中，厕所污染是非常突出的环境污染和"脏乱差"问题的突出体现。片区农村厕所基本上是露天粪坑式厕所，不能冲洗。在粪污处理上有的地方靠自然沉积，春季挖出肥田，有的地方未加处理间接或直接地排放到附近的河流中。夏季蝇蛆孳生，臭气浓重，既污染环境又有碍观瞻，更严重的是存在地下水污染和引发传染病的风险，直接威胁人体健康。据住建部统计，厕所污水占生活污水比例不大，但污染程度占生活污水污染的90%，农村80%的传染性疾病是由厕所粪便污染和不安全饮水引起的。①

可见，片区农村不仅存在点源污染，还有面源污染；既有生活污染，也有工业污染，而且各种污染相互交织、相互渗透，表现为"垃圾靠风刮、污水靠蒸发"的窘状。一方面，这些污染随着村庄零散且密度较大的分布状况形成与周边生态空间破碎交割状，其对自然资源空间的紧密渗透，导致了严重的生态阻力干扰和生态格局破坏。由零散村庄形成的由点成面的污染干扰，导致区域范围的自然生态系统恢复能力的衰减甚至丧失，如此，则在很大程度上对片区生态修复和环境治理形成障碍。另一方面，污染形势严峻的片区村庄所形成的对生态环境的多点切割，对于属于生态敏感区域的片区而言，通过国土空间规划，构建稳定、可持续的生态系统和空间体系就会面临着来自空间不足和干扰因素较多的挑战，需要通过一定程度的村庄搬迁来释放有效空间，为科学规划创造条件。

表 9-1　L 县县城安置区距离各搬迁村的距离

搬迁村庄	距离安置点
杨家川	18 千米
十八堰	20 千米
南石盆	20 千米
雀儿林	22 千米
草厂	23 千米
葛沟	32 千米
北大沟	37 千米
泉厂背	38 千米
白道安	44 千米
黄柏寺	53 千米

---

① 赵晖. 以厕所污水治理为第一目标，做好当前农村污水治理［N］. 中国建设报，2017-07-10（01）.

（二）减少甚至消除人类活动对生态环境的干扰

易地扶贫搬迁改变了片区村庄散乱的分布格局，尤其是大规模整村搬迁，使本就分布稀疏的村庄大片消失。如 G 县某镇 207 国道以北区域的自然村全部搬迁拆除。村庄搬迁后，人类活动对区域生态环境的影响渐渐消失。

> 207 国道是一条分界线，南北两侧的环境，尤其是土壤和水质，差别很大。国道以北，土壤盐碱化严重，水质不好，而且缺水。所以这次搬迁，我们将国道以北的村庄全部纳入搬迁范围。（ZGB，2017）

伴随居住点的消失，是人类活动在这一范围内的收缩和退出。人类活动对生态环境的影响主要来自农业生产活动和以户为单位的牲畜养殖。村庄整村搬迁后，各地对土地的处置，对于耕作条件较好，适宜集中连片的耕地，由种粮大户、合作社或农业龙头企业整体流转。因为安置点距离迁出地较远以及安置点在规划上的市民化设置，使搬迁群众继续进行农业生产几乎不可能。以 L 县县城安置点为例，距离迁出地距离最近的也有近二十千米。

即便是距离迁出地较近的乡镇安置点和中心村安置点，也在一定程度上增加了农业生产的难度。多年来，随着农村青壮年劳动力大量外流，农村一线从事农田耕作的劳动力老化严重，在机械代替畜力的情况下，老年人从事农耕生产原本就勉为其难，因无力耕种而导致土地撂荒的情况在片区各地都很普遍，但即便如此，有些地区受制于土地产出较低和难以集中连片而使得土地流转并不顺利。

整村搬迁后，适宜耕种的土地整体流转成为可能。整体流转极大地降低了交易成本和动员协调难度，增加了对种粮大户和企业的吸引力。在课题组走访的各个乡镇，乡镇政府积极牵线搭桥，除偏远山区外，整村搬迁村庄的土地已经顺利流转。燕山—太行山片区的易地扶贫搬迁以城镇集中安置为主，搬迁后村民彻底告别了以土地作为谋生资源的世代延续。

现在流转土地不是难题，一个村子全部搬迁后村民统一不再耕种，能将全村土地集中连片流转，这对种粮大户和企业是求之不得的。像以前这户流转两亩，那户流转三亩，不成规模，没有吸引力。集中连片流转价格也高，群众都较满意。(ZGB，2019)

土地统一集中流转改变了一家一户、各自为政的小规模生产经营状况，在一定程度上降低了对自然环境的人为干扰和破坏。同时，搬迁也意味着养殖业的萎缩甚至消失。新一轮易地扶贫搬迁集中安置并没有为居民像在搬迁前的旧宅院落里那样随意养殖家禽家畜在安置点留出专门的养殖空间，除个别规模养殖户入住养殖园区外，绝大部分农户放弃了养殖。

(三)养殖业退出，有利于保护生态建设成果

易地扶贫搬迁减少了迁出地的人口数量，极大地减轻了人口对土地以及人类活动对生态环境的压力，缓解了人地矛盾，提高了土地承载能力，保护了多年来的生态建设成果。多年来的人口外流在很大程度上缓解了迁出地的人地矛盾，耕地不足以及为增加耕地而随意垦殖的情况已经消失，但畜牧养殖业对生态环境的压力却日益显现。牛羊养殖在农户获取收入，提高收入水平上占据重要地位。实地调研发现，没有劳动力外出务工的家庭，畜牧养殖的收入在家庭经济收入中占有很大比重，牛羊的数量直接体现了家庭的经济实力。尤其是近些年牛羊行情一路走高，引导着农村养殖户数量大幅增加，户均养殖规模也逐年扩大，但养殖方式依然以传统的放养为主。冀北地区生态系统类型以自然植被为主(森林、草地)，其次为耕地(主要为旱地)，植被覆盖占96%以上。受自然条件的限制，该区域植被非常脆弱，常常因植被的破坏而间接影响经济的发展。① 传统落后的牲畜

---

① 张泽光，刘劲松. 冀北地区生态风险评价研究[J]. 安徽农业科学，2012，40(5)：2925-2927，3090.

放牧方式对植被的破坏最为严重，对幼树幼苗和草场植被的无序啃食和踩践使本来就脆弱的植被遭受毁灭性破坏。

在燕山—太行山片区，自由放牧是群众的传统习惯。长期以来，由于超载过牧、滥采乱垦，天然草原退化严重，自然灾害频繁，水土流失、土地荒漠化严重，一次胜过一次的沙尘暴不断侵袭，直插北京甚至更远的地方，北京重要的生态屏障一度失守。我国北方面临严峻的生态环境形势。

防沙治沙刻不容缓。封山禁牧对植被恢复效果最为明显：一是可以提高造林保存率。近二十年来，承德市每年造林近百万亩，但每年只有部分保存下来，主要原因是只重视造不重视管，导致造林保存率低的主要原因是牧畜破坏。自从采取了封山禁牧措施以来，造林保存率明显提高。二是封山禁牧不仅保护了现有植被，还加快了新植被的萌生。人为活动和放牧是破坏植被的最主要原因，通过近几年来的封山禁牧，新萌生的乔、灌、草植被得到了明显恢复。封山禁牧之前，远山、近山羊肠小道纵横交错，现在的灌木很密，人很难钻越；以前水土流失、沙漠化较严重，现在已有所减轻；以前的未用地，现在也萌生出了灌木。[1] 可见，封山禁牧是依靠大自然自我修复能力，再辅之以人工措施的投资小、见效快的最有效方法。[2]

河北省 2003 年实行全境禁牧，是我国率先实行全境禁牧的省份。2003年河北省下发《河北省关于家畜禁止放牧实行圈养的暂行规定》，规定在本省行政区域内禁止在草地、林地、荒山、荒滩上放牧，饲养家畜，实行圈养制度。严禁之下，养殖户或出售或因家畜品种不适合圈养而死亡，牛羊存栏量大幅下降。禁牧的严格推行，极大地减轻了人为活动对生态的干扰和破坏，使生态环境明显改善，草原生态功能不断恢复，抵御风沙作用明显加强。禁牧已在片区各地普遍展开，且近几年越来越严格。

但是，生态与生存、生态涵养区定位下的生态保护与脱贫攻坚下的增

---

① 张春林. 封山禁牧对承德市植被恢复效果明显[J]. 河北林业，2006(5)：22.

② 新华社. 封山禁牧成为中国西部地区生态恢复的有效途径[J]. 农村实用技术，2009(8)：27.

加收入之间，这些现实的悖论正困扰着那些处于半农半牧区历来就有放牧牲畜传统的农户，也困扰着想让所辖区域环境向好、治下农民生活变好的基层政府。在不增加其他经济收入渠道下的禁牧，其效果到底如何？行政推动下的禁牧措施又能坚持多久？

在基层政府严厉禁牧的压力下，很多地方的牛羊适应了夜牧、晨牧，禁牧难度很大。在禁牧与放牧的猫鼠游戏中，在产业结构调整难以立竿见影，增收渠道难以有效拓宽的现实格局下，放养式养殖在片区各地呈激增之势。特别是近年来在脱贫攻坚中牛羊养殖作为区域特色产业已成为拉动农户增收的重要力量。而对于禁牧，调研中发现，各地在执行禁牧政策时标准不一，严松不定，有的地方管控较严，转型较彻底，而有的地方前紧后松，或表面控制实际放任，其结果是农户经济损失极大也备受困扰，而且养殖户和养殖规模也在禁牧中不断增加。

可以看出，在很多地方禁牧并未达到其应有的效果，反而使农户放牧从"地下"转到了"地上"。片区是典型的生态脆弱区，面临着生态保护与经济发展的双重难题。客观而言，片区进行生态建设或者生态治理工程是有其紧迫性和极端重要性的：其一，片区位于北京的上风上水地带，是首都生态环境的重要屏障。河北省的张家口和承德两市更直接被定位为首都水源涵养功能区和生态环境支撑区。所以国家在片区生态建设投入很大，布局了大批生态建设工程，如京津风沙源治理、三北防护林、太行山绿化、退耕还林(草)、湿地保护与恢复等一大批重点生态建设任务。① 另外从全国主体功能区规划看，片区部分区域属于重点生态功能区性质的限制开发区，还有部分属于国家禁止开发区域，还分布着国家级自然保护区、国家级风景名胜区、国家森林公园和国家地质公园。这些都决定了片区生态建设任务重、环境保护要求高的特殊地位。其二，生态建设是京津冀协同发展中的京津一方的动力所在。只有片区生态建设取得显著成绩，生态环境

---

① 国务院扶贫开发领导小组办公室、国家发展和改革委员会《燕山—太行山片区区域发展与扶贫攻坚规划(2011—2020)》。

切实改善，京津的辐射带动效应才会得到提升。其三，生态建设是片区实现发展的政策切入点和重点。生态环境恶化，区域内民众的生存必然会受到影响。尽管生态建设尤其是严格的生态管控措施会影响到农户的收入，甚至一定时期、一定程度上会抑制区域经济发展，但也只有做好生态建设才能摆脱"环境恶化——收入受损"的恶性循环。对片区发展而言，建设好生态就是提高承载力，为人口集聚和产业聚集创造条件。建设好生态也就找到了新的经济增长点，因为能形成生态产业，能吸引京津大都市的市民来消费优质生态。

新一轮易地扶贫搬迁将移民搬迁与生态恢复合二为一，改善生态环境也是重要目标和前提。就禁牧而言，相较于搬迁前的禁牧难，搬迁过程实际上也是迁出区域畜牧业消失的过程。因为安置点不具备牲畜养殖的条件，搬迁户在搬迁前首先要解决的问题就是将养殖的牲畜处理掉。对于很多家庭而言，不管是规模养殖还是小型散户，牲畜基本上是最大的生计资本，处理就意味着未来生计资本的损失，所以在牲畜问题上面临很复杂的问题，这些问题也在一定程度上影响到了搬迁、旧房拆除和宅基地复垦的进度。

大多数家庭在搬迁前就将所有养殖的牲畜包括家禽全部处理掉了，以便无后顾之忧地开启新生活。

> 我家养了两头牛、两头驴，还有一头猪。当书记告诉我们快要领新房钥匙了，我就开始张罗处理这些牲口了。不可能不卖呀，住楼房了不可能再养牲口了，留在这里也不可能，就这几个也不值得。我把猪杀了，把肉卖了。卖的钱正好可以把新房子装修一下。（CM，2020）

> 家家都处理牛羊啥的，咱也随大流吧。既然选择了搬迁就再想别的办法挣钱吧，如果搬迁到镇上住楼房了再受一群羊的牵扯，就太受累了。我家养了三十多只羊，七大八小共卖了四万多，够新房装修了。（CM，2020）

还有一部分农户，已经按照和政府签订的搬迁安置和旧房拆除相关协议完成了搬迁，但依然没有放弃牲畜养殖。一种情况是因为旧房拆除有一年的缓冲期，有些养殖户搬迁后仍就在原址继续放牧，坚持到旧房拆除再将牲畜处理掉；还有一种情况就是通过在其他村租房或投亲靠友继续养殖，这种情况在坝上地区还是比较普遍的一种现象，这种情况不影响搬迁工作的进度。深入调查也发现，由于易地扶贫搬迁结束后当地紧接着开展了空心村治理工作，很多村庄被列入了搬迁范围，无论是本村村民还是外来租户，养殖空间被继续挤压。知情人士告诉我们，今年（2020年）冬天是这些养殖户艰难抉择的关键一年，去与留，制约的因素太多了。

> 我们村的老李养了十几只羊，搬迁后他把羊放到闺女那里养着了（闺女在邻县农村），偶尔回到这里住。（CGB，2020）
> 我们村好几户在附近没有搬迁的村子里租了房子，现在村子里空闲的房子很多，好租，在那里继续放牧，至于是长期的还是暂时的谁也说不准。（CGB，2019）

实地调研发现，规模小的养殖户，大部分把牲畜卖掉了，而对于有一定规模的养殖户，政府计划通过规划建设养殖园区，引导养殖户进园区继续养殖。

> 一般零散养殖咱们不管，自己卖掉，因为我们县本身就禁牧，生态这块要求比较严。如果保护散养户，那就相当于对规模养殖户的伤害。对于达到一定数量、有继续养殖意愿的养殖户让他入住，里面也有住人的房子。（ZGB，2020）

但是政府面对来自养殖户的复杂情形依然面临极大的压力。一种情形是规模养殖户本身并非圈舍养殖，如我们调研的某镇养羊大户三五百只不等，养牛大户四五十头，均为放养。一旦进入养殖园区就得实行完全的圈舍养殖，养殖成本骤增。张某养了四十多头牛，搬迁后继续养着直到旧房拆除复垦才在紧邻的内蒙古租了草场养殖，今年（2020年）搬迁到镇政府建设的养殖园区。

> 之所以从内蒙古迁回来还是想守着家。不过在养殖园区圈养，守着草场不能放牧，饲草成本太高了。这两年牛一直涨价，还算有赚头，感觉比做别的强，不忍心放弃。（CM，2020）

总之，易地扶贫搬迁对控制片区牲畜发展起了立竿见影的效果，起到了无论政府行政命令还是立法推动都难以见效的禁牧的作用。因易地扶贫搬迁而压缩的牲畜存栏量规模没有统计，但是这种压缩是绝对不会反弹的，对片区尤其是迁出区生态恢复的作用是显而易见的。

（四）宅基地复垦及土地利用的生态化，释放了生态空间

生态空间是指用于自然保护、山林保护、生态防护等功能的地域，①承担着维护生命安全、确保生态系统稳定持续提供生态服务、保障社会经济活动正常进行的国土空间。燕山—太行山片区是华北平原的主要生态屏障，在华北平原生态安全格局中具有重要地位，其水源涵养、土壤保持和防风固沙功能直接影响京津冀地区甚至华北平原生态系统安全。片区生态环境脆弱，长期以来的资源不合理开发利用和粗放式管理，更造成生态系统严重退化，土壤沙化严重，片区成为北京市乃至华北地区主要沙尘暴源区。片区水资源短缺，地下水超采严重，全域均出现河流断流和湿地萎缩问题。这些环境问题直接导致片区生态系统服务功能的减弱。

片区是京津地区重要生态安全屏障和水源保护区，是京津冀生态建设和环境治理的主战场，国家层面安排实施了一系列生态建设任务和工程。

---

① 迟妍妍，许开鹏，王晶晶，张丽苹. 京津冀地区生态空间识别研究[J]. 生态学报，2018，38(23)：8555-8563.

2019 年国家发展改革委和河北省人民政府联合印发《张家口首都水源涵养功能区和生态环境支撑区建设规划(2019—2035)》,彰显出片区特殊的生态区位以及生态建设的重要性和迫切性。但片区经济发展条件差,经济发展水平低,民众生活艰难,在没有建立起生态建设与发展生产之间的内在协调机制的情况下,生态与生存之间的矛盾就成了十分尖锐的现实问题。多年来,通过退耕还林(草)和禁牧来释放生态空间,都是在没有拓展出农民新的生存空间的基础上实施的生态修复和保护政策,虽然取得了一定的生态效益,但群众的生活水平提升并不明显。

燕山—太行山片区既是国家扶贫工作的重点区域,又是国家重点生态功能区。易地扶贫搬迁工程为片区增强水源涵养能力,加强生态建设保护和改善提升环境质量提供了一揽子解决方案。其实质在于通过宅基地和公共用地的复垦和耕地的生态化利用释放出了一定的生态建设空间,有利于为片区创造更大的生态价值和经济价值。

片区各地在实施易地扶贫搬迁工作中,统筹组织实施腾退宅基地、旧房拆除、土地复垦、生态治理等工作,将生态建设作为促进区域发展的重要规划。如河北省明确将"迁出区生态环境明显改善"作为易地扶贫搬迁的主要目标之一,结合国家和省实施的京津风沙源治理、太行山绿化、"三北"防护林等重点生态工程对迁出地进行生态修复。① 山西省将"搞好迁出区土地整治和生态恢复"作为易地扶贫搬迁的主要任务之一,按照"宜林则林、宜农则农、宜牧则牧、宜旅游则旅游"的原则开发旧村资源,有效推进生态林、经济林、农业、养殖园区、特色旅游等新的发展模式,优先扶持搬迁村退耕还林、光伏产业。旧宅基地按照"宜耕则耕、宜建则建、宜林则林"原则实施,优先纳入永久性公益林建设,增强生态效益,实现人退林进。② 内蒙古自治区的易地扶贫搬迁的目标任务是"迁出区生态环境有

---

① 《河北省"十三五"易地扶贫搬迁规划》。

② 《山西省人民政府办公厅关于进一步做好易地扶贫搬迁工作的若干意见》(晋政办发〔2017〕91 号)。

效恢复，实现迁入区富起来、迁出区绿起来、搬迁人口稳定脱贫的目标"①。

可见，改善迁出区生态环境是各地易地扶贫搬迁的重要目标任务，人口迁出，旧村开发复垦，这就为整体性的生态建设布局规划创造了条件。具体而言，易地扶贫搬迁释放生态空间从三方面体现出来。

第一，对迁出区旧宅基地、院内圈舍等附属设施以及公共建设用地进行复垦复绿。片区各地在易地扶贫搬迁工作中，将易地扶贫搬迁工作纳入当地发展总体规划，创造一切条件，尽量做到以自然村为单元的整村迁出，以此为宅基地等建设用地的整体腾退创造条件，严格落实"一户一宅、占新腾旧"有关规定和"宜耕则耕、宜林则林、宜草则草"的原则，强力推进腾退旧房拆除和复垦复绿工作。腾退宅基地并复垦复绿是易地扶贫搬迁工作的重要组成部分和必须完成的任务。其意义，一是节约集约利用土地资源的需要。珍惜并合理利用土地和切实保护耕地资源是我国的基本国策。群众搬迁后，原宅基地按照因地制宜原则复垦再利用。能够复垦为耕地的，优先复垦为耕地，盘活土地存量，以补充耕地资源，提高耕地质量、保障粮食安全。二是生态保护的需要。对于不具备复垦价值或复垦条件的宅基地，按照"宜林则林、宜草则草"的原则，通过工程、生物、自然等手段实施生态保护和自然恢复。三是偿还融资资金的需要。实施腾退宅基地复垦，顺利推进城乡建设用地增减挂钩，可为易地扶贫搬迁融资还款提供资金支持并弥补建设资金缺口。

无论复垦还是复绿，其所产生的生态服务价值均远大于裸露沙土的原景。片区搬迁人口规模大，以整村搬迁为主，所以旧房拆除复垦面积较大。从各地情况看，复垦复绿主要用于增加耕地和生态恢复，具体有两种用途：一种是复垦为农田，这是各地优先保证的；二是种草种树。有些地方的地块不适合复垦，比如旧房建在岩石、陡坡等不适宜复垦地块上的宅基地；因土地复垦会对周边生态环境造成严重破坏的宅基地以及复垦成

———————————————

① 《内蒙古自治区"十三五"时期易地扶贫搬迁工作实施方案》。

本过高、复垦后不具备耕种及管护利用条件的，不具备复垦价值的宅基地。对于这些不适宜复垦的宅基地，一般通过生态修复手段实现复绿。如S县经县国土局对两个整体搬迁村旧址的实地勘察，认为两村总面积约164亩共19个地块，属于山地，村民住宅多沿沟分布，居住分散，拆迁旧地块不能复垦出成方连片的土地，地形地貌因素制约使复垦土地质量难以保障，等别均为13等，产生的收益不高，只能种树种草进行生态恢复。

> 因为搬迁村宅基地难以复垦成耕地，所以我县未制定土地增减挂钩方案。旧村房屋拆除后，我们清除了垃圾和废物，清理了人类活动的痕迹，种了一些树，现在草也很茂盛，与周边自然环境融为一体了。(县发改局工作人员，2018)

宅基地复垦的生态效应从产业结构看属于第一产业的生产。在耕地使用的各个环节，如翻耕、播种、栽种、合理灌溉和施肥、休耕等，均可以改善土壤结构、支持作物生长并提供动植物栖息地，从而产生调节气候、水土保持、固碳制氧、维持生物多样性等多种重要生态功能。[①] 农业，包括林业(草地)以绿色植物为生产对象，而绿色植物的存在和生长有利于改善生态环境，如防风固沙、涵养水源和减少大气中的二氧化碳量并产生氧气等，这是生态环境保护的重要屏障。[②] 表9-2直观地显示出我国陆地生态系统单位面积生态服务价值当量。可以将复垦前的村庄近似地看作荒漠，植被稀少、地表裸露。荒漠的生态服务价值是最低的，不具有调节气候和气体的功能。而森林、草地，尤其是森林，其生态服务价值远高于农田。从这个意义上说，易地扶贫搬迁宅基地等建设用地腾退复绿的生态增殖效应是非常显著的。

---

① 王梅，陈思，郑昂. 耕地生产与生态功能协同保护的国际经验启示[J]. 国土资源情报，2020(7)：36-42.
② 许正松，陈胜东，黄思明. 产业结构演变的生态环境效应分析——以江西省为例[J]. 企业经济，2015(9)：78-87.

表 9-2　中国陆地生态系统单位面积生态服务价值当量表①

	森林	草地	农田	湿地	水体	荒漠
气体调节	3.5	0.8	0.5	1.8	0	0
气候调节	2.7	0.9	0.89	17.1	0.46	0
水源涵养	3.2	0.8	0.6	15.5	20.38	0.03
土壤形成与保护	3.9	1.95	1.46	1.71	0.01	0.02
废物处理	1.31	1.31	1.64	18.18	18.18	0.01
生物多样性保护	3.26	1.09	0.71	2.5	2.49	0.34
食物生产	0.1	0.3	1	0.3	0.1	0
原材料	2.6	0.05	0.1	0.07	0.01	0
娱乐文化	1.28	0.04	0.01	5.55	4.34	0.01

第二，生态退耕。生态退耕是以生态建设与恢复为目标，人为干扰将农地转变为林草地的过程。② 伴随全球人类干扰活动不断加剧，土地利用类型的动态变化及其生态效应发生显著变化，如土地利用变化对气候、降水、温度、生物多样性、生态服务功能等的影响。中国北方农牧交错带生态系统脆弱、干旱少雨、土地退化严重、风大沙多、水土流失、土地沙化等生态系统问题突出，威胁着祖国北疆生态安全屏障，同时威胁国家生态安全。随着生态环境问题日渐突出，国家相继启动了一系列退耕还林还草、退牧还草、京津源风沙治理、土地综合整治等生态修复治理重大工程，旨在保护生态环境，遏制生态持续退化所造成的损失。③ 退耕还林（草）生态工程的实施，对片区生态恢复及可持续发展产生了深远影响，各

---

① 谢高地，等.青藏高原生态资产的价值评估[J].自然资源学报，2003（2）：189-196.

② 邱扬，张英，等.生态退耕与植被演替的时空格局[J].生态学杂志，2008（11）：2002-2009.

③ 吴晓光.内蒙古阴山北麓生态退耕对土壤风蚀的影响及效应研究[D].呼和浩特：内蒙古农业大学，2019：1-2.

项生态系统服务功能显著提高。尽管生态退耕产生了积极的生态效应，但是受自然环境较为脆弱、发展方式较为粗放、财力支撑能力不足、贫困程度依然较深等因素的制约，片区群众增收和生态保护之间的矛盾没有根本改变，脆弱、敏感的生态系统没有根本改变，生态保护的严峻形势没有根本改变，生态环境问题依然严重，特别是作为京津生态安全屏障的特殊地理位置和功能定位使其为首都水资源和生态环境提供高质量、可持续安全保障还存在一些亟待解决的突出问题。

易地扶贫搬迁极大地推动了生态退耕的开展，极大地拓展了片区的生态建设空间。主要通过以下三方面体现出来。

一是退耕还林还草。退耕还林还草是易地扶贫搬迁迁出区生态恢复的基本建设要求。按照《规划》，根据国家新一轮退耕还林还草的总体部署，加快对迁出区 25 度以上坡耕地实施退耕。山西省 80% 左右的 25 度以上坡耕地位于贫困县，位置偏僻、条件恶劣。山西向国土资源部争取到 199 万亩耕地核减指标，全部用于退耕还林还草，呈现出"山庄窝铺搬出来、陡坡耕地退下来、荒山荒坡绿起来"的局面。内蒙古自治区将迁出区列入退耕还林、退牧还草等生态建设项目实施范围，进行围封、种草、造林，达到迁出去绿起来的目的。

二是休耕种草。这里的休耕种草与上文提到的退耕还林还草政策不同之处在于其不享受国家退耕还林（草）政策，是地方政府依法依规通过实施耕地流转、休耕种草等措施实施的草原生态系统建设项目。

在片区，实施休耕种草任务最重、顶层设计最完善、主导层次最高的就是张家口所属片区张北县、尚义县、康保县和沽源县坝上四县。当前，这四个县的休耕种草是为落实国家发改委和河北省政府联合印发的《张家口首都水源涵养功能区和生态环境支撑区建设规划（2019—2035）》。该《规划》提出：首都水源涵养功能区建设强调要恢复与保护森林、草原、湿地等自然生态系统；首都生态环境支撑区侧重于提高森林、草原、湿地等生态用地比例，提升水土保持、防风固沙、生物多样性和固碳释氧等生态服务功能。《规划》明确到 2022 年完成退耕种草 100 万亩，草原面积达到 1695

万亩；到 2035 年累计完成退耕种草 180 万亩，草原面积达到 1775 万亩。到 2022 年草原综合植被覆盖度达到 72%，2035 年草原综合植被盖度达到 75%。张家口市委、市政府为加快推进"首都两区"建设进程，将原定到 2035 年完成的 180 万亩任务提前到 2020 年一年一次性实施。最终的成绩是完成 181.42 万亩休耕种草工作，其中张北县 57 万亩，尚义县 23 万亩，康保县 48.42 万亩，沽源县 46 万亩，塞北管理区 3.4 万亩，察北管理区 3.6 万亩。①

休耕种草采取种植饲料饲草作物、中草药和人工干预自然修复等 3 项措施，构筑起新的坝上草原生态系统。坝上各县区根据当地气候水文条件、土地类型和农业种植特点，科学选择种草模式。其中：种植条件好的 168.75 万亩耕地，通过种植燕麦、苜蓿、一年或多年生牧草、饲草混播等方式种植饲料饲草作物 140.63 万亩；通过种植水飞蓟、黄芪、防风、黄芩、柴胡等方式种植中草药 28.12 万亩。种植条件相对差的 12.67 万亩耕地，采取补播牧草、断根萌蘖、施肥等人工干预方式，促进自然修复，逐步恢复生态功能。②

三是退水还旱。水是生命之源、生产之要、生态之基。片区大部分地区十年九旱，属水资源贫乏区。因其地处京津地区的上风上水，自然具有了京津冀生态涵养和水源保护的功能。通过调整土地利用的手段达到改善水质在片区已有一定的历史。20 世纪末期，由于片区农业活动用水量增加及其带来的严重的面源污染，造成注入密云水库的径流量衰减严重，水质不断恶化，对北京市的供水安全造成极大影响。因此，自 2006 年起，在京冀区域合作政策框架下，北京市与河北省签署了"关于加强经济和社会发展合作的备忘录"，"稻改旱"成为其中一项重要的合作内容。"稻改旱"涉及片区的赤城县、丰宁县和滦平县共 10.3 万亩耕地。"稻改旱"在保障下游供水上发挥了积极作用。

"稻改旱"的目标是解决入库径流的水量和水质的问题。实际上，在片

---

① 从规划角度，塞北管理区和察北管理区不属于燕山—太行山片区。
② 赵彩芬，李云鹏. 我市林草生态建设取得阶段性成果[N]. 张家口日报，2020-8-19(A7).

区，地下水是支持当地经济社会发展的最重要水源（见表9-3）。近一二十年来，由于工农业生产以及生活用水的增加，导致片区大部分地区地下水严重超采，特别是多年的扶贫开发忽视生态建设或与生态建设相互割裂脱节（见专栏9-1），试图通过打井灌溉支持蔬菜、马铃薯等耗水经济作物大量种植来突破干旱缺水对发展生产的制约，其结果便是过度采用地下水。经过近三十年的破坏性积累引起一系列水资源短缺和环境恶化问题，使该区域作为京津冀生态涵养和水源保护的特殊功能面临严峻的挑战和压力。

表9-3　片区河北省22县生产生活用水水源情况

县名	水源	县名	水源
张北县	全部地下水	围场县	生产生活全部使用地下水；农业用水部分地表水，部分地下水
康保县	全部地下水	平泉县	生活用水全部使用地下水；工农业用水部分地表水，部分地下水
沽源县	全部地下水	承德县	生产和生活用水主要取用地下水，少部分取用地表水
尚义县	全部地下水	涞源县	全部地下水
宣化县	生产和生活用水主要取用地下水，少部分取用地表水	涞水县	生产和生活用水主要取用地下水，少部分取用地表水
蔚县	全部地下水	阜平县	大部分地表水，小部分地下水
阳原县	全部地下水	顺平县	全部地下水
怀安县	全部地下水	易县	生产和生活用水主要取用地下水，少部分取用地表水
万全县	全部地下水	唐县	大部分地下水，小部分地表水
隆化县	全部地下水	望都县	全部地下水
丰宁县	生活用水全部使用地下水；工农业用水小部分地表水，绝大部分地下水	曲阳县	生产和生活用水主要取用地下水，少部分取用地表水

资料来源：张家口、承德、保定三地水利部门提供。

在生态文明思想引领下，片区特别是河北省的张家口和承德地区以及内蒙古自治区的乌兰察布坚持因地制宜、绿色发展，将精准扶贫与生态保护有机结合起来，将治理地下水超采作为提高生态建设水平的重要抓手。特别是"两区建设"，着力提升水源涵养功能，着力强化生态环境支撑，着力构建绿色产业体系，加快建设首都水源涵养功能区和生态环境支撑区，保障首都水资源和生态环境安全。主要措施是立足节水增效和农民增收，实施"水改旱"压采工程、改善种植结构。在张家口坝上4县2管理区2019年、2020年两年提前超额完成"两区建设"规划的到2022年坝上地区压减水浇地40万亩的任务。各县区有的通过调优蔬菜品种种植结构，逐步压减大白菜、芹菜等耗水量大的蔬菜种植，发展低耗水蔬菜品种；有的推广旱作雨养项目，将水浇地改造成旱地，发展马铃薯、莜麦、胡麻、中药材、藜麦、菜籽、葵花等旱地农作物；有的将"退水还旱"与休耕种草项目有机结合，发展优质牧草种植基地，提高地表植被覆盖度。

专栏 9-1　坝上地区取水井集中增加的几个阶段

坝上地区地下水超采的主要原因为大量开凿农业地下取水井，发展水浇地面积。取水井集中增加主要分为5个方面：一是1994年"八七"扶贫攻坚期间，全市帮扶贫困村打机井1200多眼、小机井近5万眼，建旱水窖1500多个。二是1998年1月坝上地区发生地震之后，省、市水利部门提出要恢复与发展生产相结合，实施了"万眼井工程"。三是坝上地区的气候和地区特点适合种植错季蔬菜，2004年至2010年，坝上地区为大力发展错季蔬菜，打井1万眼以上。四是随着近年来土地流转加剧，一些种植大户纷纷在农村承包旱地，进行打井配套发展水浇地，2011年至2017年间坝上地区新打机井90%以上属于农业灌溉机井。五是政府部门仍在实施以打井配套为主要内容的农业开发项目，部分县区政府在扶贫开发中，要求乡镇增加打井配套项目发展水浇地，改善农民收入。

资料来源：张晓烨，方彦舒. 张家口市地下水超采现状及综合治

理[J]. 河北水利, 2018, (12).

内蒙古自治区的兴和县、商都县和化德县三县也是"退水还旱"的重点区域，三县处于察汗淖尔流域，为落实《乌兰察布市察汗淖尔流域生态保护和修复实施方案》，以改善察汗淖尔流域生态系统环境为核心，以有效遏制地下水超采为切入点，采取综合措施，推进水改旱工作。

第三，发展旅游业的生态效应。易地扶贫搬迁中，很多地方与小城镇建设、景区景点建设、特色产业发展相结合，大力发展乡村旅游。一是在安置点及周边建设旅游景区，打造旅游特色小镇。G县培育了丁庄湾红色文化、榛子沟绿色文化、长梁河源文化等旅游品牌，实现了易地扶贫搬迁与城镇化建设、乡村旅游发展的有机结合。K县某镇易地扶贫搬迁集中安置点建设与京津风沙源治理、美丽乡村建设工作紧密结合，按照不低于3A级景区标准规划设计，以简中风格为基础，以金长城、肉石文化为特色，充分发挥资源禀赋，建成集生活、养生、旅游、休闲、度假于一体的美丽特色小镇。D县某乡通过易地扶贫搬迁将乡政府所在地周边8个村集中起来，发展黄花产业，依托黄花产业、40天花期、乡土文化等资源，推进农业与生态旅游、文化康养等深度融合，大力发展休闲观光、养生养老、创意农业、农耕体验、乡村手工艺。二是流转土地建设旅游景区。新一轮易地扶贫搬迁将很多地处偏远深山区、土地稀缺而贫瘠、生活条件十分艰苦的村庄整村整片地搬迁出来。迁出区土地零散贫瘠，难以盘活整合发展农业，但是独特的自然山水景观和"山、林、谷、田"有机融合的广袤空间却是发展现代旅游业的绝佳选择。如L县某旅游开发公司整体流转了搬迁村农户的山林地、滩涂地，承接太行山的气韵，基于体旅融合的发展理念，利用盆地的地形优势，打造成集山地运动休闲、原真乡村体验、体育赛事活动、青少年研学教育、健康养生等功能于一体的高标准、国际范的山地户外运动休闲基地，最终目标是打造成为国家山地运动休闲公园。三是国家公园建设。国家公园是我国自然保护地最重要的类型之一，具有较高的生态价值和较完整的生态系统。建立国家公园的目的是为了保护具有国家代表性的大面积自然生态系统。① 党的十八届三中全会启动了中国国家公园体制建设，2017 年出台的《建立国家公园体制总体方案》明确"国家公园的首要功能是重要自然生态系统的原真性、完整性保护，同时兼具科研、教育、游憩等综合功能"。2019 年出台的《关于建立以国家公园为主体的自然保护地体系的指导意见》指出，在生态系统保护优先的前提下，开展自然体验、生态旅游等活动。至此，游憩和生态旅游作为中国国家公园同时兼有的功能，在制度上被确定下来。国家公园基本上设立在生态环境脆弱带，也是新一轮易地扶贫搬迁工程布局的重点区域。国家公园建设强调"大面积""大尺度"，必然需要通过搬迁将规划范围内的村庄移除以释放公园建设对功能区规划的生态空间。G 县某镇 2019 年获批建设国家沙漠公园，以沙漠景观为主体，以保护荒漠生态系统、合理利用沙漠资源为目的，对推动防沙治沙、构建绿色屏障、带动旅游产业、推进生态文明建设等工作具有重要意义。

　　旅游不仅能促进经济发展，还能带动当地生态的改善。不管是建设景点还是国家公园，不管是生态旅游还是康养旅游，它们无不以良好的生态环境为先决条件，"好生态"是最大卖点。因此，守护好旅游业的绿色基因，实现旅游产业的绿色发展和可持续发展已成为全社会和旅游业界的共识。所以，以上与易地扶贫搬迁相联系的旅游项目都非常重视生态建设与生态保护。在迁出区打造旅游景区首先要保护好生态环境，其次还要根据景区规划设计的需要进行微景观创设，如太行漫谷项目通过植物组团造景，形成开阔疏林草地景观，点植高大的乔木，山坡处种植大面积蒿草，营造绿色畅游的海洋等。国家沙漠公园建设要做好沙漠(石漠)自然景观及林草植被保护工作，不断优化区域生态环境，进行生态修复和沙漠化综合治理。这些都有力地推动了当地生态环境的改善。

　　第四，城镇化的生态效应。"十三五"时期，全国易地扶贫搬迁 960 多

---

　　①　中共中央办公厅 国务院办公厅印发《建立国家公园体制总体方案》，2017 年 9 月。

万贫困人口，中西部地区还同步搬迁 500 万非贫困人口。近 1500 万人口的搬迁是人类迁徙史的伟大壮举。易地扶贫搬迁人口集中安置，特别是城镇集中安置，极大地改变了人口空间布局，也极大地改变了搬迁群众的生产生活方式，这些改变必然会对区域生态环境产生显著影响。易地扶贫搬迁人口城镇集中安置对区域生态环境的影响方向和影响程度需要一定的时间跨度进行检验，但关于城镇化的生态效应的研究已经非常丰富，从中也可以判断出易地扶贫搬迁人口城镇集中安置的生态效应。因城镇化对环境质量的作用机制较为复杂，已有研究结果基本上认为城镇化对环境质量造成的影响始终具有双重性。一方面，城镇化推进生产的规模效应会扩大工业生产规模和资源、能源的消耗数量，从而加大了污染物排放基数和对生态环境的破坏力度；另一方面，城镇化产生的集聚效应促使发展方式更加集约，大幅提高了生产效率，促进了知识技能传播，推动了公共资源共享，增强了公民环保意识，从而提升了环境集中治理的效果。①

关于易地扶贫搬迁城镇集中安置的生态效应与搬迁前的状况相对比，搬迁前，生产生活方式落后、粗放，依赖资源获取生活资料，污染散点排放，治理意识弱、难度大。而人口向城镇集聚其生态增殖效应的内在机制主要在于两方面，一是城镇化发挥了经济集聚效应和规模效应。人口城镇化会带来经济集聚，会带来能源集中利用的规模效应、绿色技术溢出等，还会影响碳排放强度和能源效率，② 从而有利于大气环境质量的改善。而且与农村相比，集中在城镇的工业对环境的污染一般是点污染，比较容易集中治理。③ 二是在生态文明建设背景下，片区在履行首都水源保护区和生态支撑区建设的责任中，生态文明建设与城镇化发展深度融合，秉承绿

① 邸勍，袁晓玲，王书蓓. 城镇化影响环境质量的典型机制与差异化研究[J]. 当代经济科学，2021，43（3）：94-106.

② 邵帅，张可，豆建民. 经济集聚的节能减排效应：理论与中国经验[J]. 管理世界，2019（1）：44.

③ 王红征，胡彧. 论生态增殖效应与农村城镇化[J]. 特区经济，2008（6）：172-173.

色发展理念，重点发展绿色工业，消费结构和能源结构的"绿色"程度更深，环境治理力度较大且投入较高，城镇发展更加集约高效。三是市民的生态环保意识相对较高，通过自我落实低碳环保行为，引导企业生产符合环保要求的产品以及积极影响政府的环境保护决策等途径对区域生态环境产生正面作用。

二、易地扶贫搬迁的生态胁迫效应

简言之，易地扶贫搬迁的生态胁迫效应就是在易地扶贫搬迁推进中所产生出的对生态环境保护有害的影响。易地扶贫搬迁工程的实施必然会改变自然生态系统的某些因子，从而使得自然生态系统对人类的生产、生活条件和质量产生影响。增殖效应是积极的、正向演替性的影响，但也有一些因子的变动会产生消极的、逆向演替性的影响。

(一) 土地流转的对环境的负作用

易地扶贫搬迁极大地推动农地流转，农地流转带来了土地规模化、科学化经营的同时也带来了对环境的负面影响。具体而言，一是社会资本经营农地，为了获取较大的经济利益，会在生产过程中利用环境的外部性降低生产成本，进而对环境造成影响。二是农地流转后一般会进行规模集中种植，这在一定程度上会破坏原有生态系统，使生物的生活环境短期内被全面改变，损坏物种迁移和遗传的多样性，从而对生物的多样性产生较大负面影响，进而影响生态的可持续发展。① 三是在缺乏政府监管和规划的情况下，土地经营者一般会根据自己经营的需要进行土地整治，而忽视将土地整治置于整个生态系统中去考虑，采用不合理的整治方式，导致原本脆弱的地质进一步恶化。四是土地经营者更倾向于用污染要素来代替劳动

---

① 杨志辉. 农村土地流转对环境影响的机制及绩效评价[J]. 中南林业科技大学学报(社会科学版)，2018，12(5)：31-36.

力，由于土地流转使土地权属稳定性下降，土地承租方更可能选择牺牲土壤肥力换取短期收益增加，从而增施化肥等,① 大量污染要素的使用，严重破坏了生态环境。

(二)植被野蛮式生长的负作用

在我国人口城镇化加速发展的背后是农村人口的大幅度减少和农村空心化加剧，而易地扶贫搬迁在某种意义上属于政府推动的城镇化，其结果是使一定区域内的空心化村庄彻底被清理。搬迁后房屋拆除、宅基地及其他建设用地的复垦复绿、退耕还林(草)、日常性的禁牧等一系列的人工或自然的生态恢复措施都在一步步引导塑造了"人退绿进"的景观格局。但迁出区人、财、物向城镇集中的同时，也带来了生态治理的空心化，引发片区生态治理的新问题。

草原生态是一个复合性的功能系统，"人"和"畜"是复合性草原生态系统内的关键一环。在长期牧业实践中，牧民与牲畜、草原以及其他生物群落相依相存，实则形成了一种相互适应的关系。而随着禁牧与人口转移，区域人口和牲畜相继减少，一旦这种减少的程度走向另一个极端，则会产生极为复杂的生态问题：一方面，在人迹和牛羊活动减少的情况下，杂草肆意蔓延，每年落叶枯草逐年积累，再加上片区气候干燥多风，极易发生火灾及鼠虫灾害。特别是火灾，防控难度极大，几乎每年都发生，往往会造成巨大的经济损失、空气污染以及植被破坏。

> 我们每年的九月到第二年的六月重点工作就是防火，这个时段气候干燥，风也大，一旦着火很难扑灭，尤其是清明节火灾最多，防不胜防。现在不同二三十年前，以前是缺草，牲口缺饲料，灶膛缺烧柴，现在人少了，牲口也几乎不养了，到处都是草，没用了，就成了

---

① 巩前文，穆向历，田志宏. 农户过量施肥风险认知及规避能力的影响因素分析——基于江汉平原284个农户的问卷调查[J]. 中国农村经济, 2010(10)：66-76.

火患了。(CGB, 2018)

另一方面则是对居民健康的影响。片区大部分区域地处草原，植被丰富，特别是近一二十年，人为活动明显减少，为植被恢复提供了较好的条件。植被条件的改变也使得片区特别是草原区成为过敏性疾病尤其是花粉过敏症的高发地区。十年来的研究统计显示，内蒙古和河北省的张家口地区过敏性鼻炎的发病率呈逐年递增的趋势，而且越来越低龄化。治疗时间延长，治疗费用逐渐上升，已成为严重影响人们健康的主要慢性病之一。而过敏性鼻炎的罪魁祸首就是蒿属类植物。蒿属的盛花期约在秋季，八九月份，其花粉致敏性较强，在我国北方传播最广的蒿属花粉主要是大籽蒿、黄花蒿及艾蒿。

为积极应对过敏性鼻炎对人们身体健康的危害，张北县定点帮扶单位——国务院办公厅协调北京世纪坛医院对口支援张北县人民医院，在张北县设立"北京世纪坛医院变态(过敏)反应中心·张北分中心，帮扶张北县医院在过敏临床、科研、教学等方面取得发展，造福当地群众。而且世纪坛医院连续多年开展过敏性疾病公益内蒙行活动和坝上草原过敏性疾病义诊活动。这都说明此类疾病蔓延的严峻形势以及对区域群众健康的严重影响。

(三) 城镇体系发育不健全，生态保育功能弱

在搬迁人口大规模急速向城镇集聚中，由于城镇体系发育迟缓，功能还不健全，随着城镇规模的扩大，工业及交通运输等事业的迅速发展，能源消耗、废物排放日益增加，人口高度集聚和建筑的高层化对大气环流的变化而引起的气候环境的改变，而且，由于农民从农村向城镇集聚，消费观念和消费方式的转变快于环保意识的提高也会对城镇生态环境产生压力。

从以上分析可以看出，易地扶贫搬迁其实质也是生态移民搬迁，通过对生活在不适宜人类生存、没有发展优势和潜力的地区的人口实施搬迁，

达到消除贫困和改善生态的双重目标。在此过程中，一方面将人口迁出生态敏感脆弱区，以摆脱在脱贫发展中来自生态环境的刚性约束；另一方面村庄搬迁后将对自然环境的切割点清除，人类活动减弱，在此基础上优化乡村空间规划，将全域自然生态空间与乡村人居体系的规划融为一体。可以说，易地扶贫搬迁是以结构性改革的力度塑造了乡村生产空间集约高效、生活空间宜居适度、生态空间山清水秀的发展蓝图。

三、易地扶贫搬迁生态胁迫效应的化解

上述的生态胁迫性既有易地扶贫搬迁工程引致或连带的，有些也是农村社会经济发展中普遍存在甚至越发严重的问题。在生态文明理念深入人心，生态文明建设深入推进下，生态环境已成为影响发展环境和人民生活质量的重要变量，是当前及未来需要重点关注的领域，科学规划、积极采取措施，应对和化解生态胁迫及其效应也自然成为政策制定及其实践的关键问题。

第一，健全安置点特别是规模较大的城镇安置点体系。尽管从大的空间范围看，易地扶贫搬迁所产生的生态增殖效应更为显著，但就搬迁人口所集聚的城镇而言，客观上产生了资源消耗增大、高排放、交通压力增大，污水和垃圾处理基础设施难以满足需要等问题。生态环境是城镇化的重要基础，在农村人口通过搬迁大规模向城镇突进的情况下，推动新型城镇化向绿色宜居的高质量发展转型。一是高标准建设城镇生态系统。利用已有的山水林草格局打造城市生态绿心和生态节点，利用"边角料"空间建设社区公园、街边绿地等生态公园，完善城市生态系统，提升生态功能。二是完善城镇体系。一方面要将城镇建设与生态建设有机结合，有序配套供水、燃气、供热、垃圾处理、污水处理等基础设施建设，提升生态承载功能；另一方面要加强城乡生态系统的功能连接，保护乡村生态用地和农用地，构建田园生态系统，形成提升城镇生态环境质量的生态缓冲带。

第二，积极推进合理的放牧，重视草原生态治理"流动性"。大量研究表明，放牧不仅仅是最好的草原资源利用方式，也是草原保护的重要措施。① 易地扶贫搬迁是优化布局，绝不是实现"无人化"与"无畜化"，而片区当下无论是自然状态下的人类活动减少还是人为的村庄搬迁和禁牧都使草原生态系统丧失了流动性，从而出现鼠患、火患、病患等危害以及因缺乏牲畜粪便的肥料和一定程度的践踏、啃食，导致草原生态系统退化和失衡。基于此，要适时调整生态保护理念和政策，引导和规范"放养型"畜牧业发展，积极推进合理的放牧。一是在畜牧业发展理念上，要坚持放养和舍饲圈养同步发展，以满足产品的不同需要为指引，分类施策，防止以舍饲圈养代替草场放养的做法。特别是片区大部分属于半农半牧区，脱贫攻坚和乡村振兴要将发展"放养型"畜牧业作为重点扶贫产业来打造，既能产出具有地域特色的产品，又具有得天独厚的发展优势。二是要推进与草原生态环境相适应的放养方式，鼓励通过合作化的方式，扩大放养单元，提高组织化程度和自治能力，② 以提高养殖质量并避免过度放牧造成对生态环境的损害。

第三，完善农村土地流转的各项规章制度，通过法律与规范约束土地使用者的行为。由于流转土地使用权的不稳定，以及土地流转经营主体受资本逐利的诱导，往往倾向于追求短期利益最大化，从而产生"公地悲剧"，使农用土地因超出其承载力限度而受到不可逆的破坏和损害。对此，一是加大宣传力度，强化农业经营主体的生态意识，使其充分认识到生态环境保护的重要性，切实贯彻生态农业理念，落实在自己的经营行为中自觉减少过度开发，杜绝资源浪费和有害化学品的使用。二是加强法制建设，体现土地的生态价值，弥补土地流转制度中环境规制的缺失，以更具体的法律制度来规范土地流转经营主体对农村土地的利用方式。具体而

---

① 王晓毅. 将草原保护融入国家战略 新时期草原保护的深层问题和策略[J]. 人与生物圈, 2018(Z1)：128-133.

② 包智明，石腾飞. 牧区城镇化与草原生态治理[J]. 中国社会科学, 2020(3)：146-162，207.

言，要增强土地流转中的生态环境保护理念，细化《民法典》的绿色原则规定；增加农地环境保护奖励机制和损害惩戒机制；在土地流转制度中建立土地生态环境补偿机制；完善土地流转生态环境监督管理机制。①

---

① 郭沁. 农村土地流转制度中生态环境问题的规制探讨[J]. 资源与人居环境，2021(8)：44-49.

参 考 文 献

[1]白增博,汪三贵. 相对贫困视域下农村老年贫困治理[J]. 南京农业大学学报(社会科学版),2020,20(4).

[2]包智明,石腾飞. 牧区城镇化与草原生态治理[J]. 中国社会科学,2020(3).

[3]蔡昉,都阳,张展新. 中国人口与劳动问题报告[M]. 北京:社会科学文献出版社,2011.

[4]蔡小慎,王雪岚,王淑君. 可持续生计视角下我国就业扶贫模式及接续推进乡村振兴对策[J]. 学习与实践,2021(5).

[5]曹诗颂,王艳慧等. 中国贫困地区生态环境脆弱性与经济贫困的耦合关系——基于连片特困区714个贫困县的实证分析[J]. 应用生态学报,2016(8).

[6]曾小溪,汪三贵. 易地扶贫搬迁情况分析与思考[J]. 河海大学学报(哲学社会科学版),2017,19(2).

[7]陈东东. 江苏省农村留守劳动力就业问题研究[D]. 南京:南京财经大学,2016.

[8]陈风波,丁士军,Henry Lucas. 家庭结构、重大疾病和农村劳动力迁移[J]. 华南农业大学学报(社会科学版),2014,13(3).

[9]陈江华,罗明忠,洪炜杰. 农地确权、细碎化与农村劳动力非农转移[J]. 西北农林科技大学学报(社会科学版),2020,20(2).

[10]陈向明. 旅居者和"外国人"——留美中国学生跨文化人际交往研究[M]. 北京:教育科学出版社,2004.

[11]陈至发，程利仲. 政府主导、农民主体与全社会参与——嘉兴市新农村建设的推进机制及其绩效的实证分析[J]. 农业经济问题，2007（11）.

[12]迟妍妍，许开鹏，等. 冀地区生态空间识别研究[J]. 生态学报，2018，38(23).

[13]邓宏兵，张雨瑶. 牢固树立社会主义生态文明观[N]. 人民日报，2017-11-22(07).

[14]翟绍果，张星. 易地扶贫搬迁的政策演进与创新路径[J]. 西北农林科技大学学报(社会科学版)，2019，19(1).

[15]邸勃，袁晓玲，王书蓓. 城镇化影响环境质量的典型机制与差异化研究[J]. 当代经济科学，2021，43(3).

[16]段世江. 燕山—太行山连片特困区：现实困境与突破路径[M]. 北京：人民出版社，2019.

[17]樊斌，薛晓聪，等. 中国奶牛养殖生产布局优化研究——基于比较优势的实证分析[J]. 农业现代化研究，2020，41(2).

[18]方创琳. 中国新型城镇化高质量发展的规律性与重点方向[J]. 地理研究，2019，38(1).

[19]方静文. 时空穿行中的文化适应[J]. 贵州民族研究，2019，40(10).

[20]费孝通. 中国城乡发展的道路[M]. 上海：上海人民出版社，2016.

[21]冯道军，施远涛. 从新制度主义看中国农民身份的制度变迁——兼论中国现代化进程中的农民问题[J]. 甘肃社会科学，2014(03).

[22]盖晶晶，安树伟. 中国城镇化"十一五"回顾和"十二五"展望[J]. 西安财经学院学报，2011，24(2).

[23]阎小操，陈绍军. 重启与激活：后扶贫时代易地搬迁移民生计转型与发展研究——以新疆 W 县 P 村为例[J]. 干旱区资源与环境，2021，35(5).

[24]耿一睿，苗红. 中国生态移民可视化研究分析[J]. 西南大学学报(自然科学版)，2020，42(5).

[25]龚清概. 发展中心村是建设社会主义新农村的重要着力点[J]. 科学社
    会主义, 2006(4).

[26]巩前文, 穆向历, 田志宏. 农户过量施肥风险认知及规避能力的影响
    因素分析——基于江汉平原284个农户的问卷调查[J]. 中国农村经
    济, 2010(10).

[27]郭华, 黎洁. 城镇安置模式对陕南移民搬迁农户生计活动影响研
    究——基于广义精确匹配模型[J]. 中国人口·资源与环境, 2019,
    29(7).

[28]郭俊华, 赵培. 西部地区易地扶贫搬迁进程中的现实难点与未来重点
    [J]. 兰州大学学报(社会科学版), 2020, 48(2).

[29]郭细卿, 贺东航. 征地拆迁中的利益博弈和行动逻辑——基于K村的
    个案研究[J]. 中国农村研究, 2014(2).

[30]国务院发展研究中心和世界银行联合课题组. 中国:推进高效、包
    容、可持续的城镇化[J]. 管理世界, 2014(4).

[31]韩嘉玲, 余家庆. 离城不回乡与回流不返乡——新型城镇化背景下新
    生代农民工家庭的子女教育抉择[J]. 北京社会科学, 2020(6).

[32]何得桂, 党国英. 陕南避灾移民搬迁中的社会排斥机制研究[J]. 国家
    行政学院学报, 2012(6).

[33]何仁伟, 樊杰. 环京津贫困带的时空演变与形成机理[J]. 经济地理,
    2018, 38(6).

[34]何伟, 张丽娜. 易地扶贫搬迁:实现环境约束下扶贫开发与生态保护
    共赢[N]. 中国社会科学报, 2018-05-29(3).

[35]贺立龙, 郑怡君. 如何提升易地搬迁脱贫的精准性及实效——四川省
    易地扶贫搬迁部分地区的村户调查[J]. 农村经济, 2017, (10).

[36]贺雪峰. 城市化的中国道路[M]. 北京:东方出版社, 2014.

[37]贺雪峰. 城乡关系视野下的乡村振兴[J]. 中南民族大学学报(人文社
    会科学版), 2020, 40(4).

[38]贺振华. 农村土地流转的效率分析[J]. 改革, 2003(4).

[39]侯军岐.易地扶贫搬迁项目管理前沿问题理论与实践[M].北京:中国农业出版社,2019.

[40]侯志阳,张翔."作为方法的中国":构建中国情境的公共管理案例研究[J].公共管理学报,2021,18(4).

[41]胡晓.乡村振兴背景下的新型农村社区建设研究[J].广西科技师范学院学报,2021,36(2).

[42]黄承伟.中国农村扶贫自愿移民搬迁的理论与实践[M].北京:中国财政经济出版社,2004.

[43]吉木拉衣,李涛,王政岚.比较心理对农民工幸福感的影响——基于收入和阶层定位的双重视角[J].安徽农业大学学报(社会科学版),2021,30(3).

[44]纪月清,顾天竹,等.从地块层面看农业规模经营——基于流转租金与地块规模关系的讨论[J].管理世界,2017(7).

[45]季涛.支配与逃逸——川西农村凉山移民的生成及情状[M].北京:知识产权出版社,2018.

[46]江立华,曾铎.易地扶贫搬迁人口的空间变动与身体适应[J].中国特色社会主义研究,2021(4).

[47]蒋笃君.新生代农民工市民化的现状、困境与对策[J].河南社会科学,2019,27(12).

[48]金梅,申云.易地扶贫搬迁模式与农户生计资本变动——基于准实验的政策评估[J].广东财经大学学报,2017,32(5).

[49]金耀基.从传统到现代[M].北京:中国人民大学出版社,1999.

[50]靳继东,潘洪阳.贫困与赋权:基于公民身份的贫困治理制度机理探析[J].吉林大学社会科学学报,2012,52(2).

[51]康晓光.中国贫困与反贫困理论[M].南宁:广西人民出版社,1995.

[52]黎洁,李树茁,格蕾琴·C.戴利.农户生计与环境可持续发展研究[M].北京:社会科学文献出版社,2017.

[53]李聪,李萍,等.易地移民搬迁对家庭劳动力外出务工活动的影响机

制——来自陕南地区的证据[J]. 西安交通大学学报(社会科学版),
2017, 37(1).

[54]李德顺. 价值论[M]. 北京:中国人民大学出版社, 1987.

[55]李放, 赵晶晶. 农民工回流能改善其父母的生活质量吗?[J]中国农村观察, 2018(3).

[56]李国平, 孙铁山, 刘浩. 新型城镇化发展中的农业转移人口市民化相关研究及其展望[J]. 人口与发展, 2016, 22(3).

[57]李金铮. 求利抑或谋生:国际视域下中国近代农民经济行为的论争[J]. 史学集刊, 2015(3).

[58]李兰冰, 高雪莲, 黄玖立. "十四五"时期中国新型城镇化发展重大问题展望[J]. 管理世界, 2020, 36(11).

[59]李蓉蓉, 段萌琦. 城镇化进程中中国新市民的身份迷失——身份认同危机的类型学研究[J]. 经济社会体制比较, 2019(3).

[60]李胜连, 李雨康. 基于改进熵值法的宁夏生态移民发展能力评价[J]. 统计与决策, 2016(4).

[61]李英东. 农民工城市住房的困境及解决途径[J]. 西北农林科技大学学报(社会科学版), 2016, 16(2).

[62]李勇辉, 刘南南, 李小琴. 农地流转、住房选择与农民工市民化意愿[J]. 经济地理, 2019, 39(11).

[63]刘金新. 脱贫脆弱户可持续生计研究[D]. 北京:中共中央党校, 2018.

[64]刘萍. 新生代农民工社会融合进程中的公共服务均等化研究[D]. 上海:华东政法大学, 2019.

[65]刘伟, 徐洁, 黎洁. 连片特困地区易地扶贫搬迁对农户多维贫困的影响研究[J]. 干旱区资源与环境, 2019, 33(3).

[66]刘岩. 嵌入与重构:扶贫车间对乡土社会的关系再造——基于江西省的一个案例[J]. 农村经济, 2021(1).

[67]刘玉侠, 石峰浩. 农民工回流动因的影响分析[J]. 浙江社会科学,

2017(8).

[68] 柳立清. 政策多变与应对失矩——基层易地扶贫搬迁政策执行困境的个案解读[J]. 中国农村观察, 2019(6).

[69] 陆汉文, 覃志敏. 我国扶贫移民政策的演变与发展趋势[J]. 贵州社会科学, 2015(5).

[70] 陆继霞, 吴丽娟, 李小云. 扶贫车间对农村妇女空间的再造——基于河南省的一个案例[J]. 妇女研究论丛, 2020(1).

[71] 陆益龙. 户籍制度——控制与社会差别[M]. 北京: 商务印书馆, 2003.

[72] 罗楚亮. 城镇居民工资不平等的变化: 1995—2013年[J]. 世界经济, 2018, 41(11).

[73] 马流辉, 曹锦清. 易地扶贫搬迁的城镇集中模式: 政策逻辑与实践限度——基于黔中G县的调查[J]. 毛泽东邓小平理论研究, 2017(10).

[74] 马流辉. 易地扶贫搬迁的"城市迷思"及其理论检视[J]. 学习与实践, 2018(8).

[75] 梅淑元. 易地扶贫搬迁农户农地处置: 方式选择与制度约束——基于理性选择理论[J]. 农村经济, 2019(8).

[76] 孟梦. 元治理视域下易地扶贫搬迁安置社区的多主体治理结构研究[D]. 兰州: 西北师范大学, 2020.

[77] 农村财政扶贫攻坚综合开发治理课题组. 关于探讨拓展城乡一体"四化"建设小康之路的方略[J]. 经济研究参考, 2018(16).

[78] 欧阳慧. 新一轮户籍制度改革实践中的落户困境与突破[J]. 经济纵横, 2020(9).

[79] 彭穗宁. 论失地农民到市民的再社会化[J]. 理论与改革, 2005(6).

[80] 戚学祥. 新时代的农民工回流: 逻辑、错位及其平衡——基于安徽、贵州、江西三省的调查[J] 天津行政学院学报, 2020, 22(1).

[81] 邱扬, 张英, 等. 生态退耕与植被演替的时空格局[J]. 生态学杂志, 2008(11).

[82][美]R·科斯，A·阿尔钦，D·诺斯等. 财产权利与制度变迁——产权学派与新制度学派译文集[M]. 刘守英，等译. 上海：上海人民出版社，1994.

[83]邵帅，张可，豆建民. 经济集聚的节能减排效应：理论与中国经验[J]. 管理世界，2019(1).

[84]王晓毅. 生态移民与精准扶贫[M]. 北京：社会科学文献出版社，2017.

[85]孙伯驰，段志民. 非农就业对农村家庭贫困脆弱性的影响[J]. 现代财经(天津财经大学学报)，2019，39(9).

[86]孙明扬. 中国农村的"老人农业"及其社会功能[J]. 南京农业大学学报(社会科学版)，2020，20(3).

[87]孙盛龙. 国内扶贫车间发展研究[J]. 生产力研究，2020(10).

[88]陶军明，吴沙秦. 基于职业教育视角的新型城镇化背景下失地农民市民化研究[J]. 教育与职业，2019(19).

[89]佟新. 人口社会学[M]. 北京：北京大学出版社，2010.

[90]童永胜，张光新. "扶贫车间"如何充分调动农村闲置劳动力[J]. 农经，2018(6).

[91]汪磊，汪霞. 易地扶贫搬迁前后农户生计资本演化及其对增收的贡献度分析——基于贵州省的调查研究[J]. 探索，2016(6).

[92]汪三贵，杨龙，等. 扶贫开发与区域发展——我国特困地区的贫困与扶贫策略研究[M]. 北京：经济科学出版社，2017.

[93]王爱华，张珍. 农民工"回流式"城镇化：理论逻辑、现实困境与改进路径[J]. 当代经济研究，2019(12).

[94]王春蕊. 易地扶贫搬迁困境及破解对策[J]. 河北学刊，2018，38(5).

[95]王红征，胡彧. 论生态增殖效应与农村城镇化[J]. 特区经济，2008(6).

[96]王宏新，付甜. 中国易地扶贫搬迁政策的演进特征——基于政策文本量化分析[J]. 国家行政学院学报，2017(3).

[97]王金营，李竞博，段世江．连片贫困地区贫困家庭调查及对策研究——基于燕山—太行山和黑龙港流域的调查[M]．北京：人民出版社，2017.

[98]王凯，李凯，杨胜慧．基于非户籍人口市民化意愿的社区公共空间营造研究——来自国家级新区 181 个社区的调查[J]．中国人民大学学报，2020，34(2).

[99]王梅，陈思，郑昂．耕地生产与生态功能协同保护的国际经验启示[J]．国土资源情报，2020(7).

[100]王三秀．农村贫困治理模式创新与贫困农民主体性构造[J]．毛泽东邓小平理论研究，2012(8).

[101]王曙光．易地扶贫搬迁与反贫困：广西模式研究[J]．西部论坛，2019，29(4).

[102]王树生．布迪厄的"实践理论"及其对社会学研究的启示[J]．社会科学研究，2007(5).

[103]王新歌，虞虎，等．燕山—太行山片区旅游精准扶贫识别案例实证——以河北涞水县为例[J]．生态经济，2017，33(7).

[104]王鑫．社区建设视角下失地农民市民化研究[D]．南京：南京师范大学，2012.

[105]王雅林．生活方式概论[M]．哈尔滨：黑龙江人民出版社，1988.

[106]王志章，杨志红．农地流转、非农就业与易地扶贫搬迁脱贫效益[J]．西部论坛，2020，30(4).

[107]温艳霞．大山作证：江西省移民扶贫纪实[M]．南昌：江西科学技术出版社，2011.

[108]文洪星，韩青．非农就业如何影响农村居民家庭消费——基于总量与结构视角[J]．中国农村观察，2018(3).

[109]文军．被市民化及其问题[J]．华东师范大学学报(哲学社会科学版)，2012，44(4).

[110]吴尚丽．易地扶贫搬迁中的文化治理研究——以贵州省黔西南州为

例[J]. 贵州民族研究，2019，40(6).

[111]吴晓刚，张卓妮. 户口、职业隔离与中国城镇的收入不平等[J]. 中国社会科学，2014(6).

[112]吴晓萍，刘辉武. 易地扶贫搬迁移民经济适应的影响因素——基于西南民族地区的调查[J]. 贵州社会科学，2020(2).

[113]吴新叶，牛晨光. 易地扶贫搬迁安置社区的紧张与化解[J]. 华南农业大学学报(社会科学版)，2018，17(2).

[114]吴越菲. 谁能够成为市民？——农村转移人口选择性市民化研究[D]. 上海：华东师范大学，2017.

[115]吴振磊，李钺霆. 易地扶贫搬迁：历史演进、现实逻辑与风险防范[J]. 学习与探索，2020(2).

[116]伍艳. 农户生计资本与生计策略的选择[J]. 华南农业大学学报(社会科学版)，2015，14(2).

[117]武汉大学易地扶贫搬迁后续扶持研究课题组. 易地扶贫搬迁的基本特征与后续扶持的路径选择[J]. 中国农村经济，2020(12).

[118]肖子华. 中国城市流动人口社会融合评估报告[M]. 北京：社会科学文献出版社，2021.

[119]徐洁，李树茁. 农村老年人家庭养老脆弱性评估——基于安徽农村地区的实证研究[J]. 人口研究，2019，43(1).

[120]徐梅. "村庄上楼"——符号互动理论视角下城中村失地农民生活方式转变的适应性研究[D]. 昆明：云南大学，2016.

[121]徐欣顺. 民族地区易地扶贫搬迁：给予型政策与地方性秩序的张力研究——基于国家与社会关系的分析视角[J]. 黑龙江民族丛刊，2019(2).

[122]阎海军. 崖边报告：乡土中国的裂变记录[M]. 北京：北京大学出版社，2015.

[123]杨华. 农村征地拆迁中的利益博弈：空间、主体与策略——基于荆门市城郊农村的调查[J]. 西南大学学报(社会科学版)，2014，40

(5).

[124]杨菊华.从隔离、选择融入到融合：流动人口社会融入问题的理论思考[J].人口研究，2009，33(1).

[125]杨菊华.农业转移人口市民化的维度建构与模式探讨[J].江苏行政学院学报，2018(4).

[126]杨亮.两区同建：德州市新型城镇化模式研究[D].济南：山东师范大学，2017.

[127]杨清可，段学军，等.基于"三生空间"的土地利用转型与生态环境效应——以长江三角洲核心区为例[J].地理科学，2018，38(1).

[128]杨志辉.农村土地流转对环境影响的机制及绩效评价[J].中南林业科技大学学报(社会科学版)，2018，12(5).

[129]叶敏.城乡混合的双重管理：农民安置社区的治理之道——基于沪郊嘉定区的经验探讨[J].华东理工大学学报(社会科学版)，2020，35(5).

[130]叶兴庆，殷浩栋.从消除绝对贫困到缓解相对贫困：中国减贫历程与2020年后的减贫战略[J].改革，2019(12).

[131]游俊，冷志明，丁建军.中国连片特困区发展报告(2014—2015)[M].北京：社会科学文献出版社，2015.

[132]于光远.换脑筋[M].北京：中国经济出版社，1999.

[133]余欢.城乡建设用地增减挂钩指标政策制度变迁研究[J].农村经济与科技，2020，31(23).

[134]严瑞珍，王征国.山区的综合发展——理论分析和太行山区经验证据[M].北京：中国人民大学出版社，2004.

[135]喻开志，屈毅，徐志向.健康权益可及性对农民工市民化意愿的影响——基于马克思市民社会理论的分析视角[J].财经科学，2020(8).

[136]袁方成.治理集体产权：农村社区建设中的政府与农民[J].华中师范大学学报(人文社会科学版)，2013，52(2).

[137]张化楠, 接玉梅, 葛颜祥. 国家重点生态功能区生态补偿扶贫长效机制研究[J]. 中国农业资源与区划, 2018(12).

[138]张建. 运动型治理视野下易地扶贫搬迁问题研究——基于西部地区 X 市的调研[J]. 中国农业大学学报(社会科学版), 2018, 35(5).

[139]张菊枝, 夏建中. 城市社区冲突: 西方的研究取向及其中国价值[J]. 探索与争鸣, 2011(12).

[140]张恺. 共建共治共享社会治理视角下城市基层党建网格化问题研究[J]. 山东行政学院学报, 2019(3).

[141]张立. 土地承包经营权抵押制度障碍与重构[D]. 成都: 西南财经大学, 2012.

[142]张丽. 西北民族走廊汉藏交融地带乡村社会变迁研究[D]. 兰州: 兰州大学, 2021.

[143]张明皓, 汪淳玉. 土地的家计过程与贫困户的生存弹性——基于河南省平楼村的实地研究[J]. 南京农业大学学报(社会科学版), 2020, 20(2).

[144]张强. 农村区域开发和人口迁移的新途径——"三西"开发型移民初探[J]. 科学·经济·社会, 1993(3).

[145]张世勇. 规划性社会变迁、执行压力与扶贫风险——易地扶贫搬迁政策评析[J]. 云南行政学院学报, 2017, 19(3).

[146]张涛, 张琦. 新中国 70 年易地扶贫搬迁的就业减贫历程回顾及展望[J]. 农村经济, 2020(1).

[147]张文博. 易地扶贫搬迁政策地方改写及其实践逻辑限度——以 Z 省 A 地州某石漠化地区整体搬迁为例[J]. 兰州大学学报(社会科学版), 2018, 46(5).

[148]张务伟, 张福明. 农业富余劳动力转移程度与其土地处置方式的关系——基于山东省 2421 位农业转移劳动力调查资料的分析[J]. 中国农村经济, 2009(3).

[149]张晓颖, 王小林. 扶贫车间: 行为体、驱动力及持续性讨论[J]. 河

北师范大学学报(哲学社会科学版), 2021, 44(3).

[150]赵俊臣. 易地搬迁开发扶贫——中国云南省的案例分析与研究[M]. 北京：人民出版社, 2005.

[151]赵宇, 王利伟. 新制度主义视角看农民外出就业动因与模式[J]. 法制与社会, 2008(14).

[152]郑杭生. 社会学概论新修(第三版)[M]. 北京：中国人民大学出版社, 2002.

[153]郑思齐, 曹洋. 农民工的住房问题：从经济增长与社会融合角度的研究[J]. 广东社会科学, 2009(5).

[154]钟涨宝, 陈小伍, 王绪朗. 有限理性与农地流转过程中的农户行为选择[J]. 华中科技大学学报(社会科学版), 2007(6).

[155]周恩宇, 卯丹. 易地扶贫搬迁的实践及其后果———一项社会文化转型视角的分析[J]. 中国农业大学学报(社会科学版), 2017, 34(2).

[156]朱力. 论农民工阶层的城市适应[J]. 江海学刊, 2002(6).

[157]邹一南. 农民工市民化困境与新一轮户籍制度改革反思[J]. 江淮论坛, 2020(4).

[158]邹英, 向德平. 易地扶贫搬迁贫困户市民化困境及其路径选择[J]. 江苏行政学院学报, 2017(2).

[159]左停, 苏武峥. 乡村振兴背景下中国相对贫困治理的战略指向与政策选择[J]. 新疆师范大学学报(哲学社会科学版), 2020, 41(4).

[160]白永秀, 等. 中国城乡发展报告——聚焦新时代西部地区易地搬迁精准扶贫[M]. 北京：中国经济出版社, 2018.

[161]Coleman, James S. *Foundations of Social Theory*[M]. Cambridge MA：Harvard University Press, 1994.

[162]Harris, J. and Todaro, M. Migration, Unemployment and Development：a Two Sector Analysis[J]. *American Economic Review*, 1970(60).

[163]Howard M., Garnham A., Fimister G., et al. *Poverty：the Facts*[M]. London：Child Poverty Action Group, 2001.

[164] Oscar R. Burt. Econometric Modeling of the Capitalization Formula for Farmland Prices[J]. *American Journal of Agricultural Economics*, 1986, 68(1).

[165] Kassa Belay. Resettlement of Peasants in Ethiopia[J]. *Journal of Rural*, 2004(27).

[166] Shumete Gizaw. Resettlement Revisited: the Post-Resettlement Assessment in BiftuJalala Resettlement Site [J]. *Ethiopian Journal of Business and Economics*. 2013(1).

[167] Kai Schmidt-Soltau. Evictions from DRC's Protected Areas[J]. *Forced Migration Review*. 2010, 36(12).

[168] Martin Adams and John Howell. Redistributive Land Reform in Southern Africa[J]. *Natural Resource Perspectives*, 2001, 64(1).

[169] Sébastien Boillat, et al. Do Relocated Villages Experience More Forest Cover Change? Resettlements, Shifting Cultivation and Forests in the Lao PDR[J]. *Environments*, 2015(2).

后　记

　　小康大业，富民为本，没有农村的小康，特别是没有贫困地区的小康，就没有全面建成小康社会。"十三五"时期，我国以前所未有的决心和力度推进易地扶贫搬迁工作，帮助近 1000 万生活在"一方水土养不好一方人"地方的建档立卡贫困人口彻底摆脱贫困，有力推动了搬迁地区乡村振兴战略实施和新型城镇化进程，让全面小康的成色更足、底色更亮。燕山—太行山片区作为集中连片特困区之一，是扶贫开发的重点和难点区域，也是我生于斯长于斯的家乡。本地人、本地口音的优势，为我尽可能地靠近农民社会生活实践过程、观察具体农民个体和复杂农村生活提供了极大的便利。2017 年，我以"燕山—太行山特困区易地扶贫搬迁模式及政策效应研究"为题，申报立项国家社会科学基金项目，本书正是这一课题的结项成果。

　　易地扶贫搬迁是一个长期而又完整的过程，窥一斑并不能知全豹，从 2017 年 9 月到 2021 年 9 月，本研究历时 4 年，全周期多视角考察了"十三五"时期易地扶贫搬迁的实施过程与实施效果。4 年时间，课题组调研次数已经难以计数，一辆灰色福特小汽车蜿蜒游曳在燕山—太行山片区的丘陵、山地、城镇、乡村，也随之熟悉了片区的地理风貌、风土人情。路途遥远而崎岖，我们经历过春天高速路上燃油耗尽步行去村里"打油"，感受过夏天桥梁断裂另寻他路，体验过秋天村里修路反复绕圈，遭遇过冬天车陷在雪里难以打火无法前进，但大家心往一块想、劲往一处使，这些挫折便只是平坦路上的小起伏，反而为调研平添了几分难忘的色彩。

　　现实是流动的，社会是由个体创造的，易地扶贫搬迁是人口迁移带动下人口布局的调整，但更是一种复杂的社会建构过程，要理解微观层面复杂的多元主体间的利益博弈和关系重组，只有紧贴着搬迁主体日常生活的肌理，才能看到上级与基层、政府与企业、干部与搬迁农户等微观主体之间的互动与博弈。本书在写作和研究过程中，正是贯穿了这种方法论精神，并非就搬迁而谈搬迁，而是更加关注个体的感知与改变。历史如洪流，个体如行舟，每个人都是独行的探路者，调研过程中那些鲜活的个体给我留下了深刻的印象。感谢相关部门与各地政府的理解、支持与配合，感谢调研过程中的每一位受访者，正是他们的讲述为我们了解片区易地扶贫搬迁实践提供了丰富的素材和典型案例，让我们看到了当代农民的精神风貌与自信努力，同时一线干部的实践经验与智慧也帮助我们厘清了思路，保证了调研的广度与深度。他们的支持是研究得以顺利进行的基础和保证，没有他们的协助与配合，就无法了解到易地扶贫搬迁的真实景象，也就没有自认为鲜活的研究成果。对他们深表谢意！

　　感谢所有在课题研究过程中提供帮助的朋友、老师们。王洪春教授和王金营教授在研究设计、资料收集等方面提供了很多建议和指导，档案馆的王珊老师为资料整理做了很多工作。赵会山书记和他的同事们提供了许多很难通过调研获取的资料，并为调研顺利进行介绍了许多熟人资源。作为郑明慧教授团队的一员，在多次参与国务院扶贫办组织的相关评估中获得了充分的对于易地扶贫搬迁的"域外"认知。还有我非常敬重的王凤凌大哥，他已退休多年，动员了很多战友、朋友关系，帮我获取资料和联系访谈对象。有了他们提供的大量资源与便利，才使课题研究顺利完成。感谢他们，感恩相遇！

　　在课题的田野调查与报告撰写中，我的学生深度参与其中。我的研究生张雪、郑佳欣、王燕霞、徐瑞红、薛雅匀、杨海天、冯梦哲、何丽萃深入参与了课题的实地调研、资料整理与报告撰写工作。所谓教学相长，与他们的交流给了我很多灵感与思路。特别是2018级研究生张雪和郑佳欣，她们入学伊始就紧锣密鼓地投入此课题的研究，细致认真的性格也在调研过程中体现得淋漓尽致，她们的毕业论文也成为本书的重要组成部分。甚至在毕业后她们仍努力整理书稿，有始有终，此书不仅是国家社科基金的研究成果，更是她们三年研究生生活的见证与纪念。

本书撰写过程中，吸收和借鉴了国内外相关著述的研究成果，在此向各位专家深表谢意。

本书的出版得到武汉大学出版社的大力支持，特别对责任编辑的辛勤劳动深表谢意。

因资料收集、研究水平及经验等方面的原因，本书难免有不足之处，特别是一些不成熟乃至不妥之处，恳请读者提出宝贵意见。

当本书行将出版之际，既感慨万千，又感意犹未尽。略作数语，聊表心迹，是为记。

2022 年 9 月